Caizhengxuelei Zhuanye

Kecheng Sizheng Youxiu Anliji

财政学类专业课程思政优秀案例集

樊丽明 杨灿明 于海峰 ◎主编

中国财经出版传媒集团

经济科学出版社
Economic Science Press

·北京·

财政学类专业课程思政建设的四个重点问题*

樊丽明

为深入贯彻落实习近平总书记关于教育的重要论述和全国教育大会精神，贯彻落实中共中央办公厅、国务院办公厅《关于深化新时代学校思想政治理论课改革创新的若干意见》，落实立德树人根本任务，把思想政治教育贯穿人才培养全过程，全面推进高校课程思政建设，提高高校人才培养质量，教育部于 2020 年 5 月 28 日印发《高等学校课程思政建设指导纲要》（以下简称《指导纲要》），系统明确了课程思政建设的重要意义与目标要求、重点内容与教育任务、质量评价体系与激励机制、组织实施与条件保障，并于 6 月 8 日召开全国课程思政建设工作视频会议，全面部署课程思政建设工作。由此，高校课程思政建设进入全面推进阶段。财政学类专业课程思政建设的重点何在？如何实施？笔者认为，应以中央对课程思政建设的总体要求为基本遵循，以学科属性、专业定位和培养目标为出发点，结合专业课程的内容特点进行探索，应重点关注以下四个方面。

一、加强国情教育

加强国情教育要重点加强现实国情教育和中国历史教育两个方面。

加强现实国情教育是财政学类专业教育和思政教育的共同要求。一方面，财政学类专业属性和培养目标要求必须加强现实国情教育。财政学是经济学的分支，是社会科学的组成部分，其研究对象是人类社会的公共分配活动及其规律性，培养目标是向具有公共属性的社会组织或其他组织具

---

* 本文原载于《中国高教研究》2020 年第 9 期。

有公共性质的岗位输送人才。因此，学习研究的实验室和事业舞台即社会。这就要求教育引导学生关注现实、深入社会、了解国情、理解中国，而且要特别注重教育引导学生善于发现现实问题、研究社会问题、讲好中国故事。另一方面，加强现实国情教育又是立德树人的根本要求。通过每一门财政学类理论课程的传授和浸润，通过每一门实践课程的训练和熏陶，着力培养学生牢固树立"实事求是、一切从实际出发"的思想方法，塑造涵养"千里之行、始于足下"的踏实作风，增进学生对国家制度和改革发展成就的理性认同，激发学生强烈的热爱国家、经国济世的社会责任感和担当意识，培养知行合一的社会主义事业建设者。将上述教书与育人两个方面有机结合，凸显课程思政寓道于教、寓德于教的作用，这正是财政学类专业课程思政建设追求的目标。

加强现实国情教育要抓好理论和实践两大类课程教学。一方面，要通过财政学各门专业理论课程的教学，介绍我国财经发展现状，客观分析我国财税改革时代背景、发展脉络、历史进步及存在的问题，理性阐释中国特色社会主义财政理论与制度，使学生扎实掌握财政学基本概念、基本理论和基本方法；另一方面，要利用见习、实习、社会实践等教学环节，引导学生"行万里路，读万卷书"，对我国经济社会发展状况及问题增加感性认识，对我国财政税收、公共投资、国有资产管理、社会保障等制度运行及其效应增进深入具体的了解和理解。如西南财经大学组织学生广泛参与的家庭金融调查、上海财经大学坚持十余年的学生暑期"千村调查"等，都是将专业教育与思政教育密切结合的范例。实际上，理论课程和实践课程的教育在整个学程中有序安排、相互联系、先后继起、交替实施，学生经历"认识—实践—再认识—再实践"循环往复、螺旋上升的有机过程，寓于其中的国情教育也随之逐步深化。

加强中国历史教育是加强国情教育的另一重要内容。从育才的角度而言，财政学类专业的人才培养目标要求加强学生熟知国家历史，树立深厚的历史观。财政学类专业的人才培养目标是培养在财政税务、公共投资、社会保障管理、国有资产管理等公共经济管理部门工作，或企事业单位（财务、纳税专业服务机构，企业财务及办税机构）以及非盈利机构从事相关工作的专业人才，是专业性很强的治国理政人才。此类专业人才需要充分了解国家发展历史，通观源流，理清脉络，明理见道，以史为鉴，能够客观认识世界，理性改造世界，有效治国理政。从育人的角度而言，历史是最好的老师。"欲知大道，必先为史"，重视历史、研究历史、借鉴历史是中华民族五千多年文明史的优良传统。回顾历史，我们走过了五四运动一百周年、新中国成立70周年、新中国改革开放40周年；立足当下，我国进入中国特色社会主义发展新时代；面向未来，我们将为实现第二个百年奋斗目标全面建成社会主义现代化强国而不懈努力。通过加强历史教育特别是"四史"教育，引导学生客观认识评价国家历史，尊重国家历史，树立"四个自信"，进而引导学生更深刻地理解掌握马克思主义历史唯物主义观点，掌握发展的而不是横断面的观点、联系的而不是割裂的观点、比较的而不是孤立的观点，避免脱离国情的制度比较，这是新时代思政教育的应有内容。由此，加强历史教育成为财政学类专业课程思政的重要内容之一。

加强中国历史教育需要找准实现路径。首先，要设置并开好中国财政史、中华人民共和国财政史或新中国财政改革发展史等课程。2014年，为制订财政学类专业国家标准，财政学类专业教学指导委员会面向开设财政学税收学专业的高校进行了专项问卷调查。其中涉及"贵校是否开设中国财政史类课程的问题"，收回有效问卷的高校中超过70%的回答是"否"，[1]由此可见，目前总体形势十分严峻。其直接原因在于不少学校财政史学教师匮乏，史学研究过冷，[2][3]而深层次原因则是短期化和简单化的应用教育导向。这一问题不予解决（尤其是高水平研究型大学），则无法满足现代化财政学类专业教育质量提高的要求，也无法实现面向未来的治国理政人才的培养目标要求。通过中国财政史、中华人民共和国财政史、新中国财政改革发展史等课程学习，使学生明了中国财税制度源头、沿革历程、社会经济文化等背景原因以及社会经济效应，从而了解财政制度、财政发展与经济水平、社会结构、政治制度、文化传统之间的相互关系，从中受到历史教育和历史唯物主义观点的教育。其次，要在其他专业课教学中嵌入历

---

[1]　张锦华、郑春荣：《我国财政学类本科专业建设状况分析报告——基于56个专业点的问卷调查》，载于《中国大学教学》2014年第7期。

[2]　樊丽明、王澍：《中国财政学研究态势——基于2006—2015年六刊发文的统计分析》，载于《财贸经济》2016年第12期。

[3]　王澍、樊丽明：《中国税收研究主题的文献计量与知识图谱分析：基于2006—2015年CNKI数据库的C刊发文数据》，载于《财政研究》2017年第9期。

史分析，帮助学生认识历史传统。如在财政学、中国税制、国家预算、财政管理、国有资产管理、社会保障等课程中，教师可有意识地结合相关章节内容讲授制度变迁、实践发展及理论进步。

二、强化法治意识

强化法治意识是财政学类专业课程思政的重点内容之一。法治意识是人们对法律发自内心的认可、崇尚、遵守和服从。党的十八届四中全会通过的《中共中央关于全面推进依法治国若干重大问题的决定》，从党和国家事业发展全局的战略高度，对全面推进依法治国作出一系列新的重大部署，提出了推动全社会树立法治意识的重大任务，作出了把法治教育纳入国民教育体系的重大决定。树立法治意识，就是要培育法治理念，建立法律信仰，维护法律尊严，严格法律遵从，让法治内化于心外化于行，为全面推进依法治国，实现科学立法、严格执法、公正司法、全民守法奠定坚实的思想基础。财政学类专业致力于培养专业性强的治国理政人才，未来充实到行使公共权力、与公共理财相关的领域和岗位工作。这类人员公共身份的特殊性要求我们要特别注重培养其高于一般公民和经济主体的法治意识和法律信仰，更高程度地自觉学法守法、严格执法、公正司法、维护法律尊严。可以说，具有强烈的法治意识是财税专业人才在事业征途上行稳致远的必要条件。

加强法治教育，培育法治意识，可以通过三个层次课程教学实现。第一层次是培养学法守法好公民的法治教育。这是通过《思想道德修养与法律基础》和《形势与政策》等公共必修课教学及学生自学实现的。第二层次是培养经济管理优秀人才的法治教育。这要通过《经济法》和一系列相关课程实现。第三层次是培养公共经济管理专业人才的法治教育。由于公共理财、公共管理与服务的专业指向，要求我们在财政、税收、财政监督、国有资产管理、社会保障相关法律法规以及行政法方面强化法律教育。这要通过财政学、税收学、中国税制、国际税收、国家预算、国有资产管理、社会保障概论、财政管理、审计学等一系列课程教学去实现。

针对财政学类专业学生的从业去向，在法治教育中要特别注重强化行使公权力的教育。首先，公权力的主体和属性为"公"，是国家、社团、国际组织等人类共同体为供给和生产公共物品和公共服务，促进、维护和实现社会公平正义，而对共同体成员进行组织、指挥、管理，对共同体事务进行决策、立法和执行的权力，而非个人权利。公共组织中的任何个人不是公权力主体，只是基于组织的公权力代表组织依法履职；任何个人只能基于公共利益和目的在法定职责范围内代表组织行使公权力，而无运用公权力谋取私利的权力。

其次，公权力来自人民，是人民在法定范围内让渡私权利而形成的。正如卢梭在《社会契约论》中所言，"任何国家权力无不是以民众的权力（权利）让渡与公众认可作为前提的"。[①] 法国启蒙思想家洛克说，人类为了弥补自然状态的缺陷，捍卫自身的自然权利，于是签订契约自愿放弃自己的部分权力，交给人们一致同意的某个人或某些人，从而出现国家。这就是立法和行政权力的原始权利和两者的权力来源。因此，行使公权力必须有边界，而边界的法理依据即"法无授权不得为"。行使公权力必须以法律规定为边界，为维护社会秩序和公共利益，才可对私权利进行一定范围和一定程度的干预，否则便构成对私权利的侵犯。现实中，无论是出于对法律的漠视，还是封建思想作祟，恣意超越法律界限的乱作为和不作为都是对不同群体权利和利益的侵害，都是应该制止的。

此外，还要加强权力监督教育。财政是为提供公共产品和服务而进行的政府分配活动，财政税收等公共部门在行使权力过程中要接受多重监督。以我国为例，对于财政分配，首先要有权威性最强的立法机构监督，即各级人大的全过程监督。在预算编制环节，各级人大财经委和常委会预算工委与财政部门多次沟通，提出专家和代表意见；在预算审批环节，各级人大代表提出审议意见，人大财经委出具预算评审意见，且全国人大审批中央和地方债务限额；在预算执行过程中，人大可组织询问或质询会，就重点热点问题向行政主官提出质询；在决算环节，人大要听取审计机关报告及审计整改报告。其次有专业性最强的审计监督，同时有财税机关等内部的监督。此外还有力度越来越大、范围越来越广的社会公众监督，包括公共媒体和自媒体的监督，以及举报、投诉、上访、诉讼等形式的监督等。总之，应该通过专业课程教育，使学生不仅了解多元财政监督内容与程序，而且树立服从监督、依法行政、严谨工作的意识。

---

① 转引自卓泽渊：《法治国家论》，中国方正出版社2001年版，第62页。

三、培养公共意识

培养公共意识是财政学类专业教育与思政教育的另一密切结合点。公共意识即集体意识是相对于个体意识而言的，是以维护公共利益为取向，对于公共事务的看法、态度、价值观念的总和。就其范围而言，狭义的公共意识包括社区意识、集体意识、部门意识、团队意识等局部、特殊的公共意识，广义的公共意识包括政府意识、国家意识、全球意识等全局、一般的公共意识；就其内容而言，公共意识包括公共利益意识、公共道德意识、公共责任意识、公共规范意识、公共参与意识、公共关怀意识、公共服务意识等。美国学者库柏认为，公共意识并非"期望公民必须变得无私并在行为上完全利他，但这确实意味着，公民有责任既要发现他们自己的个人利益，也要发现政治社群的利益，而对这一社群利益，他们负有契约性的自制的责任"[1]。正是这种对公共利益与个人利益相互联系的体认，促使公民主动进入公共领域，追求公共目标和公共利益。随着社会的不断进步，基于个体和公共的利益和责任有机结合的理性公共意识成为主流。"公共性"在每个人身上折射出的现代素养，体现着一个民族迈向现代化的文明高度。从这一角度讲，培养具有理性公共意识的公民是高校思政课程、通识教育课程的使命所在。

财政学类专业的特殊性决定了培养公共意识的特别重要性和必要性。与一般经济学、管理学类的专业不同，财政学的研究对象是政府或公共部门的收入、支出等分配活动及相关经济活动的规律性及其社会经济效应等，财政学即是如何"理公共之财，管公共之事"的学问。从事公共经济管理的人才需要具有更强的公共意识和公共能力。因此，结合财政学类专业和课程特点，应着力引导学生树立公共意识，着眼公共视角，关心公共问题，关注公共风险，研究公共决策，培养学生研究公共问题的能力、沟通公共各方的能力、制定公共规则的能力、管理公共事务的能力，尤其是管理公共之财的能力，从而培养具有强烈的家国情怀和社会责任感，具有求同存异、兼容并包品行的治国理政人才。

---

① 特里·L. 库珀：《行政伦理学：实现行政责任的途径》，张秀琴译，中国人民大学出版社2010年版，第11页。

如何培养公共意识？其一，财政学或公共经济学等专业课程是重要的实现路径。如在讲授财政职能、财政支出等章节时，按照公共利益－公共需求－公共产品－政府资源配置的逻辑展开，揭示公共利益和公共需求存在的客观性，阐释供给公共产品、抵御公共风险的必要性，分析通过政府分配活动的主渠道满足公共需求的可能性；在讲授公共决策、预算管理等章节时，阐释公共决策不同于私人决策的程序和规则，揭示公共决策的特殊规律和国别特征；在讲授公共收入章节时，分析税费征收对公共品提供的保障作用，研究税收对于社会公平和经济发展的促进机制，培养"取之于民、用之于民"的服务意识；在讲授国际财政章节时，从国际共同需求引出国际公共品供给的必要性，分析国际公共品供给的实现路径，揭示我国倡导的人类命运共同体理念的现实需要和学理基础。再如引导学生围绕如何提供更加公平和更高质量的教育医疗服务、如何促进区域经济协调发展、如何促进宏观经济稳定、如何调节个人收入分配、如何解决跨地区跨国境环境污染治理、如何应对一国甚至全球突发公共卫生事件、如何维护地区乃至全球安全等进行专题讨论，引导学生认识公共问题存在的普遍性、治理的复杂性以及治理责任的多元性，培养学生分析和解决复杂公共问题的责任感和能力。其二，专业实习和社会调查也是培养公共意识的有效途径。通过参观税务大厅，通过岗位实习，通过社会调查进企业、进乡村、进社区、进家庭，引导学生关注公共问题，关心民众疾苦，探求公共治理之道。

四、培育人类命运共同体理念

构建人类命运共同体是当今全球化背景下的中国主张。党的十八大报告指出，人类只有一个地球，各国共处一个世界，要倡导人类命运共同体意识，在追求本国利益时兼顾他国合理关切，在谋求本国发展中促进各国共同发展。这是中国共产党第一次在大会报告中正式提出人类命运共同体的全球价值观，明确了其核心要义。党的十九大报告进一步强调，"坚持和平发展道路，推动构建人类命运共同体"，系统阐释了人类命运共同体关于政治、安全、经济、文明、生态等丰富内涵。我国提出构建人类命运共同体倡议，首先是基于全球化趋势下的人类共同利益观。当今世界面临着百年未有之大变局，政治多极化、经济全球化、文化多样化和社会信息化潮流不可逆转，各国间的联系和依存日益密切，但也面临诸多共同挑战。粮食安全、资源短缺、气候变化、网络攻击、人口爆炸、环境污染、疾病流行、跨国犯罪等全球非传统安全问题层出不穷，对国际秩序和人类生存都构成了极大威胁。不论身处何国、信仰如何、愿意与否，实际上人类已经处在一个命运共同体中。与此同时，一种以应对人类共同挑战为目的的全球价值观已开始形成，并逐步获得国际共识。① 其次，构建人类命运共同体倡议，源自中华文明历经沧桑始终不渝的和合文化。从"以和为贵""协和万邦"的和平思想，"君子和而不同""各美其美、美人之美、美美与共、天下大同"的大同理想和包容智慧，到"己所不欲，勿施于人""四海之内皆兄弟"的处世之道，再到"穷则独善其身，达则兼济天下"的价值取向，同外界其他行为体命运与共的和谐理念，是中华文化的重要基因，薪火相传，绵延不绝。② 在中国人民致力于实现中华民族伟大复兴中国梦的新时代，致力于构建人类命运共同体，不仅追求中国人民福祉，而且关怀世界人民共同福祉，正是我们发扬光大中华优秀传统文化的必然选择。

人类命运共同体理念也是财政学类专业课程思政教育的重点内容之一，从某种意义上来说，人类命运共同体理念恰好契合了财政学专业教育的公共属性。它既是研究我国国际财政理论与实践问题的价值导向，也是解答我国国际财政新发展的金钥匙。其一，国际公共产品（包括全球性和地区性公共产品）概念的阐释。随着各国间经济技术合作、人员交往、文化交流、环境影响的不断深入，各国在从国际合作中获益的同时，也面临着要素和产品流动带来的传统和非传统的安全威胁。提供各国普遍受益的国际公共产品，即是抵御共同风险、获取共同利益的理性选择，而达成人类命运共同体共识，无疑是求同存异、谋求合作、扩大国际公共品供给的催化剂。但也要清醒地认识到，由于利益观、价值观的差异或现实条件的约束，在国际公共品供给上还面临十分现实的不合作风险及"搭便车"问题，使公共品供给缩小规模、延迟甚至流产。其二，国家财政国际支出的认识。一国财政的国际支出是一国参与国际治理、承担国际责任的财政体现。对于国际组织缴款，可以视为供给国际公共产品的成本分担，一般遵循支付能力原则和受益大小原则，对于一些经济性国际组织，也存在依据自愿认

---

① ② 曲星：《人类命运共同体的价值观基础》，载于《求是》2013 年第 4 期。

缴原则的情形。规则的形成均应以相互尊重、平等协商为前提，而不可以倚强凌弱强加于人。一旦规则确定，任何成员国只有遵循的义务，而无破坏或讨价还价的权利。我国一直秉持人类命运共同体理念，不仅通过参与各类国际组织，而且通过倡导设立南南合作基金、亚洲基础设施投资银行、金砖国家新开发银行等，在全球教育卫生、国际安全秩序、全球气候变化、提供金融支持等国际公共产品供给上尽己所能，履行职责，体现了应有的大国担当。至于对外援助支出，我国的重点是"帮助其他发展中国家加强基础设施和自主发展能力建设，帮助他们减少贫困和改善民生，提高教育水平，改善医疗服务，实现经济社会发展，建设社会公益设施，并在其他国家遭遇重大灾害时及时提供人道主义援助"。[①] 这更是奉行人类命运共同体理念的具体体现。其三，国际税收问题及其协调。避免国际重复征税和税收流失，促进税收利益在相关国家（地区）之间合理分配，以利于国际经贸关系正常发展，是国际税收问题的核心所在，发展各种国际税收协调方法则是相关各国共同行动进行国际税收合作的具体措施。其中，以国际税收协定为协调载体，以免税法、扣除法、抵免法为具体方法，以建立自由贸易区为大力度措施。近年来，我国秉持人类命运共同体理念，积极参与 G20 和 OECD 的 BEPS（税基侵蚀和利润转移项目）行动计划，创造性地提出了一些新的税收利益分配原则，以争取市场溢价、成本节约带来的利润更合理地留在发展中国家。2016 年 G20 杭州峰会公报将"建立一个全球公平和现代化的国际税收体系"为目标，各国致力于推进税基侵蚀和利润转移合作、税收情报交换、发展中国家税收能力建设和税收政策等，[②] 这正是人类命运共同体理念的生动实践。显然，让学生了解国际公共产品在抵御共同风险、获取共同利益中的作用，正确认识国家财政的国际支出及我国的国际权利与义务，完善国际税收问题及其协调机制，将人类命运共同体理念融入财政学类人才培养体系，是财政学开展课程思政教育的重要内容。

[①②] 马克思主义理论研究和建设工程重点教材编写组：《公共财政概论》，高等教育出版社 2019 年版。

目录 CONTENTS

追问政府的钱袋子：
预算绩效管理改革与探索

崔惠玉　许　慧

一、基本信息

课程名称：政府预算。

授课对象：财政学、税收学专业大学三年级学生，会计学类、法学等专业大学三年级学生。

知识点：（1）我国预算绩效管理改革的进程。

（2）我国实施预算绩效管理的范围及指标体系。

（3）《中共中央　国务院关于全面实施预算绩效管理的指导意见》的主要内容。

主讲教师：崔惠玉，东北财经大学教授；许慧，东北财经大学副教授。

二、教学目标

政府预算关乎着"政府的钱袋子"管理问题，具有重要的价值引领和人格塑造功能。通过本课程学习，培养学生的辩证性思维和批判性思维以及深度思考的能力，将所学内容与党的十八届三中全会以来提出的"财政是国家治理的基础和重要支柱""全面实施预算绩效管理是推进国家治理体系和治理能力现代化的内在要求"等精神有机结合起来。

（一）知识传授

学生理解并掌握"全面实施预算绩效管理的主要内容""近年来我国预算绩效管理的改革和探索"等基本知识点，理解并能熟练运用党中央关于预算绩效管理的文件精神及相关要求。

（二）能力培养

通过课程思政案例与专业基础理论的有机融合，使学生在掌握基本知识点的基础上，能够理论联系实际，能够深入理解并且分析从历史到现实、从国外到国内绩效预算和预算绩效管理的本质特征，能够分析我国提出预算绩效管理改革的必要性、主要内容、成效与问题等，提升学生发现问题、分析问题及解决问题的实际应用能力。

（三）价值塑造

领会预算绩效管理的基本点是"花钱必问效、无效必问责"，主要目标是解决"新时代我国人民日益增长的美好生活需要和不平衡不充分的发展之间的矛盾"，核心要义是"坚持以人民为中心的发展思想"。树立绩效导向、精打细算、克己奉公的专业素养，树立正确的"以财行政、为民理财、家国天下"的预算观和人生观。

三、教学重点与难点

（一）教学重点

本课程教学重点在于理解并掌握我国预算绩效管理的改革进程，特别是需要在分析具体案例过程中提炼我国预算绩效管理的覆盖面以及绩效评价指标体系，为熟练掌握"全面实施预算绩效管理的主要内容"奠定坚实的基础。

（二）教学难点

对于缺乏实践经验的大学三年级学生来说，如何真正理解我国预算绩效管理的动因、弄懂弄通党的十八届三中全会以来预算绩效管理改革的主要成效及存在问题存在一定的困难，特别是在深入理解并掌握《中共中央 国务院关于全面实施预算绩效管理的指导意见》的内容方面可能会出现"生吞活剥"的情况。因此，首先以简单的时间轴介绍我国预算绩效管理的进程，以案例1导入改革的背景，以案例2导入预算绩效评价的范围和指标体系，从而促使学生真正理解以产出和结果为导向的预算绩效管理模式的内涵和实质。

四、课程思政案例介绍

主要采取"一个知识点＋N个课程思政案例"的教学方式。以下两个课程思政案例均服务于本课程教学重点和教学难点。

（一）案例1：用钱必问效——广东预算绩效管理破冰动因

1. 案例主要内容

2003 年，对多年来始终走在改革开放康庄大道一线的广东省来说注定是不平凡的一年。在《广东省 2003 年预算执行情况和 2004 年预算草案的报告》中，时任广东省财政厅厅长刘昆这样说道："受'非典'疫情冲击，在营业税和其他税收受到极大影响的情况下，有针对性地采取了一系列行之有效的增收节支措施，促进增收。"一是狠抓增收节支，为"非典"防治工作提供强有力的资金保障，全省各级财政用于"非典"防治的经费 23.68 亿元，其中省财政 6.5 亿元；二是制定、落实相关的减免税政策措施，帮助受"非典"影响严重的企业渡过难关，全省直接减少困难企业约 9 亿元的负担；三是大力支持公共卫生建设。用于公共卫生建设的资金 15 亿元（通过基金预算调入资金安排），支持公共卫生事件应急处理机制、疾病预防控制体系和卫生执法监督体系建设；用于定点医院建设的资金 1.1 亿元，提高定点医院的应急救护能力。

"非典"疫情来势汹汹，财政收入锐减，增收节支成为头等要务。同时大批行业受损，减税之举不得不做，还必须做实，公共卫生建设方面还必须咬住不放松，应急处理、疾病防控、应急救护、医院建设等方方面面资金都要落到实处。在这样一个主要事件推动下，广东省成为我国财政资金状况最好的一批省份中最早一个积极开展预算绩效管理的省份，成为我国预算绩效管理的破冰之地。

（资料来源：中国财政学会绩效管理研究专业委员会课题组，《中国财政绩效报告（2019）——地方经验》，经济科学出版社 2019 年版。）

2. 案例思政目标

本案例中，广东省在 21 世纪初期"非典"疫情影响下开启了以产出和结果为导向的预算绩效管理改革，这是直接动因。从深层次来说，预算绩效管理理念的逐步树立，能够改变当时普遍存在的"重收入轻支出、重分配轻管理、重数量轻质量"的财政管理现状，从此开始重视财政支出问题，重视支出的责任和成本，重视产出和结果，做到"花钱必问效、无效必问责"。财政之所以称为"公共财政"，主要在于国家的财政资金必须"取之有道，用之于民"。财政资金的来源必须经过纳税人的同意，用途同样需要接受纳税人的监督，最后用得怎么样就更加重要了。从表面上看，预算绩效管理仅仅是一个支出问题，实质上却是贯穿收入、支出、监督、公开全过程的综合性问题，是关乎民生的大问题，直接关乎社会公平和正义，从而帮助学生树立为民理财的家国情怀。

（二）案例2：预算绩效管理让每笔财政资金都花在明处

1. 案例主要内容

"繁育苗木491.1万株，建设示范林7762.3亩，完成巢箱布设5000个，喂食台布设100个，投放冬季鸟食0.5吨……这些详细的数据是2016年中央财政林业科技推广示范资金的使用情况，今年5月刚刚完成绩效评价。"辽宁省林业厅有关负责人介绍。这些数据，就是财政资金换来的成果。财政资金是纳税人的血汗钱，钱花到了什么地方？取得了哪些成效？老百姓最关心。然而，一些地方财政资金乱花乱用，甚至"打水漂"的事情并不少。

财政资金管理，预算分配是"龙头"。作为"国家账本"，现代财政预算不再是简单的政府年度收支计划，而是政府施政最重要的工具，体现政府的战略意图和政策重心。编制好财政预算，就等于定好了收支的"盘子"，政府的钱从哪儿收、往哪儿花，一目了然。可是，钱花的效果不好怎么办？如果花了100元钱，却只干了5元钱的事，显然是无法向纳税人交代的。老百姓自己花钱，还要算一下值不值呢！近年来，随着预算公开力度的加大，老百姓对"国家账本"的了解也在加深。例如，今年"三公"经费减了多少，养老金又涨了多少，都能找到答案。预算里规定的扶贫资金，如果有人拿去建了楼堂馆所，那就属于挤占挪用财政资金，肯定是要被问责的！

"好的政府有两个标准，一是公共利益至上，二是有效率。预算绩效管理，是整个国家治理的核心，是一个重大的突破。"中国财政科学研究院副院长白景明表示。

"一个项目的经济效益、社会效益、群众满意程度等，都可以作为绩效评价的量化指标，让老百姓、纳税人清楚钱产生了哪些效益。"中国财政科学研究院研究员王泽彩表示。

未来绩效评价范围，应覆盖到所有财政资金。"公众关心财政的钱花在何处，更关心钱花得怎么样、取得的效果如何。"财政部预算司副司长王克冰认为，公开预算绩效目标、绩效评价结果等信息，能很好地回应关切，是公众监督政府的有效切入点。

审计署日前发布的审计结果显示，对20个省份的158个贫困县扶贫资金的重点抽查发现，84 个县形成闲置资金 19.54 亿元，其中 6.23 亿元已闲置两年以上。这说明，财政资金仍存在管理使用不到位的问题。

"未来应将绩效管理的范围，逐步覆盖到所有财政资金；将绩效评价重点由项目支出，拓展到部门整体支出和政策、制度、管理等方面，把有限的资金分配好、使用好、管理好。"白景明强调。

[资料来源：根据《国家的钱不许乱花！财政部的这项机制让每笔钱花在明处》（载于《人民日报》2017 年 7 月 12 日）整理。]

2. 案例思政目标

党的十八大以来，预算绩效管理成为财税体制改革的重要内容，最重要的原因还是财政资金的公共性问题。现代政府预算就是政府的施政纲领。因此，预算绩效管理实质上是政府绩效管理的问题。2018 年 9 月 1 日发布的《中共中央 国务院关于全面实施预算绩效管理的意见》明确提出："发挥好财政职能作用，必须按照全面深化改革的要求，加快建立现代财政制度，建立全面规范透明、标准科学、约束有力的预算制度，以全面实施预算绩效管理为关键点和突破口，解决好绩效管理中存在的突出问题，推动财政资金聚力增效，提高公共服务供给质量，增强政府公信力和执行力。"2020 年第十三届全国人民代表大会第三次会议提出："积极的财政政策要更加积极有为。要大力提质增效，各项支出务必精打细算，一定要把每一笔钱都用在刀刃上、紧要处，一定要让市场主体和人民群众有真真切切的感受。"通过案例分析，使学生充分理解预算绩效管理的本质内涵，培养绩效理念，提升专业素养，树立为民理财、为国分忧、助力中华民族伟大复兴的家国情怀。

五、教学方法与手段

（一）线上线下混合式教学法

本课程主要以线下课程讲授，同时辅之以线上 SPOC 学习。线上 SPOC 主要由教师根据需求选择国家精品在线开放课程中的"预算绩效管理"相关内容，使学生初步掌握"预算绩效管理""财政支出绩效评价""绩效预算"相关概念的基本内涵，简单了解我国预算绩效管理改革的过程等一些基础理论。而后在线下课堂教学中，教师将再次重点强调一些需要理解的关键概念和关键理论，同时将课程思政元素浸入贯穿其中，运用现代化教学方法，加强学生的专业能力、方法能力的培养以及道德素养和家国情怀的塑造。

（二）案例教学法

本课程主要以两个典型案例作为切入点，将预算绩效管理改革进展、重大事件、时政热点等穿插其中，同时也注重中外比较，对国际经验进行批判性吸收，使学生形成正确的认识。

（三）启发研讨教学法

本课程将专业知识与学生关心的问题、当前重要的改革相结合，开展课上课后研讨，激发学生自主学习活力。

（四）实践教学法

本课程主要内容"预算绩效管理改革"具有较强的实践性，因此要在实践中进一步加强学生的学习和掌握。主讲教师通常利用每年开展大学生创新创业项目研究的契机，指导学生进行相关领域的学习和研究。

六、教学实施过程

本课程主要围绕两个思政案例，逐一引入并展开课堂教学。第一节通过案例1的引入使学生生动形象地了解我国预算绩效管理改革的初始动因及预算绩效管理初级阶段改革的主要内容。第二节通过引入案例2，使学生掌握我国预算绩效管理改革和探索的进程，同时进一步延伸到近年来我国预算绩效管理取得的成效和问题方面，为最后讲解《中共中央 国务院关于全面实施预算绩效管理的意见》奠定基础。教学实施过程如图1所示。

图1 教学实施过程

具体实施过程如下。

环节一：线上学习效果考察。

教师针对慕课学习内容提问"绩效预算与预算绩效管理"二者有什么

联系和区别？旨在考查本课程第一节基本概念的掌握情况，能否真正理解我国预算绩效管理的本质内涵。

环节二：进入本节教学主题。

教师播放一段视频"我国将全面实施预算绩效管理"，引起学生对我国预算绩效管理改革的兴趣，接着简单重复一下预算绩效管理的主要内容，引入课堂要讲解的主题：我国预算绩效管理改革和探索的基本情况。

环节三：导入案例1。

广东省作为我国预算绩效管理的先行者，在"非典"期间提出加强财政资金绩效管理，合理配置财政资源，为疫情防控、保证人民生命安全提供了充足的财政资金，体现了我国将人民生命放在第一位、坚持以人民为中心的发展理念。在疫情防控的关键时刻，预算绩效管理由投入导向转向产出和结果导向有效提高了财政资金的使用效益，提升了财政资金利用效率，提高了政府提供公共产品和公共服务的能力和水平，充分体现了"为民理财"的思政元素。接着，在此基础上介绍我国预算绩效管理改革的时间轴及主要事件，特别是以制度上的逐步完善来进行讲授。2003年，在广东省开启财政支出绩效评价时，财政部开始在部分业务司局开展了财政支出绩效评价。自2005年财政部制定《中央部门预算支出绩效考评管理办法（试行）》以来，预算绩效管理制度不断完善。我国预算绩效管理改革的时间轴及主要事件如图2所示。

环节四：导入案例2。

案例2引自我国预算管理进入快速发展时期的一篇新闻报道。这个时期是在党的十八届三中全会明确预算管理改革作为现代财政制度的三大基石之一，而且是首要的改革内容之后，从政府部门到社会公众，大家都明确了预算绩效管理是预算管理改革的重中之重。近几年的政府工作报告中都明确指出了预算绩效管理问题。例如，2017年政府工作报告指出：坚守节用裕民的正道，压缩非重点支出，减少对绩效不高项目的预算安排；提高资金使用效益，每一笔钱都要花在明处、用出实效。2018年政府工作报告指出：全面实施绩效管理，使财政资金花得其所、用得安全。加强扶贫资金绩效管理，科研项目绩效评价要加快从重过程向重结果转变。2020年政府工作报告指出：要大力提质增效，各项支出务必精打细算，一定要把每一笔钱都用在刀刃上、紧要处，一定要让市场主体和人民群众有真真切切的感受。

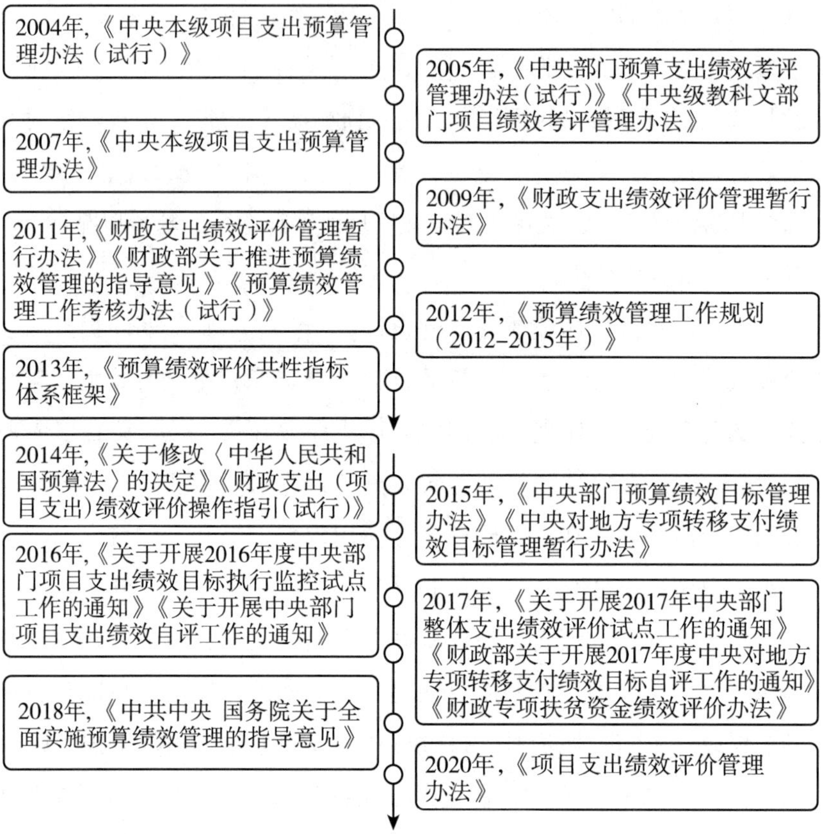

图2 我国预算绩效管理改革的时间轴及主要事件

围绕案例2，从以下几个方面为学生梳理案例分析思路。

（1）为什么要实施预算绩效评价？（财政资金是纳税人的血汗钱，钱花到了什么地方？取得了哪些成效？老百姓最关心。）

（2）预算绩效评价的主要指标可以是哪些？（启发式，为后面讲解我国预算绩效管理的制度框架奠定基础。一个项目的经济效益、社会效益、群众满意程度等，都可以作为绩效评价的量化指标，让老百姓、纳税人清楚钱产生了哪些效益。）

（3）预算绩效管理的范围是什么？（从两个维度：未来应将绩效管理的范围，逐步覆盖到所有财政资金；将绩效评价重点由项目支出拓展到部门整体支出和政策、制度、管理等方面，把有限的资金分配好、使用好、管理好。）

基于以上案例解析，使学生充分了解预算绩效管理的重要性。财政资金是全体纳税人的血汗钱，花好这笔钱是对人民负责，预算绩效管理的指标体系和企业预算管理的指标不同，主要体现社会效益、可持续发展、群众满意度等，预算绩效管理应该覆盖全部财政资金，管理的内容可以是具体的项目支出，可以是部门整体支出，也可以是一级政府支出，同时还应该包括财政政策、财政制度和财政管理等方面的绩效管理。打开学生的视野和思路。课程思政不用特意点出来，其实已经使同学们心中有了这样一个结论：预算绩效管理就是对人民负责，满足人民对美好生活的向往。同时，案例2的导入，也为我们接下来讲授2018年9月下发的《中共中央 国务院关于全面实施预算绩效管理的指导意见》奠定了坚实的基础。

环节五：讲解及归纳《中共中央 国务院关于全面实施预算绩效管理的指导意见》的主要内容。

结合实际讲授"构建全方位预算绩效管理格局""建立全过程预算绩效管理链条""完善全覆盖预算绩效管理体系"等。

七、考核与评价方式

本课程有机融入课程思政案例已经开过两轮，在每年的案例选取中，教师都会结合新的时事查找资料，设计专业知识和课程思政有机融合的案例。每学期学生都会撰写一些主观的课堂评价，90%以上的学生都对案例教学法表示肯定，学生并不理解课程思政这个词的意思，但是也充分表达出这些案例引发他们对一些问题有了更深层次的思考。对于教师来说，寻找大量的案例花费时间，但在调动学生学习积极性的同时，也使教师获得了满满的正能量。具体考核与评价方式采取"过程考核＋期末考核"的方式。过程考核主要包括"线上单元测验＋线上参与讨论＋线上课后作业"。

八、实施成效

（1）体现在学生的课程反馈中。在历年的教学评价中，学生都给出"99＋"的评分，而且在评语中学生纷纷表示：老师教学方法灵活，准备也很充分，很负责，喜欢这样的讲课风格；课堂内容丰富，讲课方式灵活，基础知识穿插一些小专题，进行小组汇报；专业语言准确，不拘泥于课本知识，经常给我们讲述拓展内容，结合最新的热点新闻引导我们去深度思考和交流，每上一节课都觉得受益匪浅。

（2）体现为预算绩效管理理念潜移默化深入学生内心。线下课程思政案例分析、小组研讨、社会实践使学生更加关注预算绩效管理问题，具体表现为：其一，学生讨论和展示时会受到课程思政案例的影响，从诸多的预算管理案例中选择正能量的例子和故事。其二，学生科研意愿大大增强。通过挖掘、提炼科研思政元素，拓宽了学生观察问题、研究问题的视野，学生人生目标提高到"强国有我"的境界，对科研的兴趣大大提升，因此选择继续深造的学生显著增多，终身学习的意识增强。其三，在课程的拓展部分——创新创业训练项目和"互联网＋"大赛中紧密结合课程思政教育，能够有效提升学生的思想觉悟和家国情怀，完成学生价值观和人生观的塑造。例如，"农政大集"关注的是"三农"问题；"大连自贸片区进口关税调研"关注的是高端制造业如何通过税收政策调整促进企业技术创新，从而解决技术"卡脖子"问题；"关注政府的钱袋子"研究的是产出导向的政府预算绩效管理问题。学生在社会实践中充满热情，专业自豪感和社会责任感倍增。

（3）体现为教学模式由"以教为主"向"以学为主"的转变。学生由被动学习转变为主动学习，学习积极性大大提高，学习效果大大提升，人才培养质量得到有效提升，在"润物细无声"的过程中充分实现课程思政的显性化。

从德法兼修视角看二十二冶集团虚开税前列支

赵丽萍　张　霄

一、基本信息

课程名称：税法。

授课对象：税收学专业大学二年级学生。

知识点：企业所得税税前扣除及凭证管理。

主讲教师：赵丽萍，广东财经大学副教授；张霄，广东财经大学副教授。

二、教学目标

（一）知识传授

掌握合理工资薪金的界定；掌握税前扣除凭证相关规定；了解虚开的认定以及相关法律责任。

（二）能力培养

提升学生理论联系实际、独立分析解决问题能力；培养学生社会责任感、实践精神和创新能力；提高沟通协调及团队协作能力。

（三）价值塑造

以传授知识、培养能力与引领价值的有机结合为目标，引导学生树立社会主义核心价值观，增强国家意识和社会责任感，树立正确的世界观、价值观和人生观，理解国家税制改革以及税收法治化进程的重大意义。提高学生的政治理论水平、思想觉悟和职业道德水平，严格约束自己的行为，将个人价值和国家的前途命运紧紧联系在一起。

三、教学重点与难点

（1）企业所得税税前列支的基本原则并融合"家国情怀"思政元素。

（2）非应税劳务取得内部凭证要求并融合"专业素养"思政元素。

（3）关于虚开和偷税的认定并融合"德法兼修"思政元素。

四、课程思政案例介绍

（一）案例主要内容

中国二十二冶集团有限公司（以下简称"二十二冶集团"）2008年至2013年从承德中泰劳务派遣有限公司等四家公司取得合计1.46亿元虚开发票，为取得虚开发票支付347.43万元款项。虚开发票名目下支出情况：（1）为本公司员工发放并在企业所得税前扣除的工资性支出1.45亿元；（2）税前多列支业务招待费4.63万元；（3）未取得合法凭证税前列支业务招待费27.4万元；（4）发放给非本公司员工的工资性支出48.37万元。国家税务总局唐山市税务局稽查局（以下简称"稽查局"）认定应调增二十二冶集团2008年至2013年应纳税所得额1.49亿元，造成少缴所得税3742.53万元构成偷税。2017年5月15日，稽查局作出税务行政处理决定，决定追缴企业所得税3742.53万元。

（资料来源：《国家税务总局唐山市税务局稽查局与国家税务总局河北省税务局、中国二十二冶集团有限公司税务处理决定二审行政判决书》，中国裁判文书网，2018年10月16日。）

本案例的核心争议是1.45亿元的工资薪金支出能否在企业税前扣除以及企业是否应当被定性为偷税。

（二）案例思政元素

本案例思政元素路线如图1所示。

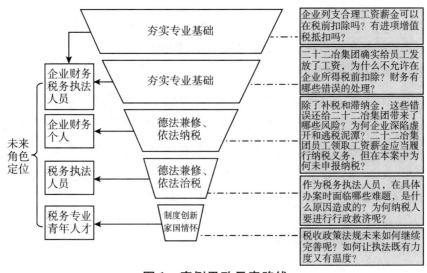

图1　案例思政元素路线

五、教学方法与手段

（一）教学方法

1. 任务引导教学法

教师根据教学内容，给学生下发学习任务单，在教师的引导下，学生通过查阅资料、网上学习等完成任务单上布置的任务，使学生明确该模块的教学目标。

2. 模拟角色扮演法

本案例选自行政诉讼案件，要求学生分别扮演纳税人、税务机关和法官三种角色，根据现有资料，模拟原被告法庭辩论环节，增强代入感。

3. 讲授法

学生演示完毕，由老师将案例中所涉及的知识点串联讲解，对于重难点部分进行阐释，并提炼出思维导图，将案例学习引向深入，引导学生思考本案例中存在的问题以及如何解决，将宪法法治、职业理想和职业道德教育等思政元素与课程知识点深度融合。

（二）教学手段

教学手段遵循现代化多媒体教学技术为主、传统的黑板式教学为辅。

六、教学实施过程

（一）案例教学法的课前准备

教师的课前准备由掌握相关原理、熟悉了解学生、仔细阅读案例三个部分组成。

学生的课前准备包括独立阅读及小组研习案例素材，包括"中国二十二冶集团有限公司税务行政处罚二审行政判决书""企业所得税税前扣除项目的判定标准之构建"等。

（二）案例教学法课堂实施

1. 呈现案例

案例的呈现是教学环节的一个过渡阶段，教师应注意情境再现的时长，限制在 30 分钟左右。

2. 分析与讨论

案例呈现后，教师对小组提出以下问题，并引导全体同学参与讨论。

（1）企业列支合理工资薪金可以在税前扣除吗？有进项增值税抵扣吗？员工取得工资需要缴纳个人所得税吗？

企业列支合理的工资薪金可以在税前扣除，但没有进项增值税抵扣。员工取得工资薪金由受雇单位代扣代缴个人所得税，不管扣缴义务人是否履行其代扣代缴义务，都不会导致纳税义务人的改变，如果单位未履行代扣代缴义务，需要员工自行申报缴纳个人所得税。

（2）本案中企业的财务人员在税务处理上存在哪些过失？这些过失给企业带来了哪些损失和风险？

企业财务人员过失包括：

第一，未编制工资发放表单等内部凭证；

第二，从其他企业手中购买虚开发票并在税前列支；

第三，未履行代扣代缴个人所得税义务。

财务损失和风险包括：

第一，企业需补交企业所得税、滞纳金。

第二，承担未代扣代缴个人所得税的相应处罚。

第三，本应做"工资薪金"项目扣除的项目被改换成"劳务报酬"在企业所得税前扣除，减少了工资薪金的基数并拉低了三项经费等税前扣除限额，可能导致企业多缴税款。

第四，被认定为虚开发票面临经济处罚或刑罚。二十二冶集团让劳务派遣公司为其开发票，但劳务派遣公司并未向二十二冶集团派遣员工或提供其他人力资源服务，仅是按 2%～3% 收取手续费，双方之间没有真实交易，因此均属于虚开行为。

根据《中华人民共和国发票管理办法》第二十二条、第三十七条和《中华人民共和国刑法》第二百零五条，二十二冶集团的行为属于"让他人为自己开具与实际经营业务情况不符的发票"的虚开行为，劳务派遣公司属于"为他人虚开"。由于虚开时间在 2016 年 5 月 1 日前，本案中劳务派遣公司应当缴纳营业税，即并未涉及增值税专用发票虚开问题，但涉案金额特别巨大，因而可能适用刑法第二百零五条。若适用刑法第二百零五条规定，则应对二十二冶集团判处罚金，并对其直接负责的主管人员和其他责任人员处有期徒刑或拘役。

第五，面临认定偷税风险。根据《中华人民共和国税收征收管理法》

（以下简称《税收征管法》）第六十三条规定，既存在偷税行为要件又存在结果要件，且本案涉及金额较大，企业可能面临刑事追责。

（3）如果你是二十二冶集团的员工，在领取工资薪金时应该做些什么？

首先，按照现行法律，二十二冶集团未按规定履行代扣代缴义务，给予处罚，不加收滞纳金。

其次，个人所得税款需向员工个人追征，并可能被征收滞纳金，关键要看税务机关是否责令限期缴纳。

因此，作为企业员工应及时了解个人工资薪金被代扣个人所得税的情况，雇用单位未按规定扣缴个税的，员工应主动向税务机关申报纳税。

（4）税务执法人员在做税务处理决定时面临哪些难题，是什么原因造成的？

一方面是纳税人引用相关法规，主张实际支出的工资薪金在税前扣除；另一方面是对企业偷税的定性引起争议，纳税人不认可偷税定性并启动了行政救济程序。

造成上述执法困境的原因主要包括以下三个方面。

第一，税收政策立法缺失。本案涉及税前扣除及税前扣除凭证两个问题，只有同时符合条件时才能在企业所得税前扣除，既属于应扣除范围又取得了合规的扣除凭证。但在2018年《企业所得税税前扣除凭证管理办法》出台前，法律中并没有明确"扣除范围"和"扣除凭证"两者的关系，就如果符合扣除范围而无合法取得扣除凭证能否扣除存在争议，税务部门执法缺乏充足的法律依据。

第二，偷税定性标准较模糊。根据《税收征管法》第六十三条，有对"手段"和"结果"的具体要求。

其一，从"手段"上来判定。第六十三条大概梳理了三种行为，一是对于账簿、记账凭证的"伪造""变造""隐匿""擅自销毁"；二是多列支出或不列、少列收入；三是经税务机关通知申报而拒不申报或者进行虚假的纳税申报。从支出的角度，本案不适用第三种行为，但第一、第二种行为本质上指向的是企业未真实发生的支出。本案的特殊之处在于，二十二冶集团虽然是虚开行为，但其支出是真实发生的，支出并非虚构。

其二，从"结果"上来判定。是否造成"不缴或者少缴应纳税款"的后果，在本案中很难界定。一种观点认为工资薪金不能在税前扣除造成了少缴当期应纳企业所得税款；另一种观点认为工资薪金在未来取得合法扣除凭证，如内部工资发放表单等，即可在税前扣除，并不会造成税款的少缴。这两种截然相反的观点的根源在于政策规定不够清晰。

其三，从"主观故意"上来判定。第六十三条并未强调偷税的主观故意，但《国家税务总局关于税务检查期间补正申报补缴税款是否影响偷税行为定性有关问题的批复》和《国家税务总局关于北京聚菱燕塑料有限公司偷税案件复核意见的批复》等文件中均认为存在偷税的主观故意系认定偷税的构成要件之一。偷税的定性在实践征管中逐步演绎为"手段＋结果＋主观故意""手段＋结果"等多种判定标准。对于行为人主观故意的认定，通常应从行为人的具体行为进行综合分析。企业认为其通过开具劳务派遣发票的形式支付员工工资虽然具有不规范性，但是主观上并不存在"进行虚假纳税申报"的故意，客观上也没有因此获取利益和造成少缴企业所得税的后果，因此该行为不应当被认定为偷税。

第三，税收治理效能还有提升空间。本案是税务行政处罚执法困境的一个缩影，征纳双方对偷税定性的争议较为突出，提高"税务执法精确度"有利于化解征纳双方的矛盾。

（5）二十二冶集团的 1.45 亿元支出既然是给员工发工资，为何要找劳务派遣公司虚开？1.45 亿元的工资薪金是不是企业的合理工资薪金支出？

本案中，二十二冶集团虽然承认虚开发票行为不当，但虚开并不必然导致 1.45 亿元的支出不能在企业所得税前列支，他们认为 1.45 亿元是合理的工资薪金支出。依据《中华人民共和国企业所得税法》（以下简称《企业所得税法》）第八条：企业实际发生的与取得收入有关的、合理的支出，包括成本、费用、税金、损失和其他支出，准予在计算应纳税所得额时扣除。

《企业所得税法》第八条有三个关于支出的关键语，即实际发生的、与取得收入有关的、合理的，1.45 亿元的确给员工实际发放了，而工资薪金支出与取得企业经营收入有关，并且也是合理的，因此 1.45 亿元的工资支出应当在税前扣除。对于前两个条件双方不存在争议，主要争议在于合理性的认定上。

合理性的标准不取决于企业或税务部门的主观认知，也不来源于社会一般价值标准，应该以税法规定为准，若在法律中对于"合理性"有进一步的要求和限定，则应依据该法并作为判定标准。《国家税务总局关于企业工资薪金及职工福利费扣除问题的通知》第一条对税务机关在对工资薪金进行合理性确认时，提出了五项指导原则。在本案中，企业有较规范的员工工资薪金制度，但企业并未按工资制度要求执行。此外，由于二十二冶集团是虚开发票套取资金给员工发工资，因此并未代扣代缴个人所得税。在五项原则中有两项原则不相符，显然工资薪金"合理性"有待商榷。

（6）假设 1.45 亿元的工资薪金是合理性支出，就可以在企业所得税前列支了吗？

本案在二审期间，恰值《企业所得税税前扣除凭证管理办法》（以下简称《办法》）出台。《办法》出台前，关于 1.45 亿元工资能否在企业所得税前扣除有争议，《办法》出台后，明确了不合规发票不得作为税前扣除凭证。

（7）假设本案相关涉税行为发生在 2018 年 7 月 1 日后，二十二冶集团的 1.45 亿元就可以在企业所得税前列支了吗？

本案给员工发工资不属于增值税应税劳务，根据《办法》第十条，应以内部凭证作为税前扣除凭证。遗憾的是，在公告中并未明确如果企业没有编制合规的内部凭证，即工资制表单等，在证实支出真实性后，能否在税前扣除的问题。

可见，《办法》解决了大部分争议，还有部分遗留问题需后续补充完善。

（8）如果请你当税务部门的代理律师，你认为本案有可能胜诉吗？请列出可能胜诉的理由。

可能胜诉，理由如下。

第一，二十二冶集团混淆了"合理性"概念，认为员工付出劳动就理应获得工资薪金，这属于《中华人民共和国劳动法》层面的问题，员工获得工资薪金与可以税前扣除不是因果关系。一笔支出能否在税前扣除应遵循税法，影响企业所得税额而不影响员工是否取得了该笔工资薪金。根据《国家税务总局关于企业工资薪金及职工福利费扣除问题的通知》相关规定，二十二冶集团 1.45 亿元工资薪金的"合理性"存疑。

第二，二审时二十二冶集团误引《办法》作为依据，认为根据《办法》第十三条所体现的精神，如果答辩人能够补充提供其他相关有效凭证，证明支出真实且已经实际发生，则该支出仍可以在税前扣除。首先，根据公告，取得的虚开发票不能作为税前扣除凭证，不能在税前列支；其次，补充有关有效凭证仅针对企业取得不合规外部凭证，补充合规内部凭证后能否在税前扣除，这一问题《办法》中尚未明确。

第三，二十二冶集团给员工发放 1.45 亿元工资并未按规定履行代扣代缴个人所得税义务，应承担相应法律责任。

（9）如果你是企业的财务主管，未来要如何规范企业的财务制度呢？

第一，规范工资薪金制度。

第二，定期开展业务培训。

第三，实施涉税风险自检制度。

（10）假如你是税收政策的制定者，现行政策有哪些需要调整完善？

第一，对于《办法》，应明确纳税人未编制合规内部凭证但支出确已真实发生的情境下，应予补救措施，如补齐相关内部凭证后，可凭证明支出真实发生的相关佐证材料税前扣除相应支出。既保证税法的严肃性，又体现法治人性化。

第二，对于《税收征管法》第六十三条所规定的偷税，并未将虚开行为纳入，此外对于"不缴或少缴税款"是不是构成偷税的结果要件，政策中并未明确。对何为"不缴或少缴税款"进行界定，是造成当期少缴抑或是造成实质上少缴税款需明确，此外应当将主观故意纳入定性要件，为"有温度的执法"提供法律依据。

分析讨论框架如图 2 所示。

上述第（1）至第（3）问考查学生对既往专业基础知识的掌握情况，引导学生查缺补漏，发现自己存在的问题和差距；第（4）至第（10）问启发学生结合案例进行更深层次的思考。

3. 凝练思政元素

基于上述案例讨论的内容和观点，邀请学生一起凝练思政元素，使职业教育、德育教育"润物细无声"。

（1）夯实专业基础，提高财税理论素养。本案中财务人员由于税法知识的缺失，一方面导致企业本该在税前扣除的 1.45 亿元工资无法扣除；另一方面使企业陷入巨大的虚开风险，甚至可能给自己带来牢狱之灾。

（2）德法兼修，努力成为高素质法治人才。本案中二十二冶集团虽然不存在主观上逃避税款的故意，但找他人为自己虚开发票将产生恶性循环的后果，可能造成劳务派遣公司进一步找其他公司为其虚开，形成链条从而导致虚开泛滥。此外虚开套取资金给员工发放工资虽然并未造成二十二冶集团企业所得税款实质性流失，但未履行代扣代缴个人所得税的法定义务。

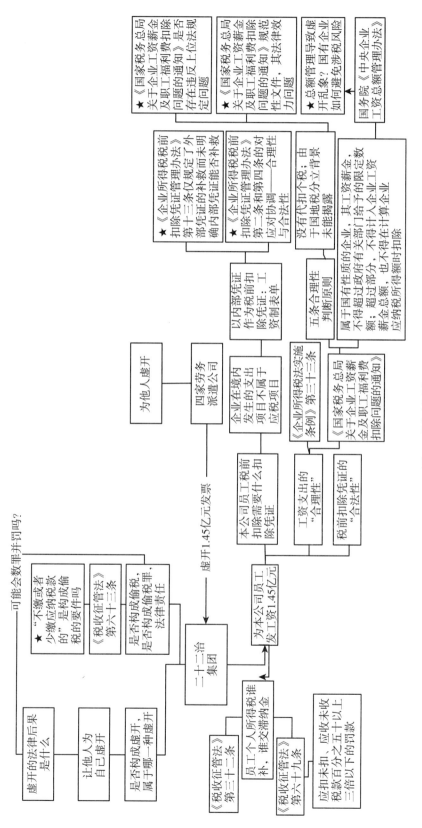

图 2 分析讨论框架

法为德之资，德为法之帅，二者如同法律人的两个支柱，互为依托，缺一不可。作为财税专业人才，在注重专业基础知识学习的基础上，更要修德，培养法律信仰，塑造法律人格。

（3）涵养家国情怀，谏言献策推动法治进步。本案中，既有税收政策完善所带来的进步，也发现政策还有进一步提升的空间。只有专业基础知识扎实，才能更清晰地看到税收法治进程中需要完善和优化的边界，才能提出具有针对性、可操作性的建议，为税收法治化进程作出自己的贡献。要提高站位，拓宽格局，深入财税基础知识和理论的学习，争取为税收的法治化进程建言献策，做有担当、有责任感的财税青年！

七、考核与评价方式

以案例为载体对学生的综合应用能力进行考核，考核内容主要包括"案例角色扮演"和"回答老师及同学提问"两个模块。教师为小组评分，占组员平时成绩的50%。

八、实施成效

该课程思政案例的教学实施收获了较好的效果，达到了预期设定的目标。

对口支援：中国特色横向转移支付

石绍宾

一、基本信息

课程名称：公共经济学。

授课对象：大学本科二年级学生。

知识点：财政体制、转移支付。

主讲教师：石绍宾，山东大学教授。

二、教学目标

（一）知识传授

通过对口支援的案例讲解与分析，可以让学生掌握横向转移支付的内涵，加深对中国特色横向转移支付运行机制、形成原因的了解，准确把握横向转移支付与纵向转移支付的关系。

（二）能力培养

通过讲解中国特色对口支援案例，引导学生正确认识中国国情，正确理解中国特色横向转移支付体系，避免"凡提横向转移支付，只讲德国模式"的认识误区。引导学生注重观察现实中的政府活动与改革实践，培养学生运用课堂知识综合分析问题的系统思维能力。以培养学生创新能力为核心，鼓励学生批判性思维，开阔学生视野，使学生富有批判意识和创新精神，具备解决复杂现实问题的能力。

（三）价值塑造

（1）提升专业素养。通过本案例的讲解，学生在学习政府间转移支付相关理论知识的同时，提高阅读、理解国家政策文件的能力，培养关注时事政治、经济政策的学习习惯。

（2）增强制度自信和文化自信。通过本案例的课程思政教学，帮助学生正确认识中国特色对口支援现象，引导学生关注中国国情、关注现实问题，了解中国对口支援背后特有的文化基因，增强民族自信、制度自信和文化自信。

（3）培养公共意识和公共精神。对口支援现象体现了丰富多彩的"公共"元素，有助于引导学生健全人格培养，提高学生人文素养，培育公共意识和公共精神，提高学生社会责任感。

需要注意的是，知识传授、能力培养和价值塑造三者之间并不是孤立的，必须将能力培养和价值塑造有机融入知识传授的过程中，让学生在学习和掌握知识的过程中实现能力的培养和价值的塑造，从而达到"润物细无声"的目的。这也是课程思政建设的灵魂之所在。

三、教学重点与难点

（1）中国特色横向转移支付的内涵与外延。

（2）中国特色横向转移支付的运行机制与形成原因。

（3）将专业理论知识与课程思政元素有机结合，将制度自信与文化自信、公共意识与公共精神、批判性思维等思政元素自然地融入横向转移支付知识点的学习中，全方位提高学生的能力与素养。

四、课程思政案例介绍

（一）案例1：汶川地震灾后恢复重建对口支援

汶川地震是中华人民共和国成立以来破坏性最强、波及范围最广、灾害损失最重、救灾难度最大的一次地震。经党中央、国务院同意，决定举全国之力，建立灾后恢复重建对口支援机制，加快地震灾区灾后恢复重建。

坚持一方有难、八方支援，自力更生、艰苦奋斗的方针，按照"一省帮一重灾县"的原则，依据支援方经济能力和受援方灾情程度，合理配置力量，建立对口支援机制。承担对口支援任务的有关省市积极为灾区提供人力、物力、财力、智力等各种形式的支援；受援地区树立地方为主的思想，充分发挥干部群众的积极性，互帮互助，苦干实干，生产自救，重建家园。

支援方：19个省市，即广东、江苏、上海、山东、浙江、北京、辽宁、河南、河北、山西、福建、湖南、湖北、安徽、天津、黑龙江、重庆、江西、吉林。

受援方：根据国家地震局提供的汶川地震烈度区划和四川省提供的受灾县（市）灾情程度，将四川省北川县、汶川县、青川县、绵竹市、什邡市、都江堰市、平武县、安县、江油市、彭州市、茂县、理县、黑水县、松潘县、小金县、汉源县、崇州市、剑阁县共18个县（市），以及甘肃省、陕西省受灾严重地区作为受援方。

对口支援安排：考虑支援方的经济实力和受援方的灾情程度，兼顾安置受灾群众阶段已形成的对口支援格局，对口支援安排如表1所示。

表1　　　　　汶川地震灾后恢复重建对口支援关系

支援方	受援方	支援方	受援方
山东省	四川省北川县	广东省	四川省汶川县
浙江省	四川省青川县	江苏省	四川省绵竹市
北京市	四川省什邡市	上海市	四川省都江堰市
河北省	四川省平武县	辽宁省	四川省安县
河南省	四川省江油市	福建省	四川省彭州市
山西省	四川省茂县	湖南省	四川省理县
吉林省	四川省黑水县	安徽省	四川省松潘县
江西省	四川省小金县	湖北省	四川省汉源县
重庆市	四川省崇州市	黑龙江省	四川省剑阁县
广东省（主要由深圳市）	甘肃省受灾严重地区	天津市	陕西省受灾严重地区

各支援省市每年对口支援实物工作量按不低于本省市上年地方财政收入的1%考虑。具体内容和方式与受援方充分协商后确定。

（资料来源：根据《国务院办公厅关于印发汶川地震灾后恢复重建对口支援方案的通知》整理，此文件现已宣布失效。）

（二）案例2：抗击新冠疫情对口支援

2019年底，武汉市暴发新冠疫情。此次疫情在很短时间内蔓延至湖北省乃至全国，严重威胁公众身体健康和生命安全，成为新中国成立以来发生的传播速度最快、感染范围最广、防控难度最大的重大突发公共卫生事件。为有效控制疫情扩散和降低社会风险，中央政府迅速启动联防联控机制，集中全国优质医疗资源对口支援湖北地区，共同应对此次突发公共卫生事件。2020年1月24日，中央政府启动对口支援，要求全国除西藏以外的29个省（区、市）组建援鄂医疗队奔赴武汉和黄冈等地区。1月28日，北京、上海等 26 个省（区、市）共计 49 支医疗队 5600 多人驰援湖北。此后，为坚决打赢疫情防控阻击战，中央政府又统筹安排 19 个省份对口支援湖北省除武汉市以外的 16 个市（州、县）。至此，湖北省对口支援实现全覆盖（具体支援关系见表 2）。在对口支援和其他多方力量的共同作用下，湖北省新冠疫情在两个多月时间内得到有效控制。3 月 17 日开始，中央政府稳步推进援鄂医疗队安全有序撤回，4 月 20 日，全国援鄂医务人员已全部撤回。由此标志着全国对口支援湖北抗击新冠疫情取得阶段性胜利。

表 2　　　　　　　　抗击新冠疫情对口支援关系

支援方	受援方	支援方	受援方	支援方	受援方
广东省	武汉市、荆州市	山东省	武汉市、黄冈市	四川省	武汉市
浙江省	武汉市、荆门市	湖南省	武汉市、黄冈市	北京市	武汉市
重庆市	武汉市、孝感市	黑龙江省	武汉市、孝感市	安徽省	武汉市
江苏省	武汉市、黄石市	江西省	武汉市、随州市	广西壮族自治区	武汉市、十堰市
福建省	武汉市、宜昌市	河南省	武汉市	上海市	武汉市
陕西省	武汉市	贵州省	武汉市、鄂州市	内蒙古自治区	武汉市、荆门市
天津市	武汉市、恩施土家族苗族自治州	辽宁省	武汉市、襄阳市	河北省	武汉市、神农架林区
山西省	武汉市、仙桃市、天门市、潜江市	吉林省	武汉市	海南省	武汉市、荆州市
云南省	武汉市、咸宁市	甘肃省	武汉市	青海省	武汉市
新疆维吾尔自治区	武汉市	宁夏回族自治区	武汉市、襄阳市		

（资料来源：根据新闻报道整理。）

如何认识这种中国特色的对口支援现象，理论界看法不一，有的认为这是具有多重特征的政府经济援助或合作行为，有的认为这是"一种政治性馈赠"。我们认为，对口支援是一种中国特色的横向转移支付。

五、教学方法与手段

（一）案例教学方法

对口支援是一种常见的现象，大部分人却鲜少从专业角度进行分析，因此，如果一开始就介绍横向转移支付的知识点，学生恐怕有跳跃感，难以有效掌握这一理论。案例教学方法可以有效克服学习内容的枯燥与抽象。通过引入汶川抗震救灾对口支援、抗击新冠疫情对口支援等一个个生动的案例，辅之以播放相关视频资源，再加上教师的讲解，可以很快抓住学生眼球，让其尽快接受转移支付的相关理论。

（二）小组研讨方法

引入案例之后，需要启发学生思考，提出"为什么汶川抗震救灾对口支援可以在中国发生""为什么抗击新冠疫情对口支援可以在中国发生"等思考题，让学生对比中外应对紧急事件的不同路线方案，回答中国对口支援背后的深层次原因。

（三）理论讲解方法

结合案例与学生讨论情况，教师适时进行总结，将学生讨论的观点与横向转移支付理论有机结合，实现专业教育与课程教育的有机融合。

六、教学实施过程

本案例对应于《公共财政概论》（高等教育出版社 2019 年版）第 12 章《财政体制》的理论知识点，适于在讲授完上述章节的理论知识点后开展课程思政案例教学。安排 1.5 个课时（60 分钟）。具体教学过程如表 3 所示。

表 3　　　　　　　　　案例的教学实施过程

学习阶段	学习内容	时间限制	学习目标（教学方法）
课前	预习课本知识、查阅相关资料，了解对口支援的发展历程和政策背景	提前一周	熟悉案例背景，培养学生关注经济政策和时事政治的学习习惯（课前预习）
课中	教师展示案例基本内容	10 分钟	熟悉案例内容（课堂讲授）
	教师讲解专业知识点，引导学生将理论知识点和思政知识点相结合	10 分钟	加深对理论知识的理解（课堂讲授）
	组织学生结合教师提问进行讨论，思考对口支援为何可以在中国发生	40 分钟	加深对思政知识的理解，将专业知识和思政元素有机结合（案例研讨、效果评价）
课后	布置和批改思考题	课后一周	加强记忆，巩固知识（课后思考）

（一）案例引入

播放《同心战"疫"》第四集《众志成城》纪录片，让学生再次重温武汉抗击新冠疫情那段历史，同时引入抗击新冠疫情中的对口支援，插入山东大学齐鲁医院援鄂医疗队拍摄的视频。

（二）理论讲授：对口支援是一种横向转移支付

结合案例分析，任课教师进行理论讲授。将对口支援定义为一种横向转移支付，首先是由其行为主体关系决定的。对口支援是典型的上级决策下级执行的活动，是在既有财政体制之下的区域间政府财力无偿转移和资源再配置。尽管上级政府主要是中央政府在其中发挥主导作用，但下级政府是实施主体，区域间政府是发生利益再分配的实质主体。正因如此，有的学者将其称为兄弟互助式援助。其次是由客体的内容和性质决定的。对口支援主要有支援方提供的救灾援助（基础设施建设为主）、经济发展援助、医疗卫生援助、教育科技援助等，基本由支援方政府直接或通过受援地政府向当地企业和居民提供公共物品与服务，属于公共财政的职能范畴。尽管对口支援在实践中有时表现为纯粹的财力转移（如援建基础设施），更多时候表现为财力转移和人力物力援助的结合（如派遣干部和专业人员、给予项目支援），但都是政府财力牵动的要素流动，是一种跨区域、不同政府主体间的财政分配活动。最后，考虑到对口支援的主体主要是各级地方政府，资源分配规模以地区间资源转移部分为主，故略去非主体部分，将对口支援直接称为横向转移支付是可以成立和接受的，其对应的是上级尤其是中央政府主导决策并实施的纵向转移支付。

进一步，阐述对口支援横向转移支付的中国特征。一是内容和目的的多元性特征。我国的对口支援实践性强、应用灵活、方式多样，是一项集政治、经济、社会、文化等多重目的于一体的政策工具。

二是基于中国政治体制的"政治动员性"特征。该特征表现为：（1）自上而下运行，行政主导，上级主要是中央主导、下级行动，政治优先，任务导向；（2）中国独特的政治体制引致政府的资源动员力强大，中央号召、动员、部署，全域人力物力财力即可调动，其力度之大、动员之快、持续时间之长是任何其他体制国家不可比拟的；（3）所调动资源不仅仅是资金，还有人力物力管理等多种非财力要素，以提高援助的效率和效果。

三是中国公共治理的阶段性特征。总体来看，多数对口支援项目缺少必要的法律形式，启动对口支援的条件和时机、支援方和受援方的确定原则和程序、支援的额度和期限等基本问题尚未形成固定机制，法治化程度不高。即使对口支援额度在政府预算中出现，但缺少必要的统计制度，预算执行透明度不高，评估监督机制和激励机制亦不够健全，尚未实现管理的规范化、精细化。因此，对口支援是一种规范化、法治化程度不高的横向转移支付"制度安排"。

（三）课堂提问：还有哪些形式的对口支援

插入《山海情》电视剧片段、郑州水灾对口支援新闻片段，提示学生进行思考。

任课教师进行总结，从支援方主体来看，对口支援既包括省市政府组织的对口支援，也包括国家卫生健康委员会、教育部等中央部门组织的对口支援，还包括中央企业组织的对口支援。

从支援的内容来看，对口支援至少包括如下几类：一是特殊区域援助类（边疆和民族地区援助，其他贫困地区援助等），持续时间长，涉及地区多，往往具有全局性战略性意义；二是重大灾害救助类，应急性和针对性强，持续时间较短，往往是多地对一地或局部的支援；三是重大工程补偿类，名为支持重大工程建设，实为重大工程建设地付出代价产生效益外溢，受益方以某种方式补偿建设地的利益，其涉及面和存续时间往往处于上述两类之间。

（四）小组研讨：对口支援何以在中国发生

提出研讨问题，组织同学们分组研讨，任课教师最后总结。

1. 中国之治的制度优势（帮助学生树立制度自信）

对口支援作为一种中国特色的制度安排，每每在关键时刻发挥相当重要的作用，充分展现了中国之治的制度优势（这里充分体现课程思政元素，需要展开分析）。

（1）以人为本的执政理念为对口支援提供了内生动力。中国共产党领导是中国特色社会主义制度的最大优势，中国共产党的根本宗旨是全心全意为人民服务，坚持为人民执政、靠人民执政，坚持发展为了人民、发展依靠人民、发展成果由人民共享。结合新冠疫情案例，此次疫情未知程度大，发展变化快，传染性高，严重威胁人民群众的身体健康和生命安全。在疫情严重区域医疗资源颇为紧张的情况下，为防止疫情扩散，并尽快加以控制，党中央和国务院即刻做出启动对口支援的决定，充分体现了以人为本的执政理念。

（2）中央政府的高度权威为对口支援提供了法律依据。中国的国家结构形式决定了中央政府具有高度权威，保证了下级服从上级、地方服从中央的全国一盘棋统筹布局，确保在面对危机时可以迅速调集资源，集中力量办大事。《中华人民共和国地方各级人民代表大会和地方各级人民政府组织法》明确规定，"全国地方各级人民政府都是国务院统一领导下的国家行政机关，都服从国务院"。因此，在面对新冠疫情这种重大突发公共卫生事件时，中央政府审时度势，根据疫情变化确定对口支援政策，通过行政指令调集全国29个省（区、市）资源，动员全国各地组建专业医疗队，自备部分防护物资、生活物资和医疗物资，紧急驰援湖北。

（3）政府内部的绩效考核与总结也为对口支援提供了充足的激励与约束。从政府自身运作流程来看，"布置—落实—考核—反馈"构成一个完整的运行链条。作为一项专项任务，对口支援工作也会进行相关的绩效考核，加之疫情期间媒体的广泛介入与报道，参与对口支援的各地方政府无不充分调动一切资源，挖掘最大潜能，提供相关人力物力，把控制疫情、保障人民群众生命安全放在首位。这一系列激励约束机制充分保障了地方政府能积极响应中央政府的政策，确保了对口支援的顺利启动和有效实施。

2. 中国之治的文化基因优势（帮助学生树立文化自信）

我国传统文化具有强大生命力，历久弥新，关键是其具有优秀的文化基因。文化基因是各种文化现象背后的最基本核心理念，是决定文化系统传承和演进的基本文化单位。对口支援离不开文化基因的影响，主要由以下三个文化基因相互交织共同作用。

（1）互助文化。互助文化集中体现为"一方有难，八方支援"。此次对口支援，各支援主体在互助文化的影响下产生强大的共情能力，积极与湖北省人民共同抗疫。互助文化推动着对口支援主体把对口支援由强制性政治任务内化为帮助同胞克服困难的义务。

（2）感恩文化。感恩文化是在互助文化的基础上进一步升华，使得群体间互动关系更为紧密，进一步加深互助文化的影响。感恩的三个基本要素是知恩、感恩和报恩。报恩可以直接针对施恩者，也可以是施恩者以外的群体，尤其是其他需要帮助的群体。这三个因素共同作用成为感恩文化的内在动力。此次对口支援中，支援主体基于感恩文化，有的是直接回报湖北省曾经的帮助，有的则是间接回报社会。

（3）榜样文化。榜样文化能够把互助文化和感恩文化进一步转化为实践，三者层层递进，相互补充。榜样人物尤其是英雄人物的行为所传达出的精神影响力巨大，特别是在国家面临危难和重大灾害事件时，英雄人物表现出的爱国奉献、敢为人先的先进精神对社会（尤其党内人士）具有很强的渗透性和教育性，引发社会高度认同，实现社会各方协同行动。抗击新冠疫情过程中，中央政府一方面发挥军队示范作用，引导地方政府积极参与对口支援；另一方面发挥地方政府间激励作用，加强各支援主体对口支援力度。

概括一下，中国之治的文化基因优势把对口支援由强制性的政治任务内化为积极主动的道德义务，保证对口支援持续有效运行。中央政府作为神经中枢系统，结合多方因素共同驱动，统一指挥对口支援工作有序推进。

（五）理论讲授：横向转移支付与纵向转移支付的关系

首先，介绍纵向转移支付的地位和特点，它是上级政府尤其是中央政府履行职能的分配工具，通常具有如下特点：一是全局性，可以充分发挥中央政府财力集中的优势，体现中央政府意图，实现对各地方提供服务的统一要求，最大限度实现公平目标；二是规范性，往往以制度规范为标准，以财力为主要形式，构成一国政府间转移支付的主体部分；三是相对稳定性，纵向转移支付制度一经确立，在一定时间内相对稳定，短期内不会轻易变化。因此，各国纵向转移支付的基本功能定位于实现基本公共服务均等化。

其次，与纵向转移支付相比，介绍对口支援横向转移支付的特点：一是增进一体性，与纵向转移支付相比，中央政府统筹安排地方政府横向对口支援，便于增进地区间横向联系，增强国家统一民族团结意识，增强国家凝聚力向心力；二是形式多样性，多个地方发挥各自优势，在更广范围内调动人财物力多种要素，"一事一策"、"一地一策"或"一时一策"，创造性地达成援助目的；三是聚焦局部性，对口支援转移支付可以针对某个特定区域或领域集中发力，快速重点化解局部困难。

需要给学生指出，纵向转移支付无论是在动员的资金规模，还是在行政运行效率和推动基本公共服务均等化等方面，均具有较大优势，往往是转移支付体系中的主体部分。对口支援横向转移支付的作用发挥主要以特定任务或项目形式出现，聚焦局部区域，但这并不意味着其可有可无。从实施效果看，无论是阶段性还是长期性的对口支援，都有助于增加全国上下和地区之间的凝聚力，对于加强民族团结、紧密区域之间的联系、形成集中统一的国家具有特别重要的政治意义，同时，对口支援横向转移支付不仅体现为财力的横向转移，还包括人财物力、技术、管理经验等方面的横向支持，具有纵向转移支付不可替代的作用。因此，从中国实际出发，综合考量转移支付体系的经济意义和政治意义，对口支援横向转移支付可以定位于"纵向转移支付的有益补充"。

七、考核与评价方式

本知识点的考核和评价分为过程考核（60 分）和课后作业考核（40分）。过程考核主要是课堂表现，包括学生在回答问题和小组讨论中的现场表现以及团队合作能力，考查学生对相关概念的理解力、上课的积极态度和思维创新能力。每个教学环节和学生的活动都要在讨论表中设置并赋分，做好课堂评分记录。

课后考核主要是布置思考题，考查学生对相关文献的了解程度和对思政元素的落实程度。

思考题：结合实际，找出一个对口支援的案例，分析其背后的运行机制，评估其运行效果。

八、实施成效

自2019 年9 月以来，每学期坚持在公共经济学、公共问题经济学等课程授课中讲授本案例；参与案例学习和讨论的学生累计300 余人次。

本教学知识点的授课可以较好地实现理论知识培养目标（知识传授和能力培养）和素养目标（价值塑造），学生普遍反映，结合案例可以更加清晰地理解横向转移支付的知识，增强了中国特色社会主义的制度自信和文化自信。

从近代公共事业的发展看清代后期的财政以及中国人民反对外国侵略的斗争历程

李炜光　焦建国　陈旭东　刘梦君

一、基本信息

课程名称：中国财政史。

授课对象：财政学专业大学二年级学生。

知识点：清代财政。

主讲教师：李炜光，天津财经大学教授；焦建国，天津财经大学教授；陈旭东，天津财经大学教授；刘梦君，天津财经大学讲师。

二、教学目标

（一）知识传授

通过梳理近代典型公共事业——疏浚业的产生、发展历程，分析疏浚机构的资金来源，帮助学生掌握清代后期公共产品的供给模式，理解清代后期半封建半殖民地财政的特征，感受中国人民反对外国侵略的斗争历程。

（二）能力培养

通过案例的学习培养学生理论指导实践、实践验证理论的能力，增强学生的问题意识，提高学生运用财政学专业知识和理论方法，多角度辩证提出见解并进行案例分析的能力；同时借助演讲、辩论等翻转课堂教学形式，培养学生文献检索与阅读、资料收集与整理、案例分析与对比、语言表达与写作、团队沟通与协作等方面的综合能力。

（三）价值塑造

学史明理、学史增信、学史崇德、学史力行。培养学生以现实的眼光研究历史，以历史的眼光思考现实。让学生认识、思考中华民族伟大复兴的历史趋势与历史使命，培养爱国主义情愫，激发经国济世的社会责任感和担当意识。

三、教学重点与难点

（一）教学重点

清代后期财政。

（二）教学难点

（1）以现实的眼光研究历史，通过具体的公共事业（近代疏浚业）发展历史阐释清代后期公共产品提供的特点，理解清代后期半封建半殖民地财政的特征。

（2）以历史的眼光思考现实，从近代疏浚业发展的历史中，感受中国人民反对外国侵略的斗争历程，并理性认同中国特色社会主义公共财政，认识、思考中华民族伟大复兴的历史趋势与历史使命。

四、课程思政案例介绍

本案例在讲解清代财政的基础上，通过介绍近代典型的公共事业——疏浚业的产生与发展历程，分析疏浚机构的资金来源，以及对区域经济贸易的影响，让学生进一步了解清代后期拥挤性公共产品提供的特点，理解这一时期半封建半殖民地财政的特征，掌握清代后期的财政收入、支出、管理和运行情况，并从中认识中国人民反对外国侵略的斗争历程，理性认同中国特色社会主义公共财政，认识、思考中华民族伟大复兴的历史趋势与历史使命。

1. 近代疏浚业产生的背景①

中国依靠人力的传统疏浚业由来已久，但随着港口城市的陆续开埠，②

---

① 龚宁：《华洋合作：中国近代疏浚业之诞生（1897—1911 年）》，载于《南开学报（哲学社会科学版）》2021 年第 4 期。

② 1840 年鸦片战争失败后签订的《南京条约》，使清政府被迫开放上海等五口通商。天津在 1860 年也被迫开埠。

河道自然条件和传统疏浚方式已经不能满足对外贸易发展的需要。天津和上海是近代中国一北一南两个重要港口，但是航道自然条件均不理想；加之外国轮船吃水更深，航道条件制约了两地经济和贸易的发展。无论是清政府还是西方，均希望尽快改善航道。

清政府早期开展的疏浚工作，未能取得成效，[①] 主要是由于缺乏相应的技术和资金支持，且缺乏长期规划，加之没有相应的人才储备，疏浚活动高度依赖洋人。

西方急于进一步打开中国市场，也不断尝试开展疏浚工程，但是不断受到来自中国民间力量的反抗。例如，由于需要处理拆迁、征用土地等相关事宜，以及由于疏浚后轮船可以直抵租界码头，不再需要小船卸货运输货物，驳船业群体和当地居民都不断表示反对并进行围攻。

2. 疏浚机构的设立

1897 年海河工程局在天津成立，这标志着中国近代疏浚业的诞生，它与不久后在上海成立的浚浦工程局成为中国近代疏浚业最主要的两个机构。

（1）海河工程局的成立。[②]

1897 年直隶总督兼北洋大臣王文韶经与领事团代表、天津洋商总会、津海关税务司等互订协定，成立海河工程局，并获得总理衙门的核准和光绪皇帝的批示。

最初的海河工程局由中方主导：津海关道李珉琛为总办（次年为董事长），轮船招商局黄道台、开平矿务局张道台和津海关税务司为会办，总办、会办一正三副，与此前其他洋务机构相类似。不同的是，其具体业务由聘请的洋人"工程司"全权负责。

经过两次调整，海河工程局不再由中方主导。1902 年 8 月开始海河工程局的最高决策机关由领事团代表[③]、海关税务司[④]和海关道台[⑤]三人组成；

---

① 1873 年上海进口了第一艘挖泥船，但由于不适用于当地土质而无法施工；1877 年天津购置了一艘挖泥船，因"非新式，出土难于运送，只能傍堤挖淤"。

② 龙登高、龚宁、孟德望：《近代公共事业的制度创新：利益相关方合作的公益法人模式——基于海河工程局中外文档案的研究》，载于《清华大学学报（哲学社会科学版）》2017 年第 32 卷第 6 期。

③ 领事团代表了各自所属国家在天津乃至华北的利益。到 19 世纪末，先后有 15 个国家在天津派驻领事。

④ 天津海关 1861 年设关，最高负责人为"税务司"，抗日战争胜利前均由外国人担任。

⑤ 海关道台是由中国政府派出到海关进行监督，并办理所在地方对外交涉事务的人员，多为通晓西方的洋务人才。

其中领事团代表长期排在首位，拥有相当大的权力。同时由洋商总会代表、轮船公司①代表构成海河工程局参事会，由各国领事代表、天津洋商总会主席和航运界代表组成咨询委员会，参与海河治理相关工程的建议、监督、提案与决策。此外，机构设有名誉司库一职，该职长期把持在洋商会长和英国工部局主席手中，列席董事会会议并参与讨论、提出建议。机构具体业务实行总工程师负责制，由总工程师统管人事安排、财务管理、生产决策等，该职位也长期由外国人担任。

（2）浚浦工程局的成立。②

浚浦工程局与海河工程局不同，一直坚持官办，经过了多年的筹备于1905年成立。成立之初，其总办为江海关道、江海关税务司，会办为辜鸿铭，均由中国政府任命。但实行洋总工程师负责制，工程师、总监工、工程秘书等专业技术职位均聘用外籍专业人员担任；人力资源与财务管理等机构治理的核心内容，也均由外籍人员掌管。

不过，由于资金问题，浚浦工程局仅强撑了不到五年，清政府便以"款项拨足，全工告竣，已尽完全之责"为由裁撤了浚浦工程局。

3. 资金来源

航道具有非竞争性，属于拥挤性公共产品。在清代后期半封建半殖民的社会条件下，这类准公共产品的提供是具有历史特点的。

（1）海河工程局的资金来源。③

海河工程局的启动资金为25万两白银，其中中方筹集了10万两白银，外方筹集了15万两白银。

海河治理工程浩大，除了航道疏浚、维护，还需要进行裁弯取直、冬季破冰等大量工程，耗资甚巨，除清政府每年6万两白银的拨款外，主要依靠关税附加税转移支付和自营业务收入，以及发行公债。

关税附加税包括河捐。海河工程局初建时，总理衙门和各国驻京公使批准通过海关增税来增加海河工程局治河经费，除特别物品以及缴半税的

---

① 早期主要是太古、怡和、招商局，后来加上日本三菱会社、日本邮船公司、大阪商船会社，均在天津建有专用码头。

② 龚宁：《华洋合作：中国近代疏浚业之诞生（1897—1911年）》，载于《南开学报（哲学社会科学版）》2021年第4期。

③ 龙登高、龚宁、孟德望：《近代公共事业的制度创新：利益相关方合作的公益法人模式——基于海河工程局中外文档案的研究》，载于《清华大学学报（哲学社会科学版）》2017年第32卷第6期。

货物外，河捐为关税的 1%。1901 年河捐调整为关税的 2%，1903 年再次调整为关税的 3%，1909 年河捐增长到关税的 4%。

关税附加税还包括船税。1908 年开始，对经大沽沙航道进入天津的船只，按船只所载货物吨数，每吨货物收银一钱，对停泊在大沽口外的船只，每吨收银五分，由天津海关税务司代为征收。

海河工程局的自营收入，主要来自吹填和租赁等业务收入。吹填是将挖泥船所挖出的河底泥排放到租界地低洼地带，以垫高填平地面。租赁业务包括疏浚、破冰船只的租赁，及自有土地的租赁。

对于新购设备、开展重大工程等所需的巨额资金，主要通过发行公债获得融资。海河工程局相继发行了九次公债，都得到了中外政府的批准与授权，并以未来关税附加税的收入为担保。

（2）浚浦工程局的资金来源。[1]

清政府一直坚持自筹资金来自办浚浦工程局。光绪二十七年（1901年），《辛丑条约》第十一款及附件规定设立"黄浦河道局"，同时明确了该机构应涵括中外政府等多方代表，并提出了清政府和外国相关方各 50% 的出资比例。然而，清廷官员一方面担心水路管辖权落入外人之手，另一方面担心洋人不履行出资义务，使得清政府筹措的资金被浪费，因此一直坚持完全"自办"。1905 年，清政府与驻华各国使节改订条款，强调了清政府"自称其工"并全额出资。

对于浚浦工程局所需的资金，清政府不但不同意由外方出资，也不从外资银行贷款，且不同意征收疏浚专项附加税，也不发行债券，故除了政府拨款外，主要通过本国银行进行融资（见表1）。

表1　　　　　**1905～1911 年浚浦局资金来源**　　　单位：规银两

年份	政府拨款 （Annual Grant）	大清银行贷款 （原名 Hu Pu 银行）	道台特别拨款 （Special Grant）
1905	1000.00		
1906	124001.19		
1907	552731.79		
1908	1544840.00	750000.00	

[1]　伊巍、龙登高：《近代海关附加税与疏浚事业资金供给模式——以浚浦局档案为中心》，载于《中国经济史研究》2020 年第 3 期。

年份	政府拨款 （Annual Grant）	大清银行贷款 （原名 Hu Pu 银行）	道台特别拨款 （Special Grant）
1909	137145.00	1500000.00	300000.00
1910	467608.99	1500000.00	
1911	390700.16	375000.00	
总计	3218027.13	4125000.00	300000.00

资料来源：伊巍、龙登高，《近代海关附加税与疏浚事业资金供给模式——以浚浦局档案为中心》，载于《中国经济史研究》2020 年第 3 期。

由于资金问题，浚浦工程局成立 5 年后即被裁撤。1910 年黄浦江的整体治理工作完成了计划的 1/4，却将清政府所筹 20 年的工程经费几乎用尽（见表 2）。清政府无力继续筹资支持剩余工程，因此暂时撤销浚浦局，精减官员和外国雇员，仅留下少数人办理"善后养工"事宜。

表 2 **1906～1910 年浚浦局费用** 单位：规银两

年份	425 万两 借款利息	人员与设备 费用	高桥工程 费用	吴淞外沙工程 费用	修治工程 费用	总计
1906		100602			9391	109993
1907		178019		48946	300831	527796
1908		201268	625000	766821	680788	2273877
1909	65625	208698	507614	675941	464318	1922196
1910	170625	172819	770275	487461	388637	1989817
合计	236250	861406	1902889	1979169	1843965	6823679

资料来源：伊巍、龙登高，《近代海关附加税与疏浚事业资金供给模式——以浚浦局档案为中心》，载于《中国经济史研究》2020 年第 3 期。

4. 区域贸易、经济的发展

国内外市场需求的增长促进了区域对外贸易及经济的发展，其中航运条件的改善也起到了积极作用。

以天津为例，海河航道的治理方便了船只航行到上游市区码头，直接进行贸易；同时海河裁弯取直工程大大缩短了航道，减少了航行时间，为贸易的发展提供了极大的便利。从图 1 可以看到，天津开埠以来进出口贸易总额稳步上涨，1905 年航道改善初见成效之后，直接进出口贸易额有了明显的提高，洋货由原来需要从上海、香港转口变为直接从海外进口为主，土货也多经由天津直接输出海外。

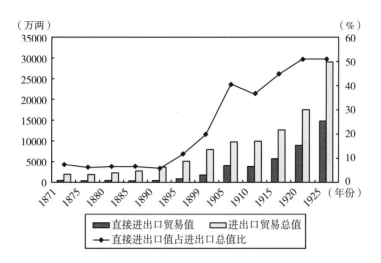

图1　1871～1925年天津直接进出口贸易额与进出口贸易总额

资料来源：张利民，《20世纪初期天津对外贸易变化简析——从海关史的角度》，载于《国家航海》2016年第3期。

航道的疏浚方便了贸易的开展，进出口贸易的增长加强了天津与世界市场及与腹地的经济联系，随着市场范围和规模的扩大，天津的经济地位也迅速提升。①

案例内容结构如图2所示。

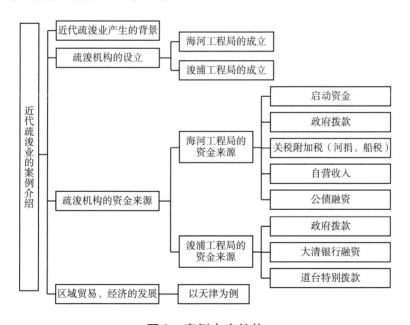

图2　案例内容结构

---

① 张利民：《20世纪初期天津对外贸易变化简析——从海关史的角度》，载于《国家航海》2016年第3期。

五、教学方法与手段

在课堂讲授本案例的同时，通过直观展示近代疏浚业相关档案资料、照片和视频，帮助学生获得感性认识。在此基础上，指导学生根据各自兴趣，搜集整理清代其他公共产品的相关资料，就该公共产品的提供及特点进行课堂演讲；并进一步组织学生就本案例及各小组演讲案例进行分组讨论、辩论互动，通过横向和纵向比较，归纳总结清代后期半封建半殖民地财政的特征，点明案例中有关中国人民反抗外国侵略的相关内容。

六、教学实施过程

教学实施过程如图3所示。

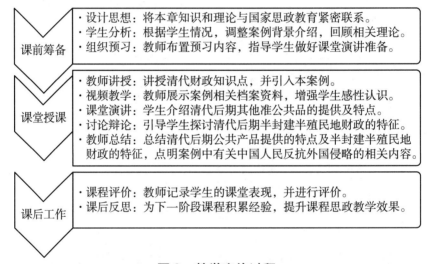

图3　教学实施过程

（一）课前筹备

（1）教师将本章知识和理论与国家思政教育紧密联系，结合案例实现本章教学的知识、能力及价值塑造目标。

（2）根据学生具体情况因材施教，增减案例背景介绍内容，同时有选择地回顾财政学相关理论知识与方法，以帮助学生对清代后期的财政产生感性认识，同时理性认识清代后期半封建半殖民地财政的特征，增进学生对我国财政史的理解，培养学生的爱国主义情愫和理想信念。

（3）布置课前预习内容，将此次授课内容以线上SPOC课的形式传达给每位同学，并指导学生以组为单位，根据兴趣进一步了解清代其他公共产品（如公路、铁路、港口等）的提供模式，做好课上演讲和讨论的准备。

（二）课堂授课

（1）教师讲授清代各时期政治经济概况、财政收支情况以及财政管理机构和制度，在介绍"清末海关从鸦片战争后就受外人操纵"之后，引入本案例。

（2）教师展示近代疏浚业相关档案资料、照片和视频，增强学生对中国人民反对外国侵略斗争历程的感性认识，帮助学生认识、思考中华民族伟大复兴的历史趋势与历史使命。

（3）学生进行课堂演讲，介绍清代不同公共产品的提供及特点。

（4）引导学生就清代后期半封建半殖民地财政的特征分组讨论、辩论互动。

（5）教师总结清代后期公共产品的提供特点及半封建半殖民地财政的特征，点明案例中有关中国人民反抗外国侵略的相关内容。

（三）课后工作

（1）教师整理记录学生在课堂演讲和辩论环节的表现，结合提交的课堂演讲 PPT，评价学生知识掌握情况。

（2）做好课后反思与记录，为下一阶段课程积累经验，提升课程思政教学效果。

七、考核与评价方式

本案例所涉及的知识点可在课堂演讲和辩论互动两个教学环节进行考核。根据学生在两个环节的表现，可对其知识的理解程度与运用能力进行综合评价。

八、实施成效

通过本案例教学，在知识传授方面，学生的专业基础将得以巩固，在掌握清代后期半封建半殖民地财政的同时，感受中国人民反对外国侵略的斗争历程；在能力培养方面，学生把新知识融入已有知识，不断完善现有知识结构的知识迁移能力将得以提高，运用财政学专业知识和理论方法，多角度辩证提出见解、分析案例等方面的综合能力将得以增强；在价值塑造方面，学生将进一步认识、思考中华民族伟大复兴的历史趋势与历史使命，产生经国济世的社会责任感和担当意识，愈发坚定"四个自信"。

民生财政与"为人民服务"

宋丽颖　鄢哲明　冯　晨

一、基本信息

课程名称：财政学。

授课对象：经济学类专业大学三年级学生。

知识点：财政支出结构与规模。

主讲教师：宋丽颖，西安交通大学教授；鄢哲明，西安交通大学副教授；冯晨，西安交通大学副教授。

二、教学目标

（一）知识传授

掌握财政支出规模与结构的基本理论和现状，以及随着社会经济的发展，支出规模与结构的变化趋势和改革方向；具体了解财政支出中教育、社会保障和卫生等支出的基本方向、结构和变化；学会运用计量软件分析相关支出数据和经济发展的关系，为之后的相关科研或工作打下基础。

（二）能力培养

通过案例分析，训练学生运用财政支出理论分析、理解和解决我国实际财政问题的能力；通过数据分析作业提升学生的实证分析能力；提高学生从事相关政府财政工作的专业素质，为其做好知识积累和职业准备，以适应国家治理对复合型人才的要求。

（三）价值塑造

通过课堂教学，让学生了解各类公共支出对城乡居民社会生活的影响，从而帮助学生正确认识我国财政的"民生性"，培养学生的公共意识和爱国情怀。通过创设特定的支出案例情景，如脱贫攻坚、义务教育和营养午餐计划等支出政策，传达国家"为人民服务"的宗旨，最终实现共同富裕的远大目标。

三、教学重点与难点

（一）教学重点

（1）运用财政学的基本理论来阐述为什么财政是公共财政和民生财政？

（2）从财政支出的结构来阐述民生财政在财政支出中主要体现在哪些方面？

（二）教学难点

（1）我国财政怎样体现"为人民服务"的特性，提高人民的幸福感和满意度？

（2）财政支出如何解决我国存在的社会经济问题？例如，现阶段我国社会的主要社会矛盾——人民日益增长的美好生活需要和不平衡不充分的发展之间的矛盾。

（3）在我国财政支出中，社会保障、教育和卫生支出的比重是否合适？是否能够满足目前的社会经济发展现状？与其他国家相比如何？未来的变化趋势如何？

四、课程思政案例介绍

财政支出是国家财政的重要组成部分，国家通过财政支出实现一系列经济社会目标，如资源配置、经济发展与稳定、收入分配等。经济社会发展中的全局性、系统性、战略性问题的解决，一定程度上依赖于财政支出的合理安排。从社会经济转型来看，财政支出发挥了动力机制作用。

随着社会的发展，财政支出的作用也有所不同。在新中国成立到改革开放之前的计划经济体制下，财政支出十分宽泛、"包揽一切"，形成生产建设型财政。改革开放之后，中国共产党对财政职能和财政支出进行了长期探索和实践。1998年提出要构建公共财政框架体系。在社会主义市场经济建设时期，国家通过财政支出为市场主体提供良好的发展环境。如今，将财政职能和财政支出从经济范畴提升至国家治理的高度，更加明确了民生财政为人民的核心目标。

在课程思政的案例引导中，教师将从我国"十三五"政府工作总结出发，介绍我国政府财政支出的实际现状以及保障民生的基本措施。案例具体内容如下。

习近平总书记在十八届中共中央政治局常委同中外记者见面时强调："人民对美好生活的向往，就是我们的奋斗目标。"以习近平同志为核心的党中央始终坚持以人民为中心的执政理念，不断加大民生领域投入，加快补齐民生短板，持续增进民生福祉，从而让改革发展成果更多、更公平地惠及广大人民群众。

"十三五"时期，国家的"钱袋子"保持平稳增长，民生等领域"花钱"有保障。财政部数据显示，我国民生领域财政投入持续增长，全国财政收入在2016～2019年从15万亿元增长至19万亿元，增长近三成，年均增长率达到5.7%。而全国财政支出在2016～2019年从18万亿元增长至23万亿元，年均增长率达到8%。那些同老百姓生活息息相关的社会保障、教育、就业、医疗卫生等民生问题得到了较好解决，人民群众的获得感、幸福感、安全感更加充实、更有保障、更可持续。

1. 民生财政快补民生短板，提高居民生活质量

"十三五"以来，财政持续发力，我国居民基本养老和医疗保障网继续织密织牢；租购并举住房制度不断完善，老旧小区改造、公租房保障和城市棚户区改造全面推进；一座座体育馆、大剧院、图书馆拔地而起……人民群众物质和精神文化需求得到了更好满足。面对严峻复杂的经济形势，积极的财政政策更加积极有为，政府过紧日子、百姓过好日子，基本民生支出仍然得到有力保障。从以下两个例子说明。

（1）2020年，中央财政安排74亿元资金支持农村厕所革命整村推进，中央预算内投资安排30亿元支持农村人居环境整治整县推进，中央财政拿出4亿元对整治成效显著的地方给予奖励支持。一座座村庄整洁亮丽起来，助力脱贫致富，留住美丽乡愁。湖北省鹤峰县燕子镇荞云村家家户户曾经的旱厕写照"一个土坑两块板，三尺石墙围四边，冬天冷夏天臭"变成了"水冲式厕所，镶了瓷砖、配上水盆和花洒"，同时村子也干净了，到村子以及"农家乐"旅游和消费的人不断增加。

（2）为支持贫困地区公路基础设施建设，2016～2020年中央财政共安排9538.75亿元补助资金，其中用于"三区三州"等深度贫困地区2745.62亿元。一条条"致富路""幸福路"通城达乡。曾在江西省安远县挂职的交

通运输部干部罗洪波说，"以前，年轻人都想办法外出工作；这几年交通条件改善了，县里聚集起 1800 多家电商，60% 的从业者都是大学毕业生或返乡创业青年，小县城又热闹起来了"！安远县不仅在 2019 年成功摘掉了国家级贫困县的"帽子"，还被评为全国电子商务进农村综合示范县。

2. 民生财政体现初心使命，促进人的全面发展

习近平总书记在党的十九大报告中说，"中国共产党人的初心和使命，就是为中国人民谋幸福，为中华民族谋复兴"。公共财政取之于民、用之于民，是中国共产党人初心使命的亮丽本色。从"两个确保""三个全覆盖"优先发展教育，使多年来教育支出占一般公共预算支出比重保持在 18% 左右，到巩固社会"稳定器"、织牢民生安全网，支持"大众创业、万众创新"，优化调整"富民创业贷"优惠政策。

"十三五"以来的财政投入更注重补短扶弱，推动社会成员获得起点公平；也更注重激发个体活力，促进人的全面发展。具体从以下两点举例说明。

（1）2016～2019 年，全国一般公共预算中教育支出从 28056 亿元增加到 34913 亿元。"十三五"以来，中央财政共安排 700 亿元支持乡村教师队伍建设，安排 1292.68 亿元用于现代职业教育质量提升计划。与此同时，各级财政大力支持公共就业创业服务信息化建设以及边远贫困地区、边疆民族地区和革命老区人才培养，把"学有所教、学有所用"落到实处。辽宁省彰武县人力资源和社会保障事务服务中心工作人员赵一伟告诉记者，"县职业技术专业学校开了焊工班，村民参训、吃住都不收费，每人还有 2000 多元的财政补贴。学生都没有费用负担，大家安心学习，结业后都找到了不错的工作"。

（2）2015 年，我国设立了"国家新兴产业创业投资引导基金"。截至目前，该基金中财政认缴出资 135 亿元，吸引带动社会出资 500 多亿元，参股基金总规模超过 1000 亿元。财政资金撬动社会资本，助力创新创业。例如，天津姑娘李琦 3 年前大学毕业后，拿到了社保补贴、岗位补贴、全额贴息贷款等政策"大礼包"，顺利成立了一家汽车科技公司，如今公司年营业额已近千万元，带动了十余人就业。

3. 民生财政促进社会和谐，提升民生治理效能

洪涝地震等自然灾害后，人民群众能得到妥善安置；新冠疫情袭来时，患者能获得免费救治，重点医疗防控物资实现政府"兜底"收储……危急

时刻，财政资金为百姓织密"安全网"，送来"定心丸"。具体从以下两点举例说明。

（1）"十三五"期间，中央财政拨付地方农业保险保费补贴资金从2016年的135.67亿元增长到2020年的236.07亿元，全国农作物农业大灾保险试点范围扩展至500个种粮大县。2019年，农业保险为1.91亿户次农户提供风险保障3.81万亿元，向4918万户次农户支付赔款560.2亿元。例如，安徽宣城市洪林镇种粮大户徐经忠被7月的一场大雨浇了个"透心凉"，他在七景村承包的305亩稻田成了一片汪洋。没想到，保险公司很快就把14.64万元农业保险理赔款支票送到了他手上，徐经忠高兴地说："有农业保险护航，我要继续好好种地！"

（2）"十三五"至今，越来越多的城市加大投入，引入现代科技手段赋能城市治理，打造共建共治共享的社会治理格局。国家信息中心数据显示，目前我国开展的智慧城市、信息惠民、信息消费等相关试点城市超过500个，初步形成了长三角、珠三角等智慧城市群（带）发展态势。

2016年，杭州市宣布，将安装人工智能中枢——城市大脑，在城市管理中植入"数字治理"的全新理念。2017～2019年，杭州市级财政安排支出3.57亿元用于该项目。如今，杭州市民享受到交通畅行、便捷泊车、街区治理等便捷应用；"杭州健康码"在疫情防控期间让市民出行方便、就医顺畅，推动企业快速复工复产。

"十三五"以来，每年的全国财政支出都超过财政收入，缺口为3万亿~4万亿元，从而把民生这个底兜得牢牢的，书写了一份温暖人心的漂亮答卷，也为我国社会和经济高质量发展画出了浓墨重彩的一笔。

［资料来源：根据《"十三五"以来我国民生领域财政投入持续增长》（载于《人民日报》2020年11月17日）改编。］

五、教学方法与手段

本课程采用启发式教学、比较分析式教学、案例教学、讨论式教学相结合的方式来讲解核心内容。

（一）启发式教学法

通过教师对思政案例进行描述和展示，启发学生思考和理解民生财政的具体表现形式，以及对居民的影响。

（二）比较分析式教学法

比较不同国家财政支出的结构与规模，以及具体的社会保障、教育、卫生等主要民生支出的比例，分析我国民生财政的特点。

（三）案例教学法

通过具体的实践案例（如脱贫攻坚和义务教育）来讨论某项财政支出的合理性和原因，体现我国政府"为人民服务"的宗旨；同时布置案例分析作业，让学生通过自发寻找案例、开展案例分析并展示结果，从而深刻领会"民主财政"。

（四）讨论式教学法

通过讨论民生财政在不同类型财政支出中的具体体现，激发学生的爱国情怀。

六、教学实施过程

本课程主要通过四步来开展教学工作。

（一）案例导入，讨论民生财政的理念

通过地方政府半年工作报告，引导学生思考地方政府的工作以及财政支出结构的具体形式，同时思考常见的财政支出现象，如精准扶贫、农村公共服务和教育改革等，引导学生思考和讨论财政支出的重要意义和国家的"公共财政"和"民生财政"理念，从而引入财政支出的结构与规模。

（二）分析比较，探究合适的财政"民生"支出

通过比较不同国家和同一国家在不同发展历史阶段的政府支出的结构和变化，以及各国的教育支出、社会保障支出、卫生支出等方面的比例和变化，分析各国财政主要支出方向和原因，从而深刻理解我国国家财政支出的决策实践，培养学生的爱国情怀。

（三）分组讨论，深化理解财政民生支出的内涵

通过两种形式的作业——数据分析和案例分析，学生自由选择作业形式，选择感兴趣的话题完成作业。

（1）针对数据分析作业，学生课后单独运用计量软件开展数据分析，研究某一财政支出变化对经济发展或社会相应问题的影响。

（2）针对案例分析展示，学生分组讨论，通过观察、思考、分析和讨论的过程，去深刻理解某一案例，并进行展示，从而提高学生运用财政学

基础理论研究财政支出相关问题的能力。同时，在各组展示过程中，鼓励其他学生参与讨论，深化对财政支出构成和规模等基础知识的认识和了解。

（四）教师归纳总结，启发学生学以致用

通过课后思考题，让学生自己分析日常所接触的政府财政支出现象，并探讨不同支出对社会经济和居民生活的影响，深化理解民生财政的目标——"为人民服务"。

七、考核与评价方式

本课程内容的考核主要分为平时作业和考试两种方式。平时作业包括案例分析和数据分析，考试包括基本的概念测试和案例分析题。

（一）分组案例分析展示

学生分组开展案例分析展示，从《民生财政案例库》中选择感兴趣的题目完成作业，可以锻炼学生分工协作、团队合作完成任务的能力，公开演讲和展示的能力，以及根据理论分析实际问题的能力。首先，根据案例对学生对本课程所学内容的运用情况进行评分；其次，根据案例展示中的语言表达、逻辑分析和小组分工情况，以及案例分析报告中的逻辑和规范程度，两部分各占60%和40%的比例，对分组学生的整体作业进行评分。

（二）数据分析作业

根据设定的题目范围（教育、社会保障和卫生等民生财政领域），学生自行选择感兴趣的题目，各自完成作业，可以锻炼学生运用实际数据分析现实社会问题的能力。具体根据作业完成度、理论和实践结合、写作规范、逻辑清晰等方面进行评分。

（三）考试案例分析或论述得分

在考试中，设计民生财政案例分析题目，加入思政元素，如支持乡村振兴的财政农村农业支出，测评学生针对社会经济现象，运用理论来分析现实问题的能力。以案例分析的要点，以及论述的完整性、规范性、逻辑性为得分要点。

八、实施成效

（1）激发了学生对知识的兴趣。激发了学生思考社会现实的动力，学生听课积极性明显提高，与教师互动的频率增加，并勇于提出对财政支出

问题的困惑，发表自己对社会经济问题的见解和思想。

（2）提高了学生的逻辑思考能力。通过课堂讲解财政支出结构的规模和趋势，如财政惠农支出实践、基础教育改革实践、卫生事业改革等，分享改革结果和过程，分析财政支出在经济建设中的作用。讲授与互动过程可以增强学生的逻辑思考能力，增强学生的政治觉悟。

（3）培养了学生的制度自信。首先，增强民族自豪感。如通过财政农业农村支出案例，增强学生对中国特色社会主义乡村振兴道路的认识，加深对公共财政制度的理解，深化制度自信，激发学生的民族自尊心，培养学生的民族自豪感。其次，培养家国情怀。以经济建设支出为焦点，通过基础设施的改善，展示国家经济建设支出的效果，培养学生的家国情怀。最后，弘扬优秀传统文化。通过对财政教育支出国际比较的学习，让学生了解我国教育中存在的优点和不足，增强学生的文化自信和社会责任感。

税收职能与作用：
和谐税收 国与家的双向奔赴

郝晓薇

一、基本信息

课程名称：国家税收（中国税制、税法、税收经济学、财政学等凡是有该知识点的相关课程均可使用）。

授课对象：财政学、税收学专业大学二年级学生。

知识点：税收职能与作用。

主讲教师：郝晓薇，西南财经大学副教授。

二、教学目标

（一）知识传授

能用规范术语准确复述税收职能关键词，能用自己的语言正确表述税收作用要点。

（二）能力培养

提升理论联系实际、举一反三的分析能力，锻炼沟通表达、团队合作、思辨创新等综合能力。

（三）价值塑造

强化对财政学及税收学的学科认同和职业追求；增进国情认知，坚定制度自信，激发家国情怀。

三、教学重点与难点

（一）教学重点

本课程教学重点包括税收职能与税收作用两部分。税收职能包括财政职能、经济职能、监督职能。税收作用包括国家治理的财力保障、经济社会的调节工具、国家权益的维护载体。上述每一点内容均需展开，尤其税收作用部分，要结合我国国情进行分析，用中国梦和社会主义核心价值观统领。

（二）教学难点

（1）税收职能与税收作用的逻辑关系。

（2）我国税收作用的具体表现。

四、课程思政案例介绍

（一）案例基本信息

本案例为视频案例，视频时长共 3 分 18 秒。

视频文件名称为《沙画｜和谐税收　一场国与家的双向奔赴》，于 2022 年 4 月下旬首次发布于国家税务总局官网，由国家税务总局辽宁省税务局与国家税务总局灯塔市税务局联合制作（网址为 http：//www. chinatax. gov. cn/chinatax/n810219/n101397/c5174896/content. html）。

（二）案例主要内容

视频内容为沙画与税收宣传短句的有机融合。视频开始即标题的呈现，随后以"坚守初心　税收为民"作为开始，以点带面地演播了税收对于个人、家庭、企业、社会及国家发展所起作用的沙画。

视频呈现的主要信息及蕴含的思政价值分析如下：标题《和谐税收　一场国与家的双向奔赴》同时传递了目标和助力家国发展作用的意思；"坚守初心　税收为民"的税收宣传句也同时具有执政为民目标和关注民生幸福作用的意蕴；"善政落地　只争朝夕"配合税收优惠政策画面、"税收政策扶持把你的倾诉变成我们行动的脚步"优惠政策关键词画面、"为你可能　尽我所能"配合大学生和退伍军人的画面、"减税降费　陪你开辟星辰大海　也为你遮风挡雨；以你所盼　变我所办"配合行船和雨伞等画面、"春雨润苗　让小微有大为"配合小微企业税收优惠政策画面、"智慧办税　以智慧创智税"配合 2002 年排队办税与 2022 年自助办税相对比的画面，传递了最新征管发展及便民利民、服务效率的实现方式的信息；"税收　可以绘就大蓝图　也可以书写小幸福"配合航天器飞行及个税改革相关图片、"税收　可以聚力谱写抗疫的奇迹　也可以助力书写国家的传奇"配合抗疫和冬奥会画面，两次呼应了税收服务国和家发展的主题；最后用"盛世逢灯 聚沙成塔"及"纳税人是点亮盛世华章的灯 税务人愿铸为民服务的塔""汇民声 惠民生""兴税有你我 强国有你我""和谐税收 一场国与家的双向奔赴"结尾，将税收征纳双主体、税收征管重民生、税收征纳大意义有机融合、点题升华，直接激发致力于中国梦实现的使命感、事业心与家国情。

视频中的短句文采斐然、对仗简练、情感真挚、感染力强，读起来朗朗上口、听起来直入人心，针对性的抽象或具体的画面在视觉上补充了语境信息，整体传递的意思直指税收职能和作用，并呈现了减税降费、企业发展、个人创业、抗疫、飞船、奥运等经济社会热点信息，有利于增进国情认知并强化国家认同和制度自信，是相应知识点主题非常贴切的思政素材。

同时，视频由于文字资料主要为简洁的税收宣传语句，蕴含的信息量十分丰富且没有直接展开，从而有利于在教学活动中引导学习者围绕具体小主题进行细化思考和扩展讨论，十分有利于作为教学导入或者教学总结素材。

总之，本教学节段主题"税收职能与作用"内容本身就具有典型的思政价值，税收是国家治理基础之基础，并且和人民生活息息相关，上至国家长治久安、下至百姓生活幸福，都在税收职能和作用调整的范围内。视频案例与教学内容高度吻合，且具有非常强的时代气息，案例讨论指向的方向也是现实经济社会生活中的真实情景，能够给予学生从现象到本质、从抽象到具体的思考支架，帮助学生在巩固专业知识的同时提升举一反三的分析能力和在增进国情认知的基础上强化家国情怀和使命担当。

五、教学方法与手段

教学实施采用对分课堂与翻转课堂两个教学模式的有机融合模式。

对分课堂教学模式是不折不扣的本土教学模式，由复旦大学心理学教授张学新于2014年提出并在当年春季学期首次成功实践，之后迅速在实践中覆盖到基础教育、高等教育、职业教育等各级各类学校的各类专业的各种课程，同时也在高频次地开展全国性、区域性、分学科、分学段、分岗位的研讨交流和对分课堂教师发展师培训，甚至很多研讨活动都是对分课堂先驱自愿义务组织，充分显示了这一本土教学模式的生命力和普适性。

顾名思义，对分课堂即在形式上把教学主导时间对半分给师生，同等重视教师的教和学生的学；实质上是对学生学习权利的明确和尊重，是对教和学权利的重新划分。教学活动是教和学两项活动的有效衔接和有机整合，师生是教学活动中对立统一的两个主体，无论是从逻辑上还是从实践上，教不等于学、教师被认为教得好不等于学生实际学得好，教师的教不能代替学生的学。基于此，对分课堂本着民主与平等理念，以科学的方式分配师生对教学活动的掌控权，强调学生知识的输入和观点的输出，这有利于构建真正的师生共同体，从而促进教学获得最大程度的价值（教书 & 育人）。

翻转课堂最初在学校的实践始于 2007 年美国的一所高中，其实践雏形可以再往前追溯到 2004 年萨尔曼·可汗为亲友辅导数学自行录制的讲解视频，从教和学两个视角来说，传统教学模式下的教以课堂集中授课的形式完成，学则基于作业由学生在家完成。翻转课堂将传统课堂的两项活动场所进行翻转，基于在线网络上的优质教学资源，知识传授依托教学视频由学生在家完成，内化吸收的作业练习在教室里完成。这种安排不但要求教师对传统课堂教学内容和程序进行重构（由讲授知识点改为指导反馈作业），还要求学生对自己的课后线上学习进行有效规划和更加自主自律。翻转课堂是一场影响深远的教学革命，有利于促使学生由被动式学习转向主动式学习，提升学生的责任感和团队互助意识，教师也须将灌输改为支持、将固定改为灵活，最终促进教和学有机衔接和有效融合。

对分课堂和翻转课堂两种模式相互融合，有利于相互取长补短。以最为重要的讨论活动举例分析。翻转课堂的讨论一般是传统讨论，由教师发布讨论题目，学生小组共同完成分析解答，其不足在于没有考虑个性化差异需求，在教学活动的某个时点，如讲解或学生练习之后，常见的实际情况是有人懂了有人没懂、有人理解透了有人理解还不够透彻、有人接受某个观点有人反对某个观点，讨论的基础参差不齐，如果问题难度偏高则很容易导致讨论失败；优点是能突出重点，教师可以根据自己对知识体系的透彻理解给出重要的思考切入点。对分课堂中，讨论问题由学生充分思考准备后自己提出，不同的学生根据自己的学习情况提出不同的问题，问题都是有感而发的，组内同伴相互答疑解惑，充分体现了对个性化的包容和支持，自然有利于消除学情差异并促进同伴合作；但其不足在于，讨论的聚焦点很有可能达不到教学目标要求的高度，或者有学生提出了关键问题但在讨论方向上存在很大跑偏的可能性。二者相互比较，利弊正好互补，因此存在有机融合的可行性和必要性。

本课程在实践中为线上线下混合式教学，线上教学资源为主讲教师团队自建资源，于2018年在中国大学MOOC平台上线，并保持了专业内容和思政资料的持续更新。由此，线上资源与线下教学保持了高度的统合性，有助于保持稳定的教学效果。

六、教学实施过程

本案例课堂用时约20分钟。

在"对分＋翻转"的教学模式下，学生们课前已经在线上完成"税收职能与作用"教学资源的自学（初次输入）；线下课堂针对该部分内容的安排是进一步加深理解（二次输入）并进行讨论分析（多层次输出）。

课堂教学实施过程如下。

（1）提出学习主题后进行框架回顾，重点强调职能与作用的区别（约1分钟），这有助于促进达成知识目标。

（2）交代案例讨论整体安排及学习目标等相关信息，让学生清楚地知道过程和要求（约1分钟），这有助于支持能力目标达成。

（3）播放视频（约3分钟），视频形式为沙画，有助于吸引学生注意力和引起学习兴趣；视频语言优美情感丰沛，有助于唤起共鸣，润物细无声地达成价值目标。

（4）小组讨论（约10分钟）。第一，就案例视频中出现的税收现象进行归类，将不同现象归入相应职能或作用中去；第二，进一步就生活中的现象对税收作用进行分类举例；第三，思考视频中税收有效发挥作用的必要制度安排是什么；第四，线上学习时的疑问（通过纸条收集各组归类、举例及组内无法解决的疑问）。讨论形式的输出通过信息交换、相互启发促进学习效果，有效讨论需要沟通技能、团队合作、友善互助、包容分歧、思辨创新，要在有限的时间内达成小组任务，讨论的内容本身用到专业知识，正向举例的丰富有助于激发家国情怀，因此小组讨论全方位支持知识、技能和价值目标的达成。

（5）教师反馈（约4分钟）。第一，对各组归类及举例进行反馈；第二，点出财政预算制度的中介作用；第三，进行小结，结合社会主义核心价值观画龙点睛。这有助于进一步巩固知识和价值目标的达成。

（6）一分钟测试（约1分钟）。关键知识点当堂测试，利用对分易平台的在线练习功能模块，事先设置好客观题（单选、多选、判断各一道），即时测试即时得到分数。这有助于帮助学生判断自己学习的知识目标是否有效达成。

需要特别强调的是，本部分内容教学重视和强调学生参与式学习，以充分体现学生是学习主体和激发学生主动学习意识。

在教学实施过程中，还需要注意对学生进行合理分组，以有效完成讨论环节的学习任务。根据对分课堂教学模式的要求，讨论组以4～5人为宜，并考虑性别、性格等进行异质性分组。

七、考核与评价方式

本教学节段采用"一分钟在线测试＋同伴评分"的组合方式对教学效果进行考核与评价。前者考评知识掌握程度，直接反映知识目标达成度；后者考评小组讨论质效，能够侧面衡量能力目标和价值目标的达成度。

同伴评分对于小组讨论效果的督促和考查具有十分重要的保障作用。为了激励学生深入思考、积极讨论，每位小组成员均需对小组讨论表现中的其他同伴以百分制进行打分。

为了使同伴评价分数尽可能公允，提供相应参考评价标准（见表1）。

表1　　　　　　　　　小组讨论个人表现打分

序号	评价	成员1	成员2	成员3	成员4	成员5
1	大部分时间积极主动、认真负责					
2	其意见大部分对我有帮助					
3	经常督促/鼓励其他成员参与协作					
4	对小组工作有贡献					
5	对其表现满意					
6	如果有可能，愿意与其再分到一组					

注：用于当堂任务的同伴评价，每人根据自己对同伴表现的观察和判断打对勾。5～6个对勾95～100分，4个对勾90～94分，3个对勾80～89分，1～2个对勾70～80分。

表 1 中的评价标准不仅是评价同伴表现的参考依据，也是指引个人在讨论组中努力方向的路标。拥有相互打分的权力，有利于促进公正的基础价值观念以及学习的主动性和责任感，进而促进团队合作。个人平均分数一般能够较为公允地标识出其在小组中学习效果的相对次序。

八、实施成效

在知识目标达成方面，学生都能够当堂记住相关知识点；在能力目标达成方面，学生都能够理论联系实际举出身边税收发挥作用的实例，小组活动可以很好地促进思考深度的提升；在价值目标达成方面，学生都能认识到本专业学习内容是治国安邦之策，深入了解我国税收作用后也进一步增强了国家认同和制度自信。

就课程思政效果而言，以本课程为依托，课程负责人获得了三项"中央高校教育教学改革专项资金"项目。另外，本课程还获得了 2021 年度校级课程思政示范课认定，并在 2022 年上半年被新华网课程思政平台收录、下半年受邀授权"学习强国"学习平台收录全套课程资源。

需要特别说明的是，就算不采用线上线下混合式教学模式、没有自建线上学习资源，也可以通过对分课堂与翻转课堂对传统课堂进行重构，只需要根据对分和翻转的理念布置好自学任务、提供好学习资料、匹配好课堂内容、安排好教学程序即可。

均衡发展：转移支付的地区结构

叶 宁 钟晓敏 刘 炯

一、基本信息

课程名称：地方财政学。

授课对象：财政学专业本科生。

知识点：转移支付收入的地区结构分析。

主讲教师：叶宁，浙江财经大学讲师；钟晓敏，浙江财经大学教授；刘炯，浙江财经大学讲师。

二、教学目标

（一）知识传授

理解地方财政的差异性，了解区域协调发展的财政机制，掌握中央净补助收入、基本公共服务均等化的概念，认识转移支付的地区结构。

（二）能力塑造

获得查找数据和文献的能力，具有阅读地方财政前沿研究的能力，具备分析和解决地方财政问题的能力。

（三）价值引领

增强建立现代财税体制的"四个自信"，在了解中国地方财政实践的基础上深入了解现代财税体制建设的重点难点，激发起报效祖国的远大抱负；关心地方财政，以主人翁的态度去看待地方财政在发展过程中产生的问题，以创新的精神运用理论试着寻求解决实际问题的答案；在知识的学习中具备公共意识，激发爱国情怀，以经世济民的情怀服务地方经济，以家国责任感投身地方财政实践。

三、教学重点与难点

（一）教学重点

掌握中央净补助收入的概念，认识转移支付的地区结构。中央净补助收入不是一个现成的统计指标，需要根据年鉴计算得到。通过辅导财政年鉴统计指标的涵义，教会学生如何计算中央净补助收入。在这个过程中，有一系列指标要和学生厘清。例如，地方财政总收入指的是地方政府这一年能够取得的全部收入，除了地方一般公共预算收入以外，还包括结转结余、调入预算稳定调节基金、调入资金、接受其他地区援助收入等。对转移支付地区结构的认识建立在各年各地区获得的中央净补助收入占地方财政总收入这个指标之上，用数据的指引来分析地区转移支付差异。在分析的时候提醒学生注意统计口径。

（二）教学难点

如何把 2019 年 8 月 26 日习近平在中央财经委员会第五次会议上关于健全区域协调发展新机制的讲话和转移支付地区结构的分析结合起来。习近平说："我国幅员辽阔、人口众多，各地区自然资源禀赋差别之大在世界上是少有的，统筹区域发展从来都是一个重大问题"，"新形势下促进区域协调发展，总的思路是：按照客观经济规律调整完善区域政策体系，发挥各地区比较优势，促进各类要素合理流动和高效集聚，增强创新发展动力，加快构建高质量发展的动力系统，增强中心城市和城市群等经济发展优势区域的经济和人口承载能力，增强其他地区在保障粮食安全、生态安全、边疆安全等方面的功能，形成优势互补、高质量发展的区域经济布局"，"要完善财政体制，合理确定中央支出占整个支出的比重。要对重点生态功能区、农产品主产区、困难地区提供有效转移支付"。

在授课的时候，通过"从讲话精神到知识点、再从知识点到讲话精神"的循环，将教学内容和思政内容有机结合。首先，说明讲话精神背后的理论依据，为什么要合理确定中央支出占整个支出的比重，为什么要对重点生态功能区、农产品主产区、困难地区提供有效转移支付；其次，通过表 1 分析财政是怎么进行转移支付的。

表1　　　　　　　各省（区、市）中央净补助收入情况

地区	2009 年中央净补助收入占全部财政收入比重（%）	2015 年中央净补助收入占全部财政收入比重（%）	2018 年		
			中央净补助收入（亿元）	全部财政收入（亿元）	中央净补助收入占全部财政收入比重（%）
上海	14.79	5.60	666.56	9428.29	7.07
广东	13.65	7.78	1538.21	20024.58	7.68
浙江	14.58	9.53	1034.18	10837.8	9.54
北京	11.97	6.38	859.13	8346.85	10.29
江苏	15.46	9.22	1558.29	14257.71	10.93
天津	18.54	10.91	549.82	3661.50	15.02
福建	28.05	20.51	1250.79	5865.95	21.32
山东	28.78	20.07	2787.15	11911.68	23.40
辽宁	33.66	26.31	2387.25	7598.63	31.42
河北	47.34	32.49	3136.83	9467.21	33.13
海南	50.08	34.49	828.46	2232.53	37.11
东部地区	**21.79**	**14.06**	**16596.67**	**103632.73**	**16.01**
山西	41.60	32.95	1780.82	5129.47	34.72
湖北	49.99	31.54	3126.96	8801.38	35.53
江西	49.58	32.88	2448.18	6685.9	36.62
安徽	52.14	38.13	3062.29	8048.36	38.05
湖南	51.53	38.36	3466.14	8813.24	39.33
河南	55.57	41.95	4271.71	10103.55	42.28
吉林	56.49	42.93	2119.5	4500.67	47.09
黑龙江	55.89	46.93	3051.05	5984.38	50.98
中部地区	**51.79**	**37.95**	**23326.65**	**58066.95**	**40.17**
重庆	38.60	28.00	1785.45	5215.73	34.23
陕西	49.87	39.18	2463.63	6205.17	39.70
四川	59.62	39.99	4800.78	11503.79	41.73
内蒙古	47.06	37.35	2615.54	6253.1	41.83
贵州	61.19	40.43	2964.28	6935.16	42.74
云南	54.62	42.55	3233.48	7042.68	45.91

地区	2009 年中央净补助收入占全部财政收入比重（%）	2015 年中央净补助收入占全部财政收入比重（%）	2018 年		
			中央净补助收入（亿元）	全部财政收入（亿元）	中央净补助收入占全部财政收入比重（%）
广西	52.08	42.40	2852.95	6173.78	46.21
宁夏	55.36	47.70	858.46	1735.71	49.46
新疆	63.61	51.55	2932.47	5737.78	51.11
青海	66.48	52.90	1228.92	2055.34	59.79
甘肃	65.12	58.44	2498.71	4072.64	61.35
西藏	78.98	82.93	1704.23	2269.26	75.10
西部地区	**55.74**	**43.13**	**29938.9**	**65200.14**	**45.92**
全国	39.04	28.28	69862.22	226899.82	30.79

资料来源：根据《中国财政年鉴（2010）》《中国财政年鉴（2016）》《中国财政年鉴（2019）》整理。

这部分内容也是教学的重点，通过翔实的数据分析带领学生认识财政转移支付对于"确保比重，突出重点"的落实，数据时间趋势上的变化和地区结构的差异体现了围绕这一讲话精神的制度设计。最后，通过总结进一步说明财政基本公共服务均等化转移支付和区域优势互补高质量发展之间的关系。

四、课程思政案例介绍

本课程思政案例介绍如表 2 所示。

表 2　　　　　　　　　　课程思政案例介绍

项目	具体内容
知识点	转移支付的地区结构
课程思政元素	（1）习近平新时代中国特色社会主义思想； （2）国情教育，家国情怀
教学主要内容	（1）为什么要进行转移支付； （2）财政怎么进行转移支付； （3）总结财政转移支付和区域优势互补高质量发展之间的关系

续表

项目	具体内容
课程思政具体内容	材料1：2019年8月26日，习近平在中央财经委员会第五次会议上讲话，提出要从多方面健全区域协调发展新机制，抓紧实施有关政策措施。在提到财政举措的时候，他说："要完善财政体制，合理确定中央支出占整个支出的比重。要对重点生态功能区、农产品主产区、困难地区提供有效转移支付。" 材料2：我国幅员辽阔，人口众多，各地区自然资源禀赋差别之大在世界上是少有的。通过介绍重点生态功能区分布和粮食主产区说明区域差异。通过介绍杭州、宁波"双城记"，说明优势互补、错位发展的理念
切入环节	根据教学内容安排，在授课时通过耦合法和举例法切入案例材料。在讲授材料1时通过举例进行国情教育；材料2是教学重点，通过两个维度的分析紧扣习近平讲话的两个要点。 （1）在解释为什么要进行转移支付的时候，引入中国重点生态功能区和粮食主产区，以此说明区域差异性，同时也是国情教育，培养学生的家国情怀。 （2）在阐述转移支付的地区结构的时候，从时间维度上的趋势变化和空间维度上的区域转移支付差异去说明转移支付的地区结构。转移支付制度设计呈现的地区结构数据体现了习近平讲话的思想："完善财政体制，合理确定中央支出占整个支出的比重"对应时间维度的分析；"对重点生态功能区、农产品主产区、困难地区提供有效转移支付"对应空间维度的分析

五、教学方法与手段

（一）教学方法

课堂采用讲授和混合式讨论法相结合的模式。

混合式讨论区别于"学生讨论＋学生陈述＋教师总结"这一传统课堂讨论方法，具有以下三个特征：一是围绕一个主题设置若干个讨论子课题，这些子课题之间的关系既可能是层层深入，也可能是相互佐证，取决于教学内容，本次讨论子课题之间是层层深入的关系；二是学生和教师之间的关系非常灵活，谁都可能是讨论参与者，谁都可能是讨论总结者；三是讨论为教学效果服务，最终指向学生对教师讲授的重点教学内容的接受度和讨论过程中"有所思有所得"的获得感。

（二）教学手段

（1）学生通过线上资源使用已经掌握了基本知识点，线下课堂有更多时间用于拓展和讨论。

（2）引入线上平台，没能充分参与课堂讨论的学生可以在线上讨论区块继续表达自己的想法。

六、教学实施过程

（一）解析为什么要进行转移支付

引入官网上下载的我国重点生态功能区和我国粮食主产区图片，我国幅员辽阔，人口众多，各地区自然资源禀赋差别之大在世界上是少有的。从财政角度来看，由于重点生态功能区和粮食主产区有自己的任务，在以第二产业为主要税源的税收制度下就会体现出财力的差异。

说明表3各个省级行政区在人均地区生产总值和人均财政收入上的差异性。基本公共服务是地方性公共产品，地区财力不同，会造成各地居民享受到的基本公共服务不均等。那么，是不是应该抹平区域差异呢？区域差异性意味着多样化，因地制宜，发挥各地区比较优势符合客观经济规律。所以，从效率角度来说，客观存在的区域差异需要发挥各地区的比较优势。但是，从公平角度来说，这样会带来区域基本公共服务不均等。以基本公共服务为目标的转移支付可以协调两者矛盾，为形成优势互补高质量发展的区域经济布局作出自己的贡献。

表3　　2019 年各地区人均地区生产总值、人均财政收入、
人均财政支出情况

地区	人均地区生产总值（元）	人均地区生产总值排名	人均财政收入（元）	人均财政收入排名	人均财政支出（元）	人均财政支出排名
北京	199725	1	32846	2	41831	2
上海	178213	2	33466	1	38203	3
天津	119934	4	20497	3	30236	5
江苏	128358	3	11340	6	16199	14
浙江	119631	5	13524	4	19288	10
福建	116502	6	8389	9	13954	21
广东	108836	7	12791	5	17485	11
山东	75467	10	6931	13	11405	30
内蒙古	70428	11	8428	8	20871	9

续表

地区	人均地区生产总值（元）	人均地区生产总值排名	人均财政收入（元）	人均财政收入排名	人均财政支出（元）	人均财政支出排名
湖北	80246	9	5933	18	13956	20
重庆	83148	8	7520	11	17075	12
陕西	69374	12	6154	16	15381	16
辽宁	57728	19	6147	17	13314	23
吉林	42893	29	4085	28	14387	19
宁夏	60655	16	6854	15	23273	7
湖南	62307	14	4713	25	12593	26
海南	62165	15	9533	7	21763	8
河南	57545	20	4287	27	10779	31
新疆	63806	13	7403	12	24944	6
四川	57282	21	5002	23	12716	25
河北	50228	25	5350	20	11889	29
安徽	60495	17	5188	21	12049	28
青海	53537	23	5095	22	33640	4
江西	56267	22	5653	19	14515	18
山西	49917	26	6883	14	13810	22
西藏	58145	18	7602	10	74923	1
黑龙江	35589	30	3301	31	13102	24
广西	44097	28	3762	29	12149	27
贵州	46633	27	4915	24	16543	13
云南	51120	24	4564	26	14902	17
甘肃	34176	31	3334	30	15490	15

资料来源：根据《中国统计年鉴（2020）》数据计算。

（二）引入习近平讲话内容

2019 年 8 月 26 日，习近平在中央财经委员会第五次会议上讲话，提出要从多方面健全区域协调发展新机制，抓紧实施有关政策措施。在提到财政举措的时候，他说："要完善财政体制，合理确定中央支出占整个支出的比重。要对重点生态功能区、农产品主产区、困难地区提供有效转移支付。"

（三）分析转移支付的地区结构（教学重点）

分析之前，先讲解一组概念。中央净补助收入是指中央补助收入减去地方上解中央支出。地方财政总收入指的是地方政府这一年能够取得的全部收入，除了地方一般公共预算收入以外，还包括结转结余、调入预算稳定调节基金、调入资金、接受其他地区援助收入等。用中央净补助收入占地方财政总收入的比重这个相对指标来表明地方政府从中央获得的补助。

首先，分析空间维度上的区域转移支付差异。表1表明了各省（区、市）中央净补助收入情况，由于权威数据公开时间的限制，表1的最新数据是2018年。表1数据显示，各个地方财政收入中来自补助收入的比重有很大差别，经济发达地区由于经济基础强，财源茂盛，财政收入规模大，中央净补助收入占地方财政总收入的比重相对较低；而经济落后地区的省份，相应的比重就比较高。该比重超过全国平均比重的主要是经济落后地区的省份。2015年，西藏这一比重高达82.93%，2018年下降到75.10%。2018年，该比重超过50%的除了西藏还有黑龙江（50.98%）、甘肃（61.35%）、青海（59.79%）和新疆（51.11%）；比重低于10%的地区无一例外是东部经济发达地区，其中最低的是上海（7.07%），其次依次是广东（7.68%）和浙江（9.54%），全国只有东部8个地区的比重低于全国平均水平。

图1展示了三大经济带中央净补助收入占地方财政总收入比重平均值的比较，直观显示了中央转移支付收入在三大经济带的分布，西部地区和中部地区显著高于东部地区，说明中央转移支付具有地区财力均等化的作用。

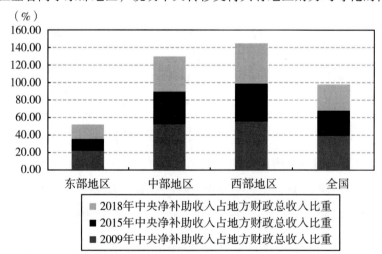

图1 三大经济带净补助收入比较

资料来源：根据《中国财政年鉴（2010）》《中国财政年鉴（2016）》《中国财政年鉴（2019）》整理。

其次，分析时间维度上的趋势变化。从图 1 还能大致看出 2009 年、2015 年和 2018 年三年间中央转移支付在地方财政总收入中的比重变化，这与三大经济带与全国平均数在年度间的变化趋势是一致的。2009 年中央净补助收入占地方财政总收入的比重全国平均数为 39.04%，2015 年为 28.28%，而 2018 年这一比重为 30.79%。中央净补助收入占地方财政总收入比重全国平均数的变化说明了近些年中央净补助收入占地方财政总收入的比重降低又上升的趋势，具体变化如图 2 所示。

图 2　2008～2019 年地方政府转移支付收入

资料来源：财政部网站。

从图 2 可见，中央对地方转移支付的绝对额一直在增长，而转移支付收入占地方一般公共预算收入的比重在 2009 年后呈现 V 字形。由于美国次贷危机的影响，中国政府在 2008 年底启动了救市计划。因此，2009 年的转移支付收入占地方一般公共预算收入的比重达到近十年的峰值，之后下降又上升的变化反映了中央和地方财力的此消彼长。合理确定中央支出占整个财政支出的比重，维持中央财力格局稳定，是宏观调控的需要；同时，地方也应具有相应的财力，要保护地方的积极性，提升地方的自主性。

（四）讨论和总结

我国经济由高速增长阶段转向高质量发展阶段，对区域协调发展提出了新的要求。不能简单要求各地区在经济发展上达到同一水平，而是要根据各地区的条件，走合理分工、优化发展的路子。新形势下促进区域协调发展，要发挥各地区比较优势，经济发展条件好的地区要承载更多产业和人口，发挥价值创造作用；生态功能强的地区要得到有效保护，创造更多生态产品。还要考虑国家安全因素，增强边疆地区发展能力，使之有一定的人口和经济支撑，以促进民族团结和边疆稳定。财政转移支付在基本公共服务均等化方面的努力可以为区域优势互补高质量发展作出贡献，表1时间趋势上的变化和地区结构的差异体现了围绕这一思想的制度设计。

七、考核与评价方式

考核采用线上和线下相结合的方式，通过课前提问和课后线上作业的方式考核学生对知识点的掌握。

八、实施成效

学生掌握了转移支付的地区结构；理解了"要完善财政体制，合理确定中央支出占整个支出的比重。要对重点生态功能区、农产品主产区、困难地区提供有效转移支付"的深层内涵；也受到了国情教育，坚定了家国情怀。

根植中国实践，寻求理论创新："123" 构建课程思政体系

贾俊雪

一、基本信息

课程名称：财政学。

授课对象：经济学类本科生。

知识点：（1）养老保险制度的分类方式。

（2）我国"统账结合"式养老保险制度的特征。

（3）近年来我国社会养老保险领域的改革。

（4）现阶段我国社会养老保险面临的问题及下一步我国社会养老保险改革的思路。

主讲教师：贾俊雪，中国人民大学教授。

二、教学目标

（一）知识传授

帮助学生熟练掌握社会保障支出的重要性、社会养老保险制度的基本形式，以及我国的改革进程。

（二）能力培养

通过课前讨论、课堂学习、课后思考的立体学习体系，培养学生自主探索、发现问题、解决问题的能力。

（三）价值塑造

通过讲解国际社会保障实践以及我国党领导下的社会保障制度发展历程，使学生深刻认识到我国只用了几十年即走完许多西方国家一百多年的

历程，成功建设了具有鲜明中国特色的社会保障体系，这份成绩来之不易，也突出了党领导财政实践的制度优越性，借此既增强学生的民族自信心和自豪感，也有助于培养学生的责任意识和担当精神。

三、教学重点与难点

（一）教学重点

（1）导言部分介绍了党领导下的我国社会保障制度的沿革。一方面，这反映出党对社会保障的天然关注；另一方面，这与许多西方国家社保演进史形成对比，彰显出中国用几十年走完西方国家百年发展道路的不易与伟大。

（2）聚焦养老保险制度，突出党和政府与时俱进对于制度设计的完善；结合近年来的改革，分析当前存在的问题以及未来改革方向，激发学生的历史使命感。

（3）在课程结尾对于案例中的课程思政元素加以总结，特别是结合最新政策文件，阐释好党的社保工作经验及做好社保工作的"五个坚持"原则。

（二）教学难点

（1）引导学生认识到中国的社会保障实践具有自己独特的理论根基。中国的社会保障制度是以马克思主义基本原理为指导，有鉴别地借鉴西方经济学和财政学理论，紧密结合中国特色的社会主义制度和具体国情而形成的理论和实践体系。

（2）与时俱进，不断引入最新的理论发展和政策实践。通过教材和授课，广泛吸收和反映当今中外最新的研究成果，及时反映中国经济改革和财政改革的进程和内容，特别是将党的十八大和十九大关于宏观经济改革与财政改革的新论断及习近平新时代中国特色社会主义思想引入教学中。

（3）如何应用好教学团队长期探索和完善的"研究式"教学方法。"研究式"教学方法可归结为"一读、二疑、三结合"。"一读"是指每一章指定至少一篇经典文献进行研读。"二疑"是指培养学生在教师讲解一些具体问题时，用"怀疑""质疑"的思维方式听课，这既有助于提高学生思考问题的能力，又能使学生集中精力听课。"三结合"是指，其一，结合计量经济学，就本课程学到的基本理论问题向同学们建议可适用的定量方法，以进行实证检验；其二，结合"小创"和"大创"等课外科研和实践竞赛，帮助同学们在本课程内容中挑选研究题材；其三，结合社会实践，就本课程的一些贴近现实的热点问题，可在两个假期的社会实践中进行调查研究。社会保障是兼具理论和政策含义的一个章节，需要引导学生从理论联系实际，从实际激发实践热情，从而最终形成课堂授课到田野研究的有机互动。

四、课程思政案例介绍

案例内容是"财政学"课程核心内容之一——社会保障制度的开篇之节，既处在由对经济性支出转向转移性支出讲解的过渡环节，又是对我国整个社会保障体系、社会保险制度起到引领作用的一节。在整个课程的设计中，这一部分是第三章（财政支出的基本理论）和第四章（财政支出的规模和结构）的具体展开，与第五章（社会消费性支出）和第六章（财政投资性支出）处于平行结构，也是第十五章（国家预算与预算制度）的研究基础。

案例选取了当前我国社会保障体系中的重中之重——社会养老保险制度——作为讲授重点。社会保险是社会保障体系最重要的组成部分，而养老保险又是社会保险最重要的组成部分，因此这部分在整个"财政学"课程中也属于核心内容。案例由现实问题出发，引导同学在生活中对于身边的思政元素、财政学故事进行探索，并意识到思政元素与学科知识点之间是高度统一的。然后，从现实提炼出理论，过渡到养老保险制度的分类方式、我国"统账结合"式养老保险制度的特征等理论讲解。最后，再由理论拓展至近年来我国社会养老保险制度中遇到的问题、改革和未来的方向，并由此总结思政元素，再次回归到思政的高度。

五、教学方法与手段

"财政学"课程秉承中国人民大学几代财政学前辈家国情怀和学科优良传统，依托首批"全国党建工作标杆院系"财政金融学院，全面贯彻习近平新时代中国特色社会主义思想；在政治过硬、专业突出的党员教师团队积极参与下，根植中国实践，寻求理论创新，深度挖掘凝练专业课程蕴含的思想政治教育资源；将党的创新理论成果和中国财政实践融入财政学"三全育人"课程建设中，实现思政教育与专业教育有机融合；全面提升课程思政教学效果，改进完善课堂和实践教学模式方法，实现"润物细无声"式的思政工作效果，与思政课形成协同效应；构建起"一个根本目标、两项核心任务、三大支撑体系"的财政学课程思政体系（见图1）。

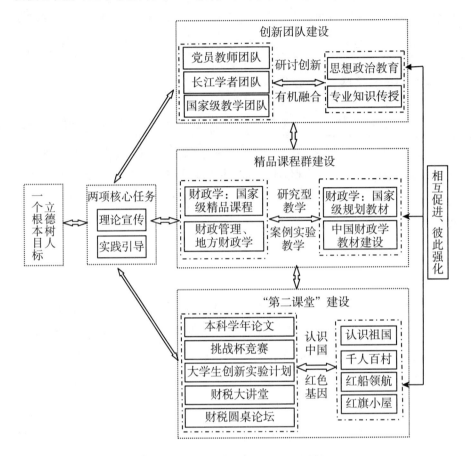

图1 "财政学"课程思政创新体系

（一）一个根本目标

本课程始终坚持立德树人根本目标，全面贯彻习近平新时代中国特色社会主义思想，建立中国特色财政学体系框架，强化对财政学科发展的认识以及对中国财政实践的理解，将思想政治教育有机融入专业教学和人才培养全过程，塑造能够服务于中国新时期建设的"新财政人"。

（二）两项核心任务

课程以理论宣传和实践引导为核心任务。第一，传承红色基因，厚植爱国主义情怀，教育引导学生践行社会主义核心价值观，最终实现全面贯彻党的教育方针的根本目标，培养能够担当民族复兴大任的时代新人，培养德智体美劳全面发展的社会主义建设者和接班人；第二，立足于中国实践，以马克思主义基本原理为指导，与时俱进，广泛吸收当今中外最新研究成果，深入宣传中国经济改革和财政改革的进程和内容及其蕴含的理论逻辑。

（三）三大支撑体系

1. 传承红色基因的教学团队建设

高素质、高觉悟的教师团队是保证课程思政质量的根本所在。"财政学"教学团队是一支政治过硬、专业突出的由党员教师组成的队伍，团队中包括三位长江学者特聘教授、两位长江青年学者。团队建立常态化、规律化的集体备课机制，通过共同研究教学大纲、制作课件、组织课外实践活动，将思想政治教育有机融入专业教学和人才培养全过程。

2. 讲好"中国故事"的课程体系建设

一是精品课程建设。"财政学"在 2003 年被评为北京市精品课程；在 2008 年被评为国家级精品课程；2017 年开通"芸窗慕课"；2020 年被评为国家级一流本科课程和北京高校优质本科课程（重点）；2021 年入选中国人民大学第二批课程思政示范课程，并被学校推荐参评北京市课程思政示范课程。

二是一流教材建设。坚持立足中国实践、讲好中国故事、凝练中国理论，积极参与国家首批中国经济学教材——中国财政学教材建设。陈共教授主编的《财政学》教材于1998 年由中国人民大学出版社第一次出版，截至 2020 年11 月已再版至第 10 版，是高等学校财经类专业核心教材，普通高等教育"九五"国家级重点教材，教育部面向21 世纪经济、管理类核心课程教材，普通高等教育"十五"和"十一五"国家级规划教材，"十二五"普通高等教育本科国家级规划教材，获首届全国教材建设一等奖，被数百所高校选作教材，广受师生好评。2021 年，郭庆旺教授主编的《中国财政学》入选国家教材委员会首批中国经济学教材。

三是创新课堂教学模式。广泛采用"线上线下"融合教学、多媒体教学、案例教学、行为实验教学和研究式教学等多种灵活的教学方式，将思想政治教育与课程专业知识传授有机融合，全面提升课程思政教学效果。

3. "寓思于行"的第二课堂建设

丰富多彩的第二课堂是课堂教学的有效延伸，也是在实践中拓展思政教育广度的良好平台。本科学年论文、"挑战杯"竞赛论文、"大学生创新实验计划"、"财税大讲堂"、"财税圆桌论坛"、"税务先锋"志愿服务活动、"认识祖国"、"千人百村"、"红船领航"和"红色小屋"等实践教学活动，成为学生认识世界、了解国情的有效途径，有力促进了青年学子增长知识见识、培养奋斗精神、增强综合素质。

六、教学实施过程

（一）课前准备

提前布置讨论题目，引导学生从生活中获得"社保第一课"，润物于无声之处。

1. 家乡的社会养老保险

（1）同学们是否听说过家乡的社会养老保险制度进行了一些创新？

（2）同学们是否听说过家乡的社会养老保险制度存在着一些问题？

2. 身边的社会养老保险

（1）同学们知道"五险一金"具体包括什么吗？

（2）同学们父母单位的养老金缴费率是多少？

通过建立教学班微信群，建立起教师与学生、助教与学生两条沟通渠道，课前与助教沟通，及时了解学生前期学习和讨论情况。

（二）课程导入

课程的导入由两部分组成。

1. 进行简短的预习心得交流

通过让来自不同省份的学生分享家乡和家庭的社保制度，以轶事的形式让学生们对于我国养老保险制度的共性和地区差异性有所了解，激发学生们的学习兴趣。重点围绕以下三个问题展开。

（1）不同地区的社会养老保险制度是否存在一些相似的问题？

（2）不同地区的党和政府如何尝试进行改革以解决现存的问题？

（3）微观主体（家庭）对于社会养老保险制度的基本认知。

2. 通过历史故事引入对理论的讲解

首先，基于三个标志性历史事件，由远及近，讲述现代社保体系和制度在西方国家的缘起，为刚刚的讨论寻找到历史根源。其次，介绍我们党在不同历史时期如何领导我国社会保障制度的建设，与西方国家社保演进史形成对比，凸显中国用几十年走完西方国家百年发展道路的伟大，以及我们党在其中的主导作用。

（三）课程讲授

1. 养老保险基础理论

（1）养老保险在社会保险体系中的重要地位。

（2）养老保险制度按其筹资方式可分为完全基金制、现收现付制和部分基金制。

（3）养老保险制度按其支付方式可分为贝弗里奇型养老保障制度、俾斯麦型养老保障制度。

2. 我国的社会养老保险在理论上属于哪类

（1）我国社会养老保障制度的沿革；为什么会出现这些制度上的转变？

（2）当前我国"统账结合"式养老保险制度的建立及特征。

（3）后续的改革：扩大基本养老保险覆盖范围，建立基本养老金正常调整机制，提高统筹层次，养老保险关系接续资金转移。

3. 我国社会养老保险制度当前存在的症结及应对之策

（1）当前面临的问题有哪些？

（2）关于完善我国社会养老保险制度建设的几点思考：一是"自上而下"——弥补资金缺口和做实个人账户；二是"自下而上"——重视多种养老机制建设。

（四）课程小结

1. 总结本课程的知识要点

（1）养老保险制度的分类方式。

（2）我国"统账结合"式养老保险制度的特征。

（3）近年来我国社会养老保险领域的改革。

（4）现阶段我国社会养老保险面临的问题及下一步改革的思路。

2. 进一步夯实课程思政要点

以课程内容为基础，结合2021年11月发布的《党领导就业和社会保障工作的重大成就与经验启示》，为学生总结好党的社保工作经验、阐释社保工作的"五个坚持"原则。

3. 引导学生课后自主学习

（1）课后思考题：当前我国社会养老保险体系所面临的压力有哪些？您有何建议缓解上述压力？

（2）推荐经典文献供学生延伸阅读。

七、考核与评价方式

考核与评价是引导和督促学生更好参与到思政课程学习中的手段。就本案例而言，考核与评价在三个过程中展开：一是课前分组讨论，其考核主要依据课程导入时各小组的代表发言；二是课堂参与，其考核方式为在课堂授课过程中学生是否能够认真学习、提出疑问及自己的见解；三是课后复习与拓展，主要考查学生对于案例知识点和思政元素的掌握情况，其考核方式主要为下堂课进行的课前提问。特别要强调的是，考核本身不是目的，而是要积极引导学生掌握知识并主动拓展和参与实践。因此，虽然不计入课程成绩，但最终的考核应该是学生由这一案例出发是否能够形成"大创""小创"等课外科研活动的主题并较好地开展实地研究。这不仅是对学生的考核，更是对任课教师的考核。

八、实施成效

本课程创新的课程思政建设受到学生的广泛好评，并得到众多专家的认可。不过，由于党和国家的财政工作日新月异，对于"财政学"课程思政提出了与时俱进、紧跟时事的更高要求。为此，教学团队拟在后续工作中安排专门的教师负责每日追踪和收集政策，并在定期的集中备课过程中集体提炼其中新的思政元素，更新授课内容。

集约利用资源，保护生态环境：我国资源税改革

王宝顺　毛　晖　赵兴罗　周春英

一、基本信息

课程名称：中国税制。

授课对象：税收学专业本科生。

知识点：我国资源税改革。

主讲教师：王宝顺，中南财经政法大学教授；毛晖，中南财经政法大学教授；赵兴罗，中南财经政法大学教授；周春英，中南财经政法大学副教授。

二、教学目标

（一）知识传授

（1）了解我国资源税改革背景。

（2）理解资源税改革的意义。

（3）掌握资源税改革的内容。

（二）能力培养

（1）提高学生的思考能力，基于经济学的基本理论，从税收角度思考资源利用和环境保护的理论必要性和现实可行性。

（2）提升学生问题分析与判断能力。通过介绍资源税改革的背景，从历史的角度看待我国税制变革，让学生能够理解资源税改革的必要性，举一反三，提高对税制改革的分析和判断能力。

（3）培养批判性思维。通过教师讲解传授和学生自我展示，让学生认识到历次资源税改革的进步与不足，参考国际经验，结合中国国情，为完

善我国资源税建言献策。

（三）价值塑造

（1）培养学生对我国走环境保护、绿色发展之路的高度认同感。通过讲解我国资源税的改革历程，增强学生对环境保护、绿色发展的认识和认同。

（2）培养学生的家国情怀和社会责任感。通过案例讲解，让环境保护的生态理念深入人心，同时引导学生学以致用，了解环境保护对国家、社会和人民的重要性，进一步提高个人的社会责任感。

（3）培养学生对资源税普遍征收、促进社会公平的理解。通过讲解资源税的征税范围，使学生理解经济效率与社会公平的含义。

（4）增强学生法治意识，夯实学生实践基础。资源税的正式立法体现了税收法定原则，进一步增强了资源税法的法律地位，让学生懂法、守法。

三、教学重点与难点

（一）教学重点

（1）我国自然资源的现状。

（2）我国现行资源税征税范围与税目。

（3）资源税历次改革思政元素的结合。

（二）教学难点

将资源税改革与坚持全面依法治国、环境保护、绿色发展实现有机结合。从资源税历次改革的时代背景与内容中，了解资源税立法的完善过程，从《中华人民共和国资源税法》中感受立法的变化和重大意义，通过理论与案例结合的学习方式，培养学生们运用理论知识解决实际问题的能力，启发学生们进行思考，达到润物无声的教学效果。

四、课程思政案例介绍

（一）案例1：我国自然资源总体情况与地区分布特点

1. 总体情况

（1）资源总量丰富。陆地面积、矿产资源总量均居世界第三位，耕地面积居世界第四位，河流径流、森林面积均居世界第六位。

（2）人均资源不足。人均土地、耕地面积均为世界人均量的1/3，人均占有径流量为世界人均占有量的1/4，人均森林占有面积为世界人均占有量的 1/5，人均矿产储量为世界人均占有量的 3/5。

（3）资源利用率低且浪费严重。由于长期沿用以追求增长速度、大量消耗资源为特征的粗放型发展模式，在由贫穷落后逐渐走向繁荣富强的同时，我国自然资源的消耗也在大幅度上升，致使非再生资源呈现绝对减少趋势，可再生资源也呈现明显的衰弱态势。

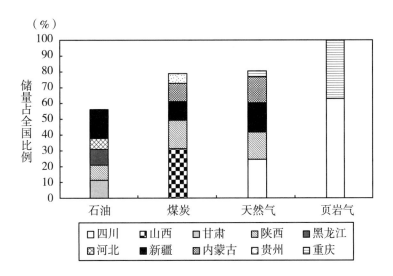

图 1　中国主要能源矿产储量地区分布

资料来源：《中国矿产资源报告（2021）》。

2. 煤炭资源分布特点

（1）地理上：西多东少，北富南贫。从分布的省份来看，主要分布在山西省、内蒙古自治区、陕西省、新疆维吾尔自治区和贵州省，五地的煤炭总量占全国的 82.8%。

（2）从区位来看，我国煤炭资源赋存丰度与地区经济发达程度呈逆向分布，使煤炭基地远离煤炭消费市场、煤炭资源中心远离煤炭消费中心，从而增加了运输成本。

3. 石油资源分布特点

（1）我国石油资源集中分布在渤海湾、松辽、塔里木、鄂尔多斯、准噶尔、珠江口、柴达木和东海陆架八大盆地，其可采资源量 172 亿吨，占全国的 81.13%；天然气资源集中分布在塔里木、四川、鄂尔多斯、东海陆架、柴达木、松辽、莺歌海、琼东南和渤海湾九大盆地，其可采资源量 18.4 万亿立方米，占全国的 83.64%。

（2）从资源深度分布看，我国石油可采资源有 80% 集中分布在浅层（<2000 米）和中深层（2000～3500 米），而深层（3500～4500 米）和超深层（<4500 米）分布较少；天然气资源在浅层、中深层、深层和超深层分布却相对比较均匀。

（3）从地理环境分布看，我国石油可采资源有 76% 分布在平原、浅海、戈壁和沙漠，天然气可采资源有 74% 分布在浅海、沙漠、山地、平原和戈壁。

4. 其他自然资源

（1）水资源和水能资源。

水资源特点：①总量丰富（年江河径流量居世界第六位）；②水资源分布不均（东多西少，南多北少；夏秋两季多，冬春两季少，各年之间的变化大）。

水能资源特点：①蕴藏量 6.8 亿千瓦，居世界第一位。②地区分布不均，实际开发水能从多到少：西南、中南、西北、华东、东北、华北。70%的水能分布在西南三省一市（四川省、贵州省、云南省和重庆市）和西藏自治区，其中长江水系最多，其次为雅鲁藏布江水系。目前，已开发的水能集中在长江、黄河和珠江的上游。

（2）矿产资源。

矿产资源特点：分布广泛，相对集中。煤、铁、石油北方居多，有色金属矿、磷矿南方居多。有利于在资源集中地区大规模开采，但运输负担加重。

矿产资源地区分布如下。煤：华北、西北、东北、西南地区；石油：东北、华北、西北地区；天然气：西南、西北地区；铁矿：辽宁省、河北省、四川省；磷矿：湖南省、湖北省、贵州省、四川省、云南省。

能源矿产中，煤炭产量居世界第一位，石油产量和发电量居世界第四位。

铁矿是钢铁工业的"粮食"，又是衡量国家工业发展水平的标志。铁矿主要分布在河北省、辽宁省、四川省；有色金属矿产基地主要分布在湖南省、江西省、广东省、广西壮族自治区；稀土工业基地主要分布在内蒙古自治区；磷矿基地主要分布在湖北省、云南省、贵州省。

（二）案例 2：资源税的改革历程

资源税是以应税资源为课税对象，对在中华人民共和国领域和中华人民共和国管辖的其他海域开发应税资源的单位和个人，就其应税资源销售额或销售数量为计税依据而征收的一种税，应税资源包括矿产资源、土地资源、水资源、海洋资源、空气资源、动物资源、植物资源等。我国资源税的改革历程主要分为五个阶段。

1. 建立阶段

1984 年颁布《中华人民共和国资源税条例（草案）》，1986 年颁布《中华人民共和国矿产资源法》。

意义：国家对矿产资源实行有偿开采，形成了资源开发领域税费并存的局面。

2. 调整完善阶段

1993 年 12 月 25 日，国务院发布了《中华人民共和国资源税暂行条例》（以下简称《资源税暂行条例》），并于 1994 年 1 月施行。

改革背景和原因：此次税制改革的原因主要在于我国经济管理体制从有计划的商品经济转向市场经济。从 1994 年资源税改革至 21 世纪初期，我国资源税制基本保持稳定状态。但随着资源开发过程中的浪费现象日益严重，矿区生态环境日益恶化。

3. 从价计征阶段

2010 年 5 月起我国针对资源税计征方式进行了新一轮的改革，首先在新疆进行试点，对油气资源实行从价计征资源税；2010 年 12 月，资源税改革试点进一步扩大到内蒙古、甘肃等 12 个省区；2011 年 9 月开始实行全国范围的资源税改为从价计征。

4. 清费扩围阶段

2016 年 5 月，财政部、国家税务总局公布了《关于全面推进资源税改革的通知》，从 2016 年 7 月 1 日起全面推进资源税改革。

改革内容涉及扩大资源税的征收范围，实施矿产资源税从价计征改革，全面清理涉及矿产资源的收费基金，合理确定资源税税率水平，加强矿产资源税收优惠政策管理。

5. 法律提升阶段

2019 年 8 月 26 日通过《中华人民共和国资源税法》（以下简称《资源税法》），于 2020 年 9 月 1 日起实施。

《资源税法》积极贯彻习近平生态文明思想，落实税收法定原则，完善地方税体系，构建绿色税制。为贯彻落实《资源税法》各项规定，规范资源税征收管理，2020 年 6 月起，财政部、国家税务总局陆续发布相关公告，进一步对《资源税法》的相关内容进行了补充完善。

（三）案例3：《资源税法》出台的重要意义和变化

1. 重要意义

（1）坚持全面依法治国，加快税收法定进程。资源税立法完成后，车船税、环境保护税、烟叶税、耕地占用税、资源税五大资源环境类税种已全部完成立法，标志着税收法定取得重大进展，意味着中国的一半税种已经完成了立法任务，这是中国税收法治化进程中的一件大事。

（2）完善税收调节机制，促进资源节约高效利用。立法固化的从价计征制度构建了更为合理的资源收益调节机制，从价计征机制下，资源税负随着矿价的升降而自动增减，有利于促进资源节约集约利用。

（3）优化征管操作，提升纳税人办税便利度。《资源税法》吸收了近年来税收征管与服务上的有效做法，践行了以纳税人为中心的服务理念，体现了深化"放管服"改革的要求。例如，简并了征收期限，简化了纳税申报，强化了部门协同，让纳税人办税更便利，遵从度更高。

（4）符合绿色税制要求，顺应时代需要。资源税立法进一步从环境污染的源头方面对经济发展和生态环境关系进行调节，合理利用的理念激发了企业的研发动力，从而降低成本，实现经济社会可持续发展，是我国绿色税制体系建设的关键一步。利用税收杠杆鼓励绿色发展，能有效引导企业节能减排，推动可持续发展聚力前行。

（5）改善资源生态环境，实现绿色协调发展。通过《资源税法》对资源利用行为进行引导，有助于推动实现资源的优化配置，在环境保护和污染防治领域发挥作用，助力经济高质量发展。同时，《资源税法》根据地方特点充分发挥资源税的调节作用，有利于因地制宜、精准施策，促进区域间资源开发的协调发展。

（6）增加地方财政收入，促进社会公平。作为一种税，资源税的基本功能是提供财政收入。按照现行税收收入划分体制，除了海洋石油资源税归属中央外，其他资源税归属地方。《资源税法》的实施有利于调节由于资源条件差异形成的级差收入，为资源开采企业之间展开公平竞争创造了条件。

（7）促进企业转型升级，提高资源使用效率。《资源税法》通过从价计征的方式对部分自然资源进行征税，能有效起到价格管控的作用，促进大多数企业充分利用社会资源进行变革，利用新型资源开采技术，提高资源开采和利用效率，落实资源税改革政策内容。

2. 变化："一拓展、两规范、三明确"

（1）拓展了征税范围。《资源税法》将征税范围的表述由原来的"开采矿产品和生产盐"改为"开发应税资源"，并授权国务院根据国民经济和社会发展需要，对取用地表水或者地下水的单位和个人试点征收水资源税，为水资源税改革试点提供了法律依据，预留了改革的空间，一定程度上确保了《资源税法》的稳定性和前瞻性。

（2）规范细化了税目。此次资源税立法，将全部164个应税资源品目在《资源税法》所附《税目税率表》中逐一列明，覆盖了目前已发现的所有矿种。资源税税目的分类、名称与矿产资源主管部门的管理标准基本保持一致，同时也适当兼顾了实际征管需要。

（3）规范了减免税管理。现行减免税政策既有长期性政策，也有阶段性政策。对长期实行且实践证明行之有效的减免税政策，《资源税法》作出了明确规定；对阶段性优惠政策，则授权国务院根据国民经济和社会发展需要确定是否继续执行。

（4）明确了分级分类确定税率的权限划分方式。固定税率和浮动税率相结合，既可以保障国家对战略资源的宏观调控需要，又对地方充分授权，有利于调动地方加强管理的积极性，体现了健全地方税体系的改革思路。

（5）明确了以从价计征为主的征税方式。资源税立法巩固了资源税从价计征改革的成果，从法律上确立了从价计征为主、从量计征为辅的资源税征税方式。

（6）明确了按原矿、选矿分别设定税率。《资源税法》在总结改革经验的基础上进一步简化、规范税制，改为按原矿、选矿分别设定税率。这一设计既确保了税负公平，又便利了纳税申报，是资源税制的一次优化。

3. 案例思考题

（1）结合历次资源税改革过程和内容，谈谈其改革的逻辑是什么？从坚持依法治国角度看其有何进步及仍需改进之处？为什么说资源税立法有利于促进社会公平（从国家、企业、社会层面分别考虑）？

（2）结合近年来我国中央政府工作报告，参考国外经验，你认为还有哪些不足以及相关改进建议。

五、教学方法与手段

(一) 案例讲授法

案例展示我国自然资源储量的总体情况和地理分布信息,让学生对我国自然资源有直观认识,理解自然资源与经济社会可持续发展的关系。

(二) 小组讨论法

采用结构式研讨形式,结合《资源税法》分组讨论本次资源税立法的意义、变化以及对税务征管机关的要求,增加学生对资源税改革的认识、感受税收法定原则和提高环境保护的意识。

(三) 调查研究法

鼓励学生积极参与大学生暑期社会实践活动,参与并申报调研所在省市资源税开征情况以及对环境保护的影响,通过实地调研,将"读万卷书"与"行万里路"相结合,使学生学思结合、知行统一。

六、教学实施过程

教学实施过程如表1所示。

表1 教学实施过程

教学阶段	教学内容	思政元素	教学方法
课前准备	学生分组搜集历次资源税改革资料,并准备小组汇报		(1)小组讨论法; (2)文献搜集
课中实施	(1) 党的十九大报告,《资源税法》和《关于进一步深化税收征管改革的意见》; (2) 学生代表小组展示汇报; (3) 我国资源的总体分布特点; (4) 资源税立法的内容与重要意义	(1) 坚持全面依法治国; (2) 推进税收法定进程; (3) 坚持环境保护,绿色发展; (4) 促进社会公平	(1)案例讲授法; (2)小组讨论法; (3)自自由讨论
课后总结	根据课堂上学生们的表现进行考核,根据课堂学生反馈撰写教学总结		

(一) 课前准备

(1) 明确教学时间。教学拟安排时长为2小时(含课间休息15分钟)。

主要教学实施过程包括：课前学生资料查找与展示、课中老师讲授专业知识与案例分析、组织学生进行分组讨论和汇报、课后反馈等。

（2）课前一周通知班级学生进行分组并制作展示 PPT，其中前面两组搜集历次资源税改革的时间点以及时代背景，要求改革时间不能重复，自己做好分工，并各自梳理改革逻辑；其他组参考国际经验，结合中国国情，提出我国在资源税方面的不足之处与改进建议。

（3）根据党的十九大报告、《资源税法》和《关于进一步深化税收征管改革的意见》整理教学案例，制作讲解动画、视频和 PPT。

（4）梳理最近一次资源税改革的变化之处，以此为基础，结合时事和有关政策，在课堂上对案例进行简单的说明，提出相关思考问题，方便后续与学生讨论及交流。

（5）在"雨课堂"等软件 App 中提前设置一些题目，主要是客观题，限时回答，鼓励学生积极参与。

（二）课中实施

（1）教学导入。由党的十九大报告引出坚持全面依法治国和环境保护的发展理念，引出课程主题：资源税的改革（约 10 分钟）。

（2）学生展示。由提前准备的两组各派一位代表上台讲解资源税的改革历程，在不重复的情况下进行展示，允许学生提问，教师加以补充和点评（约 25 分钟）。

（3）教师在学生小组代表上台展示的基础上，进行总结和梳理；同时注意结合依法治国、税收法定、环境保护等思政元素，融入资源税的改革历程中。案例引入部分，首先引入案例 1，介绍我国资源的总体分布情况，以煤炭资源和石油资源分布为例说明我国自然资源的特点，由此提及征收资源税对环境保护的重要性；再引入案例 2，结合资源税的立法，剖析本次立法与之前资源税的不同之处，并结合税收征管介绍其立法意义（可结合案例 3）（约 15 分钟）。期间利用"雨课堂"线上限时趣味答题，引导学生积极参与，进一步加深印象，提高教学效果（约 5 分钟）。

（4）最后预留出部分时间，让其他组派代表上台作展示或者让学生自己谈谈对资源税改革的评价，结合中国国情，参考国际经验，提出进一步改进的建议（约 20 分钟）。

（5）教师总结。对刚上台的这部分学生代表的展示作出简要评价，鼓励大家在学习中从法治角度去看待现有资源税，学习好专业知识，在实践中丰富和发展自己，做一个对社会有价值的人（约20分钟）。

（6）学生提问。允许学生自我讨论和提出对本节知识存疑之处，师生互动，同时让学生对本节教学内容和方式予以评价（约5分钟）。

（三）课后总结

（1）针对学生课堂表现进行考核评价，并根据考核结果进行反思和总结。

（2）根据学生反馈，进行本次教学的反思与总结，为下一章节奠定基础。

七、考核与评价方式

总评成绩由个人课堂表现、小组团队作业和课堂趣味答题三部分构成，个人课堂表现占总评成绩的40%，小组团队作业评价占总评成绩的40%，趣味答题成绩占总评成绩的20%。具体考核方法如表2所示。

表2　　　　　　　　　　　　考核方法

考核构成	考核内容	权重（%）
个人课堂表现	听课专注程度，回答问题与课堂互动的积极性	40
小组团队作业	PPT制作美观度，团队分工合理度，小组代表汇报时逻辑表达能力	40
课堂趣味答题	个人答题的准确性、速度	20

八、实施成效

（一）完成教学内容，达到教学目标

（1）通过本次教学，强化了学生对坚持全面依法治国思想的高度认同。学生依法治国、环境保护、绿色发展、集约利用资源的理念进一步加深，增强了社会责任感，加深了专业认同感。

（2）提高了学生对资源税的学习和认识。在学习专业课的同时，学生懂法、守法、节约环保等意识进一步增强，理论与实践相结合。

（3）结合最近一次的资源税立法，让学生感受到税收法定的原则与我国坚持依法治国、保护环境以及以人为本的发展理念。

（二）培养学生能力

（1）对我国资源税的改革时间节点有初步了解，知晓结合时代背景分析政策实施的必要性，由此举一反三，锻炼学生的案例分析能力。

（2）掌握了资源税的内容，尤其是征税原则与计税方法。通过案例、讲学、小组展示和讨论相结合的方式，鼓励学生积极参与课程互动、主动思考、勇于表达，提升了学生的思维和实践能力。

（三）价值塑造

思政课程价值塑造成效显著。通过历次资源税改革，结合党的十九大报告、《资源税法》和《关于进一步深化税收征管改革的意见》等内容，从课堂小组汇报、课堂教学、互动答题、课堂互动反馈的情况来看，通过本课程的学习，学生们能够准确把握资源税改革的历史及其时代背景，在梳理改革逻辑的基础上，对坚持依法治国、税收法定、环境保护、绿色发展等理念和思想有了进一步的认识，结合专业的税法知识，将理论与实践相结合，学法、懂法、守法，为以后用法奠定基础，从专业方面提升了学生的分析和判断能力，培养学生的家国情怀和社会责任感。通过学习案例，让环境保护的生态理念深入人心，同时学以致用，了解环境保护对国家、社会和人民的重要性，提高当代大学生的社会责任感；从课程前期准备、课堂展示、教师讲解和学生反馈来看，该课程的教学方式取得了较好的效果，轻松愉悦的教学氛围和充实而不枯燥的教学内容极大地激发了学生的学习兴趣。但在教学案例和班级整体参与感方面还有待进一步增强，下一步可以提前将部分教学资料下发，收集学生们的反馈，进行适时调整，进一步丰富案例中思政理念的传递。

聚财为国，守土有责

何 杨

一、基本信息

课程名称：国际税收。

授课对象：大学本科三年级学生。

知识点：《国际税收（第十版）》（朱青编著，中国人民大学出版社 2021 年版）第 6 章"转让定价的税务管理"。

主讲教师：何杨，中央财经大学教授。

二、教学目标

熟练运用转让定价方法分析转让定价案例，体会税务机关在反避税中"家国情怀""守土有责"的精神，以及合理的利润分配规则对于国家税收利益的重要作用。

三、教学重点与难点

（一）教学重点
转让定价传统价格法和利润法在实际案例中的应用。

（二）教学难点
在转让定价方法的技术性应用中融入课程思政元素。

四、课程思政案例介绍

在 B 国的母公司 Y 为多种型号缝纫机的生产商。它的子公司 X 是其在中国市场高级（S 型）缝纫机的独家分销商。尽管有些中国用户，但这些缝纫机的专业市场较窄；在这个市场上，该型号在高端市场具有重要地位。

假如你是 A 国的税收稽查员并得到下列关于公司 X 和公司 Y 的信息（见表 1 和表 2）。

表 1　　　　　　　2018～2020 年公司 X 的收入报表

项目	2018 年	2019 年	2020 年	总额
销售额	67200	78000	96800	242000
销售成本（包括存货损失）	52800（120）	61200（240）	79200（3600）	193200（3960）
毛利润	14400	16800	17600	48800
毛利率（%）	21.4	21.5	18.2	20.2
营业费用	13200	15600	19200	48800
营业收入	1200	1200	-1600	800
营业收入率（%）	1.8	1.5	-1.7	0.3

表 2　　　　　　　2018～2020 年公司 Y 的收入报表

年份	销售额	毛利润	毛利率（%）
2018	28100000	8410000	29.9
2019	33600000	9530000	28.4
2020	39400000	11860000	30.1

税务稽查人员对公司 X 进行了转让定价调查。选择了公司 V 和公司 W 作为可比物。公司 V 和公司 W 的信息分别如表 3 和表 4 所示。

可比公司 V：

毛利润 V +（V 的销售成本 ×2.0%）×110%（库存风险的补偿）-（V 的销售成本 ×2%）（预期库存损失 V）

表 3　　　　　　　2018～2020 年公司 V 的收入报表

项目	2018 年	2019 年	2020 年
销售成本	34800	39600	46800
毛利润	13200	14400	18000
预期库存损失	696	792	936
库存损失补偿	765.6	871.2	1029.6
调整后的毛利润	13269.6	14479.2	18093.6
调整后的毛利率（%）	27.7	26.8	27.9

可比公司 W：

毛利润 W +（W 的销售成本 ×2.0%）×110%（库存风险的补偿）-（W 的销售成本 ×2%）（预期库存损失 W）+ 销售额 W×1.8%（保修服务补偿）

表4　　　　　　2018～2020 年公司 W 的收入报表

项目	2018 年	2019 年	2020 年
销售成本	24000	27600	36000
毛利润	8400	9600	12000
预期库存损失	480	552	720
库存损失补偿	528	607.2	792
保修补偿	583.2	669.6	864
调整后的毛利润	9031.2	10324.8	12936
调整后的毛利率（%）	27.9	27.8	27.0

在对公司 V 和公司 W 进行调整后，根据比较，X 公司的毛利率超出了合理范围（见表5）。

表5　　　　　　2018～2020 年公司 X、公司 V 和公司 W 的毛利率范围

项目	2018 年	2019 年	2020 年
公司 X 毛利率（%）	21.4	21.5	18.2
公司 V 毛利率（%）	27.7	26.8	27.9
公司 W 毛利率（%）	27.9	27.8	27.0
范围内/外	外	外	外

但是，纳税人并不接受这个调整建议，提出了一系列质疑。税务稽查人员进行了新的调查取证，并与纳税人开展了多次磋商。

五、教学方法与手段

（1）通过学习通，复习上一课的内容和课件：《国际税收》第6.2节"转让定价审核、调整的原则与方法"。

（2）熟悉案例内容"某外资企业转让定价调查案例"，观看 MOOC 视频资料。

（3）分为税务局和企业两组，按照辩论赛流程准备双方的论辩材料。

六、教学实施过程

（一）课程引入

本节课邀请了来自××税务局国际处的××老师参加，××老师在国际税收战线已经工作了25年，他会作为本节课转让定价庭辩的评议人。

请××老师做简单的自我介绍。

教学设计理念：通过国际税收专家的亲身工作经历传达国际税收工作的家国情怀。

（二）转让定价庭辩过程

1. 第一阶段

（1）税务机关为何会对企业的纳税申报提出异议？

展示案例资料（见图1），由税务局一方进行陈述。

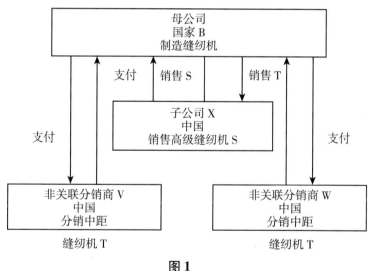

图1

教师引导：为了防止激进的国际避税活动，在每年浩如烟海的企业所得税纳税申报数据中，税务机关的反避税人员都会运用大数据进行案头审计，发现转让定价疑点需要进一步询问。

教学设计理念：境外母公司可能会通过转让定价方式将在中国的利润转走，并且税务安排较为高明，只有具备转让定价的专业能力，才能发现其中的疑点，防范中国的税基被侵蚀。

（2）税务机关需要哪些进一步的信息？

税务局一方提问，企业一方回答。

教师引导：转让定价质疑的逻辑为，是否存在转让定价——转让定价方法采用是否合理——所选用转让定价方法运用是否恰当——最终的利润水平是否合理。

教学设计理念：税务机关如何运用专业能力对国际避税活动进行审计。

2. 第二阶段

（1）税务机关会如何分析并向企业提出异议？

针对以下问题由税务机关进行陈述：

① 分析上述信息之后，你认为对于这个案件哪种转让定价方法最合适？

② 你选中的方法的优点和缺点分别是什么？

③ 在应用所选方法时，还遗留了哪些必须进行调整的问题？

④ 在应用所选方法时，应该如何调整这些差异？

同学们通过讨论和展示，分析认为企业不应该采用成本加成法，而应该采用交易净利润法，理由如下：

① 坚持独立交易原则；

② 成本加成法适用的条件；

③ 毛利润水平和净利润水平的行业分析。

教学设计理念：税务机关在进行转让定价调查时如何做到有理、有利、有节。

（2）企业会如何应对？

① 企业是否会认同税务机关的质疑？

② 企业会从哪几个方面进行反驳并提出证据？

税务机关和企业展示自由辩论，各自展示证据和理由。

在这一阶段中，企业并不会轻易接受税务局的转让定价调查，会提出合理商业目的、企业经营战略等各种理由，税务局需要一一进行分析和应对。同学们轮流上台进行自由辩论，训练了快速反应能力和对专业知识的灵活运用。

教学设计理念：企业虽然具有一定合理的商业意图，但是向境外企业进行利润转移的事实不容置疑。

3. 第三阶段

（1）税务机关如何调整？

① 核对纳税人提供的信息和百利比是否正确（见表6）。

② 重新考虑毛利润率的调整建议。

③ 给出新的调整方案。

表6   2007～2009 年公司 X、公司 V 和公司 W 的百利比

公司	2007 年	2008 年	2009 年
公司 X	1.42	1.37	1.39
公司 V	1.16	1.15	1.16
公司 W	1.15	1.14	1.15

注：百利比 = 毛利润/营业费用。

教学设计理念：调整的基本原则是按照独立交易原则确定企业在我国的合理利润水平。

（2）企业是否会接受调整？

引导学生思考以下问题：

① 企业还会提出什么样的诉求？

② 会不会影响企业的合理经营战略？

③ 什么样的调整企业更容易接受？

教学设计理念：转让定价管理需要兼顾国际投资和税收利益的平衡。

4. 第四阶段：相互协商程序和双重征税消除

为了避免转让定价调整给纳税人带来跨国双重征税问题，根据我国对外签署的税收协定的有关规定，国家税务总局可以依据企业申请或者税收协定缔约对方税务主管当局请求启动相互协商程序，与税收协定缔约对方税务主管当局开展协商谈判。

教学设计理念：补充我国税务机关利用相互协商程序维护我国对外投资企业税收利益的案例。

（三）评议人点评

评议人对学生们在这次转让定价模拟庭辩中展示出的较高的专业素养和思辨能力给予肯定，分析案例中的核心争议点。讲述在税务局从事反避税工作的心路历程，在面临各种压力时如何坚守初心，对不合理的跨国公司在中国的避税进行转让定价调整。

教学设计理念：通过校外专家的亲身经历和讲述，让学生们认识鲜活的有情怀、有理想、有专业的国际税收人才。

（四）学生总结

对于税务局一方，要更好地维护国家税收利益，不能只是纸上谈兵，要熟悉国际语言，具备国际谈判能力，还要有坚忍不拔的精神，才能做好反避税工作。

对于企业一方，如何更好地进行纳税遵从，降低税收风险，进行更加合理的税收安排。

补充当前国际税收最新发展对于征纳双方所提出的新要求。

教学设计理念：体现以学生为中心，通过学生们的模拟体验，亲身体会到国际反避税工作中面临的巨大压力。为了保障国家税收利益，既需要扎实的专业能力，也需要"守土有责"的道德情操。

（五）课后活动

（1）对案例进行总结，学生们自由选择税务局一方或企业一方，对其观点和体会撰写总结报告。

（2）阅读文献和辅助资料（包括课程思政材料）。

七、考核与评价方式

（1）对参与课堂活动的表现进行考核，采取"教师打分＋小组互评"的形式。分作为税务局和企业出席辩论的学生、作为团队成员进行准备的学生、作为参与者在课堂活动中积极提问的学生三个档次给予评价。

（2）对每位学生的案例总结进行打分评价。

八、实施效果

通过模拟税企双方抗辩的形式，生动讲解国际税收中的转让定价税收管理，帮助学生深入理解如何运用独立交易原则和转让定价方法，实现跨国纳税人在关联交易中履行合理的纳税义务，避免跨国避税，保障国家的税收主权。

税道方圆守正，学通古今鼎新

廖晓慧　经庭如

一、基本信息

课程名称：税收学。

授课对象：财政税收专业大学二年级学生。

知识点：税收负担。

主讲教师：廖晓慧，安徽财经大学副教授；经庭如，安徽财经大学教授。

二、教学目标

（一）课程教学目标

1. 知识目标

深刻阐释税收学基本原理，探究税收学理内在传承逻辑，紧密贴合最新税制改革实践，将税收理论与本土情境深度融合，培养学生"知有所合"之智。

2. 能力目标

全面拓展实践空间，以 1 个税收实验班为抓手，依托 3 间财税实验室、4 大类涉税赛事、26 家校外实习基地，切实提升学生解决现实税收问题的能力。

3. 素养目标

以培养学生家国情怀为更高目标，引领学生从人民福祉和国家治理高度看待税收问题，通过价值塑造，升华学科素养。

4. 思政目标

（1）知识方面：研究梳理中国税收历史沿革，把握中国财税制度发展规律，深刻理解习近平新时代中国特色社会主义思想中关于财税问题的理论阐述，培养文化自信与理论自信。

（2）能力方面：回应新时代税收人才需求，关注国内外新形势下税收制度建设与改革，引导学生客观理性地进行税收国际比较，坚持制度自信。

（3）素养方面：深入解读"十四五"新时期税收政策，理解税收作为国家财力源泉，是国家治理的基础和重要支柱，也是人民福祉的制度保障，践行道路自信。

（二）本案例教学目标

1. 知识目标

了解宏观税收负担与微观税收负担的概念、内涵、测算标准和决定机制。

2. 能力目标

掌握税收负担的口径选择、现实测算以及税收负担政策的国际比较等。

3. 素养目标

合理分析我国税收负担水平，正确理解税收负担与财政支出的内在联系，深刻认识我国税收取之于民、用之于民的本质特征。

4. 思政目标

深入探究我国现阶段大规模减税降费政策内涵，系统理解减税政策在刺激消费、国际竞争以及促进高质量发展中的重要作用，厚植家国情怀。

三、教学重点与难点

（一）教学重点

税收负担的衡量和测算，包括税收负担的指标选择、内涵分析、国际税负指标体系的本土化研究。

课程思政教学点：立足国情放眼国际，理性、客观、全面进行税收负担的国际比较，通过国别间背景、政策、道路选择等差异化辨析，坚持制度自信。

（二）教学难点

我国税收负担现状分析及改革趋向，尤其是我国企业税收负担的规模结构、国际比较，以及近年来我国企业税负改革措施、政策效应等。

课程思政教学点：紧密贴合当前国内、国际最新形势发展，深刻理解我国当前减税降费、让利于民的税收负担政策对促进国家治理、保障人民福祉的重要作用，树立家国情怀，践行道路自信。

四、课程思政案例介绍

党的十八届三中全会提出"财政是国家治理的基础和重要支柱"，将财税专业教育提升到前所未有的高度。"税收学"课程立足培养"为国理财，为民谋福"的创新型应用型人才，系统阐述税收学基本原理，具体分为税收理论发展、税收制度构建、税收效应分析三大板块 12 章内容。本课程深挖不同教学内容思想内涵，有机融入思政育人元素，具体融入点如图 1 所示。

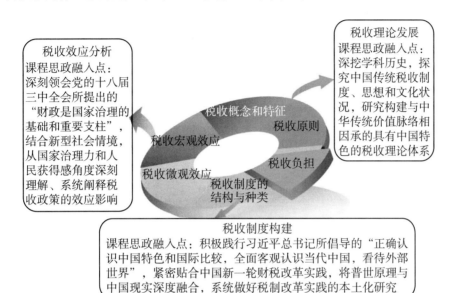

图1　本课程思政建设思路

同时，本课程以"新文科"建设"不忘本来、吸收外来、面向未来"发展理念，创设"上－下、古－今、中－外"三个维度，重构税收理论、制度、效应分析，从而将税收问题深度嵌入经济社会历史发展进程，构建传承中国历史、立足本土实践、凸显时代特征的中国税收学科体系（见图2）。

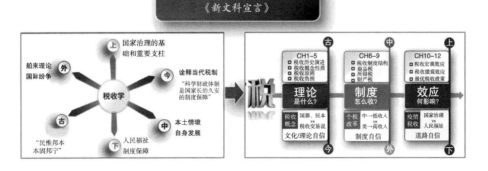

图2　本课程三维重构教学内容

1. 税收理论发展：古 - 今

中国历史蕴含深厚的税收文化底蕴和丰富的税收实践思想，《汉书·食货志》记载"财者，帝王所以聚人守位，养成群生，奉顺天德，治国安民之本也"，南宋史学家郑樵论述"古之有天下者，必有赋税之用"，《元史》有云"国非食货则无以为用"，凡此皆反映中国历史一向将财税问题视为关乎国家、民族、社会发展的重要因素。《国语·楚语下》"古者聚货不妨民衣食之利"的论断，文景之治"从民所欲，而不扰乱""三十而税一"的轻税政策，则突出反映了中国税收历史轻徭薄赋的思想内核，也是当代中国实行大规模减税政策、坚持让利于民、追求共同富裕这一政治理念最好的历史注脚。本课程系统梳理中国税收历史传统，通过税收理论与实践的历史溯源，尝试构建融贯古今、一脉相承的中国特色税收理论体系。

2. 税收制度构建：中 - 外

本课程紧密贴合中国新一轮财税改革实践，将税收基本原理与中国现实情境深度融合，立足国情放眼世界，在国际竞争新形势下，以税收治理现代化为目标，系统研究税收制度选择、税制改革路径、税收国际治理体系等，切实做好税收制度构建的本土化研究。

3. 税收效应分析：上 - 下

科学的财税体制是实现国家长治久安的制度保障，其本质是"取之于民、用之于民"。税收不仅关乎"国计"也关乎"民生"，一项税收政策的出台深刻影响着每一位国民的切身利益、行为选择乃至经济社会决策，必须从人民获得感和国家治理力两个角度深刻理解、系统阐释税收政策的效应影响。

五、教学方法与手段

本课程思政建设牢牢抓住专业教学与思政教育如何融合、协同的关键问题。专业课程的思政建设，就是要寓价值引领于知识传授和能力培养之中，这既是专业人才培养的应有之义，也是专业教学思政育人的独特优势。学生整体人格构建由"认知、情感、意志"三大模块构成，专业教学解决的正是认知维度的问题，只有深刻"知其然"并"知其所以然"，才能真正形成基于中华文明演进与改革实践的情感认同，牢固树立为伟大中国梦奋斗的意志认同。因此，课程思政不是简单的"课程 + 思政"，也不是专业课程"思政化"或者"去知识化"，而是在专业教学的同时围绕课程目标、结合教学内容、凝练思政要素，构建专业教学与思政教育的"双螺旋机制"，才能真正实现两者有机统一融合发展（见图3）。

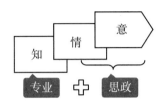

图3 "专业＋思政"融合发展

1. 教学方法："四性迭代"教学法

"四性迭代"即"感性—知性—理性—灵性"层层迭代，融合发展，最终实现灵性升华，完成价值塑造（见图4）。首先，通过预习任务积累感性经验；其次，以课堂辩论明晰基本问题，通过实操训练掌握现实操作，"理论＋实践"，完成知性构建；再次，进一步推进认知深度，探究税收负担内在机制，拓宽认知广度，概览古今中外税负政策，"深度＋广度"，形成理性范畴；最后，以认知重新观照现实，站位国家治理、人民福祉解读"十四五"税收政策，通过价值引领，实现灵性升华。至此，以"四性迭代"的方式，完成知识、能力、素养融合发展，专业教学与思政教育有机统一的教育教学全过程。

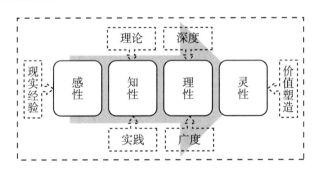

图4 "四性迭代"教学方案示意

2. 具体知识点展示：税收负担国际比较

2016年12月，习近平总书记在全国高校思想政治工作会议上明确提出，希望广大青年学子"正确认识中国特色和国际比较，全面客观认知当代中国，看待外部世界"。这在当前纷繁复杂的国际大环境下显得尤为重要。

迭代Ⅰ——感性引入：案例"知名企业家比较中美企业税负"，认为中国企业税负比美国高，引发中国税负水平高低的大讨论。

迭代Ⅱ——知性分析1：宏观视角，中国宏观税负水平基本符合自身发展阶段。

迭代Ⅲ——知性分析2：微观视角，中国企业税负确实较高。

迭代Ⅳ——理性构建：税制结构角度，中国企业税负高主要由发达国家与发展中国家税制结构不同所导致。

迭代Ⅴ——灵性升华1：正视问题，李克强总理重要指示：2019年下决心进行更大规模减税降费。

迭代Ⅵ——灵性升华2：成效显著，近年来减税降费效应明显，中国税收制度自信凸显，要让所有民众分享改革红利。

总结：所谓"自信"要从比较中、辨析中，甚至矛盾冲突中体现与展示。不回避矛盾、不忽视问题，运用专业知识和逻辑，正视问题、解决问题，帮助学生廓清概念、理清思路、树立信心，这应该是"专业＋思政"育人功能的根本奥义。

六、教学实施过程

具体教学实施过程如表1所示。

表1　　　　　　　　　教学实施过程

教学环节	教学内容	教学活动	课程思政教学目标
课前	课前预习	提供优质教学资源：MOOC、视频、图文等，鼓励学生自行上传学习资料，形成师生课程共建；发布课程重难点讨论，请学生自行总结预习重难点；发布预习作业，检验理论基础；发布调研任务，拉近实践感知	激发兴趣，培养习惯（自主学习）
课中	【迭代Ⅰ】我国税收负担初步认知	课堂辩论："税收奇葩说"——我国税负担高不高	关注社会热点，多维度分析问题（思辨能力）
	【迭代Ⅱ】现实热点导入："死亡税率"之争	经典案例分析，辨析专家观点	分析与综合，辩证与统一（辩证思维）

续表

教学环节	教学内容	教学活动	课程思政教学目标
课中	【迭代Ⅲ】宏观税收负担的计算（本课程重点）	完成税收负担计算任务，辨析国内、国际税收负担衡量指标差异	立足国情，放眼国际（理性比较Ⅰ）
	【迭代Ⅳ】宏观税负与财政支出	结合疫情防控、科技创新等，探究税收负担与财政支出内在联系	理解税收取之于民、用之于民根本属性（掌握本质）
	【迭代Ⅴ】宏观税收负担影响因素	引入MOOC，深度阐释"一国税收负担的影响因素"，理解税收对整体经济社会的影响	深入理解财税问题是国家治理的基础和重要支柱（深化认识）
	【迭代Ⅵ】结合自身体验，认知微观税收负担	分享课前调研，引入微观税负；收集相关发票，感受税率变化；通过家人聊天，了解个税改革；感受公共服务，理解税收本质；抗疫税收政策，关注弱势群体	感悟税收政策与人民生活息息相关（切身体验）
	【迭代Ⅶ】中国企业税负分析（本课程难点）	全面分析我国企业税负规模、结构，结合当前国际形势，系统进行国际企业税负比较	立足自身发展，应对国际纷争（理性比较Ⅱ）
	【迭代Ⅷ】我国减税降费效应分析	系统学习减税降费政策及其效应，分析减税政策如何助力中国企业国际竞争、提升人民获得感	深刻理解减税降费政策"让利于民"思想内核，坚持制度自信（提升认识）
	【迭代Ⅸ】历史上的税收政策	连线财税史嘉宾老师，阐述我国轻徭薄赋的税收思想和税制设计	解读中国传统税收思想，立经世济民之志，培养文化理论自信（历史传承）
	【迭代Ⅹ】"十四五"时期税收政策解读与实践	连线税收学特邀教授，解读"十四五"时期税收政策。学生分组讨论专业调研报告，从政府、企业、个人多重角度深入理解新时期税收政策	站位国家治理、人民福祉理解税收，践行道路自信（认知升华）
课后	拓展学习	鼓励引导学生参加安徽省大学生财税技能大赛、全国本科院校税收风险管控案例大赛等涉税赛事	以赛促学，提升职业素养（专业精进）

七、考核与评价方式

具体考核与评价方式如表 2 所示。

表 2　　　　　　　　考核与评价方式

考核环节		成绩占比（%）	课程思政检测点
课前预习		20	思政资料学习、思政热点调研 （请了解你身边的税收负担现象）
课堂 表现	课堂辩论	10	现实问题思辨 （"我国税收负担高不高？"）
	实操测算	10	理性国际比较 （"税收负担指标国际比较与测算"）
	MOOC 检测	10	站位国家治理 （阐述税收负担影响因素：财政税收 "是国家治理的基础和重要支柱"）
	调研分享	10	立足人民福祉 （分享"我们身边的税收负担"， 感受税收"取之于民、用之于民"）
	小组研讨	10	思政专题讨论 （"从政府、企业、个人角度解读 '十四五'新时期税收负担政策"）
课后作业		30	疫情税收政策分析 （"请了解你家乡的相关税收政策， 并分析论述政策效应与影响"）

八、实施成效

通过本章专业知识与课程思政的协同教学，较好解决了思政教育中虚位化、硬融入、不落地等痛点问题，"专业＋思政"融合育人成效显著，较好完成了相关思政教学目标。

（1）激发了学生对于税收负担问题的关注，相关资料学习率平均达 95% 以上。特别是相关热点问题的关注度显著提高，如典型案例"企业家谈中美税负比较"的视频观看量持续提升，部分学生观看视频的反刍比达到 200%~300%（即观看两到三遍）以上。

（2）对于我国宏观税收负担的认识更加全面、客观、积极。不仅从专业知识层面系统深入地认识了宏观税收负担的构成、影响等，更能够用发展的、全局的眼光看待宏观税负问题，全面深刻地理解税收负担问题对我国经济社会发展的重要作用和意义。

（3）对于我国微观税收负担，特别是个人税负问题有了更为切身的感受和体验。请学生们去了解身边的税负政策，有的学生通过收集相关发票，感受增值税税率变化所带来的税负下降；有的学生分享了自己在大学生创新创业项目中所享受到的税收优惠；也有的学生通过与家人朋友聊天，了解个人所得税专项扣除、退税等改革措施为纳税人带来的切实获益。通过学生的切身体验，加深了对于税收"取之于民、用之于民"本质属性的理解。

（4）对于课后作业"请了解你家乡的抗疫税收政策，并分析相关政策效应"，学生反响热烈，从自己的身边案例出发，从中央、地方、政府、企业、个人等多个维度深刻认识疫情税收政策如何助力国家治理、保障人民福祉，很好地体现了"税收既是国家治理的基础与支柱，也是人民福祉的根本保障"这种胸怀天下、经世济民的家国情怀。

我国基本养老保险基金筹集模式

蒋云赟

一、基本信息

课程名称：社会保险。

授课对象：财政学专业大学本科三年级学生。

知识点：现收现付制、基金制。

主讲教师：蒋云赟，北京大学副教授。

二、教学目标

（一）知识传授

理解社保基金资金筹集的三种模式：现收现付制、基金制和部分积累制；理解现收现付制和基金制应对人口老龄化能力差异的经典模型；思考中国社保基金的资金筹集模式。

（二）能力培养

掌握人口预测的方法，理解我国人口老龄化的状况。

（三）价值塑造

理解我国在一个人口众多、人口老龄化速度很快的情形下建立和完善基本养老保险体系的困难和坚定举措。

三、教学重点与难点

（一）教学重点

（1）现收现付制和基金制各自面临的挑战。

（2）现收现付制和基金制收益率比较。

（3）理解我国基本养老保险发展的背景和困难。

（二）教学难点

（1）理解现收现付制和基金制比较的艾伦条件。

（2）理解经济学模型提出来的特定历史背景。

四、课程思政案例介绍

（一）寓价值观引导于知识传授，树立学生制度自信，增强民族自豪感

社会保险是关乎民生的经济制度。中国共产党高度重视社会保险事业的发展，习近平总书记在党的十九大报告中明确提出，按照兜底线、织密网、建机制的要求，全面建成覆盖全民、城乡统筹、权责清晰、保障适度、可持续的多层次社会保障体系。由于老龄化的深化和资本市场的不稳定，各国的社会保险制度都在探索和完善之中。2016 年 11 月 17 日，国际社会保障协会在巴拿马召开的第 32 届全球大会上授予中华人民共和国政府"社会保障杰出成就奖"。党的十九届五中全会指出，我们已经建成世界上规模最大的社会保障体系，基本医疗保险覆盖超过十三亿人，基本养老保险覆盖近十亿人。在教学中，不仅要梳理我国社会保险体系存在的问题和面临的困难，更要让学生理解我国经过 70 多年的建设和完善，形成包含养老保险、医疗保险、失业保险和工伤保险的较为全面的社会保险体系的不易。本节课讲授基本养老保险的基金筹集模式。

1. 教学思政目标

向学生讲解近年来我国社会保险政策的进步，在政策分析中让学生理解一个区域差异性大、人口众多的国家建立社会保险体系的不易，促使其产生浓烈的民族自豪感和爱国主义精神。

2. 具体教学实施

第一步，通过具体数据让同学们了解我国面临的养老压力，用图表分别展示新中国成立以来总和生育率和预期寿命变化。通过图表和授课向学生强调 21 世纪我国需要赡养全球最多的老年人，且老龄化速度不断加快。65 岁以上的老年人比重从 2000 年的 7% 增长到 2010 年的 8.9%，增加了 1.9 个百分点，而 2020 年达到了 13.5%，近十年增加了 4.6 个百分点。

第二步，讲授我国基本养老保险改革的过程。通过讲授，引导学生在学习中体会，作为人口大国和人口老龄化速度最快的国家，我国始终以提高人民生活水平为目标，不停地对自己的社会保险体系进行完善，树立学

生的自豪感和制度自信。

（二）通过思政建设，培养学生的创新精神

《高等学校课程思政建设指导纲要》指出，要引导学生了解世情国情党情民情，增强对党的创新理论的政治认同、思想认同、情感认同。我国在70多年的社会保险创新发展中形成了自己的特色和模式，在讲授中我们注重引导学生去发现和理解社会保险模式中的中国创新，将知识传授与价值引领有机统一。例如，我国的养老保险制度在"文化大革命"之后变成了"单位保险"，统筹层次低，抗风险能力差。1986年起我国开始着手提高养老保险的统筹层次，但由于地区间经济发展差距拉大，统筹层次一直未能有效提高。2018年我国开始实施养老保险基金中央调剂制度，这是中国针对自己的财政体制和养老保险制度的特点提出的新举措，是我们社会保险发展过程中的实践创新。各省按照本省的平均工资和在职应参保人数上解一定比例，中央按照各省离退休人数和全国统一的人均拨付额进行拨付。这样就有效地实现了资金在地区间的横向均衡，迈出了养老保险全国统筹的一步。2022年1月开始实施基本养老保险全国统筹。在讲授中，我们注重基于不同省份基本养老保险实际缴费率、抚养比以及人口流动等情况对养老保险基金中央调剂制度和全国统筹进行讲解，也引导学生根据各省份的财政收入、缴费充足率情况对全国统筹进行数据分析，并鼓励学生构建简单的经济学模型对全国统筹的效果进行分析。

五、教学方法与手段

《高等学校课程思政建设指导纲要》提出，经济学、管理学、法学类专业课程要引导学生深入社会实践、关注现实问题，培育学生经世济民、诚信服务、德法兼修的职业素养。理论联系实际是中国共产党人的优良作风之一，实践是检验真理的唯一标准。习近平总书记也曾在全国党校工作会议上指出"要坚持理论联系实际的马克思主义学风"。社会保险是应用基础研究，我们在教学中非常注重采用多种教学手段，引导学生深入实践，关注和解决中国问题，注重教学方式的混合性和针对性。在本案例中，选取"是否应该实行名义账户制"为题，组织学生进行辩论，促进学生去搜索文献和资料，积极思考，更好地理解中国的社会保险政策。本次辩论的教学安排如下。

1. 教学思政目标

通过辩论使学生理解影响养老保险基金筹集模式选择的因素，关注中国国情，学会基于中国现实、结合经济学理论分析问题。

2. 教学过程

（1）课前：将学生分成两组，让学生去查找我国人口增长率、劳动生产率增长率和资本市场收益率的数据，去查找我国财政收支压力的数据，并且基于课上讲的理论知识，精心提炼自己的观点。

（2）课中：辩论前，教师对学生的论据应有基本预判，不同意实施名义账户制的一组的论据可能包括人口老龄化压力和经济不可能一直保持超高速增长，而资本市场可能提供的收益率会超过人口增长率和劳动生产率增长率之和；同意实施名义账户制的一组的论据可能包括资本市场的风险以及我国财政收支的现实压力。在组织学生进行辩论时，注意引导学生思考影响养老保险基金筹集模式的艾伦条件，思考人口和资本市场环境变化的影响。

（3）课后：鼓励学生持续对这个问题进行关注，通过辩论引导学生关注社会保险领域里的现实问题和关键问题。

六、教学实施过程

（一）课前

（1）提前把以下三篇文献通过教学网发给学生。

H. J. Aaron, "The Social Insurance Paradox", *Canadian Journal of Economics and Political Science*, No. 32, 1966, pp. 371 – 374.

Paul A. Samuelson, "An Exact Consumption – Loan Model of Interest with or without the Social Contrivance of Money", *The Journal of Political Economy*, Vol. 66, 1958, pp. 467 – 482.

M. Feldstein, "The Missing Piece in Policy Analysis: Social Security Reform", *American Economics Review*, Vol. 86, 1996, pp. 1 – 14.

（2）提前让学生们查找中国过去 40 年的人口增长率和劳动生产率增长率。

（二）授课过程

1. 解释现收现付制

现收现付制（pay as you go，PAYGO）是指完全靠当前的收入满足当前的支出，不为以后年度的保险支出作资金储备（为避免费率调整过于频繁和防止短期内可能出现的收支波动，一般也保留小额流动储备基金）。

当年在职职工缴费收入 = 当年社保基金支出

当年在职职工缴费收入 = 缴费率 × 在职职工标准工资总额

　　　　　　　　　　 = 缴费率 × 在职职工人数 × 职工平均标准工资

当年社保基金支出 = 退休职工人数 × 平均社保金

赡养率 = 退休职工人数/在职职工人数

替代率 = 平均社保金/平均标准工资

缴费率 = 赡养率 × 替代率

※ 这里进行互动提问，穿插复习人口老龄化的问题。

2. 讲解完全积累制

完全积累制（full funded）是一种以远期纵向平衡为原则的筹资模式。它要求劳动者在工作期间把一部分劳动收入积累起来交给一个集中的可用于投资的基金，达到条件后，该基金再按缴费累积和投资回报向投保者兑现当初的社保金承诺。

※ 这里穿插讲解智利和新加坡实行完全积累制时的历史背景。并启发学生们思考，中国是否可能实行完全积累制。

3. 讲解部分积累制

部分积累制（partly funded）是指缴费水平在满足一定阶段支出需要的前提下，留有一定储备，是现收现付制与基金制的结合。

部分积累制有两种表现形式。其一，以现收现付为基础，但保险费率较现收现付制高，且在一个较长时间内（10 ~ 20 年）保持不变，因此，缴费收入高于当前的津贴，部分剩余作为基金进行积累，一般实行政府集中管理。其二，两种养老金计划同时并存，养老保险缴费一部分进入社会统筹账户用以支付当期养老金，另一部分进入个人账户用于基金积累。

※ 这里引导学生们思考，比较中国和美国实行部分积累制的历史环境。

4. 比较现收现付制和基金制应对人口老龄化的能力

现收现付制与基金制的比较：应对老龄化的能力——谁能带来更高的收益？

萨缪尔森（Samuelson，1958）提出的迭代模型指出，在一定假设条件下，一个纯储蓄型的经济中，养老金的利率等于人口的增长率。

艾伦（Aaron，1966）在上述模型中又引进了投资，从而得出养老金的增长率等于人口增长率和劳动生产率的增长率之和的结论；如果假设劳动生产率的增长完全由工资增长率来体现，在现收现付制下，养老金的增长率就等于人口增长率和工资增长率之和。

费尔德斯坦（Feldstein，1996）指出，人口增长率和工资增长率之和实际等于税基增长率。

※ 讲解这三个文献时，引导学生们注意经济模型构建是为了解决"当时"的问题，提醒学生们注意人口结构的变迁。

（1）萨缪尔森提出的迭代模型。

在模型中，萨缪尔森将人的一生分为三个阶段，第一、第二阶段各生产一个单位，第三阶段不生产；且设人口增长率为 m，则 t 时期位于第一阶段的人 $B_t = B(1+m)^t$，以此类推，$B_{(t-1)} = B(1+m)^{(t-1)}\cdots$；并且假设养老金的利率永远为 i，假设 S_i 为第 i 阶段的人的储蓄（$i = 1,2,3$）。如果假设一个人一生储蓄为零，即：

$$S_1 + (1+i)^{-1}S_2 + (1+i)^{-2}S_3 = 0 \qquad (1)$$

同时，假设同一时期所有人的储蓄和为零（不存在投资），即

$$B_t S_1 + B_{t-1} S_2 + B_{t-2} S_3 = 0 \qquad (2)$$

将 $B_t = B(1+m)^t$ 等代入，得：

$$B(1+m)^t S_1 + B(1+m)^{t-1} S_2 + B(1+m)^{t-2} S_3 = 0 \qquad (3)$$

$$S_1 + (1+m)^{-1}S_2 + (1+m)^{-2}S_3 = 0 \qquad (4)$$

比较式（1）和式（4），可以发现 $m = i$。即在一定假设条件下，一个不存在投资的经济中，养老金的利率等于人口的增长率。

※ 引导学生们思考20世纪50年代的历史背景，包括资本市场特点和世界人口结构状况。

（2）艾伦条件。

q：替代率；p：缴费率；w_t：老年一代工资水平；

N_t：老年一代人口数；γ：工资增长率；n：人口增长率。

假设每个人存活两期，第一期工作，第二期退休。经济达到稳态（人口和工资增长率都是常数）：

$$w_t N_t q = (1+\gamma)w_t(1+n)N_t p$$

人们如果参加完全积累制的养老保险，可以获得资本市场的收益率 1 +

r；如果参加现收现付制，可以获得的收益率是$(1+\gamma)(1+n)$。如果$1+r<(1+\gamma)(1+n)$，完全积累制提供了比现收现付制更低的收益率。

※ 引导学生们思考，如果艾伦条件得到满足，为什么 20 世纪 60 年代保险公司还会出现。

（3）费尔德斯坦关于投资收益率的主张。

一个国家究竟采用现收现付制还是积累制，需要考虑的因素之一就是哪种制度能提供更高的收益率。费尔德斯坦将他测算出来的美国的资本收益率与美国的税基增长率和税率增长率之和进行比较，指出美国可持续的税基增长率仅为 2.6%，而美国目前的现收现付养老保险体系提供的收益率远高于 2.6% 的原因是美国的社会保障税率不断上升，由 1940 年的 2% 上升到 1988 年的 12%。由于老龄化的来临，税基的增长率现在已无法达到 2.6%，税率的增长更是不可能长期维持的，而费尔德斯坦等测算出美国的资本收益率为 9.3%，远高于税基增长率，因此积累制可以带来的收益率高于现收现付制的收益率。

（三）课后作业

引导学生们思考，中国目前的人口增长率、工资增长率和资本市场收益率，这里穿插对中国改革开放之后劳动生产率增长率高速增长的介绍，并引导学生们思考中国是否应该做实个人账户，让学生们搜集材料准备辩论。

七、考核与评价方式

传统"社会保险"课程的讲授，偏重对制度操作的讲解和分析，学习过程中学生学习参与程度不高，期末背诵应对考试的现象比较突出。为了解决此类问题，本课程调整了教学思路，丰富了教学内容，进行全过程考核，过程考核占期末成绩的一半以上，并注重对思政建设的考核。本案例设计了一个辩论，学生在辩论和讨论时的价值观、材料准备的充分性和课堂表现，都纳入考核。在期末考试时，不同基本养老保险筹集模式的应用场景和影响是考核重点，重点关注学生在答卷时分析问题的深度以及和实际的结合程度。

八、实施成效

通过此案例的讲解，学生能够体会我国在人口老龄化、区域差异较大的情况下完善基本养老保险制度的困难，也学会理解和分析我国社会保险模式中的创新。学生反馈能在学习中感受到通财善政的底气、济世爱民的情怀和心怀天下的格局。

涵养公共意识，人人相善其群

朱翠华　方元子

一、基本信息

课程名称：财政学。

授课对象：经济类专业大学本科二年级学生。

知识点：公共物品。

主讲教师：朱翠华，广东财经大学副教授；方元子，广东财经大学讲师。

二、教学目标

（一）知识传授

掌握公共物品的基本特征——非竞争性、非排他性；掌握公共物品存在时市场配置资源不合理的表现；熟悉政府解决上述资源配置不合理的方法与手段。

（二）能力培养

熟练运用本节基本知识分析、解释、预测和评价公共政策；熟练运用公共物品基本理论分析社会及生活现象。

（三）价值塑造

提升学生公德意识；增强学生的社会责任感、集体责任感。

三、教学重点与难点

（一）教学重点

学会判断公共物品、准公共物品和私人物品。

（二）教学难点

公共物品存在时资源配置不合理的表现。

四、课程思政案例介绍

[**材料一**] 麻疹在英国呈现急剧上升趋势，使得卫生工作者开始警告公众：在疫苗覆盖率低于推荐水平的情况下，可能会暴发全国性疫情。此次预警由英国卫生安全局（UKHSA）首席执行官珍妮·哈里斯发布。近期数据显示，自 2023 年 10 月以来，西米德兰兹郡已有 216 宗实验室确诊病例及 103 宗疑似病例。其中，大约 80% 的病例在伯明翰，10% 在考文垂，这些病例的大多数是 10 岁以下的儿童，疫苗覆盖率低可能是主因。哈里斯女士明确表示，现有接种率"远低于"要求的覆盖率。进入学校的儿童在 MMR 疫苗覆盖率方面已经下降至 85%，而在西米德兰兹郡的一些地区，这个数字甚至低至 81%。而在 NHS 萨里中心地区，这一比例更是低于 70%。据英国《医学杂志》报道，上个月，伯明翰儿童医院已治疗了 50 多名麻疹患者。为了与公众沟通这一问题，哈里斯表示，"这是号召全国所有的父母查看子女的疫苗接种率"。哈里斯女士计划前往西米德兰兹郡，这是目前除伦敦外最大的感染暴发地区。

[**材料二**] 美国疾病控制与预防中心（CDC）近日向全美医疗服务提供者发出警告，要求他们对麻疹病例保持警惕。CDC 发布报告称，在 2023 年 12 月 1 日至 2024 年 1 月 23 日期间，它收到了 23 例确诊麻疹病例的报告，其中包括 7 例由国际旅行者直接输入的麻疹病例，以及两次集中暴发的麻疹疫情，每次感染病例均超过 5 人，大多数确诊病例是没有接种过麻疹疫苗的儿童。

思考题：公共卫生安全，个人与国家的责任是什么？

五、教学方法与手段

（一）教学方法

首先，讨论式教学法，通过对核心问题的讨论，加深学生对问题的理解，增强学生的主动学习能力和对问题的判断能力。

其次，学生分组式教学，由学生自由组合，根据事先选择的案例进行分组讨论并到讲台上讲解对该案例的理解，同时需要回答其他同学的提问。通过这种教学方法能充分调动学生的参与性和创造性思维，培养学生的表达能力和自信心。参与学生人数一般控制在 5~6 人，学生的表现记入学生期末成绩。

最后，发现问题式教学，上课前推荐学生阅读下次课的参考资料，课上鼓励学生自己提出问题，教师回答，通过学生提问、教师回答问题的方式，有针对性地解决学生的知识问题，有侧重地组织教学。

（二）教学手段

教学手段遵循现代化多媒体教学技术为主，辅以网络教学资源包括最新的理论研究进展等；课前慕课平台学习基本内容，课上利用雨课堂实现线上教学技术辅助下的线下教学，课后建立公共交流平台（慕课讨论区、QQ群等）与学生交流、互动，及时收集和解答学生们学习过程中存在的疑问，实现线上的课程讨论、学习。

六、教学实施过程

（一）课前

1. 布置线上学习任务

首先，慕课平台学习基础概念——非竞争性、非排他性。

其次，阅读文献材料——经济学中的灯塔（罗纳德·科斯）。

2. 课前测评

检验基础概念是否理解。

（二）课中

1. 课程导入

课上回顾课前布置的案例，引导学生思考国家和个人在疫苗这件事上有哪些责任？

2. 明确学习思路和目标

在整本书的框架中，本节课学习的是"政府为什么要理财"的原因之一。学习思路为：

（1）公共物品有哪些基本特征？（非竞争性、非排他性）

（2）双非特征会引起怎样的资源配置不合理？（"搭便车"、囚徒困境、公地悲剧）

（3）如何解决？（政府干预）

3. 课程学习

首先，将课前提供的案例简化为二人选择模式，如图1所示。鼓励学生思考最终的均衡是什么。通过分析可知，各自选择"不提供"是最优的选择，因此为保障公共卫生安全，疫苗的提供应有政府的责任。

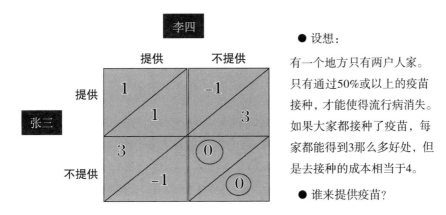

图 1　疫苗提供中的选择困境

● 设想：

有一个地方只有两户人家。只有通过50%或以上的疫苗接种，才能使得流行病消失。如果大家都接种了疫苗，每家都能得到3那么多好处，但是去接种的成本相当于4。

● 谁来提供疫苗？

其次，政府提供了疫苗，在接种问题上个人该如何选择？通过图 2 可知，"经济人"的最优选择看似是"不打"，但是如果大家都不接种疫苗，而是等待他人接种形成集体免疫后"搭便车"，那么最终的结果是谁也无法享受群体免疫，因此主动接种疫苗是个人的责任，也是最终能够获得个人利益的最优选择。

（思政元素：强化集体责任感、社会责任感。懂得"搭便车"的结果是谁也无法获得应有利益，主动承担应有责任才是应有的选择。）

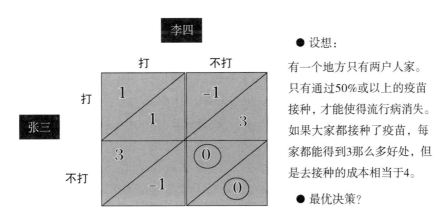

图 2　疫苗接种中的选择困境

● 设想：

有一个地方只有两户人家。只有通过50%或以上的疫苗接种，才能使得流行病消失。如果大家都接种了疫苗，每家都能得到3那么多好处，但是去接种的成本相当于4。

● 最优决策？

4. 课程总结与检测

政府：提供公共物品通常是政府的职责。

个人：个人在公共物品的提供、消费等过程中如果坚持个人主义至上，最终的结果是每个人都无法实现个人利益，因此公共意识和责任意识应该是个人在公共物品的提供和消费中的理性选择。

5. 布置作业——问题的迁移

［阅读材料］被祖国接回家的，不止晚舟。

思考"国家富强"对个人来说意味着什么？其是否具有双非特征？政府和个人之责？

（思政育人：人人都能在祖国的强大中获益，祖国的强大需要每个人贡献力量，为祖国的繁荣富强添砖加瓦，而不是等待"搭便车"，如果都等着"搭便车"，祖国强大何去何从。）

（三）课后

（1）慕课平台讨论区互动。

（2）QQ 群答疑。

（3）批改作业，对发现的问题及时解决，特别强调价值观正确，鼓励有独特见解。

七、考核与评价方式

首先，通过雨课堂技术，将学生课前对预习内容完成情况、课前的前测等内容纳入考核评价范围。

其次，课上讨论环节增加学生自评，小组分享讨论结果的展示环节增加生生互评（教师提供详细的评分标准），包括同组间贡献度评价以及不同组之间的评价，以提高学生学习参与度。

最后，课后增加政策评价、价值判断等作业，了解学生是否能对时事热点（"躺平"、"内卷"和"双减"政策等）作出具有独特见解且价值观正确的回答。

八、实施成效

知识方面：懂得公共物品的含义以及公共物品存在时会有些资源配置的不合理问题（"搭便车"等），因此需要政府的参与。

能力方面：可以利用本节课知识解决现实问题，理解诸如"内卷""安然事件""次贷危机"等问题的深层次原因。

　　育人方面：改变学生"只知有我而不知有他，只知有私而不知有公"的错误思维，使之重视公共利益，涵养公共意识，实现人人相善其群。

国有资本投资与国家经济安全

肖海翔

一、基本信息

课程名称：公共财政管理、国有资产管理。

授课对象：财政学专业大学三年级学生。

知识点：市场失灵理论、国有资本投资管理。

主讲教师：肖海翔，湖南大学副教授。

二、教学目标

（一）知识传授

（1）掌握市场失灵理论、国家安全理论，理解国有资本投资的理论依据。

（2）掌握我国国有资本投资的重点领域、国有资本投资与我国国家经济安全的关系。

（3）掌握国有资本投资与我国基本经济制度的关系。

（二）能力培养

（1）提升理解与判断能力。能运用市场失灵理论和国家安全理论判断我国国有资本的投资结构。

（2）提升提炼能力与逻辑推导能力。根据已有理论解读相关的政府文件，提炼文件背后的国有资本投资逻辑。

（3）提升案例分析与运用能力。通过案例分析国有资本投资布局与国家经济安全的关系。

（三）价值塑造

（1）培养学生对我国国家经济安全制度和基本经济制度的深刻认同感。通过分析国有资本的重点投向领域，指导学生深刻理解我国国有资本投资管理与国家经济安全的逻辑关系、与基本经济制度的逻辑关系，引导学生识别哪些领域应保持国有控股、国有独资。

（2）培养学生学以致用、经世济民的家国情怀。通过引导学生依据所学相关理论，解读我国目前与国有资本投资相关的文件，带动其关心时政、关注改革、学以致用。

（3）引导学生坚定"四个自信"。引导学生主动与党中央关于国有资本投资管理的政策方向保持一致；增强学生对国家政策的信心，帮助其坚定道路自信和制度自信；引导学生了解我国国有资本投资管理的成效，激发其爱国热情。

三、教学重点与难点

（一）教学重点

（1）国有资本投资的理论依据：市场失灵理论、国家经济安全理论。该理论依据如何与思政元素结合？

（2）国有资本投资与我国国家经济安全制度、基本经济制度的关系。

（3）国有资本投资的重点领域及其拓展。

（二）教学难点

（1）拓展国有资本投资领域，解读《关于国有企业功能界定与分类的指导意见》。

（2）如何设计一系列案例以贯穿课堂，该案例既要体现专业知识点又要富有思政元素，同时还应具有丰富的分析点，且能润物无声，以契合能力培养、价值塑造的目标。

四、课程思政案例介绍

（一）案例1：武汉火神山医院建设

2020年1月24日至2月3日，短短十天我国建设完成了武汉火神山医院。是谁完成了"不可能的任务"？

设计企业：国机集团中国中元公司，修订小汤山医院图纸，78分钟。

土建施工企业：中建三局，10天。

通信设施施工企业：中国联通、中国电信、中国移动、中国铁塔等，1天。

电力设施施工企业：国家电网，1 天。

现场能源补给企业：中国石油，1 天。

装修材料供给企业：中国建材，1 天。

板房安装施工企业：中国铁建十一局集团，1 天。

远程会诊系统建设：中国电信，7 天。

物资保供企业：中储粮集团，8 天。

（二）案例 2：国有资本的布局优化

2020 年 10 月，国资委副主任翁杰明在国务院政策例行吹风会上介绍国资委将进一步推动国有资本的布局优化和结构调整。

一是要推动国有企业围绕主责主业大力发展实体经济，做到国有资本有进有退。促使国有资本向关系国家安全、国民经济命脉的重要行业领域集中，向关系国计民生、应急能力建设、公益性的行业领域集中，向战略性新兴产业集中。二是主要推动国有企业在产业链、供应链的关键环节和中高端领域进行布局。

（三）案例 3：案例 1 中代表性国有企业的主营业务

中建三局：主营业务为建筑工程总承包、施工、咨询、建筑技术开发与转让、机械设备租赁、路桥建设、房地产与城市综合开发、商品混凝土生产和批发等。

中国联通：主营业务为固定通信业务、移动通信业务、国内国际通信设施服务业务、数据通信业务、网络接入业务、各类电信增值服务、与通信信息业务相关的系统集成业务等。

中储粮集团：负责中央储备粮（储备油）的经营管理，接受国家委托执行粮油购销调存等调控任务。具有搞好国家粮食储备、服务国家宏观调控、维护粮食市场稳定等职责。

五、教学方法与手段

（一）课前

要求学生观看相关视频，教师结合国有资本投资管理的知识点提出嵌入思政元素的问题，引导学生开展自主学习和思考。

（二）课中

通过问题导入→启发思考→共同分析→构建知识开展研讨式教学，采用问题驱动教学法、比较分析法、案例分析法等教学方法，实现专业知识与课程思政同行同向，融会贯通。

（三）课后

推荐国有资本管理的纪录片，进一步巩固和拓展课堂所学知识点。

六、教学实施过程

（一）课程导入，提出问题

（1）导入。通过案例 1 进行导入。

（2）设问。火神山医院建设的主要市场主体有哪些？参与建设的国有企业都分布在哪些领域？如果国有资本没有在这些行业形成投资布局，火神山医院的建设会受影响吗？

（3）引出思考。国有资本投资应该遵循什么原则布局？哪些领域与行业应该加大国有资本投资？哪些领域应该适度缩小投资？

（4）总结问题。火神山医院的建设以国有企业为主要建设主体，参与医院建设的国有企业主要分布在基础设施建设领域、能源供应领域等；如果没有国有企业的介入，火神山医院建设速度会受影响，甚至难以完成建设。

（5）设计意图。选择近期的热点案例切入，引发学生对实际案例分析的兴趣，以设问引出本堂课的内容。

（二）课堂内容展开：主要知识点阐述

1. 关于国有资本投资领域的基础理论

（1）市场失灵理论。

① 简单回顾"市场失灵"理论。

② 在"市场失灵"领域可以进行国有资本投资。

③ "市场失灵"并不必然要求引入国有资本投资，是否引入国有资本投资，取决于制度安排的效率与成本。

（2）国家经济安全理论。

① 回顾国家经济安全理论。

② 国家经济安全的主要内容。

③ 涉及国家经济安全与国民经济命脉的行业是国有资本投资的重要领域。

※ 思政教学点的设计：引入习近平总书记关于维护经济安全的重要论

述。理解经济安全是国家安全的基础，是总体国家安全观的重要组成部分。

（3）小结。

从各国实践看，无论是发展中国家还是发达国家，国有资本投资一般会超出"市场失灵"领域；大部分国家会将其用于解决"市场不足"、实现国家经济安全与战略利益等领域。

2. 国有资本投资与我国基本经济制度

（1）回顾我国生产资料所有制形式。

（2）国有资本投资的对象与载体：国有企业。

（3）设问：如何体现"公有制为主体"，通过哪一类市场主体来实现？引出两者的关系。

（4）两者关系：国有资本、国有企业是我国所有制形式的重要体现，是所有制形式实现的重要载体。

※ 思政教学点的设计：本部分旨在引导学生思考国有资本投资与我国基本经济制度的关系，进一步引导学生加强对我国生产资料所有制形式的理解。

3. 国有资本投资的重点领域与我国国家经济安全

（1）重点投向。涉及国家经济安全、国民经济命脉的领域；关系国计民生、应急能力建设领域；公益性行业；战略性新兴产业等。

（2）退出。国有资本投资应从缺乏市场竞争力的非主营业务中退出。

（3）通过设问将本节内容与前文的理论依据相连接。国有资本为什么要投向这些领域，其理论依据是什么？在这些领域撤出或大幅减少国有资本投资可能导致什么后果？

（4）两者关系。国有资本投资的重点投向是实现我国国家经济安全的重要途径，是我国国家经济安全管理工具箱中的重要工具。

※ 思政教学点的设计：旨在将案例2中国有资本投资领域的最新政策引入教学内容，引导学生思考国有资本投资的重点投向与国家经济安全的关系。

（三）课堂内容延伸：知识点拓展

本部分将2015年12月发布的《关于国有企业功能界定与分类的指导意见》作为教学内容进行拓展。

（1）国有企业分类的主要依据：主营业务和核心业务范围。

（2）具体分类。

① 商业类国有企业：以增强国有经济活力、放大国有资本功能、实现国有资本保值增值为主要目标。其中，主业处于充分竞争行业和领域的商业类国有企业为商业一类国有企业；主业处于关系国家安全、国民经济命脉的重要行业和关键领域、主要承担重大专项任务的商业类国有企业为商业二类国有企业。

② 公益类国有企业：以保障民生、服务社会、提供公共产品和服务为主要目标。

（3）国有企业中国有资本的控股要求。

① 商业一类。国有资本可绝对控股、相对控股或参股；可积极实现股权多元化；低效、无效及不良国有资本应及时退出。

② 商业二类。要保持国有资本控股地位，支持非国有资本参股；对于处于自然垄断行业的商业二类国有企业，应放开竞争性业务；对需要实行国有全资的企业，要积极引入其他国有资本实行股权多元化。

③公益类国有企业。采取国有独资形式，鼓励非国有资本参与经营。

※ 思政教学点的设计：以国务院国资委的文件为载体延伸教学内容。通过解读文件，使学生了解到在进行制度设计时，要根据国有企业的主营业务与所在领域来进行国有控股比例的具体设计。

（四）案例分析

1. 设问

（1）要求学生阅读前文的案例，回答以下问题：为什么火神山医院建设的主要主体是国有企业？

（2）根据案例2，分析参建火神山医院的国有企业所在领域是否属于我国国有资本加大投入的领域？分析这些国有企业与国家经济安全的关系。

（3）根据《关于国有企业功能界定与分类的指导意见》的标准，案例中参与抗疫的中建三局、中国联通与中储粮集团分别属于什么类别的国有企业？国资委对这些企业的国有资本控股状况有什么要求？

2. 讨论

请学生发言。

3. 总结

（1）市场失灵与国家经济安全理论。新冠疫情是重大突发公共卫生冲击事件,火神山医院建设属于公共服务与居民健康安全供给范畴,根据市场失灵、国家安全理论,国有企业作为国有资本投资的对象,应该进入。

(2)中国联通、中储粮集团可以加大国有资本投资力度,两者关系到我国通信产业安全、粮食安全,与国民经济命脉、国家经济安全息息相关。中建三局可以根据主业的保值增值情况决定是否加大国有资本投资。

(3)根据主营业务范围,中建三局属于商业一类国有企业,中国联通属于商业二类国有企业,中储粮集团属于公益类国有企业。

(4)案例3中三家企业的国有资本控股要求分析。

中建三局:国有资本可绝对控股、相对控股或参股;如果该企业有缺乏市场竞争力的非主营业务,国有资本应尽快从中退出。

中国联通:与国家信息技术产业安全和国家经济安全相关,应保持国有资本控股地位,支持非国有资本参股。

中储粮:与国家粮食安全、经济安全相关,应采取国有独资形式,可通过购买服务、特许经营、委托代理等方式,鼓励非国有企业参与经营。

※思政教学点的设计:通过剖析不同类型国有企业参与抗疫的案例,引导学生从国家经济安全的角度理解我国国有资本应在哪些领域加大投资。

(五)归纳小结与课后作业

1. 归纳小结

总结我国国有资本投资的主要领域及其与国家经济安全的关系。

2. 课后作业

查找任一省会城市当年的重大项目投资计划表,选择与国家经济安全有关的投资项目,分析其投资规模、目标及其如何影响国家经济安全。观看《国企备忘录》纪录片一集,下次课请同学谈观后感想。

※思政教学点的设计:《国企备忘录》大型纪录片展现了我国国有企业改革波澜壮阔的历史、现实与发展之路,是天然的思政素材。

七、考核与评价方式

(1)通过课堂讨论和问答,考核学生是否掌握国有资本投资的重点领域,是否掌握国有资本投资与国家经济安全的关系,是否深刻理解习近平总书记关于维护经济安全的重要论述精神。

（2）通过课后作业考核学生是否能正确思考现实经济中的重大国有资本投资项目与国家经济安全的关系，考核其能否关注经济改革、学以致用。通过课后观影反馈评价课堂知识点是否融入日常思考习惯。

八、实施成效

（1）实现了专业知识与课程思政的深度融合。本案例以参与抗疫的国有企业为载体，将我国国有资本投资的主要领域、行业与抗疫行为结合，阐述国有资本投资所发挥的作用，创造了积极、探索的教学情境；同时将政府文件引入教学内容，实现了专业知识与课程思政同行同向、深度融合。

（2）实现了学生对我国国家经济安全制度和基本经济制度的深刻认同。通过本案例教学，学生能更好地理解我国国家经济安全制度和生产资料所有制形式，同时有效引导学生在关于国有资本投资管理的政策上主动与党中央保持一致。不少学生反映以前将国家经济安全、公有制为主体的所有制形式作为一个抽象概念，靠背诵来识记理解我国的基本经济制度，从未将其与我国的国有资本、国有企业的投资领域相联系，通过本课堂的学习，学生对国有资本投资与国家经济安全制度、"以公有制为主体"的基本经济制度有了深刻认识。

（3）培养了学生关注祖国、关注改革、学以致用、经世济民的家国情怀。通过提升学生的理论运用能力、文件解读能力、案例分析能力，引导学生根据所学理论理解我国国有资本投资的重点领域，带动其关注国家发展、关注经济社会改革。不少学生表示学完这个知识点以后，养成了关注大型国有企业年度投资方向与投资行为的习惯。本案例增强了学生对国家政策的信心，帮助其坚定了道路自信和制度自信，实现了"润物无声"的思政效果。

财政与民生："一二四"课程思政模式

杨志安

一、基本信息

课程名称：财政与民生。

授课对象：财税专业本科生、研究生。

知识点：（1）民生支出与公共品的关系。

（2）财政与国民教育的关系。

（3）我国财政支持就业的政策。

（4）财政与医疗卫生体制改革。

（5）财政与养老保险问题。

（6）财政与住房保障制度建设。

（7）财政与环境建设。

（8）财政与公共安全。

（9）财政与文化支出。

（10）财政与民生幸福。

主讲教师：杨志安，辽宁大学教授。

二、教学目标

（一）知识传授

"财政与民生"思政课程"一二四"模式，即"一体化、两平台、四类课"的师资、教学内容、课程结构模式。"一体化"即"一课全责，一师全责"，实现课程思政育人功能；"两平台"即依托辽宁省爱国主义教育示范基地——辽宁精神社会实践基地等实践教学平台，依托地方预算审查监督研究院、地方人力资源和社会保障局等实践教学基地，将社会实践与教学实践相结合、学校与社会相结合，强化对学生政治引领的要求。"四类课"即对第一课堂、第二课堂、社会课堂、网络课堂的有机整合，实现立德树人的目的。

"财政与民生"课程重视课程思政，讲述了财政与教育、医疗、社会保障、生态环境等方面的关系；阐述了财政在支持教育、医疗、社会保障、生态环境等方面的重要作用。该课程的建设目标是进一步促进学生明确和掌握财政与民生的关系，在财政与民生的关系中，引导学生们树立家国情怀，进一步感受到中国共产党的伟大和中国特色社会主义制度的优越性。

（二）能力培养

（1）在教学中不断培养学生运用财政学基础理论回答民生现实问题的能力。

（2）提高学生分析问题、解决问题的能力。培养学生具备运用政治、经济、法律等学科知识体系思维，引导鼓励学生通过阅读、讨论等多种形式，将课堂教学内容充分消化、理解，并对财政与民生有更深的认识。

（3）培养学生解决问题的能力。讲授过程中将研究成果应用于教学内容中，使学生们加深对我国民生财政的现实理解，提出解决财政与民生现实问题的具体对策。

（三）价值塑造

（1）通过"一课全责，一师全责"一体化，加强国情教育，激发学生强烈的爱国情怀和担当意识。

（2）通过"两平台"中的人大预算审查监督基地，强化法治意识，尤其注重强化行使公权力教育和加强权力监督教育。

（3）通过"两平台"中地方人力资源和社会保障局等实践教学基地，培养公共意识，增强公共责任和公共管理能力。

（4）通过第一课堂、第二课堂、社会课堂、网络课堂"四类课"有机结合，培育人类命运共同体理念，以此作为本课程课前、课中、课后三环节的价值导向，以"润物细无声"式案例内容与价值塑造培养，实现"为党育人、为国育才"的根本目的。

三、教学重点与难点

（一）教学重点

（1）促进学生系统地掌握财政的基本理论，通过掌握财政与教育、医疗、住房、养老、就业等十个方面的关系，掌握国家财政资金运行的机理，为走入社会工作打下良好的理论与现实基础。

（2）促进学生了解财政国民教育、医疗卫生改革、就业、保障性住房、环境保护、养老、公共安全、公共文化支出的改革现状，促进民生幸福指数的提高。

（二）教学难点

（1）在财政国民教育、医疗卫生改革、就业、保障性住房、环境保护、养老、公共安全、公共文化支出教学过程中，如何选择案例，选择什么样的案例，可以让学生在深度学习的同时，树立正确的价值观，提升社会责任感，增强学生对国家发展的道路自信、理论自信、制度自信、文化自信。

（2）本课程思政的教学质量测度问题。案例的效果如何？课程思政的效果如何？这是本课程思政的难点所在。因此，本课程采取追踪反馈模式，征求学校督导团、学生的反馈意见，及时改进和调整课程思政的内容、讲授方法、讲授逻辑，提升课程思政的效果。让学生真正感受到保障民生政策，感受到中国特色社会主义制度具有的显著优越性和强大生命力，为实现中华民族伟大复兴的中国梦而不懈奋斗。

四、课程思政案例介绍

在本课程讲授过程中，应用了多个案例，以突出课程思政的效果。例如，"财政抗疫医疗支出"案例体现了党和政府以人民为中心的发展思想，"财政与国家安全、公共安全关系"案例体现了党和政府保护国家安全、维护国家统一的意志。这里，仅选取其中的一个——"财政支持就业"案例加以介绍。

（一）案例：财政支持就业

1. 财政为什么支持就业

（1）从公共品的基本内涵来看，就业机会本身不体现公共产品的特征，就业属于外部性非常大的私人产品。根据公共财政的相关理论，将就业机会定义为具有外部性的混合品，主要原因在于就业机会在一定程度上具有排他性和竞争性。经济学中将同时具有非竞争性和非排他性的物品称为公共产品。非竞争性是指产品提供之后，增加一个人的消费其供给成本不会增加；非排他性是指产品一旦被提供，不能将任何人排除在它的受益范围之外。对就业机会来说，并不满足这两个性质。那么，是不是财政与就业没有关系了呢？显然不是。

（2）就业机会具有非常大的外部性，属于混合品，需要政府的介入。总的来看，就业机会虽然不具有公共品的特征，但具有较强的正外部性，这为政府介入提供了理论契机。一是市场自发调节的就业机会不能与人力资本供给时时吻合。当劳动力需求量达到一定程度，即雇佣劳动力的边际成本等于其边际收益时，则不再增加对劳动力的需求，从而会出现市场在提供就业机会中的失效现象。二是就业机会具有正外部性，而具有正外部性的产品私人提供往往不足，仅靠市场无法提供足够数量的产品，因此也需要政府进行介入。

2. 怎样理解财政职能与就业的关系

（1）财政资源配置职能与就业。市场机制往往存在滞后性和盲目性，仅靠市场解决就业问题往往会引起劳动力资源的配置不合理及就业波动，因此，需要政府干预劳动力市场。重点就是运用财政手段优化劳动力资源配置。在失业率升高时，充分发挥财政资源配置职能，通过税收政策和财政补贴等手段，带动和促进民间投资、吸引外资和对外贸易，或财政直接投资在公共产品等领域，从而创造出更多的就业机会，并且在一定程度上促进了劳动力资源的合理流动和配置。

（2）财政的收入分配职能与就业。财政收入分配职能是指政府对市场活动产生的收入分配进行调整，如通过对高收入者的征税减少其过高的收入，目的是使收入分配更加公平。通过从高收入者取得税收收入并将其转移给低收入者，实现社会收入的公平调节。因此，政府通过财政手段介入劳动力市场保障社会公平。在目前我国失业人口压力较大、社会保障有待健全等复杂情况下，利用税收、公共支出和社会保障等财政手段，保障低收入者和失业者的利益，帮助其度过困难期，促进其加入就业。

（3）财政的经济稳定和发展职能与就业。财政的经济稳定和发展职能目标是实现社会总供给和总需求的平衡。因此，需要财政在调节社会总供求中发挥作用。结构性失业是指劳动力供需不匹配造成的失业,主要由劳动者的知识技能、区域分布等原因造成,它是一种长期性的失业,通常源自劳动力的需求方。对结构性失业来说,往往政府需要用财政手段干预,加强就业培训,提升适应产业发展所需的劳动技能,减少失业的产生。

3. 我国财政制定了哪些支持重点群体创业就业政策

(1)政府对就业高度重视,将就业优先政策首次和财政政策、货币政策一道,并列为宏观政策。国家就业优先政策要保证经济运行在合理区间,首先就是要保就业,要多措并举,对一些重点人群要继续保障他们就业,像大学毕业生、复转军人、转岗职工等。为支持就业,颁布了《国务院关于做好当前和今后一个时期促进就业工作的若干意见》,强调了支持企业稳定发展,加大稳岗支持力度。鼓励支持就业创业,积极实施培训,及时开展下岗失业人员帮扶等措施。

(2)国家支持和促进重点群体创业就业的有关税收政策。2019年2月,财政部、税务总局、人力资源社会保障部、国务院扶贫办联合发布《关于进一步支持和促进重点群体创业就业有关税收政策的通知》,基本内容包括以下几个方面。

第一,建档立卡人口、持《就业创业证》(注明"自主创业税收政策"或"毕业年度内自主创业税收政策")或《就业失业登记证》(注明"自主创业税收政策")的人员,从事个体经营的,自办理个体工商户登记当月起,在3年(36个月,下同)内按每户每年12000元为限额依次扣减其当年实际应缴纳的增值税、城市维护建设税、教育费附加、地方教育附加和个人所得税。限额标准最高可上浮20%,各省、自治区、直辖市人民政府可根据本地区实际情况在此幅度内确定具体限额标准。

第二,企业招用建档立卡人口,以及在人力资源社会保障部门公共就业服务机构登记失业半年以上且持《就业创业证》或《就业失业登记证》(注明"企业吸纳税收政策")的人员,与其签订1年以上期限劳动合同并依法缴纳社会保险费的,自签订劳动合同并缴纳社会保险当月起,在3年内按实际招用人数予以定额依次扣减增值税、城市维护建设税、教育费附加、地方教育附加和企业所得税优惠。定额标准为每人每年6000元,最高可上浮30%,各省、自治区、直辖市人民政府可根据本地区实际情况在此幅度内确定具体定额标准。

第三，企业招用就业人员既可以适用本通知规定的税收优惠政策，又可以适用其他扶持就业专项税收优惠政策的，企业可以选择适用最优惠的政策，但不得重复享受。

（3）国家关于进一步加大创业担保贷款贴息力度，全力支持重点群体创业就业政策。2020年4月15日，财政部、人力资源社会保障部和中国人民银行联合发布《关于进一步加大创业担保贷款贴息力度 全力支持重点群体创业就业的通知》，基本内容包括以下几个方面。

第一，扩大覆盖范围。①增加支持群体。自通知印发之日至2020年12月31日新发放贷款，应将下列群体纳入支持范围：一是受疫情影响较大的批发零售、住宿餐饮、物流运输、文化旅游等行业暂时失去收入来源的个体工商户；二是贷款购车专门用于出租运营的个人；三是贷款购车加入网络约车平台的专职司机（需平台提供专职司机"双证"等证明材料）；四是符合条件的出租车、网约车企业或其子公司；五是对已享受创业担保贷款贴息政策且已按时还清贷款的个人，在疫情期间出现经营困难的，可再次申请创业担保贷款。②降低申请门槛。小微企业当年新招用符合条件创业担保贷款申请条件的人数与企业现有在职职工人数的占比，由20%下降为15%，超过100人的企业下降为8%。

第二，适当提高额度。符合条件的个人最高可申请创业担保贷款额度由15万元提高至20万元。对符合条件的个人创业担保贷款借款人合伙创业的，可根据合伙创业人数适当提高贷款额度，最高不超过符合条件个人贷款总额度的10%。

第三，允许合理展期。对流动性遇到暂时困难的小微企业和个人（含个体工商户，下同）创业担保贷款，可给予展期，最长可展期至2020年6月30日，展期期间财政给予正常贴息。对已发放的个人创业担保贷款，借款人患新冠肺炎的，展期期限原则上不超过1年。

第四，合理分担利息。自2021年1月1日起，新发放的个人和小微企业创业担保贷款利息，LPR－150BP以下部分，由借款人和借款企业承担，剩余部分财政给予贴息。

4. 我国制定了哪些促进大学生就业的政策

（1）当前促进大学生就业的主要财政政策。

2021年高校毕业生高达834万人，创历史新高。为了确保不出现零就业家庭，对容纳劳动力比较多的企业要给予政策优惠支持，还要推动创新、创业、创造，提供更多就业岗位，推动大学生就业。

第一，大学生自主创业的财政支持。《关于进一步支持和促进重点群体创业就业有关税收政策的通知》提到，大学生毕业生有创业想法或正准备创业应申请《就业创业证》，时间限定在当年的 1 月 1 日至 12 月 31 日。大学生创业的小微企业从事生产经营，办理三证合一，并可获得 1.2 万元的税收抵减额度，抵减时间最长为 3 年，可抵减增值税、城建税、教育费附加和个人所得税。各地政府应根据本地经济发展水平给出大学生创业的优惠支持，扣减标准最高为 20%，若大学生纳税额小于最低标准，则以实际纳税为限，若大学生纳税额大于最高标准，则以可抵扣的最大数额为限。

第二，鼓励企业招聘应届毕业生。提倡中小微企业招聘大学生。地方政府、高校以及企业达成大学生就业合作，高校应广泛宣传各企业招聘平台，就业办与企业人事加强互动，政府对企业按照拟招录人员数给出优惠政策，积极鼓励企业走入校园招聘，并给出校园招聘社会保障优惠政策，建立长期招聘机制。

（2）促进我国大学生就业的财政政策选择。

第一，增加对大学生就业能力的财政支出。一是要加大教育经费投入。为完成高校教育转变要加大财政补助力度，增强实践能力的培养。可增加高校实验实训实习等器材设备的购买，保证高校计算机、实验机械、化学药剂、沙盘等设备齐全可用。二是增加资金投入构建大学生实习基地，或与企业联合为大学生提供实习机会，确保大学生有机会参与到专业相关的实践中。三是增加资金投入。帮助大学生在校期间参与各种创业活动或模拟创业活动，并给出一定的政策支持。

第二，健全大学生就业的税收政策。一是强化大学生技能培训的税收政策。对于企业招聘经过就业培训的大学生，也可以给予一定的税收优惠。二是增加中小企业吸收大学生就业的税收优惠政策。可按照招聘大学生的人数分梯度实行优惠税率，对于招聘大学生较多的中小企业，在企业贷款上的利率也可以给予适当优惠。

第三，大学生创业补贴规划。一是建立大学生创业长期规划机制。在对大学生创业的政策优惠年限的设置上要尽可能超过 10 年，延长创业的政策优惠时限是十分必要的。二是提高鼓励大学生自主创业的财政补贴比重。在创业资金上可成立专款大学生创业基金库，根据创业项目的价值给出不同的资金支持。三是鼓励当地企业与大学生创业项目联合，让民间资金走入大学生创业项目。四是对于大学生成立创业企业也要给予一定的税收优惠政策，如可以对企业所得税实行前 5 年免缴、后 5 年减半缴纳的税收优惠政策，个体经营纳税抵减时间可由现在的 3 年延长至 10 年，对于大学创办的符合国家标准的高新技术企业所纳税额实行返还政策，还可以根据创业企业的经营状况给出延迟纳税政策等。

（二）案例分析

在小组讨论中，不仅促进学生掌握财政基本理论，而且在讲授中嵌入了思政元素。

（1）财政为什么支持就业？——讲解我国"以人民为中心"的思想。

（2）怎样理解财政职能与就业的关系？——增强学生们理论分析实际就业问题的能力。

（3）我国财政制定了哪些支持重点群体创业就业的政策？——体现了我国共享改革成果、建立和谐社会的理念，说明了我国社会主义制度的优越性。

（4）我国制定了哪些促进大学生就业的政策？——说明了我国对大学生就业的高度关注，体现了党和政府对青年一代的关爱。

五、教学方法与手段

（一）案例教学法

通过"财政抗疫医疗支出"案例进行思政教育。例如，在讲授财政医疗支出内容过程中，结合我国抗疫的成果，阐述新冠疫情防治中中国共产党以人民为中心的举措，阐述中国特色社会主义制度的优越性。财政对新冠疫情防控有关经费的支持，具体体现在《关于新型冠状病毒感染肺炎疫情防控有关经费保障政策的通知》中。为贯彻落实习近平总书记对新冠疫情防控工作作出的重要批示精神，按照党中央、国务院决策部署，支持各地更好地做好防控经费保障工作，坚决遏制疫情蔓延势头，采取直接经费保障措施：一是落实患者救治费用补助政策。对于确诊患者发生的医疗费用，在基本医保、大病保险、医疗救助等按规定支付后，个人负担部分由财政给予补助。所需资金由地方财政先行支付，中央财政对地方财政按实际发生费用的60%予以补助。二是对参加防治工作的医务人员和防疫工作者给予临时性工作补助。参照《人力资源社会保障部 财政部关于建立传染病疫情防治人员临时性工作补助的通知》有关规定，按照一类补助标准。三是医疗卫生机构开展疫情防控工作所需的防护、诊断和治疗专用设备以及快速诊断试剂采购所需经费，由地方财政予以安排，中央财政视情给予补助。中央级医疗卫生机构按照属地化管理，中央财政补助资金拨付地方后由地方财政统一分配。

通过案例教学，使学生们深刻体会到中国共产党以人民为中心的宗旨，提升了为实现中华民族伟大复兴中国梦而努力奋斗的使命感和责任感。

（二）"案例 + 启发"式教学法

在案例引入的基础上，通过一些启发式教学活动，通过财政与民生的制度安排，进一步引导学生深入挖掘案例的内在逻辑，如通过阐述"财政与国家安全、公共安全关系"的案例，启发学生深刻理解十三届全国人大三次会议以高票表决通过的《全国人民代表大会关于建立健全香港特别行政区维护国家安全的法律制度和执行机制的决定》。这是"一国两制"实践中具有重大意义和深远影响的大事，是贯彻落实宪法、基本法有关维护国家安全的规定和党的十九届四中全会决策部署的必然需要，是维护国家主权、安全、发展利益和保持香港繁荣稳定的必要之举。

通过案例启发式教学，开展案例学习、组织小组讨论，教师起到启发与帮助分析作用，完成了财政保证国家安全、公共安全支出的预期授课目标。

（三）"案例 + 情景"式教学法

通过社会实践，提升学生的实践能力，积极加强实践教学环节，拓宽学生校外实践渠道，实现了"沉浸式"教学。

在讲述"财政与医疗的关系"案例后，理论结合实际，采用了"四类课"的综合运用手段，第一课堂、第二课堂、社会课堂、网络课堂立体交叉，多维度进行"案例 + 情景"式教学。特别是请中国医科大学赴武汉医疗队领队教师为学生讲授抗疫过程，观看辽宁大学艺术学院演出的"抗疫的曙光"情景剧，到地方社会保障机构了解财政防疫支出的项目，使学生们"沉浸"在课程主题中，感受到疫情发生以来，党中央高度重视，要求各级党委和政府及有关部门制定周密方案，组织各方力量开展防控，取得了举世瞩目的防控成就，充分体现出中国速度、中国精神、中国魄力。为支持抗疫，中央和地方第一时间安排财政资金。仅在2020年2月，中央和地方安排支持抗疫的财政资金在1000亿元左右，特别是保证全国确诊患者在基本医保支出基础上的免费医疗。学生们深刻了解了新冠疫情防治过程中，中国共产党以人民为中心的医疗抗疫举措，加深了对中国特色社会主义制度优越性的认识。

六、教学实施过程

本课程在教学实施中注重把握"课前—课中—课后"等关键教学环节。

（一）课前设计准备

明确问题探究重点。发挥"一二四"模式中的"一体化"作用。主讲教师"一课全责，一师全责"，在课前就拟定授课计划：归纳出本课程的理论知识点，设计思政元素嵌入的角度和位置，做好课程的总导演。在此基础上，设计学生总结上述案例分析的主要内容，提炼出案例分析的主要观点，为课堂小组讨论提供准备。通过预设题目及各个环节的安排，保证课堂讲授的效果。

（二）课中明确重点和案例答疑

一是让学生了解、熟悉案例。掌握本课程理论的基本知识点，阐述财政在支持教育、医疗、社会保障、生态环境等方面介入的理论支撑。二是让学生掌握分析问题的方法，通过由表及里的认识递进、对真实问题的深刻感悟，讨论财政支持民生过程中还存在的不足，进而提出完善我国财政民生支出的对策。三是价值观的塑造和提升。通过公共意识、法治意识、爱国情怀和担当意识、人类命运共同体理念的有效嵌入，实现立德树人的使命。

（三）课后第二课堂、社会课堂、网络课堂的综合运用

依托"一体化、两平台、四类课"的"两平台"：依托辽宁省爱国主义教育示范基地——辽宁精神社会实践基地等实践教学平台，依托地方预算审查监督研究院、地方人力资源和社会保障局等实践教学基地，将社会实践与教学实践相结合、学校与社会相结合，进一步加深学生对课堂内容的理解，增强学生的家国情怀以及在新时代担负的责任感和使命感。

七、考核与评价方式

（一）多元主体评价

考核评价多元制，邀请校内同行、校外行业专家组成多元主体评价小组，参与课堂教学和考核，以及学生互评，多层面反映授课效果与评价。

对学生关于本课程问题提出和问题总结的能力作出基本的判断；同时，也邀请学生参与课堂汇报的考核评价，设计问卷收集学生对本课程的评价。设计发放问卷，得到学生的真实评价和相应建议，为进一步提升课程建设，开展学生自评、互评，提高学生教学评价参与度与主动性。

（二）过程性考核为主

本课程课前准备、课堂交流、课后实践等主要环节，对学生进行过程性和发展性评估，从"考核知识为主"向"能力和知识并重"转变，重点考核学生对财政与民生的各种支出关系的分析和解决问题的能力，通过考分下沉、多形式的考试方式，提升学生们分析问题、解决问题的能力。

八、实施成效

（1）引导学生树立正确的人生观和价值观，进一步坚定了学生们的共产主义理想信念。通过课程的讲授，使学生们深刻体会到中国共产党以人民为中心的伟大，体会到中国特色社会主义制度的优越性和中国特色社会主义道路的正确性。指引学生们成为国家发展所需之才，运用所学为社会做贡献；明确青年学子的重大责任和光荣使命；大大增强了学生的社会使命感和主人翁意识。

（2）全方位调动了学生课堂参与的积极性。通过课程思政建设，学生们深刻认识到财政与民生息息相关，深刻感受到科学知识和专业知识的重要性，讨论中每个人都能表达财政支持民生的观点，积极调动了学生参与课堂教学的积极性。

（3）形成了一套完整的符合时代要求，适应国内外市场竞争需要，服务中国特色社会主义经济建设，知识、能力、素质协调发展，具有鲜明特色的"财政与民生"特色课程思政方案。

（4）建立了一支教学水平高、科研究能力强、具有创新精神、知识结构和年龄结构合理、学风严谨、师德高尚，以经济学博士为主体、高职称教师占相当比重的，矢志于财政学课程思政教学改革的高素质师资队伍。

（5）教学质量不断提高。通过课程思政，学生们的思想觉悟不断提高，受到了用人单位的欢迎，为经济学科和相关学科输送高质量的生源，为经济建设输送高水平人才，在一流本科专业、特色专业建设上为财政学教学改革提供经验借鉴。

实现共同富裕与建设美丽中国：
消费税如何发挥作用

何　辉

一、基本信息

课程名称：中国税制。

授课对象：税收学、财政学、经管类专业大学本科学生，税务硕士研究生，财政学硕士研究生。

知识点：消费税的作用。

主讲教师：何辉，首都经济贸易大学教授。

二、教学目标

（一）知识传授

在新时代背景下，通过消费税作用的案例教学使学生了解我国开征消费税的意义，强调消费税在我国实现共同富裕、建设美丽中国过程中发挥的重要作用，以及消费税如何引导合理消费，要学以致用。在讲解消费税作用时，结合我国经济社会发展中的战略措施，让学生充分认识政策精神以及国家发展的战略思想。

（二）能力培养

消费税政策事关国民经济健康、高质量运行。通过图片展示、案例讨论、不同观点的辩论等方式，培养学生的消费税相关问题分析能力、逻辑思维能力。

（三）价值塑造

培养具有理论联系实际的人才。通过学习消费税的作用，分析消费税如何调节收入分配、引导合理消费，启发学生思考如何有效发挥消费税的作用，理解国家发展战略中的一些重要思想和精神。

引导学生树立正确的税收理念，培养学生成为具有宏观视野的能够服务国家的税收人才，增强学生经世济民的责任感和担当意识。

三、教学重点与难点

（一）教学重点

在课程内容方面，教学重点是消费税如何引导合理消费，以及如何发挥调节收入分配、促进共同富裕的功能。

教学中课程思政重点内容包括：（1）建设美丽中国。协同"健康中国"战略，抑制偏好不合理消费；倡导环境保护，绿水青山就是金山银山；引导高耗能与不可再生能源消费品消费，实现可持续发展；引导影响资源环境消费品的消费，建设资源节约型、环境友好型社会。（2）调节收入差距，实现共同富裕。在课程教学方法方面，教学重点为案例讨论，启发引导式教学。良好的教学方法，有助于课程教学实施，激发学生的学习兴趣。

（二）教学难点

如何实施启发式的案例讨论，以及不同观点的辩论，引导学生理解、掌握消费税的功能，启发学生理论联系实际，理解国家经济社会发展的战略目标及政策精神。

四、课程思政案例介绍

（一）案例1：烟酒危害大

2021年5月26日，国家卫生健康委和世卫组织驻华代表共同发布《中国吸烟危害健康报告2020》，报告显示，我国吸烟人数超过3亿，15岁及以上人群吸烟率为26.6%，其中男性吸烟率高达50.5%。烟草每年使我国100多万人失去生命，如不采取有效行动，预计到2030年将增至每年200万人，到2050年增至每年300万人。该报告还显示，中国在20世纪70年代开始展开吸烟与肺癌关系的研究，证实了吸烟会增加肺癌发病和死亡风险，且存在剂量反应关系。

2018年顶尖科研学术期刊《自然》发表的论文就引起了广泛的关注，论文中详细介绍了剑桥大学科学家对乙醇的研究，以动物模型试验得出了乙醇会影响造血干细胞并会有致癌的可能，甚至罗列出乙醇对人体的"三宗罪"：乙醇的代谢物乙醛极易破坏细胞 DNA 结构并导致基因突变或者染色体重排；乙醛脱氢酶基因缺陷携带者以及基因修复能力缺陷人群更容易出现 DNA 突变的问题；乙醇诱导人体内大量的造血干细胞突变后还会破坏造血干细胞的功能。事实上乙醇与很多癌症都有着密不可分的关系，全世界有 5.5% 的癌症发生以及 5.8% 癌症死亡归结于乙醇，包括食管癌、口腔癌、喉癌、肝癌等常见的癌症肿瘤疾病。

问题讨论：如何减少人们对烟酒的过度消费，从而减少人体伤害，保护人体健康？

（二）案例 2：环境污染与能源枯竭图片讨论

给学生展示关于环境污染、过度开采能源的图片。

问题讨论：从税收层面来看，如何减少环境污染、节约不可再生能源，从而实现绿水青山与可持续发展？

（三）案例 3：减少水土流失，建设美丽中国

树的作用对于人来说主要包括制造氧气、减少二氧化碳，吸尘、净化空气，有机物制造、固土，化工原料，防风，降温，转化无机物，生物圈不可或缺的生产者等。一亩树林每天能够吸收 67 公斤的二氧化碳，释放 49 公斤氧气。一亩树木一个夏季可蒸发 42 吨水，一年可达 300 ~ 500 吨。一亩树木一年可以吸收各种灰尘 22 ~ 60 吨。一亩树木一个月可以吸收有毒气体 4 公斤。一亩防风林可保护 100 多亩良田免受风灾。一亩有林地比一亩无林地多蓄水 20 吨。全国森林资源现状：林业用地面积 26329.5 万公顷，森林面积 15894.1 万公顷，全国森林覆盖率为 16.55%；活立木总蓄积量 124.9 亿立方米，森林蓄积量 112.7 亿立方米。除台湾地区外，全国人工林面积 4666.7 万公顷，人工林蓄积 10.1 亿立方米。2019 年水土流失面积为 271.08 万平方公里，较 2018 年减少 2.61 万平方公里，减幅 0.95%。与 2011 年第一次全国水利普查数据相比，水土流失面积减少了 23.83 万平方公里，总体减幅 8.08%，平均每年以近 3 万平方公里的速度减少。

问题讨论：如何保护树木不被过度砍伐、减少水土流失？

（四）案例 4：实现共同富裕，消费税如何发挥作用

党的十八大以来，我国经济实力持续跃升，人民生活水平全面提高，居民收入分配格局逐步改善。虽然存在贫富差距，但城乡、地区和不同群体居民收入差距总体上趋于缩小。一是城乡之间居民收入差距持续缩小。

随着国家脱贫攻坚和农业农村改革发展的深入推进，农村居民收入增速明显快于城镇居民，城乡居民相对收入差距持续缩小。从收入增长上看，2011～2020年，农村居民人均可支配收入年均名义增长10.6%，年均增速快于城镇居民1.8个百分点。从城乡居民收入比看，城乡居民人均可支配收入比逐年下降，从2010年的2.99下降到2020年的2.56，累计下降0.43。2020年，城乡居民人均可支配收入比与2019年相比下降0.08。二是地区之间居民收入差距逐年下降。在区域协调发展战略和区域重大战略实施作用下，地区收入差距随着地区发展差距的缩小而缩小。2011～2020年，收入最高与最低省份间居民人均可支配收入相对差距逐年下降，收入比由2011年的4.62（上海与西藏居民收入之比）降低到2020年的3.55（上海与甘肃居民收入之比）。2020年，东部与西部、中部与西部、东北与西部地区的收入之比分别为1.62、1.07、1.11，分别比2013年下降0.08、0.03和0.18。

问题讨论：消费税能否发挥调节收入分配的作用？

（五）案例5：惠民生，促发展

2021年全国一般公共预算安排教育支出30616亿元，社会保障和就业支出34427亿元，卫生健康支出18659亿元，文化旅游体育与传播支出4180亿元。2021年7月，在国务院新闻办公室举行的新闻发布会上，财政部部长刘昆表示，2021年，财政部继续坚持尽力而为、量力而行，兜牢兜实基本民生底线，努力让人民群众的获得感成色更足、幸福感更可持续、安全感更有保障。2021年加大教育财政方面的投入，优化支出结构，进一步向中西部贫困地区倾斜，推进义务教育均衡发展和城乡一体化。

问题讨论：惠民生财政资金从何而来？

五、教学方法与手段

（一）教学方法

采用现代化教学手段代替传统的单一枯燥的教学模式，增强教学的趣味性与直观性。除了课堂讲授、正反辩论式讨论以外，加入案例互动。

课堂讲授法与辩论式讨论法。除课件讲述基础知识外，还可对学生进行提问。通过提问，采用正反两方面的观点引导学生开展辩论式讨论，提高学生讨论的积极性，激起学生思考问题，通过辩论展现观点，增强学习成就感和学习动力。

案例互动法。通过案例教学法的灵活运用来提高教学效率。引入现实案例，掌握教学进程，引导学生思考、组织讨论研究，进行总结、归纳。

（二）教学手段

（1）灵活运用教学课件进行消费税作用的基础知识教学。

（2）通过图片、视频向学生展示资源缺乏、水土流失、环境污染对生态造成的影响，从而将知识延伸、思维拓展至消费税的重要作用。

（3）通过多媒体将案例导入，引导学生思考，提高学生学习兴趣。通过理论知识、真实世界相融合，使学生对我国消费税的作用有了更加深刻的认识，增强了学生分析现实问题的能力。

六、教学实施过程

（一）教学实施设计思路

1. 介绍消费税税目，为进一步根据消费税税目讲解消费税的作用奠定基础

为了让学生更好地掌握消费税的税目，运用28字的顺口溜介绍消费税税目（见图1）：

三男两女去开车，

两高两木驾游艇，

三两环节有选择，

别拉涂料和电池。

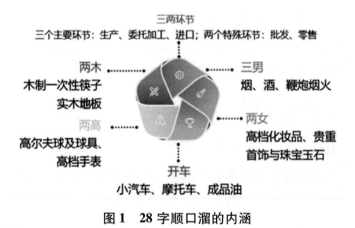

图1 28字顺口溜的内涵

提问：消费税是在商品货物普遍征收增值税的基础上，选择15类应税消费品征税，为何这样，征收的目的是什么？

通过提问，让学生讨论，根据学生的讨论、思考及回答的内容，引出

消费税的作用。

2. 具体案例讨论

案例1：烟酒危害大

问题讨论：如何减少人们对烟酒的过度消费，从而减少人体伤害，保护人体健康？

案例2：环境污染与能源枯竭图片讨论

问题讨论：从税收层面来看，如何减少环境污染、节约不可再生能源，从而实现绿水青山与可持续发展？

案例3：减少水土流失，建设美丽中国

问题讨论：如何保护树木不被过度砍伐，减少水土流失？

案例4：实现共同富裕，消费税如何发挥作用

问题讨论：消费税能否发挥调节收入分配的作用？

案例5：惠民生，促发展

问题讨论：惠民生财政资金从何而来？

3. 思政元素导入、课堂讲授与思路启发

通过案例讨论，了解我国发展战略，掌握我国政策精神，如《"健康中国2030"规划纲要》，绿水青山就是金山银山，可持续发展，建设资源节约型、环境友好型社会，建设美丽中国，实现共同富裕，税收取之于民、用之于民等。授课教师结合案例以及案例讨论的问题，组织学生思考与讨论，调动学生学习的积极性，激发学生思考，正确引导学生的价值观，提升学生分析现实问题的能力。

（二）课程思政元素融入

通过讲授消费税的作用，让学生掌握政府征收消费税的重要意义，理解国家发展战略中的一些重要思想和精神。

1. 协同健康中国战略，抑制偏好不合理消费

改革开放以来，随着工业化、城镇化、人口老龄化进程不断加快，中国居民生产生活方式和疾病谱不断发生变化。吸烟、过量饮酒等不健康生活方式较为普遍，心脑血管疾病、癌症、慢性呼吸系统疾病等慢性非传染性疾病导致的死亡人数占总死亡人数的比例越来越大，健康中国战略的实施尤为关键。

2016年10月，中共中央、国务院印发《"健康中国2030"规划纲要》，提出把健康摆在优先发展的战略地位，立足国情，将促进健康的理念融入公共政策制定实施的全过程。推进健康中国建设，提高人民健康水平，坚

持以人民为中心的发展思想，牢固树立和贯彻落实新发展理念，坚持正确的卫生与健康工作方针，以提高人民健康水平为核心，以体制机制改革创新为动力，以普及健康生活、优化健康服务、完善健康保障、建设健康环境、发展健康产业为重点，加快转变健康领域发展方式，全方位、全周期维护和保障人民健康，大幅提高健康水平，显著改善健康公平，为实现"两个一百年"奋斗目标和中华民族伟大复兴的中国梦提供坚实健康基础。

将消费税与健康中国战略联系起来，让学生深刻体会到对烟酒等不健康产品征收消费税的作用。消费税是引导消费的重要手段，理论联系实际，使学生更好地理解消费税抑制偏好不合理的消费品消费的作用以及健康中国战略的重要意义。

2. 倡导环境保护，绿水青山就是金山银山

发展不是破坏，生态环境构成了人类社会生存和发展的基础。2013年9月，习近平总书记在哈萨克斯坦纳扎尔巴耶夫大学发表演讲并回答学生们提出的问题，在谈到环境保护问题时他指出："我们既要绿水青山，也要金山银山。宁要绿水青山，不要金山银山，而且绿水青山就是金山银山。"

消费税税目中的鞭炮焰火、铅蓄电池等体现了消费税保护环境的作用，通过对环境有污染的消费品征收消费税，有利于减少对环境污染消费品的消费。绿水青山就是金山银山，良好的生态环境是最普惠的民生福祉，通过讲述消费税保护环境的功能，让学生更加懂得环境保护至关重要。

3. 引导高耗能与不可再生能源消费品消费，建设美丽中国

珍惜资源，永续利用，需要每个人的努力。2015年10月，在党的十八届五中全会上，习近平总书记指出："绿色发展注重的是解决人与自然和谐问题。绿色循环低碳发展，是当今时代科技革命和产业变革的方向，是最有前途的发展领域。""加快建设资源节约型、环境友好型社会，推进美丽中国建设，为全球生态安全作出新贡献。"

以成品油、小汽车、摩托车等为切入点，讲解消费税具有"引导高耗能与不可再生能源消费品消费，实现可持续发展"的作用。让绿色可持续发展理念深植学生心中，使学生明白自己身上肩负着绿色可持续发展的责任。

4. 引导影响资源环境消费品的消费，建设资源节约型、环境友好型社会

人与自然的关系是人类社会中最基本、最重要的关系。人类社会的可持续发展有两条主线：一是人与自然的关系；二是人与人的关系。人与自然的关系这条主线贯穿着人类社会始终。人类是自然界的产物，在自然中

诞生，又必将在自然中消亡。人与自然水乳交融，不但组成人体各部分的元素来自自然，而且人类生存与发展所需的各种物质都源于自然，自然界为人类提供了食物、工具和栖息场所。

我们的先人们早就认识到了生态环境的重要性。"天育物有时，地生财有限""草木荣华滋硕之时则斧斤不入山林，不夭其生，不绝其长也"，这些关于对自然要取之以时、取之有度的思想，有十分重要的现实意义。

通过讲解对实木地板、木制一次性筷子等征收消费税，阐释征收消费税的作用之一：引导影响资源环境消费品的消费，建设资源节约型、环境友好型社会。让学生更懂得珍惜自然资源，减少对影响资源环境消费品的消费。让学生充分认识到生态文明建设的重要性，更好地实现生态文明。

5. 调节收入差距，实现共同富裕

近年来，我国在高质量发展中促进共同富裕，构建初次分配、再分配、三次分配协调配套的基础性制度安排。《中华人民共和国国民经济和社会发展第十四个五年规划和2035年远景目标纲要》中提出：加大税收、社会保障、转移支付等调节力度和精准性，发挥慈善等第三次分配作用，改善收入和财富分配格局。加强对高收入者的税收调节和监管，规范收入分配秩序，保护合法收入，合理调节过高收入。

通过讲述对高档化妆品、高档手表、游艇、高尔夫球及球具等消费品征收消费税，让学生切身体会到消费税如何在收入分配中发挥重要作用，了解消费税调节收入分配的功能。同时，讲解如何通过转移支付手段将筹集消费税收入再分配，促进共同富裕。

6. 筹集财政资金，惠及大众民生

税收取之于民、用之于民。2020年以来，为支持新冠疫情防控，尤其是保障人民群众生命健康，疫情暴发后我国出台了关于患者救治费用补助、一线医务人员临时性工作补助等一系列政策措施，并划拨疫情防控资金等。

筹集财政收入，是消费税乃至整个税收的基本职能。通过对消费税的讲述，让学生学会如何在兼顾经济发展的同时，合理运用消费税政策，发挥消费税的功能，筹集财政资金，实现取之于民、用之于民，促进经济社会更好地发展，提高人民福祉水平，惠及大众民生。

（三）教学实施过程

根据教学目标、教学内容和教学设计思路，对教学过程进行系统安排（见表1、表2）。

表 1　　　　　　　**以消费税税目作为消费税作用讲解的基础**

步骤一：28 字内容展示，提出问题

环节	教学法	设计思路	教学内容	时间分配
展示环节	展示法、讲授法	本部分内容先提出28 字的顺口溜：三男两女去开车，两高两木驾游艇，三两环节有选择，别拉涂料和电池	■ 第一步，展示 28 字顺口溜的内容。 ■ 第二步，提问启发学生对 28 字内容的理解。 ■ 第三步，阐释 28 字的内涵。 ■ 第四步，提出讨论的具体问题。 消费税是在商品货物普遍征收增值税的基础上，选择 15 类应税消费品征税，为何这样？ 能否不征收消费税，直接提高税目对应的增值税税率？ 你认为征收消费税的目的是什么	10 分钟

步骤二：学生讨论，教师指导

环节	教学法	设计思路	教学内容	时间分配
讨论环节	讨论法	学生根据问题进行讨论，老师随机抽取学生进行回答	■ 第一步，学生分组进行发言，对自己小组的讨论结果进行汇报。 ■ 第二步，教师根据学生发言内容、课堂气氛和学生知识储备情况等进行实时点评，引导课堂讨论	20 分钟

步骤三：教师围绕讨论情况进行总结

环节	教学法	设计思路	教学内容	时间分配
讨论辩论点评环节	讲授法、总结法	老师根据学生讨论内容，观点不一致的进行正反两方辩论，最后教师点评并总结	■ 解答为何在增值税基础上征收消费税。 ■ 启发引导学生思考消费税征收目的	10 分钟

表 2　　　　　　　　　　**消费税的作用**

步骤一：案例讨论

环节	教学法	设计思路	教学内容	时间分配
案例讨论环节	讨论、辩论	引入案例，启发学生讨论、辩论，引导学生思考。学生分为五组，每组对应一个问题进行讨论。在每组讨论时，其他组进行质疑反驳，讨论组进行辩论	■ 案例 1 问题讨论：如何减少人们对烟酒的过度消费，从而减少人体伤害，保护人体健康？ ■ 案例 2 问题讨论：从税收层面来看，如何减少环境污染、节约不可再生能源，从而实现绿水青山与可持续发展？ ■ 案例 3 问题讨论：如何保护树木不被过度砍伐，减少水土流失？ ■ 案例 4 问题讨论：消费税能否发挥调节收入分配的作用？ ■ 案例 5 问题讨论：惠民生财政资金从何而来	30 分钟

续表

步骤二：结合案例讨论，课程思政元素引入，结合消费税税目讲解消费税的作用				
导入 环节	结合案例讨论，教师运用图片、视频讲解消费税的作用	教师结合案例讨论情况，植入课程思政元素，结合消费税税目，讲解消费税的作用	■ 引导偏好不合理的消费品消费 中共中央、国务院发布《"健康中国2030"规划纲要》，提出把健康摆在优先发展的战略地位，立足国情，将促进健康的理念融入公共政策制定实施的全过程。推进健康中国建设，提高人民健康水平。 ■ 引导环境污染的消费品消费 2013年9月，习近平总书记在哈萨克斯坦纳扎尔巴耶夫大学发表演讲并回答学生们提出的问题，在谈到环境保护问题时他指出："我们既要绿水青山，也要金山银山。宁要绿水青山，不要金山银山，而且绿水青山就是金山银山。" ■ 引导高耗能与不可再生能源消费品消费 2015年10月，在党的十八届五中全会上，习近平总书记指出："绿色发展注重的是解决人与自然和谐问题。绿色循环低碳发展，是当今时代科技革命和产业变革的方向，是最有前途的发展领域。""加快建设资源节约型、环境友好型社会，推进美丽中国建设，为全球生态安全作出新贡献。" ■ 引导影响资源环境消费品的消费 "天育物有时，地生财有限""草木荣华滋硕之时则斧斤不入山林，不夭其生，不绝其长也"，这些关于对自然取之以时、取之有度的思想，有十分重要的现实意义。 ■ 调节收入分配 《中华人民共和国国民经济和社会发展第十四个五年规划和2035年远景目标纲要》中提出：加大税收、社会保障、转移支付等调节力度和精准性，发挥慈善等第三次分配作用，改善收入和财富分配格局。加强对高收入者的税收调节，规范收入分配秩序，保护合法收入，合理调节过高收入。 ■ 筹集财政收入 税收：取之于民，用之于民。 疫情防控：为支持疫情防控，尤其是保障人民群众生命健康，2020年财政部会同相关部门出台了关于患者救治费用补助、一线医务人员临时性工作补助等一系列政策措施，并分两批预拨了疫情防控资金，同时加大国库库款调度力度。 提高人民福祉水平，惠及大众民生	25 分钟
步骤三：小结与引出思考题				
总结 环节	归纳 总结	回顾内容，引出思考问题	■ 总结消费税税目以及消费税的作用。 ■ 思考题：从征税范围来看，若要更好地发挥消费税的作用，应如何完善消费税	5 分钟

七、考核与评价方式

采取课堂考核与作业考核相结合的方式，以课堂讨论、课堂辩论等课堂考核为主，课堂考核占70%，作业考核占30%。课堂考核根据课堂表现、课堂讨论、课堂辩论评分；以最后思考题为作业，根据作业情况评分。

八、实施成效

（一）案例讨论式、辩论式教学，激发学生学习兴趣，课堂效果好

本课程授课内容主要包括介绍消费税税目，讲解消费税的作用。采取多种教学形式，注重学生的直观感受，通过视频展示、案例讨论、观点辩论等方式开展教学，激发学生的学习兴趣，提升学生课堂参与度，课堂效果好。

（二）本课程教学效果

（1）对消费税的作用有了更加深入的认识。本课程将消费税理论知识与现实相联系，加深学生对理论的理解，使其对我国消费税在实际经济社会生活中的作用和地位有了更加深刻的认识，增强学生运用税收解决实际问题的社会责任感，提升学生解决实际问题的能力。

（2）通过多角度教学，提高教学效果。从28字顺口溜，引出消费税的税目，再在消费税税目的基础上，通过案例讨论、图片展示等，引导学生思考，组织讨论，通过案例加深理解。通过讨论，尤其是观点辩论等教学方式，给予学生展示自我的机会，提升学生表达能力、应变不同观点的能力和深入剖析问题的能力。通过不同观点辩论，扩大学生知识视野。

（3）思政元素引入效果明显。从课程思政的角度来看，本课程思政元素的引入主要体现在："健康中国2030"；绿水青山就是金山银山；可持续发展；建设资源节约型、环境友好型社会；建设美丽中国；实现共同富裕；税收取之于民、用之于民，惠民生等。通过实际问题切入，引导学生理解政府征收消费税的现实意义，以及把握在新的经济社会发展下国家发展战略，进一步引导学生关注公共问题，增强社会责任感。在专业教育中融入思政教育，为学生树立起正确的人生观、价值观、世界观，培养出具有家国情怀的优秀接班人。

总体上看，本课程能够将思政元素融入专业课程，使学生熟知消费税

在国家宏观调控、社会民生中发挥的重要作用。课程加入对国家发展战略以及政策的解读，增加学生的公共意识和社会责任感，并从多角度讲解知识，启发学生思考，提升学生解决实际问题的能力。

浙江温岭以街道人大工委的多维实践不断推进基层预算治理

童光辉　刘　丹　童幼雏

一、基本信息

课程名称：政府预算。

授课对象：财政学类本科生。

知识点：预算监督。

主讲教师：童光辉，浙江财经大学副教授；刘丹，浙江财经大学副教授；童幼雏，浙江财经大学副教授。

二、教学目标

（一）知识传授

理解掌握政府预算监督的内涵、意义、方法及相关法律规定。

（二）能力培养

培养学生分析和研判现实改革动态的科学研究能力。

（三）价值塑造

（1）强化法治教育，增强学生的法治意识。"权易滥用，滥则腐败"，预算监督是约束政府权力的有效途径，也是建设中国特色社会主义法治体系的重要内容，通过案例深化学生对法治监督的认识。

（2）结合全过程人民民主和基层创新精神，帮助学生了解我国预算监督的公共性、人民性。预算涉及最广泛的公共利益，公民享有知情权和监督权，结合案例中基层预算监督实践，可以增强学生对全过程人民民主、公共性、人民性的认识。

（3）培养学生分析和研判现实改革动态的科学研究能力。全过程人民民主为预算监督体制的改革和完善提供了方向，通过案例可以引导学生思考如何在未来的预算监督中做到全链条、全方位、全覆盖。

三、教学重点与难点

（一）教学重点

（1）结合专业知识教学，通过案例来共同分析和探讨我国在落实全过程人民民主的进程中如何进一步健全和完善预算监督等问题。

（2）通过案例来分析和探讨我国在现代财政制度框架下如何深入推进预算监督的法治化建设。

（3）寓思政教育于理论教学之中，将法治意识、全过程人民民主的内涵和基层创新精神在案例的解读过程中传递给学生，"春风化雨，润物无声"。

（二）教学难点

（1）以浙江温岭街道预工委的基层预算治理为例，将预算监督的理论知识与全过程人民民主、基层创新结合起来，使学生在理解掌握预算监督制度的同时树立法治意识、民主意识。

（2）通过案例教学设计激发学生理论联系现实的热情，培养学生分析和研判现实改革动态的能力。

四、课程思政案例介绍

（一）案例主要内容

随着城市化和城乡一体化的推进，街道日益成为城市政权建设、区域经济社会发展和群众安居乐业的重要基础。人大街道工委作为市人大常委会在街道设立的工作机构，是基层政权的有机组成部分，是基层党的工作的重要内容，在推进基层民主法治、促进经济社会发展、维护社会和谐稳定中应发挥不可替代的作用。但由于街道本级代表缺失、没有本级人代会，街道人大组织机构和监督力量相对薄弱。

2018年12月以来，温岭市被列为浙江省开展街道人大工作和建设试点县市，太平、城东、城西、城北、横峰等5个街道被列为试点街道，是浙江省所有县（市、区）中试点街道最多的县市。温岭市人大常委会以此为着力点，紧扣省人大试点工作主线，大胆探索创新，通过机制建立、平台搭建等多维度实践，激发基层民主政治建设活力，夯实人大工作基础。

1. 建立机制明确责任

温岭成立街道人大工作和建设试点领导小组，将以下内容列为此次试点必须加以突破的重点，即街道人大工委的职责任务、街道人大工作的运行机制、街道预算审查监督机制、完善街道议事制度、街道选民代表作用的发挥等，在制度层面推进基层人大建设。

温岭市人大常委会建立了分工联系与日常联系制度，加强了对街道人大工作的指导和协调，先后制定出台了街道工委工作规则、街道预算审查监督办法、街道选民代表会议实施办法、人大街道工委议事规则等多项制度，人大街道工委则根据自身特点制定了十余项相关配套制度，基本形成了街道人大工作的制度框架，为人大街道工委依法、科学、高效履职提供了重要遵循。

人大街道工委一般由 5～7 人组成，设置专职主任 1 人、副主任 2 人，以及街道人大办负责人和人大干事。人大街道工委工作经费及街道辖区内市本级人大代表、选民代表活动的经费，分别列入市本级、街道财政预算。

2. 打造选民协商议事平台

街道人大工作不是乡镇人大工作的翻版，不是在街道增设一个权力机构或决策机构，其核心在于建立以协商民主为特征的基层治理的基本框架。温岭通过致力于选民代表会议等协商议事主平台的打造，进一步延伸街道人大监督渠道，建立起完整的监督链条，同时更好地拓展街道群众参政议政的平台，体现执政为民的理念。

打造以选民代表会议为主的协商议事主平台。街道不同于乡镇，没有本级人代会与党代会，但基层代表、群众民主参与街道各项事务的需求没有改变。为了破解人大街道工委在履职上存在的"短板"，自 2012 年开始，温岭探索试行街道"选民议政会"、街道"选民代表会议"和民情联络员制度。此次试点，逐渐走向成熟的选民代表会议成为街道协商议事的主平台。选民代表通过"推选制"产生，任期 5 年，与镇人大代表换届同步。2019年街道选民代表会议的主要内容有听取和讨论人大街道工委工作、街道办事处重点工作、街道财政预决算情况、辖区环境状况和环境保护目标完成情况，并开展街道参与式预算、分专题开展选民议政、票选街道民生实事项目并开展"链条式"监督等。

2020 年，人大横峰街道工委针对智慧停车管理系统建设这个群众反映强烈的民生问题，充分发挥选民代表作用，多部门共同参与，通过数次现场调研和沟通协调，优化系统方案，将 6 条道路停车系统缩减为 3 条先行实施、增设 2 个停车场建设规划，达成疏堵结合、逐步疏导的意见共识。

深化代表联络站建设，打造选民代表履职平台。"现在，我们市人大代表在街道的履职活动站点进一步延伸了，像我们太平街道，除了人大代表联络站，所有社区都建立了民情联络室，有效打通联系服务群众'最后一纳米'。人大代表和选民代表定期在联络站（室）接待选民，还经常主动走到选民中间去，关注民情、了解民意。"人大太平街道工委主任张惠玉说。

目前，街道各代表联络站已基本达到台州市五星级代表联络站创建要求。代表联络站每月精心选择活动主题，活动形式也由以往的"坐堂接诊"，拓展到主动"出诊"、定期"巡诊"，活动形式更加多样，活动内容更加丰富。

3. 增强街道预算监督实效

城西街道在深化参与式预算上，通过创新实施"五个转变"，实现了对预算的全过程、全覆盖监督。这"五个转变"分别是预算编制由粗放到精细、参与对象由干部到代表、预算公开由线下到线上、监督内容由部分到全部、参与程度由形式到实质。

"参与式预算"既是温岭的首创，也是温岭的优势。温岭市人大常委会在 2013 年审议通过《温岭市街道预算监督办法》的基础上，修订了《温岭市街道预算监督办法》。如今，温岭在街道"参与式预算"工作等方面取得了新进展、实现了新突破，尤其是预算审查监督、街道预算绩效和国有资产管理监督得到进一步深化。

温岭市人大常委会听取街道预算执行情况，加强对街道预算执行情况的监督。开展街道国有资产监督，并将街道预算执行、街道国有资产管理等列入市级审计机关审计范围。人大街道工委在市人代会召开前，采取民主恳谈等形式征求意见，并在选民代表会议上对预算草案进行专题讨论。同时，对街道预算绩效管理实行跟踪监督，把预算绩效管理监督贯穿预算编制、执行和决算全过程。进一步深化街道预算审查监督，突出预算绩效监督，进一步拓展预算审查监督新路径，拓展街道人大工作新领域。

试点工作自开展以来，较好地推动了街道重点工作、民生实事项目落实落地，一大批事关人民群众切身利益的问题得到限时有效解决。街道人大工作定位更加准确，职责更加清晰，制度更加健全，丰富了人民代表大会制度在基层的实践基础，为坚持和完善人民代表大会制度、推进基层民主政治建设注入了新的活力。

（二）相关政策解读

温岭参与式预算的起源与发展包括三个阶段。[①]

1. 萌芽阶段（1999～2005年）

1999年，浙江在全省开展"农业农村现代化主题教育"活动，温岭市委宣传部创新教育形式，选择在松门镇试点，由干部和民众进行面对面沟通交流，称为"农业农村现代化教育论坛"。在论坛举办前5天贴出通告告知民众，并明确论坛遵循自愿参加、自由发言、有问必答的原则。论坛进行当天气氛特别热烈，不仅250人的座位座无虚席，楼梯过道上也坐了很多人，镇领导告诉大家"什么问题都可以提"，因此，村民们讨论了诸多议题，包括村镇建设、邻里纠纷、工商罚没等。到年底，松门镇村民已经将论坛作为"松门镇的焦点访谈"，且在村民强烈支持下变成了一季度一次。因为松门镇的试点效果非常好，"便民服务台""民情直通车""农民讲坛"等类似的官民对话在温岭迅速发展，后来这些活动名称统一为"民主恳谈"，其本质是建立了一种官民的对话机制，这为农村集中性思想政治教育找到了创新点。

2000年12月25～26日，温岭市委与浙江省委宣传部、浙江日报社联合召开"用民主方法加强和改进农村思想政治工作研讨会"，在与会专家们的实地观摩与讨论之后，将以"农村思想政治工作"为核心的"民主恳谈"拓展深化到以"基层民主政治建设"为中心的官民对话。

2. 产生阶段（2005～2008年）

2005年，温岭市新河镇开始探索将民主恳谈和公共预算相结合，即以民主恳谈为平台，以基层人大制度为引导，将民主恳谈引入镇人民代表大会，运用民主恳谈的方式讨论并审议政府预算。从此，温岭的参与式预算改革拉开大幕。2005年7月27日，温岭市新河镇召开第十四届人民代表大

---

① 钟晓敏等：《迈向现代财政制度：改革开放40年浙江财政的改革与探索》，经济科学出版社2018年版。

会第五次会议，参会人员除了新河镇 90 名镇人大代表之外，还有 193 名群众代表参与旁听，他们主要是各村的村干部，镇行业协会、企业负责人和部分村民。在随后的第三次会议上，通过了《关于设立新河镇人大财经小组的决议》，镇人大主席团提名财经小组成员并在会上表决通过。财经小组的主要职能有：随时向镇政府了解财政预算执行情况；监督预算执行情况；及时报告预算执行过程中的重大变动、新增预算以及其他重大事项；参与编制下一年度的财政预算。2006 年，新河镇在 2005 年参与式预算改革基础上，在前期准备工作、预算民主恳谈的程序、预算执行环节的民主恳谈等方面都进行了完善和优化。

温岭泽国镇的参与式预算改革探索历程独具特色，改革的起因是预算资金相比于拟安排项目所需经费存在较大缺口，因此交由民众讨论决定。泽国镇首先通过用乒乓球摇号的方式产生了 275 名民众代表。泽国镇人大在会前 15 天向 275 名民众代表发放 "城镇建设项目预算调查问卷"；在会前 10 天又向 275 名民众代表发放了 30 个城镇基本建设项目的说明材料和专家委员会提供的中立的项目介绍。4 月 9 日，"城镇建设项目预选民主恳谈会"召开，259 名民众代表参加了恳谈会，并被分成 16 个小组进行讨论。讨论结束后，全体民众代表参加大会发言并听取各组不同的意见和建议，之后再次将全体与会的民众代表进行随机分组讨论，讨论结束后第二次参加大会讨论并听取各小组不同的意见和建议。两次讨论中，专家都会对民众代表提出的相关疑问进行解释和答复。泽国镇的相关领导也旁听了会议。交流讨论结束后，镇人大再次向民众代表发放问卷（与第一次问卷完全相同），随后对两次调查问卷的数据作相关处理，得到每个城建项目的总体得分和排序。

3. 推广和深化阶段（2008 年至今）

2008 年是温岭参与式预算改革发展史上具有里程碑意义的一年，温岭市在总结新河镇、泽国镇经验的基础上，开始将参与式预算改革向全市推广。参与式预算的推广主要沿着两条路径进行：横向上，向其他乡（镇）、街道进行推广和复制；纵向上，由镇层面向市级职能部门延伸。

2009 年 1 月 10 日，《关于开展预算初审民主恳谈，加强镇级预算审查监督的指导意见》（以下简称《指导意见》）颁布，这是温岭市人大常委会对乡镇级参与式预算民主恳谈的制度规范，也是第一次以制度的形式对温岭参与式预算改革进行了规范。《指导意见》具体从会前初审、大会审查、会后监督三个环节对乡镇人大的预算审查监督进行了规范。2010年温岭市人大常委会进一步对《指导意见》进行了修订完善，形成了较为全面、完整的制度规范。

（三）案例思政元素

1. 全过程人民民主

习近平总书记在2021年10月召开的中央人大工作会议上发表重要讲话强调，坚持和完善人民代表大会制度，不断发展全过程人民民主，其中，全过程人民民主是全链条、全方位、全覆盖的民主，是最广泛、最真实、最管用的社会主义民主。党的十九届六中全会通过的《中共中央关于党的百年奋斗重大成就和历史经验的决议》，把"发展全过程人民民主"列为习近平新时代中国特色社会主义思想重要内容，并纳入党的十八大以来党和国家事业取得的历史性成就进行总结，从面向未来的战略高度作出部署。发展全过程人民民主，对于持续激发人民群众的积极性、主动性、创造性，在新时代坚持和发展中国特色社会主义，齐心协力奋进新征程、创造新辉煌，具有重大而深远的意义。①

温岭参与式预算改革正是在始终坚持党委正确领导的前提下，以预算民主恳谈为基础和核心进行改革，通过人大组织设计、公众积极广泛参与的"部门预算民主恳谈""代表联络站征询恳谈""政府拟新增重大项目征询恳谈"，通过人大常委会的"重点项目初审听证""部门预算初审票决""政府重大项目初审票决"，通过人大会中的"分本表决""部门预算专题审议""部门预算专题票决""预算修正议案票决"，通过预算执行环节中的"部门预算执行情况民主恳谈"，通过决算环节中的"专题询问""专项资金绩效评价民主恳谈""绩效监督"等一系列的机制创新，以及预算全过程的信息反馈机制和回应机制的建立健全，将民主恳谈和政府预算有机结合，将票决民主与协商民主有机结合，将党委、人大、政府、社会、公众多元主体共同参与社会治理有机结合，既提升了各级人大在预算审查监督中的权力和能力，实现了人大对政府所有活动进行制约和监督的重要目标，也深化了预算管理体制机制改革，使预算的形成过程成为一个公众参与决策

---

① 舒启明：《发展全过程人民民主》，载于《经济日报》2021年12月29日。

的过程和汇集反映公众利益诉求的过程，还形成了我国社会治理体制机制改革的创新模板。温岭的参与式预算改革取得了多方位的成功，并为深化改革和经验推广打下了坚实的基础。

2. 基层民主建设

保证和支持人民当家作主不是一句口号、不是一句空话，必须落实到国家政治生活和社会生活之中。基层民主是中国特色社会主义民主最广泛的实践，发展基层民主，必须长期坚持、全面贯彻人民当家作主的要求，不断丰富民主形式、拓宽民主渠道，既保证人民依法实行民主选举，也保证人民依法实行民主决策、民主管理、民主监督，切实防止出现选举时漫天许诺、选举后无人过问的现象。

发展基层民主，必须适应基层实际，顺应群众需要，切实把协商民主落实到基层决策管理的各个方面，凡是涉及群众切身利益的决策都应当充分听取群众意见，通过各种方式、各个方面同群众进行协商，保障人民充分享有民主权利。

温岭市参与式预算改革开启了基层协商民主的新路径，是社会主义协商民主在公共财政领域的生动实践。

3. 基层治理创新

党的十九届五中全会要求"加强和创新社会治理"。创新社会治理体制，要坚持完善党委领导、政府主导、社会协同、公众参与、法治保障的体制机制，实现政府治理和社会调节、居民自治良性互动，推进社会治理精细化。这种新的社会治理体制与传统的社会治理体制的最大差别，就在于强调社会治理的主体不是一元的，而是多元的。政府、社会、公众要各归其位、各担其责。

温岭参与式预算改革是社会治理体制创新的现实模板。温岭参与式预算改革始终坚持温岭市党委的正确领导，温岭市人大常委会有序地组织公众进行多种形式的预算民主恳谈，温岭市政府积极配合，公众积极参与，社会各界协同治理。并且，温岭参与式预算改革在引导公众参与机制建设和创新方面极具特色：第一，温岭参与式预算改革通过参与库和专业库建设，既扩大了公众参与数量，也提高了公众参与能力；第二，温岭参与式预算改革通过部门预算民主恳谈、代表联络站征询恳谈等机制的构建和实施，建立了公众作为主体参与社会治理的多种渠道，并推动了政府、人大、公众、社会等多元主体共同参与社会治理，有效地推动了基层社会治理能力现代化建设；第三，温岭参与式预算改革通过民主恳谈，使民众充分表达利益诉求，经过多元主体充分协商，从而使预算决策符合公共利益最大化，推动建立社会治理共建共治共享新格局；第四，温岭参与式预算改革通过多元主体参与、运行机制创新，实现了预算公开透明、民众广泛且有序的政治参与、公共决策民众利益最大化、人大制度活力进一步激发、预算资金使用绩效提高等目标，社会治理精细化水平显著提升。①

五、教学方法与手段

（一）讲授法

介绍政府预算监督的内涵、意义、内容和方法，建立学生对预算监督的理论认知。

（二）案例引入法

讲解参与式预算的背景知识和相关政策，引入温岭街道人大的基层创新实践。

（三）问题探究法

在讲授案例的过程中，通过思考题的形式探究预算监督的创新做法，并就其中蕴含的思政元素展开讨论。

（四）多媒体教学法

通过线上的视频、网站与线下的课程讨论相结合，丰富教学方式，提高学生学习兴趣。

六、教学实施过程

（一）课前

布置预习任务——查阅参与式预算的相关政策和实践案例，了解基层预算监督的背景。

（二）课中

（1）理论知识讲授。讲授政府预算监督的内涵、意义、内容和方法。

---

① 钟晓敏等：《迈向现代财政制度：改革开放 40 年浙江财政的改革与探索》，经济科学出版社 2018 年版。

（2）政策背景介绍。介绍参与式预算的改革历程。

（3）案例呈现。引入温岭街道人大预算监督的创新实践。

（4）以案例蕴含的全过程人民民主、法治、基层治理体制创新等思政元素为核心提出相关问题，引导学生思考，分组讨论。

（5）教师做总结点评。

（三）课后

布置小组作业。围绕案例谈谈对于预算监督体制改革、基层创新、全过程人民民主等的思考。形式可以为论文或者PPT，并鼓励学生在课堂上汇报。

七、考核与评价方式

（一）课中的思考题及评价方式

1. 思考题

（1）温岭市街道人大工委的预算监督中的基层创新精神具体体现在哪些方面？

（2）结合案例谈谈你对全过程人民民主的理解。

2. 评价方式

（1）要点分析。

① 温岭市街道人大工委预算监督中的基层创新精神具体体现在哪些方面？

第一，建立机制，明确责任。在温岭市人大常委会的有效组织下，建立街道人大工作的运行机制、街道预算审查监督机制、完善街道议事制度，建立了分工联系与日常联系制度，加强了对街道人大工作的指导和协调。

第二，搭建平台，协商议事。打造以选民代表会议为主的协商议事主平台。深化代表联络站建设，打造选民代表履职平台。

第三，创新实施"五个转变"，实现了对预算的全过程、全覆盖监督。温岭市人大常委会听取街道预算执行情况，加强对街道预算执行情况的监督。开展街道国有资产监督，并将街道预算执行、街道国有资产管理等列入市级审计机关审计范围。人大街道工委在市人代会召开前，采取民主恳谈等形式征求意见，并在选民代表会议上对预算草案进行专题讨论。同时，对街道预算绩效管理实行跟踪监督，把预算绩效管理监督贯穿预算编制、执行和决算全过程。进一步深化街道预算审查监督，突出预算绩效监督，进一步拓展预算审查监督新路径，拓展街道人大工作新领域。

综上所述，街道人大丰富了人民代表大会制度在基层的实践基础，为坚持和完善人民代表大会制度、推进基层民主政治建设注入了新的活力。

②结合案例谈谈你对全过程人民民主的理解。

第一，民主是全人类的共同价值，是中国共产党和中国人民始终不渝坚持的重要理念。党的十八大以来，以习近平同志为核心的党中央不断深化对民主政治发展规律的认识，提出"全过程人民民主"的重大理念。在2021年10月召开的中央人大工作会议上，习近平总书记第一次全面系统地阐述了全过程人民民主的深刻内涵，提出其鲜明特色和显著优势。党的十九届六中全会通过的《中共中央关于党的百年奋斗重大成就和历史经验的决议》也先后三次提到"发展全过程人民民主"。这些重要论断为新时代发展社会主义民主政治、保证人民当家作主提供了根本遵循。

第二，2021年11月2日，党中央印发《关于新时代坚持和完善人民代表大会制度、加强和改进人大工作的意见》，指出人民代表大会制度是实现我国全过程人民民主的重要制度载体。要在党的领导下，不断扩大人民有序政治参与，加强人权法治保障，保证人民依法享有广泛权利和自由。保证人民依法行使选举权利，民主选举产生人大代表，通过法定和有序的途径、渠道、方式、程序，保证人民的知情权、参与权、表达权、监督权落实到人大工作各方面全过程。人大依法履职，作出决议决定等，都要通过调查研究，通过座谈、论证、咨询、听证等广泛征求和充分听取各方面意见，最大限度吸纳民意、汇集民智，科学决策。完善人大的民主民意表达平台和载体，健全吸纳民意、汇集民智的工作机制，推进人大协商、立法协商，把各方面社情民意统一于最广大人民根本利益之中。

第三，温岭市街道人大工委的多维实践采用民主恳谈的方式，让选民代表通过参与库、专业库和代表联络站等平台充分表达个人利益诉求，在充分讨论协商的基础上制定出满足公共利益最大化的预算方案。温岭街道预算监督程序规范，通过搭建民主恳谈、征询恳谈、问卷调查、民意测验、网上互动等协商平台，推进街道预算监督的规范化、法治化，实现预算全过程民主。

（2）在点评时除了结合上述分析要点，还应注重学生参与讨论的积极性、思维的发散程度、回答的凝练度和精准度。

（二）课后作业及评价方式

1. 论文的评价要点

主题创新度、内容完整度、论点清晰度、论据充足度等。

2. PPT 的评价要点

美观度、主题创新度、内容完整度、论点清晰度、论据充足度等。

八、实施成效

（一）学生反馈

通过对预算监督与法治的相关理论和温岭街道人大预算监督案例的介绍，使学生对全过程人民民主新理念新思想有了深刻的认识，法治意识增强。

（二）教学反思

预算监督是推进社会主义民主政治建设的重要内容，是保障人民当家作主的基本途径。如何让学生体会民主的内涵呢？温岭街道人大的预算监督基层创新实践就给我们提供了生动的教学案例。学生可以更直观地从中感受全过程人民民主在预算监督这一重要的公共决策中的体现，从而增强法治意识和公共责任感。

"外部效应"中蕴含着梦想、道德和纪律

朱柏铭

一、基本信息

课程名称：公共经济分析导论[①]。

授课对象：全校各专业选修的本科生（通识课）。

知识点：外部效应（第六讲）。

主讲教师：朱柏铭，浙江大学教授。

二、教学目标

（一）知识传授

通过该知识点的学习，使学生理解外部效应的概念、种类、起源及矫正方式，掌握政府通过征收环境保护税、发放财政补贴以矫正外部效应的原理；同时了解公地悲剧、反公地悲剧、邻避效应等相关内容。期望通过教学，实现知识传授、能力培养、素质提升、人格塑造的统一。

具体目标包括：优化学生的知识结构，提高思辨能力；增强学生发现问题、分析推理的能力；激发学生参与讨论的热情，展示发展的潜质。

（二）能力培养

通过课堂讨论、听课心得等环节测量学生的学习结果：能解释外部效应的概念，并举例说明；能透视外部效应与产权之间的关系，辨析公地悲剧与反公地悲剧之间的区别；能分析外部效应与新制度经济学的联系（如

---

① 由朱柏铭老师主讲的该课程已被认定为浙江大学课程思政示范课程（2021.3）、浙江省省级课程思政示范课程（2021.7）、浙江省高校课程思政优秀教学案例特等奖（2021.11）。

外部效应与科斯定理）、外部效应与社会学的联系（如负外部效应与邻避效应）；能阅读有关外部效应的文献并作点评；能针对现实中的外部效应问题提出政策建议。

（三）价值塑造

通过融入"袁隆平研发杂交水稻让人们远离饥饿的梦想""学生寝室里室友相处要讲道德""浙皖两省颁行厉行节约的政纪减少负外部效应"这样三个小案例，引导学生把外部效应理论与身边的事例相结合，以润物细无声的方式，提升学生的人格魅力。

通过本知识点的教学，实现如下具体目标：促进教学过程中知识传授与价值塑造的同频共振；培养学生坚定的理想信念、强烈的家国情怀和责任担当意识；提高学生无论做人还是做事都想着别人、不损害别人的品德修养；促进学生对党纪、政纪、法纪作用的正确认识。

三、教学重点与难点

（一）外部效应的概念与后果

1. 教学重点与难点

讲述外部效应是指某个人的行为给其他人带来未在交易价格中反映的成本或收益。要重点说明，如果带来的是额外的成本，即为负外部效应；如果带来的是额外的收益，即为正外部效应。难点是要讲清负外部效应的存在会造成产量过剩，正外部效应的存在会使产量不足。

2. 课程思政教学要求

外部效应可以拓展到时空维度的解释，代际之间人类行为的影响称为代际外部效应，如前代对当代、当代对后代；辖区之间人类行为的影响称为区际外部效应，如上游对中游、中游对下游。"前人栽树、后人乘凉"，建设生态文明，属于代际外部效应；一国的创新发明成果让别国受益，如袁隆平研发的杂交水稻、屠呦呦研发的青蒿素等，属于区际外部效应（与案例1相对应）。

（二）外部效应的起源

1. 教学重点与难点

讲述外部效应主要源于产权不明晰。若一种资源的产权没有排他功能，那么就会导致过度享用，最终使其他成员的利益受损，从而产生外部效应。进一步分析，产权不明晰的原因往往是界定产权边界的成本太高。难点是要讲清产权明晰了，外部效应是否就消失了。为此，必须强调，产权是指所有权人依法对自己的财产享有占有、使用、收益和处分的权利。即便占有权明晰了，只要使用权、收益权和处分权中的任何一种权利不明晰，外部效应依然可能存在。

2. 课程思政教学要求

每个人的行为都会对周边人产生影响，每个人从事任何一种活动，无论是生产还是消费，都必须顾及他人的感受、造成多大的影响。尤其是，在产权共有的条件下，不能给他人带来一种损失。所谓"做人要识相"就是这个意思，这是一种起码的品德修养。大学生寝室内部属于公共产权，要从在寝室里的一举一动开始，顾及室友们的利益，养成良好的习惯（与案例 2 相对应）。

（三）外部效应的矫正

1. 教学重点与难点

讲述外部效应的矫正可以依赖公共部门，也可以依赖私人部门。前者如对具有负外部效应的产品征收税费（如环境保护税、碳税）、对具有正外部效应的行为主体发放补贴（如政府特殊津贴、生态环境保护奖）、直接干预个人或企业从事的具有外部效应的经济活动（如禁止砍伐原始森林、勒令安装治污设备），等等；后者如损害者与受害者进行谈判（科斯定理）、实行"准一体化"的经济组织、实施排污权交易，等等。难点是要比较"公共部门矫正"与"私人部门矫正"之间的利弊及适用条件。

2. 课程思政教学要求

外部效应的每一种矫正方式都有其利弊。在某些条件下，通过加强"党的领导"，颁行党纪和政纪，可以直接对具有外部效应的活动进行有效约束。从实践情况看，这种方式针对性很强，见效很快。浙江、安徽两省有关部门颁行纪律，规范公务消费行为，对政务工作者进行约束，以减少对生态环境、社会风气产生的负外部效应，中国特色社会主义制度优势有效避免了"公地悲剧"（与案例 3 相对应）。

四、课程思政案例介绍

(一) 案例1: 袁隆平"让世界远离饥饿"的伟大梦想

1. 案例主要内容

2021 年 5 月 22 日, "共和国勋章"获得者、中国工程院院士、"杂交水稻之父"袁隆平与世长辞了。

外媒对袁隆平的逝世表示十分关注, 彭博社、路透社、印度 TV9Hindi、古巴拉丁美洲通讯社、西班牙《21 世纪世界报》、英国《独立报》、法国 France24、美联社、ABC 新闻、《华盛顿邮报》、意大利安莎社、新加坡《联合早报》等, 普遍赞颂袁隆平对全世界粮食领域的卓越贡献。

路透社的报道称, 袁隆平在 20 世纪 70 年代研究出首个杂交水稻品种, 令全球许多人远离了饥饿。

美联社的文章称, 袁隆平的高产水稻研究帮助养活了全世界人民。全球目前有约 1/5 的大米产自袁隆平的改良水稻。袁隆平帮助中国实现了从粮食短缺到粮食安全的转变。袁隆平及其研究团队与全球许多国家进行合作, 来共同解决粮食安全和营养不良问题。

法新社的报道称, 袁隆平在 1973 年研究出全球第一个高产杂交水稻品种。杂交水稻的产量比普通水稻高出 20%, 被广泛种植于中国以及全球其他水稻产区。

《联合早报》报道称, 袁隆平是中国研发杂交水稻的开创者, 也是世界上首位成功利用水稻杂种优势的科学家。袁隆平 1964 年开始研究杂交水稻, 成功选育了世界上第一个实用高产杂交水稻品种"南优二号"。经过其团队 20 多年来的攻关, 杂交水稻目前已在美国、印度、巴西等国大面积种植, 年种植面积达 800 万公顷, 平均每公顷产量比当地优良品种高出两吨左右。

[资料来源: 根据《外媒盛赞袁隆平卓越贡献: 他帮助养活了全世界人民》(载于《人民日报》2021 年 5 月 23 日)编写。]

2. 案例简析

袁隆平研发的杂交水稻给世界人民产生了正外部效应, 也是中国对水稻产区国家产生的正外部效应。

袁隆平作出了巨大的贡献, 受到各国的赞颂, 是因为他有远大的理想, 心中有梦想。"发展杂交水稻, 造福世界人民"是袁隆平毕生的追求。为了实现这一宏愿，他长期致力于促进杂交水稻走向世界。从亩产 800 公斤到 1000 公斤，再到每公顷 16～17 吨，他创造了一个又一个的高产纪录。他有一种发自内心的大爱，一种不愿让每一个人忍受饥饿的紧迫，一种超越国界怜爱众生的胸襟。

正如 2004 年中央电视台"感动中国"栏目给他的颁奖词中所说："他是一位真正的耕耘者。当他还是一个乡村教师的时候，已经具有颠覆世界权威的胆识；当他名满天下的时候，却仍然只是专注于田畴，淡泊名利，一介农夫，播撒智慧，收获富足。他毕生的梦想，就是让所有的人远离饥饿。"

（二）案例 2：室友之间的外部效应说明道德的不可或缺

1. 案例主要内容

来自五湖四海的学生，性格、习惯各不相同，住在同一个寝室里，难免发生一些不愉快的事。

同学 A 抱怨："半夜里发出声音。"夜半时分，寝室早就熄灯了。别人都在睡觉，"夜猫子"同学不想睡，不断地发出声音、搬动椅子、敲击键盘、打电话、吹头发。偶尔有几次也就罢了，时间长了真受不了。

同学 B 抱怨："台灯光线太刺眼。"夜深人静，她已经睡下了，可是对面同学的台灯还很亮，非常刺眼。室友说没有发出声音，你睡你的好了，自己多看一会儿书又怎么啦?! 她让室友换一个调光灯泡，对方还很不乐意。没办法，她只好去买一个床帘，稍微遮挡一下。

同学 C 抱怨："不愿主动搞卫生。"他住的宿舍大家不愿意主动搞卫生。每次盥洗台都是他整理好、擦干净；马桶总是他一个人定时洗刷，有时候自费买来卫生纸，其他同学用得心安理得；浴室里到处都是头发，下水道堵上了都没人清理。虽说心中有点怨气，可想想自己是党员和学生干部，他只好多做一点。

（资料来源：根据学生们的自述情况编写。）

2. 案例简析

结合外部效应和公地悲剧两个概念进行分析，同学 A 的"夜猫子"同学发出的声音及同学 B 对面同学发出的灯光，都使其他室友遭受了额外的损失，属于有负外部效应的行为；同学 C 的情况说明，其他室友享用了寝室的卫生设施，却没有付出应承担的成本。也就是说，边际收益归自己，边际成本让大家分摊，这属于公地悲剧。同学 C 的做法就是启动道德的力量，努力避免公地悲剧，当然，党员和学生干部的身份也支撑着他，先锋模范作用在寝室内、在琐碎的事情上体现出来了，"于细微处见精神"！

（三）案例 3：浙皖两省颁行厉行节约的政纪以减少外部效应

1. 案例主要内容

浙江省生活垃圾分类工作领导小组办公室、省住房和城乡建设厅、省机关事务管理局等十部门联合发出通知，自 2019 年 12 月 31 日起，在全省行政区域范围内限制一次性消费用品，减少一次性消费所产生的垃圾。浙江省党政机关、国有企事业单位不得使用一次性杯具，单位内部办公场所、会议室接待统一使用瓷杯或玻璃杯，倡导干部职工办公或开会自带水杯。同时倡导无纸化办公，会议交流汇报宜采取电子形式，减少纸张使用比例，如需书面材料推行双面打印；倡导不使用一次性硒鼓及一次性签字笔，推广使用钢笔或更换笔芯循环利用等。

2022 年 4 月 9 日，安徽省财政厅发布《关于进一步厉行节约坚持过紧日子的若干举措》，共有 12 条措施，其中有：确需印刷的文件、资料，一律双面印刷，使用规格不超过 $70g/m^2$ 的复印纸；降低会议成本，不发放文件袋、笔记本、笔等各类办公用品；合理设置空调温度，冬季不高于 20℃，夏季不低于 26℃。

［资料来源：根据《浙江省规定：党政机关不得使用一次性杯具》（载于《中国青年报》2019 年 12 月 12 日）和《安徽省财政厅出台 12 条措施，要求进一步厉行节约，坚持过紧日子》（中国新闻网，2022 年 4 月 9 日）两篇报道编写。］

2. 案例简析

浙江省、安徽省有关部门规定，不得使用一次性杯具，文件、资料一律双面印刷，合理设置空调温度。一次性杯具用纸张或者塑料加工而成，复印纸的生产涉及森林的砍伐、石油的开采，会大量消耗资源；而且一次性消费会增加垃圾数量，过高或过低的空调温度会污染生态环境。

2017 年 5 月 26 日，中共中央政治局第四十一次集体学习聚焦绿色发展方式和生活方式，习近平总书记提出"倡导推广绿色消费"。绿色消费是指一种以适度节制消费，避免或减少对环境的破坏，崇尚自然和保护生态等为特征的新型消费行为和过程。倡导绿色消费，消费者转变消费观念，崇尚自然、注重环保，节约资源和能源，同时在消费过程中注重对垃圾的处置，不造成环境污染。

外部效应的矫正固然可以通过征税、补贴等方式，但是政府规制也是一个重要的方面。中国自2012年以来，通过颁行一系列文件、落实相关的政策，在节省行政成本的同时，大量减少对社会、对环境产生的负外部效应。

五、教学方法与手段

（一）把平时制作的案例有机地穿插到知识点的讲解中

平时搜集一些案例素材，通过精心处理和制作，在授课时穿插到相关的知识点中，如负外部效应的矫正、公地悲剧的避免、正外部效应的矫正等。必须结合丰富多彩的事例和案例，将抽象的外部效应概念与本土现实相联系，激发学生的学习兴趣。让学生明白，无论是正外部效应还是负外部效应，它们无时不在、无处不存，也正因为如此，作为青年学子，理想信念必须有，道德修养不可少，党纪国法不可缺。

（二）以摆事实讲道理的方式使学生潜移默化地接受

一方面，全面系统地传授外部效应、公地悲剧等专业知识；另一方面，教会学生把经济问题和社会现象放在外部效应的框架内去透视和分析。即便是相关的课程思政元素及案例，也不是简单地灌输，而是摆事实、讲道理，使学生在学习专业知识的过程中潜移默化地入脑、入心，让学生自觉地养成"观察与思考"的习惯。

（三）在开展"衍生教学"时融入课程思政元素

衍生教学是指教师鼓励学生围绕课堂内容寻找兴趣点，通过钉钉网络平台的课群进行讨论，实现课外师生、生生之间的交流。学生发帖或参与讨论，与平时成绩挂钩，教师自身也参与其中。在讨论过程中，教师有意识地站在课程思政的角度去引导、点评。该方法的优势：一是对学生所关注的论题作进一步探究，课外交流有更充裕的时间保证。例如，按照经济学的解释，外部效应的原因是产权不清，但是，如果跳出经济理论的框架，与人的操行是否有关呢？祖训曰"做人要识相"，与外部效应是什么关系？二是"学"对"教"的助推，教师本以为正确无误的观点，遭到了学生有理有据的反驳；理论界形成的共识，学生却作了另类的解读。这些都促使教师去反思和改进。例如，有的学生认为发文件限制公务消费是干预过度的行为，这个时候就需要解释、澄清。三是增进师对生的人文关怀。点对点的交流使教师便于了解学生的思维，发现他们的潜质，及时予以鼓励或纠偏。例如，有的同学反映，在寝室里长久为室友的负外部效应行为所困、所累，既不能找组织矫正，又不便与同学"私了"。在这种情况下，教师应力所能及地做一些心理疏导工作。

六、教学实施过程

（一）外部效应的概念与后果

1. 教学设计

在讲授正外部效应的概念及影响之后，引出案例1。告诉学生：袁隆平研发的杂交水稻使许多国家的人民远离了饥饿，这是中国对世界各国产生的正外部效应。尽管各级财政对农民种植杂交水稻实行良种直接补贴，中央政府和地方政府对袁隆平本人也发放了国家最高科技奖、国务院政府特殊津贴及其他奖项，但是，作为青年学子，必须像袁隆平那样，拥有伟大的梦想，树立远大的理想和信念。

2. 延伸思考

袁隆平曾经说，不能为了钱去努力奋斗，要为实现理想而去奋斗。纵观他的一生，梦想有，格局大。梦想，成就了自己；格局，养活了别人。试问：你对金钱与梦想之间的关系有什么看法？

（二）外部效应的起源

1. 教学设计

在讲解外部效应通常源于产权不清之后，引出案例2。负外部效应现象在学生寝室里就有，甚至还不少见。这时，学生往往觉得很好奇，甚至很惊讶。然后，教师一一举例予以说明。最后，提问学生：从经济学角度看，寝室的所有权归政府所有，室友之间的使用权边界又是相对模糊的，在这种情况下，有人过度使用就产生了外部效应。是不是这样？虽说正外部效应也会产生，但是，毕竟以负外部效应居多。然后告诉学生：怎么理解道德的经济功能？至少可以说，每一个人的行为，都要顾及别人的感受。不顾他人的利益，我行我素的行为是自私的行为，不可养成不顾道德的行为习惯。

2. 延伸思考

有人说，避免寝室内的负外部效应未必依赖于道德，可以通过技术手段解决，如安装一个床帘挡住台灯的光线。试问：你怎样认识这种观点？

（三）外部效应的矫正

1. 教学设计

在讲解公共部门可以矫正外部效应时，提出几种方法，如针对负外部效应的行为征收环境保护税、针对正外部效应的行为发放财政补贴，然后告诉学生，也可以实行政府规制，如禁止砍伐森林、勒令厂商安装治污设备等。此时引出案例 3。政纪是各级国家行政机关工作人员必须遵守的行政纪律。浙江省住建厅等部门、安徽省财政厅，分别对党政机关和事业单位使用一次性杯具、文件资料双面印刷、空调温度合理设置等行为进行规范。通过颁行"政纪"的方式，减少和避免工作人员的公务消费对社会产生负外部效应，走绿色消费的路子。

2. 延伸思考

通过颁行党纪、政纪、法律的方式可以减少负外部效应、避免公地悲剧。试问：这种方式与征税、补贴等经济手段相比较，存在什么优势？

钉钉课群上师生的交流举例如下。

［Z 同学提问］老师您好，上节课提到外部效应的矫正，除了老师提及的那些，我在思考寝室关系的时候想到，除去可能的道德因素，一些非经济收入，在一定程度上是不是也会对这种负面外部效应进行一种限制呢？因为负面的外部效应，对做出不当行为的这个人是有影响的。比如一个同学经常很晚不睡觉，影响其他同学的休息，那么在很大程度上，这个同学很难受到大家的喜欢，在日常生活中可能大家对他也不会太客气，很多事情上他也会被针对，所以从一些层面上来看，他也是受到亏损的。这种亏损会不会在一定程度上帮助负外部效应的矫正？

［老师回答］Z 同学，问题在于，产生负外部效应的人往往没有意识到自己的行为对他人造成了损害。如果他明知而为之，那是道德缺失。事实上，他可能真的没有意识到，这或许跟性格有关，比如，有的人天生就比较大条。社会上这类人也很多，如公交车上，A 跟 B 大声聊天，其他乘客已经嗤之以鼻，当事人却没有意识到，觉得声音大一点无妨。当然，有的人已经感觉到别人不悦，却仍然我行我素，以此刷刷存在感。这种人就属于心智没有开化。

七、考核与评价方式

（略）

八、实施成效

从学生反馈的结果看，该知识点的育人效果比较明显，他们都能领会并接受教师预设的用意，说明这种把系列小案例穿插到外部效应原理中的方式在一定程度上有推广的价值。学生对案例2表现出更浓厚的兴趣，或许是因为案例2非常贴近他们的生活，感性认识特别强。以下是部分选课同学在随堂听课心得（第六讲）中的反馈结果。

［W同学（自动化）］老师说，道德的经济学解释是"不能给他人带来额外的成本"，从这个角度得以窥见"为什么市场经济条件下需要道德"的答案——用道德约束共有产权的越界享受权利的行为。这提醒我们，在分享某种权利的同时为他人考量，能将心比心，促进和谐，减少负外部效应。

［C同学（汉语言文学）］有限资源因不受限制地自由使用，最终导致资源的枯竭，现实生活中这样的例子很多。道德存在的意义，不仅仅是证明你是一个好人，更是在法律法规涉及不到的领域协调各方的权益，在行使自己权益的同时，不产生负外部效应。与此同时，不要只想着从道德批判上去根本解决，应该让政府介入，制定相关规定，矫正负外部效应。

［S同学（政治学与行政学）］外部效应是必然存在的，公地悲剧完全无法避免，但可以通过法律的外部规训和道德的内部自觉尽可能地减小外部效应带来的负面影响。总而言之，这堂课提醒了我将理论知识运用到实际生活中，同时也以"道德的功能之一就是避免外部效应"的观点让我感受到经济学中的人文力量。

［H同学（临床医学）］政府对部分知识分子发放津贴的行为，是心理学上操作条件反射理论中的"正强化机制"，鼓励其继续创造价值。外部效应的存在是不可避免的，除了公共部门和私人部门采取矫正措施之外，道德和良知也不容忽视。倘若生活中处处是白纸黑字的契约条例，人与人之间本该有的敬重与温暖，或许会被产权分明、合约明确下迫不得已的距离感所取代，那样的社会无疑是可悲的。

　　［W同学（统计）］一个优秀的老师是能够在讲课过程中，把自己的思考、见解、理念以一种润物细无声的方式分享给学生，让学生在获得知识的同时，对现实世界有新思考、对人生有新理解。

全球公共物品供给：中国新冠疫苗经验

张克中

一、基本信息

课程名称：财政学。

授课对象：大学本科三年级学生。

知识点：全球公共物品的内涵界定、供给效率、供给不足表现及其原因、供给策略及方案。

主讲教师：张克中，中南财经政法大学教授。

二、教学目标

（一）知识传授

（1）掌握全球公共物品的概念、性质、分类，全球公共物品的供给效率，以及全球公共物品供给不足的表现及其原因。

（2）理解全球公共物品现有的供给方案、存在的不足以及优化的方向。

（二）能力培养

（1）思维能力。教师通过对全球公共物品供给理论的讲授，引导学生系统地理解全球公共物品的内涵界定、供给效率、供给不足表现及其原因，了解提供全球公共物品以应对全球挑战的重要性。此外，教师带领学生分析全球公共物品供给不足原因以及对应优化方案，深入理解全球公共物品供给策略，形成系统、全面分析全球公共物品供给问题的思维能力。

（2）实践能力。根据案例材料，设置两个案例思考题，通过与学生的互动问答，帮助学生加强对全球公共物品供给策略、中国在全球公共物品领域实践的理解；并通过对案例进行深入分析和探讨，加强学生运用理论知识解决实际问题的能力，为我国在全球公共物品供给领域的实践建言献策。

（三）价值塑造

（1）夯实专业基础，拓展研究视角。通过对全球公共物品供给理论的讲解，夯实学生们的财政学理论基础；通过结合知识点对案例进行分析，拓展学生们看待财政学问题的视角，培养具有国际视野的财政学专业人才，从国内和国际双重视角看待中国在全球公共物品供给领域的实践。

（2）了解国家重大政策设计，提升"四个自信"。通过将知识点与案例相结合进行讲解，引导学生正确理解国家的重大政策设计，理解政策设计背后的出发点、内涵以及未来可能的建设方向；通过讲解我国在全球公共物品供给领域的伟大实践，引导学生认识新时期中国在全球公共物品供给领域发挥的重要作用，正确看待中国提出的义利观，增进学生对中国特色社会主义的信心，切实提升道路自信、理论自信、制度自信、文化自信，培养知行合一的社会主义建设者。

三、教学重点与难点

（一）教学重点

（1）通过对基础知识点的讲解，使学生掌握全球公共物品的概念、性质、分类，全球公共物品的供给效率，以及全球公共物品供给不足的表现及背后的原因。

（2）通过对全球公共物品供给方案的分析，帮助学生了解不同类型全球公共物品所需的供应策略、存在不足以及优化方向。

（3）帮助学生理解案例背后蕴含的思政元素，准确把握新时期我国在全球公共物品供给领域中所处的位置，认识到中国是全球公共物品的重要贡献者、全球治理的重要参与者。

（二）教学难点

（1）打破惯性思维，拓展学生们的财政学理论基础。传统公共财政学以国家和地区为研究对象，由政府来弥补市场失灵问题。而全球公共物品的溢出范围早已超越一国边界，由于缺乏凌驾于各主权国家之上的公共权威，传统的财政学理论难以解决供给不足的问题。因此，在思考与理解全球公共物品供给理论时，既要结合传统财政理论看待其在全球层面拓展出的相关理论，也要正确看待传统理论在全球公共物品供给领域中的失效问题。要正确理解传统财政与全球公共财政的共通性和差异性，重点掌握为应对传统公共财政学不适用所提出的新理论、新方法。

（2）将专业理论知识与课程思政教育实现有机结合。将提升学生们的"四个自信"，正确认识中国义利观、构建人类命运共同体等思政元素与全球公共物品供给理论实现有机结合，通过理论与案例结合的学习方式，培养学生们运用理论知识解决实际问题的能力，启发学生们进行思考，达到润物细无声的教学效果。

四、课程思政案例介绍

（一）案例主要内容

1. 案例1：全球公共卫生治理

新冠疫情是21世纪以来人类社会所面临的影响范围最广、影响程度最深的公共卫生事件。据世界卫生组织（WHO）统计，截至2021年12月27日，全球已报告累计确诊病例超2亿7911万例，累计死亡病例超539万例，相应的数字依旧在不断攀升，国际社会的正常运转依旧深受疫情蔓延的困扰。[①] 从全球公共物品供给视角来看，新冠疫情蔓延反映了在全球公共卫生治理领域存在着知识型全球公共物品、制度型全球公共物品、新冠疫苗作为全球公共物品供给的严重不足。

（1）知识型全球公共物品供给不足：缺乏广泛认可的抗疫手段。

中国抗疫实践的卓著成果有力证明了人类完全有能力在短时间内遏制新冠疫情的蔓延，然而现实情况却是新冠疫情席卷了全球并造成了21世纪以来人类所面临的最为严重的公共卫生危机。在早期，知识型全球公共物品供给不足是造成疫情全球范围蔓延的重要原因之一。在抗疫早期，由于人类对新型冠状病毒缺乏了解与重视，中西方在抗疫过程中采取了不同的态度与措施，带来了完全不同的后果，西方所采取的宽松管控方式造成了新一轮疫情在西方世界的暴发。这一现象反映了在抗疫早期缺乏广泛认可

---

① 世界卫生组织：《世卫组织冠状疫苗（COVID－19）统计表》，https：//covid19.who.int/，2021年12月28日。

的抗疫手段，最终导致了疫情在全球范围的暴发与蔓延。

（2）制度型全球公共物品供给不足：世界卫生组织在疫情期间表现乏力。

新冠疫情蔓延速度之快、影响范围之广都是造成世界卫生组织应对、表现乏力的客观因素。然而，资金来源有限尤其过度依赖自愿捐款、非强制性约束与规则所导致的政策与规范难以在各主权国家落实、公共权威受到挑战与质疑等因素才是造成这一结果的根本原因。疫情的暴发放大了国际组织长期以来存在的筹资不足、约束力不够、权威下降的问题，暴露了当前国际组织未能有效解决由市场失灵和国家失灵所带来的全球公共物品供给不足问题。

（3）新冠疫苗作为全球公共物品供给不足：发展中国家新冠疫苗的可及性和可负担性。

安全有效的疫苗被认为是战胜疫情最有力的武器。然而受限于研发能力、研发成本等因素，发展中国家难以在短时间内实现新冠疫苗的自主研发。疫情防治作为典型的适用最弱环节聚合器技术（weakest – link aggregator technology）的全球公共物品，[①] 发达国家有能力也有责任为发展中国家提供疫苗。然而，据世界卫生组织统计，截至 2021 年 12 月 29 日，高收入国家和中高收入国家接种疫苗的人数占总人口比重超过 60%，然而中低收入国家和低收入国家这一数字仅分别为 32.4% 和 4.93%，[②] 新冠疫苗这一全球公共物品供给不足是造成这一结果的重要原因之一。与此同时，新冠疫苗的可及性和可负担性可能导致发展中国家与发达国家之间产生"疫苗鸿沟"，由此可能进一步加剧全球范围内的不平等问题。[③] 新冠疫苗接种的洛伦兹曲线如图 1 所示。

上述问题反映了在全球公共卫生治理领域各类型全球公共物品供给不足的问题。而中国通过在该领域的实践向世界证明了中国是全球公共物品的重要贡献者。

[①] Buchholz W, Sandler T., "Global Public Goods: A Survey", *Journal of Economic Literature*, Vol. 59, No. 2, 2021, pp. 488 – 545. 适用最弱环节聚合器技术的全球公共物品是指以对全球公共物品贡献最少国家的贡献额为全球公共物品的供给总量。在疫情防控中则表示，防疫表现最差国家的抗疫状况将决定全球抗疫状况。

[②] 世界卫生组织：《世卫组织冠状疫苗（COVID – 19）统计表》，https://covid19.who.int/table，2021 年 12 月 29 日。

[③] Singh B., Chattu V. K., "Prioritizing 'Equity' in COVID – 19 Vaccine Distribution through Global Health Diplomacy", *Health Promotion Perspectives*, Vol. 11, No. 3, 2021, P. 281.

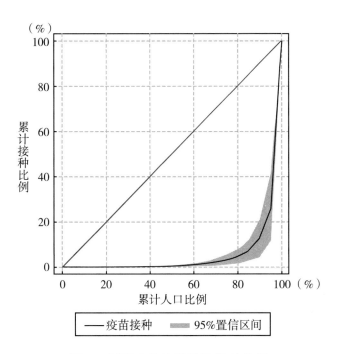

图1　新冠疫苗接种的洛伦兹曲线

注：该研究以 178 个国家（总人数约占世界人口总数的 98%）作为研究对象，采用截至 2021 年 3 月 31 日的新冠疫苗接种数据绘制新冠疫苗接种的洛伦兹曲线。结果显示，80% 的人口只接种了全球新冠疫苗总数的约 5%，其余人口（20%）接种约占新冠疫苗的 95%。基尼系数为 0.88，疫苗接种的不平等问题十分严重。

资料来源：Tatar M. et al.，"International COVID - 19 Vaccine Inequality Amid the Pandemic：Perpetuating A Global Crisis?"，*Journal of Global Health*，Vol. 11，2021.

自新冠疫情暴发以来，中国始终致力于分享抗疫经验，尽己所能为国际社会提供新冠疫苗这一全球公共物品。中国在第 73 届世界卫生大会上承诺：中方研发完成后的新冠疫苗将作为全球公共物品，为疫苗在发展中国家的可及性和可负担性作出中国贡献。[1] 截至 2021 年 12 月，中国已向世界 120 多个国家和国际组织提供了超过 18.5 亿剂疫苗，2021 年全年将努力对外提供 20 亿剂。[2] 在对外提供疫苗的过程中，中国坚持将亚非拉等地区的发展中国家作为我国疫苗供给的优先流入国，超过 90% 的疫苗运往这些国家。与此同时，我国的疫苗率先进入了阿富汗、叙利亚等战乱地区，为当地抗疫提供支持。这些实践都印证了中国始终践行自身承诺，为全球尤其

---

① 习近平：《团结合作战胜疫情　共同构建人类卫生健康共同体——在第 73 届世界卫生大会视频会议开幕式上的致辞》，中国政府网，2020 年 5 月 18 日。
② 《"真正的朋友"！中国已向全球提供逾 18.5 亿剂疫苗》，https：//m. gmw. cn/baijia/2021 - 12/16/35385464. html，2021 年 12 月 16 日。

是发展中国家贡献新冠疫苗这一全球公共物品。

然而，抗击疫情不能仅依靠一个或几个国家实现，世界卫生组织总干事谭德赛曾表示"疫情不可能在任何一个地方结束，除非疫情在任何地区都结束"①。病毒的变异与疫情的反弹也再次印证了在疫情面前没有一个国家能够独善其身，这是一场人类与病毒之间的战斗。要打赢抗击新冠疫情的人类健康守卫战，需要国际社会共同努力，各主权国家实现通力合作，共同构建人类卫生健康共同体，才能早日赢取抗疫胜利，早日恢复国际社会的健康运转。

2. 案例 2：中国提供全球公共物品的实践

2020 年，全球供应链、产业链和价值链出现了大范围断裂，严重限制了要素的流动，不可避免地对各国之间的经贸往来产生负面影响，对全球经济领域带来了不利冲击。

据国际货币基金组织（IMF）统计，2020 年全球经济出现萎缩，经济增速为 -3.1%，发达国家经济萎缩高达 4.5%。在贸易和投资领域，据联合国贸易和发展委员会（UNCTAD）统计，2020 年全球国际货物贸易总额较上年下降 7.4%，全球外商直接投资较上年下降 35%。

与全球经济出现负向增长、对外投资与贸易萎缩形成鲜明对比的是，2020 年中国经济实现正向增长，增长速率为 2.3%，中国与"一带一路"沿线国家的贸易与投资也均出现逆势增长。据国家统计局发布的《中华人民共和国 2020 年国民经济和社会发展统计公报》显示，2020 年中国全年货物进出口总额超 3.2 万亿元，较上年增长 1.9%，其中对"一带一路"沿线国家进出口总额达 9.37 亿元，同比增长 1%；在 2020 年中国对"一带一路"沿线国家的非金融类直接投资额达 178 亿美元，较上年增长 18.3%，占全国对外投资比重上升至 16.2%。中国与"一带一路"沿线国家经贸往来的逆势增长彰显了"一带一路"倡议这一国际合作平台的韧性。

"一带一路"倡议是新时期我国向国际社会提供的全球公共物品，始终践行"共商共建共享"的合作理念，通过促进全球公共基础设施建设、倡导设立亚洲基础设施投资银行与丝路基金、践行共同构建"人类命运共同

---

① UNESCO, "UNESCO Calls for COVID - 19 Vaccines to be Considered a Global Public Good", https://en.unesco.org/news/unesco - calls - covid - 19 - vaccines - be - considered - global - public - good, 2021 - 02 - 24.

体"这一理念，向国际社会提供了一揽子全球公共物品。2020 年中国与"一带一路"沿线国家在投资和贸易领域出现的逆势增长，也从侧面印证了"一带一路"倡议是经得起考验的国际合作平台。

随着经济社会逐步恢复正常运转，加强各主权国家间的协调与合作、推动全球经济复苏、重振国际经贸合作将成为后疫情时代学者们和政策制定者们亟须予以回应的重要议题。中国将继续借助"一带一路"倡议这一合作平台，积极参与全球治理，向世界提供全球公共物品。

（二）案例思政元素

1. 防疫成果与中国特色社会主义制度的优越性

2020 年伊始，以习近平同志为核心的党中央针对新冠疫情的蔓延采取了有力应对措施。在党中央和全国人民的共同努力下，中国实现了用 10 天建起火神山医院和雷神山医院、全国医护人员全面驰援湖北、基层组织与党员筑起抗疫与支持人民生活基本需要的重要保障线，在短期内实现了遏制疫情进一步蔓延、恢复正常生产生活秩序、迈入疫情防控常态化阶段。中国抗疫实践的卓著成果彰显了在关键时期我国能够在中国共产党的领导下举全国之力办大事的制度优势，用实践证明了中国共产党的领导是中国特色社会主义最本质的特征，是中国特色社会主义制度的最大优势。

2. 中国疫苗作为全球公共物品进行供给与正确认识中国义利观

在对外合作中，中国始终践行义利观，"以义为先、义利兼顾"。中国将研发完成的新冠疫苗作为全球公共物品，为发展中国家对新冠疫苗的可及性和可负担性作出中国贡献，再次印证了中国义利观一以贯之，以合作共赢为国际交往原则，为发展中国家的抗疫提供力所能及的帮助。然而中国疫苗作为全球公共物品并不意味着免费提供，而是在考虑发展中国家的可及性和可负担性的情况下，立足我国国情，准确把握新时期我国在全球公共物品供给领域中的定位，优先为没有能力在短时间内进行自主研发的发展中国家提供疫苗供应。

3. "一带一路"倡议与提升"四个自信"

"一带一路"倡议是借用我国古代丝绸之路的历史符号，旨在打造政治互信、经济融合、文化包容的利益共同体、命运共同体和责任共同体。自"一带一路"倡议提出以来，在基础设施建设、经贸合作等领域发挥了重要作用；在疫情期间，中国与"一带一路"国家的贸易、投资出现逆势增长，说明了"一带一路"倡议是经得起考验的国际合作平台。通过使用具体数据、具体案例对"一带一路"倡议进行介绍，增强学生们对我国重大政策设计的理解与拥护，切实提升学生们的道路自信、理论自信、制度自信、文化自信。

4. 拓展研究视角，引导学生们将论文写在祖国大地上

通过对全球公共物品理论这一重要知识点的学习，拓宽学生们看待公共财政问题的视角，打开学生研究问题的思路。同时，引导学生们更加关注中国在全球公共物品供给领域的实践，立足我国的国情，从中国实践中挖掘研究问题、总结实践经验、寻找应对策略，把论文写在祖国大地上。

（三）思考题

（1）疫情防控、疫苗是全球公共物品吗？对应什么类型的聚合器技术？从理论上而言需要采取哪些应对策略？在实践中，我国采取了哪些应对措施？

（2）为什么认为"一带一路"倡议是全球公共物品？你认为"一带一路"倡议促进了全球公共物品的供给吗？如果认为促进，请举例说明促进了哪些类别的全球公共物品供给。

五、教学方法与手段

（一）案例分析法

分别以疫情防控和"一带一路"倡议作为全球公共物品供给和我国在该领域实践的典型案例，通过将案例贯穿于知识点的讲解过程中，引导学生对案例进行自主分析，加深学生对重要知识点以及知识点之间逻辑联系的理解。在案例教学的过程中，通过相关思考题启发学生进行主动思考，提升学生的思维和实践能力，强化对我国重大政策设计的理解与拥护，让学生能够切实感受到案例背后蕴藏的思政元素，实现润物细无声的教学效果。

（二）分组讨论汇报法

学生可以在对基础知识点进行拓展讲解、提供新的案例素材、分享经典或前沿文献三个主题中任意选择，就选择的主题进行 PPT 课堂展示，加深学生对于全球公共物品供给理论及相关案例的理解，培养学生的总结归纳能力和语言表达能力。小组汇报时，教师和其他学生共同参与讨论，以实现共同学习的目的。该种教学方法不仅有利于进一步加深学生对抽象理论知识的理解，也培养了学生发现问题、分析问题、解决问题的能力，鼓

励学生们分享自身的学习所获，在交流中共同成长。

六、教学实施过程

本案例的教学基础理论主要包括以下内容：一是全球公共物品的内涵界定；二是全球公共物品的供给效率；三是全球公共物品供给不足及其原因；四是全球公共物品的供给方案。教学安排时长为 3 小时，主要教学实施过程包括：课前学生自主预习；课中老师讲授专业知识与案例分析，组织学生进行分组讨论和汇报；课后提交思考题书面作业。

具体的教学实施过程如表 1 所示。

表 1　　　　　　　　　　教学实施过程

学习阶段	学习内容与目标	学习时长
课前预习阶段	除指定教材外，还需提前预习提供的经典文献和案例素材。要求学生们实现对基础理论的基本了解，对经典文献和案例素材的基本熟悉，为后续课程活动开展奠定基础	开课前两周
课中基础知识讲授	教师就基础理论进行讲解，在讲解全球公共物品供给不足的原因及其表现时，使用案例 1，引导学生从全球公共卫生治理领域的问题理解这一理论。通过分析案例 1 中我国的实践，让学生理解案例背后蕴含的思政元素 1 和思政元素 2，并引导学生思考在该过程中体现了哪些应对全球公共物品供给不足的策略。进一步地，在讲解全球公共物品供给策略和方案时，使用案例 2，通过带领学生分析"一带一路"倡议这一全球公共物品，理解中国在全球公共物品供给领域的实践，让学生们理解背后蕴含的思政元素 3 和思政元素 4，引导学生思考我国在该领域实践的相关问题，实现理论与案例教学的融会贯通，融情入理。 第一次课程结束后，要求学生们从对基础知识点进行拓展讲解、提供新的案例素材、分享经典或前沿文献三个主题中选择自己感兴趣的任意主题，并按照分组准备汇报PPT，汇报小组的所学所获、所思所得，并在下一次课程中与全班同学进行讨论	用时 1.5 小时
课中组织分组讨论	第二次课程进行学生小组汇报展示，全班同学参与讨论，教师在每个小组汇报完毕后补充、总结和评价，引导学生们从交流中获取新视角、新方法、新内容	用时 1.5 小时
课后形成思考题的书面稿	一方面，检验学习成果，巩固所学知识，以求温故而知新，从而对知识点有更加深入的理解和掌握；另一方面，锻炼学生思维表达能力和写作水平	建议用时 3 小时；在第二节课程结束后两周内提交

七、考核与评价方式

本知识点考核方式设置课堂表现和课后书面作业两部分。"纸上得来终觉浅，绝知此事要躬行"，通过在课堂汇报 PPT 的形式，让学生们以讲带学，将学习的知识转换为自己的语言表达出来，才能实现真正意义上的有所学有所得。因此，本课程将课堂表现成绩以 50% 的权重纳入本知识点考核成绩，其中课堂表现成绩的评价标准主要是以小组讨论汇报成果和课堂参与谈论的情况五五赋分，小组讨论汇报成绩是由教师和其他小组成员当堂给出，课堂参与讨论成绩由教师视课堂讨论环节的参与情况进行给分。学生书面作业成绩同样以 50% 的权重纳入本知识点考核成绩，书面成绩由教师根据学生提交的作业进行评判给分。

本知识点的考核成绩将作为学生课程成绩中该章节的平时成绩。同时，在课程结束后，本知识点将作为课程标准化考核方式（闭卷考试）中的重要考查部分之一。在闭卷考试中，本知识点的考核内容主要涉及全球公共物品供给理论以及对我国在全球公共物品供给领域实践的理解，以设置基础知识点的名词解释与简答题、主观思考题为主，主要考查学生们对知识点、案例的理解。

八、实施成效

本课程开设的实施成效主要从以下三个方面体现。

（1）知识传授目标基本达成。通过结合案例对全球公共物品供给理论这一知识点进行深入浅出的讲解，避免了因专业知识抽象所带来的理解困难。从课堂互动问答、小组汇报 PPT 展示、学生提交的书面作业反映的情况来看，学生们对全球公共物品的基本概念、供给效率、供给不足表现及其原因、供给方案都有了较为全面的掌握。

（2）思维与实践能力显著提升。通过理论与实际、讲学和讨论相结合的方式，鼓励学生积极参与课程互动、主动思考、勇于表达，提升了学生的思维能力和实践能力。从课堂互动与书面作业反馈情况来看，学生们能够厘清各知识点之间的内在逻辑联系，在对案例进行分析时，能够有逻辑、全面系统地分析存在的问题并提出合适的解决方案，思维能力和实践能力得到显著提升。

（3）价值塑造目标成效显著。从课程汇报、课堂互动反馈的情况来看，通过本课程的学习，学生们能够准确把握当前我国在全球公共物品供给实践领域的定位，能够正确认识我国的义利观以及重大政策设计背后的内涵。通过本课程的学习，拓宽了学生们看待公共财政问题的视角，提升了学生们的"四个自信"，加强了学生们对我国重大政策设计的拥护，价值塑造目标成效显著。

综上所述，本课程设立的知识传授—能力培养—价值塑造三维目标得到圆满实现，切实实现了思政元素与专业知识点在案例素材中、在授课过程中的有机结合，达到了润物细无声的教学效果。同时，本课程的案例设计和教学实施过程，对于其他知识点的案例教学和课程设计也具有一定的借鉴意义和参考价值。

发挥税收调节作用　推动共同富裕

杨　杨

一、基本信息

课程名称：税收学原理。

授课对象：本科生（税收学专业二年级学生）。

知识点：税收宏观作用机制和税收调节作用机制。

主讲教师：杨杨，贵州财经大学教授。

二、教学目标

（一）知识传授

（1）理解税收作用机制、税收宏观作用机制、税收调节作用机制等概念。

（2）掌握、理解如何通过累进的个人所得税等税收制度手段的综合作用，有效实现个人收入和财富存量的相对公平。

（二）能力培养

要求学生结合案例材料，深入了解我国税制改革成就与问题，根据学习的相关理论知识和方法，对如何发挥税收的调节作用机制，从而促进共同富裕提出合理的政策建议。

（三）价值塑造

（1）税收法治教育。深入了解我国税收制度改革，特别是个人所得税的改革历程，以推进税收现代化建设。

（2）"四个自信"教育。通过案例，以习近平新时代中国特色社会主义思想为指导，深刻总结税制改革的历程和宝贵经验，彰显中国特色社会主义道路自信、理论自信、制度自信、文化自信，激励学生在持续进行的改革中勇挑重担、敢于担当、勇于负责，落实改革举措，提高改革效能，始终保持开拓进取的精神，不断攻坚克难。

三、教学重点与难点

（一）教学重点

（1）税收调节作用机制分析——宏观。

（2）个人所得税改革与问题分析——中观。

（二）教学难点

（1）如何理解税收各宏观作用机制之间的协调。

（2）税收调节作用机制与推动共同富裕的关系。

四、课程思政案例介绍

（一）案例主要内容

2016 年 1 月 18 日，习近平总书记在省部级主要领导干部学习贯彻党的十八届五中全会精神专题研讨班上讲话中指出："要坚持社会主义基本经济制度和分配制度，调整收入分配格局，完善以税收、社会保障、转移支付等为主要手段的再分配调节机制，维护社会公平正义，解决好收入差距问题，使发展成果更多更公平惠及全体人民。"

党的十八大报告提出，要千方百计增加居民收入，实现发展成果由人民共享，就必须深化收入分配制度改革，努力实现居民收入增长和经济发展同步、劳动报酬增长和生产率提高同步，提高居民收入在国民收入分配中的比重，提高劳动报酬在初次分配中的比重。2021 年 8 月 17 日召开的中央财经委员会第十次会议提出，要坚持以人民为中心的发展思想，在高质量发展中促进共同富裕，正确处理效率和公平的关系，构建初次分配、再分配、三次分配协调配套的基础性制度安排，加大税收、社保、转移支付等调节力度并提高精准性，扩大中等收入群体比重，增加低收入群体收入，合理调节高收入，取缔非法收入，形成中间大、两头小的橄榄型分配结构，促进社会公平正义，促进人的全面发展，使全体人民朝着共同富裕目标扎实迈进。

个人所得税具有调节收入分配、促进社会公平的重要功能。早在 1980 年，第五届全国人民代表大会第三次会议就审议通过了《中华人民共和国个人所得税法》，但是我国的个人所得税制度一直实行分类税制，虽然历经

6 次改革和完善，对减轻中低收入人群税负、扩大中等收入群体规模、加大对高收入者的调节，发挥了重要作用，但在调节收入差距方面的作用仍有待提高。

为了推动社会稳定发展，缩小贫富差距，2018 年 8 月，我国开始实施综合与分类相结合的个人所得税制改革，对《中华人民共和国个人所得税法》进行第七次修改，这是新中国税收史上覆盖面最广、力度最大、以减税为主题的个人所得税改革。此次改革分三步实施。第一步是从 2018 年 10 月起，大幅提高工资薪金所得基本减除费用标准至每月 5000 元，并适用新的税率表，进一步优化了部分税率级距；第二步是从 2019 年 1 月起，正式施行综合与分类相结合的个人所得税制，对工资薪金、劳务报酬、稿酬、特许权使用费四项综合所得按年合并计税，增加住房、教育、医疗、赡养老人等六项专项附加扣除项目，相应地，对于综合所得实行了"代扣代缴、自行申报，汇算清缴、多退少补，优化服务、事后抽查"的征管模式；第三步是 2020 年 3 月 1 日至 2020 年 6 月 30 日，首次个人所得税综合所得年度汇算清缴稳妥有序实施，正式建立了综合所得按年计税、汇算清缴制度，实现了税制和征管模式的根本变革。

2018 年 12 月 13 日，国务院印发《个人所得税专项附加扣除暂行办法》，明确了六项专项附加扣除的原则和扣除范围、扣除标准、扣除方式，以及保障措施等内容。在子女教育方面，纳税人子女从年满 3 岁开始一直到整个全日制学历教育阶段的支出，按照每孩每月 1000 元标准扣除；在继续教育方面，纳税人接受学历学位继续教育的，按每月 400 元的标准扣除，接受技能人员和专业技术人员职业资格继续教育的，在取得证书的当年按 3600 元的标准扣除；在大病医疗方面，纳税人或其配偶、未成年子女医保目录范围内自付的医药费用超过 1.5 万元的部分，在每年 8 万元限额内据实扣除；在住房贷款利息方面，纳税人或其配偶发生的首套住房贷款利息支出按每月 1000 元的标准扣除；在住房租金方面，按所在城市不同，纳税人及其配偶没有自身住房而发生的住房租金支出，分别按每月 800 元、1100 元、1500 元的标准扣除；在赡养老人方面，独生子女按每月 2000 元的标准扣除，非独生子女与其兄弟姐妹按照每月 2000 元的标准分摊扣除，但每个人的分摊额度不能超过 1000 元。同时为帮助纳税人更好地完成个人所得税汇算清缴，2020 年 3 月，国家税务总局发布《2019 年度个人所得税综合所得年度汇算办税指引》，对纳税人办理年度汇算的各类情况作出了解释说明。

为进一步支持稳就业、保就业，减轻当年新入职人员个人所得税预扣预缴阶段的税收负担，2020年7月28日，国家税务总局就完善调整年度中间首次取得工资薪金所得等人员有关个人所得税预扣预缴方法事项，发布《关于完善调整部分纳税人个人所得税预扣预缴方法的公告》，对一个纳税年度内首次取得工资薪金所得的居民个人和正在接受全日制学历教育因实习取得劳务报酬的学生，扣缴义务人在预扣预缴个人所得税时，可按照5000元/月乘以纳税人当年截至本月月份数计算累计减除费用。同年12月4日，为进一步减轻纳税人税收负担，国家税务总局发布《关于进一步简便优化部分纳税人个人所得税预扣预缴方法的公告》，对上一完整纳税年度各月均在同一单位扣缴申报了工资薪金所得个人所得税且全年工资不超过6万元的居民个人和按照累计预扣法预扣预缴劳务报酬个人所得税的居民个人优化预扣预缴方法。

个人所得税税制改革增加了居民可支配收入，促进了社会分配公平，刺激了消费需求增长，改革效应非常明显。一是直接增加了居民收入，2019年1~9月，个人所得税改革新增减税4426亿元，人均新增减税1764元。二是各层级收入群体均享受减税红利。在累进税率作用下，不同层级的收入群体均获得了减税红利，较好地稳定了各层级收入群体的消费预期，既保障了较低收入群体的生活型消费，又巩固了中等收入群体的发展型消费，还助力了高收入群体的升级型消费。国家统计局数据显示，2019年1~9月，居民人均食品、衣着、生活用品等生活型消费支出增长310元；限额以上单位化妆品、通信器材和家用电器类商品零售额分别增长12.8%、6.4%和5.9%，居民人均教育和文娱、医疗、保健消费支出占总消费支出比例分别上升至11.4%、9.1%，分别增长0.5个、0.2个百分点。三是专项附加扣除政策促进民生消费品质提升，如缓解居民房贷房租支出压力，帮助居民改善居住环境。2019年前三季度居民人均居住消费支出3607元，同比增加了338元。

2018年《中华人民共和国个人所得税法》修订后，初步建立了综合与分类相结合的税制模式，引入了差别化的专项附加扣除制度，由此确立了政府与自然人纳税人之间直接的税收联系，奠定了现代个人所得税的基本制度框架，在中国税制改革史上同样具有里程碑式的重大意义。

在国家"十四五"规划中明确提出，健全直接税体系，适当提高直接税比重，完善个人所得税制度，推进扩大综合征收范围，优化税率结构。个人所得税作为直接税的一部分，必将迎来更加深刻的改革，助力改善收入和财富分配格局，从而实现共同富裕目标。

（二）案例思政元素

收入分配制度改革、共同富裕。

五、教学方法与手段

（一）总体设计

本课程坚持以习近平新时代中国特色社会主义思想为指导，加快构建中国特色哲学社会科学学科体系、学术体系、话语体系。旨在帮助学生了解"为什么要征（纳）税"——"征（纳）多少税"——"怎样征（纳）税"——"征（纳）税会产生什么影响"的逻辑主线，系统地学习税收学的基本理论、基本知识和基本方法，引导学生深入社会实践、关注现实问题，培育学生经世济民、诚信服务、德法兼修的职业素养。

（二）本课程采用的教学方法与手段

1. 案例讨论与教师讲解相结合，用生动的中国税收实践教育学生"五爱"和"四个自信"

案例讨论是案例教学成功的关键环节。本知识点开始前，首先让学生阅读案例；课中，组织学生分组讨论案例，用中国的税制改革来说明税收如何调节收入分配差距，推动共同富裕。授课过程中授课教师在讨论中承担多种角色，既是案例讨论的设计者、组织者，又是案例讨论的参与者，同时还是案例讨论的仲裁者，要引导学生"讲好中国税收故事，总结中国税改经验，提升四个自信"。对讲解到位的学生，给予语言肯定和过程加分激励。

2. 通过翻转课堂，激发学生的学习积极性，提高学生分析和解决实际问题的能力

考虑融入课程思政内容，将翻转课堂的主题设置为"税收在三次分配中推动共同富裕"。结合习近平总书记在主持召开中央财经委员会第十次会议时提出的"共同富裕是社会主义的本质要求，是中国式现代化的重要特征，要坚持以人民为中心的发展思想，在高质量发展中促进共同富裕"，围

绕"什么是共同富裕？税收如何发挥职能推动共同富裕？"为主题，将思政元素融入专业课教学过程中，培养学生的家国情怀，引导学生通过演讲、对话、访谈等形式，分组讨论，深刻理解税收在推动共同富裕中的真正含义，运用个人所得税改革的案例阐释税收在三次分配中调节收入分配、推动共同富裕的作用。依托翻转课堂，学生可以更专注于主动学习，深入地思考问题，并通过小组合作，共同研究解决与表达问题的方法，从而获得对知识点更深层次的理解。

3. 充分利用开放教育资源，引导学生积极了解我国最新税收政策理论

税收改革每年都在进行，政策每年都有变化，教材内容却无法同步更新，这势必会成为了解税收时事的阻碍。本知识点为了更好地帮助学生了解最新税法和税制改革知识，鼓励学生充分利用网络获得优质税法教育资源，如国税网等税务相关网站，鼓励学生关注每日税讯、电子税务报等微信公众号，通过丰富多样的渠道了解税收政策特别是个人所得税改革动向，在课堂之外的各种平台实现知识的共享和思想的碰撞。

六、教学实施过程

本知识点采取"三步融入"，使得课前、课中与课后相衔接，提高课堂教学效果。

（一）课前

课程开始前进行思政内容渗透，为翻转课堂做好准备。在课程开始前建立税收学班级微信学习群，告知全体学生先阅读相关文献，让学生对税收作用机制、税收宏观作用机制、税收调节作用机制等内容有所了解、认识。课前通过腾讯会议平台向学生介绍习近平总书记对税收工作的重要指示批示精神，注重正能量的传递，并给出相关思考"税收是干什么的?""税收可以干什么?"，同时要求学生阅读我国个人所得税改革相关案例。

（二）课中

案例分析与学生讨论相结合，以现实问题激发学生学习积极性。以问题"我国目前18个税种的改革中，最受民众关注的是哪一个或者哪两个?"导出个人所得税的改革案例；引导学生阅读案例后，以问题"税收的宏观作用机制有哪些?""税收的宏观作用机制中的调节作用机制是怎样起作用的?"切入主题；之后再次以问题"以个人所得税改革为例，如何发挥税收

的调节作用机制，促进社会分配公平，推动共同富裕?"组织学生分组讨论，分组汇报，并作总结。

（三）课后

围绕知识点和本课程教学指定课后学习内容，布置本次课的作业，包括经典文献阅读、相关视频观看等，在实践操作中延展思政内容。

七、考核与评价方式

让学生应用本案例所学知识，从个人所得税出发，思考税收的宏观作用。对如何发挥税收的调节作用机制，从而促进共同富裕提出合理的政策建议，最后形成一篇小总结。

八、实施成效

学习本案例后，学生对于税收推动共同富裕这一问题有了深刻的思考与理解；通过讨论发言、组织案例学习小组等活动，培养和提高了学生的分析能力、语言表达能力和技术创新能力等。

中国特色社会主义国有资本经营收入管理

蔡红英　魏　涛　陶东杰

一、基本信息

课程名称：财政学。

授课对象：财政学、税收学专业大学三年级学生。

知识点：国有资本经营收入。

主讲教师：蔡红英，湖北经济学院教授；魏涛，湖北经济学院副教授；陶东杰，湖北经济学院副教授。

二、教学目标

（一）知识传授

国有资本经营收入的含义、属性、形式，我国国有资本经营收入管理体系。

（二）能力培养

指导学生基于马克思主义财政理论中的二元财政理论和西方财政理论中的委托代理理论，构建认识国有企业经营收入的系统思维框架；训练学生解读、分析和评价国有企业经营收入数据的能力；训练学生资料检索、实地调研、思辨表达和团队协作能力。

（三）价值塑造

贯彻习近平总书记关于国有企业改革发展和党的建设重要论述精神，引导学生深刻认识党中央、国务院关于实施国企改革三年行动决策部署，全面深化省属国资国企改革，推动国有资本和国有企业做强做大的重要部署。

引导学生理解国有企业在建设中国特色社会主义伟大事业中的重要地位和作用、党对国有企业全面领导的基本原则，增强学生"四个自信"，激发学生的爱国精神、公共情怀和责任意识。

三、教学重点与难点

（一）教学重点

准确地理解国有资本经营收入的概念、管理体系的历史沿革和现状、改革的理论逻辑和现实逻辑；为学生提供亲自调研、亲身观摩、亲手梳理的机会。

（二）教学难点

引导学生基于马克思主义二元财政理论和委托代理理论构建起认识和分析我国国有企业资本经营收入的理论框架；高效地组织和指导学生调研观摩、与实务专家对话、课堂研讨和团队协作撰写案例分析报告。

四、课程思政案例介绍

（一）国有资本经营收入及其表现形式

国有资本收益是指国家以所有者身份依法取得的国有资本投资收益（《中央企业国有资本收益收取管理暂行办法》），具体包括：（1）应交利润；（2）国有股股利、股息；（3）国有产权转让收入；（4）企业清算收入；（5）其他国有资本收益。当时要求国有企业按一定比例上缴。第一类是具有资源性特征行业企业，上交比例为净利润的10%；第二类为一般竞争性行业企业，上交比例为净利润的5%；第三类为国家政策性企业，暂缓3年上交或者免交。2007年开始试点收取部分企业2006年实现的国有资本收益，2008年起正式实施中央本级国有资本经营预算，从而形成财政视角的国有资本经营收入。

2010年国务院决定，从2011年起将5个中央部门（单位）和2个企业集团所属共1631户企业纳入中央国有资本经营预算实施范围，同时适当提高中央企业国有资本收益收取比例，其中资源类中央企业收取比例从10%提高到15%，一般竞争类中央企业收取比例由5%提高到10%，军工科研类中央企业收取5%。

2010年5月，财政部下发《关于推动地方开展试编国有资本经营预算工作的意见》，多数省（区、市）开始编制国有资本经营预算，部分省（区、市）延伸到地市级。

2013 年，中共中央出台《关于全面深化改革若干重大问题的决定》，提出到 2020 年，国有资本收益上缴公共财政比例提高到 30%，要划转部分国有资本充实社会保障基金，多用于保障和改善民生。

（二）湖北省省属国有企业及其国有资本经营收入基本情况

2019 年，湖北省省属国有企业共 34 户，其中省国资委监管的有 19 户，另 15 户企业分别由省委宣传部、省财政厅监管，还有部分没有纳入集中统一监管范围。省出资企业经营范围涵盖 40 类行业，行业跨度大，主要集中在基础设施、房地产、建筑施工等传统行业，缺乏大型资源企业，战略性新兴产业投入不足。

截至 2020 年末，省属国有企业资产总额 13135 亿元，负债总额 9022 亿元，所有者权益总额 4113 亿元。省属国有企业全年累计实现营业收入 1510 亿元，利润总额 −4 亿元，上缴税费 80 亿元。省属国企亏损的主要原因：一是受疫情影响，企业大面积、长时间停工停产；二是为保供保通，促经济复苏，疫情期间减免省内高速公路通行费约 60 亿元，减免中小微企业租金 18 亿元。2020 年湖北省省级国有资本经营收入情况如表 1 所示。

表 1　　　　2020 年湖北省省级国有资本经营收入情况

项目	2019 年决算数（万元）	2020 年预算数（万元）	2020 年决算数（万元）	2020 年决算数占预算数比重（%）	2020 年决算数占上年决算数比重（%）
一、国有资本经营收入	141470	35622	31871	89.5	22.5
（一）利润收入	26684	22731	22732	100.0	85.2
运输企业利润收入					
湖北机场集团有限公司					
机械企业利润收入					
三环集团有限公司					
投资服务企业利润收入	22554	18843	18963	100.6	84.1
湖北省交通投资集团有限公司	3008	3008	3008	100.0	100.0
湖北省联投控股有限公司	8430				
湖北省长江产业投资集团有限公司	1053	6122	6122	100.0	

续表

项目	2019年决算数（万元）	2020年预算数（万元）	2020年决算数（万元）	2020年决算数占预算数比重（%）	2020年决算数占上年决算数比重（%）
中南工程咨询设计集团有限公司	2694	4916	4916	100.0	182.5
湖北铁建投资集团有限责任公司					
湖北宏泰国有资本投资运营有限公司	7124	4797	4797	100.0	67.3
湖北省再担保集团有限公司	206		120		58.3
湖北兴楚国有资产经营管理有限公司	39				
纺织轻工企业利润收入	749	31	31		4.1
湖北楚垣集团有限责任公司	690				
湖北鼎安集团有限责任公司	59	31	31		52.5
贸易企业利润收入	305	357	357		117.0
湖北盐业集团有限公司					
湖北储备粮油管理有限公司	305	357	357		117.0
建筑施工企业利润收入	3076	3381	3381	100	109.9
湖北省工业建筑集团有限公司	3076	3381	3381	100	109.9
金融企业利润收入		119			
湖北省再担保集团有限公司		119			
（二）股利、股息收入	4646	9139	9139	100.0	196.7
国有控股公司股利、股息收入	4646	8823	8823	100.0	189.6
湖北省文化旅游投资集团有限公司	1464	2591	2591	100.0	177.0
湖北省高新产业投资集团有限公司	171	315	315	100.0	184.2
武汉光谷联合产权交易所有限公司	520	295	295		56.7
湖北省清能投资发展集团有限公司	2491	5622	5622	100.0	225.7
湖北省农业产业化信用担保股份公司					
金融企业股利、股息收入		316	316		
湖北农业信贷担保有限公司		316	316		
（三）产权转让收入	110140				
（四）清算收入					
（五）其他国有资本经营收入		3752			
二、转移性收入	92606	372	8341		9.0
国有资本经营预算转移支付收入					
上年结转收入	92606	372	372	100.0	0.4
收入合计	234076	35994	40212	111.7	17.2

资料来源：实地调研所得。

（三）湖北联投集团及其国有资本经营收入

2008 年 9 月，湖北省委、省政府成立联投集团，截至 2020 年末，联投集团共有子公司 219 个。其中，二级公司 3 个，三级公司 35 个，四级公司 107 个，五级公司 69 个，六级公司 5 个。湖北联投集团纳税主体基本情况如表 2 所示。

表 2　　　　湖北联投集团纳税主体基本情况统计

序号	预算主体	纳税主体	增值税认定类型		中小微企业	高新技术企业
			一般纳税人	小规模纳税人		
1	湖北工建	104	96	8	33	6
2	东湖高新	78	74	4	18	20
3	置业公司	54	50	4	1	
4	新城集团	52	30	22	22	6
5	建投集团	48	36	12	9	7
6	磷化集团	34	22	12	29	5
7	清能集团	31	28	3		
8	城市运营	28	23	5	28	
9	联投资本	17	11	6	9	
10	福汉木业	14	11	1	4	1
11	数产集团	8	8		6	1
12	宏泰城发	7	6	1	7	
13	设计院	6	6		5	1
14	集团本部	4	1	2		
	合计	485	402	80	171	47

注：境外公司及土储中心无增值税类型认定。

资料来源：实地调研所得。

2019 年，湖北联投集团预计实现净利润 57739 万元，归属母公司所有者净利润 16666 万元，减去提前法定公积金 1666 万元，上缴利润基数 15000 万元，按 20% 计算应上缴利润 3000 万元。2020 年，国有企业改革行动方案实施的第一年，湖北联投集团实现净利润 59826 万元，归属母公司所有者净利润 5556 万元，减去提前法定公积金 556 万元，上缴利润基数 5000 万元，按 30% 计算应上缴利润 1500 万元。

五、教学方法与手段

（一）实地调研

教学团队负责人听取湖北省国资委、财政厅关于湖北省国有资本经营预算的综合报告和专题报告；教学团队到湖北省国资委、财政厅就国有资本经营收入管理开展实地调研；教学团队带领学生到中国宝武钢铁集团有限公司、湖北省联投集团、华新水泥股份有限公司等国有企业开展爱国主义教育和实地调研。

（二）实务专家进课堂

邀请湖北省国资委、财政厅的实务专家进课堂，与教学团队教师同堂教学，加深学生对国有企业资产管理与国有资本经营收入管理之间的关系，以及对国有企业在中国特色社会主义建设中发挥重要作用的理解。

（三）课堂辩论与研讨

聚焦国有企业能否在社会主义经济建设中更好地发挥作用这一主题，让学生提前收集整理资料，分组进行辩论；同时开展启发式、探究式教学，通过案例呈现、案例分析引导学生广泛开展课堂讨论。

六、教学实施过程

（一）教学准备

1. 开展爱国主义教育

教学团队教师带领学生参观国有企业，了解革命先辈艰苦创业的历程，弘扬艰苦奋斗的社会主义建设精神，使学生对国有企业在社会主义建设中的贡献有直观感受，增强学生的历史自信和制度自信。

2. 政策梳理与省属国有企业资料收集

布置课前作业，让学生收集整理国有企业资本经营收入管理相关的中央和湖北省的政策文件，并对政策演进过程进行梳理。同时，让学生收集湖北省属国有企业的资料，使学生对省属国有企业的情况有一个基本了解。

3. 要求学生提前阅读以下文献

刘尚希：《人民财政观》，载于《财政研究》2022 年第 1 期。

张馨：《论国企的根本问题是资本问题——〈资本论〉框架下的国企改革分析》，载于《财贸经济》2014 年第 7 期。

（二）课堂教学

1. 案例引入

通过教师提问、学生互问互答的形式，让学生讨论其参观国有企业感受，引导学生思考什么是国有企业？社会主义国家国有企业具有哪些属性？国有资本经营收益是否应该上缴财政？

2. 理论分析

结合新中国成立后我国国有企业的发展历程，以人民财政观为基本指引，运用二元财政论分析社会主义国家政府作为资本所有者所形成的国有资本财政，运用委托代理理论分析中国特色社会主义市场经济体制下国有企业治理问题。

3. 知识点讲解

通过对国有资产管理和国有资本经营收入管理这两个概念的辨析，引出本课程的知识点——国有资本经营收入管理。对该知识点的讲解主要采用提问方式开展启发式教学。

（1）国有资本经营收入的形成，有哪些形式？

（2）为何要把国有资本经营收入纳入公共财政预算管理体系？

（3）我国国有资本经营收入上缴公共财政的比例是多少？

（4）为什么我国要逐步提高国有资本经营收入上缴公共财政的比例？

4. 思政案例讨论与教学

（1）湖北省属国有企业的发展历程。邀请省国资委实务专家讲述重点省属国有企业的发展历程和湖北省国有资本经营收入管理相关政策背景。

思政元素：新中国成立以来，我国国有企业对社会主义经济建设作出了巨大的贡献，湖北省属国有企业践行新发展理念，服务国家"中部崛起"战略和湖北"建成支点、走在前列、谱写新篇"发展目标定位，主动融入新发展格局，在推动湖北经济社会发展方面发挥了重要作用。通过引导学生正确认识国有企业的作用，增强学生中国特色社会主义制度自信。

（2）湖北省联投集团案例讨论。教学团队教师介绍湖北省联投集团的组建背景、发展情况，在湖北经济社会发展中的地位和作用，上缴国有资本经营收入的情况，以及国有企业改革的效果。引导学生结合实地调研情况互问互答，深入思考如何以高质量党建引领高质量国有企业发展。

思政元素：一部国企发展史，就是一部坚持党的领导、加强党的建设的历史。2016年10月，在全国国有企业党的建设工作会议上，习近平总书记强调，坚持党对国有企业的领导是重大政治原则，必须一以贯之；建立现代企业制度是国有企业改革的方向，也必须一以贯之。坚持党的领导，加强党的建设与企业经营相结合，将党的政治优势、组织优势和群众工作优势转化为企业的创新优势和发展优势，推动国有企业高质量发展。

（3）国有企业做大做强与共同富裕。首先，以"国有企业在社会建设中能否更好地发挥作用"为辩论题目，遴选6名学生分2组组成正方和反方开展辩论，通过辩论进一步加深学生对国有企业重要作用的理解；其次，结合辩论中谈到的问题，引导学生讨论做大做强做优国有企业与国有资本经营收入之间的辩证关系，在高质量发展中推动共同富裕。

思政元素：公有制为主体是实现共同富裕的重要前提和保证。国有企业是中国特色社会主义的重要物质基础和政治基础，是我们党执政兴国的重要力量，是中国特色社会主义经济的顶梁柱、稳定器和压舱石。在做强做优做大国有企业的基础上，如何进一步提高国有资本对公共财政的贡献度、增加税收和国有资本经营收益上缴、做大国有资本经营收入、提高国有资本充实社会保障基金的能力。

（三）课后拓展学习

1. 实地走访企业

教学团队教师带领学生实地走访湖北联投集团，要求学生撰写800字左右的感想。

2. 完成课后作业

要求学生结合课程所学知识点，分析湖北长投集团、湖北交投集团、湖北文旅集团等省属企业（任选一家）国有资本经营收入管理情况，形成1000字左右分析报告。

七、考核与评价方式

1. 考核学生课堂表现

（1）检查学生课前准备情况，包括是否按照要求收集整理相关资料，是否阅读指定文献资料。

（2）考查学生在课堂讨论、辩论中的表现情况。

2. 考核学生课后作业完成情况

对学生课后参观企业感想和分析报告进行打分。

八、实施成效

（1）学生全面理解和掌握了国有资本经营收入的概念、形式和管理情况。对国有企业在社会主义经济建设中发挥的重要作用有深入的理解；对新时期在做大做强做优国有企业的同时，进一步提高国有资本经营收益上缴的比例，做大国有资本经营收入，提高国有资本充实社会保障基金的能力，进一步保障和改善民生、推动共同富裕，有正确的认知。

（2）提高了学生的调研能力、文献资料的收集整理能力、逻辑思维能力和口头表达能力。

（3）增强了学生的历史自信和制度自信。通过爱国主义教育和国有企业思政案例分析，培养学生公共情怀，激发学生爱国热情，强化新时代大学生的使命与担当。

个税递延非上市公司股权激励技术骨干

谭光荣

一、基本信息

课程名称：税收筹划。

授课对象：财政学专业大学三年级学生。

知识点：个人所得税筹划原理，薪酬激励方式的转化。

主讲教师：谭光荣，湖南大学教授。

二、教学目标

（一）知识传授

（1）梳理我国个人所得税股权激励税收优惠政策，剖析上述政策税务风险及控制要点。

（2）理解个人所得税股权激励税收原理，熟悉掌握基本要素。

（3）掌握股权激励个人所得税税收筹划方法。

（二）能力培养

（1）执业能力。能全面分析个人所得税税收政策，识别税务风险。

（2）自学能力和团队合作能力。通过课前自主学习、课中案例研讨和课后实践调研，培养学生的自主探究能力，提升团队合作意识。

（3）思辨能力。紧扣当前个税改革，引导学生积极参与课堂教学互动，培养学生对实际问题的分析判断能力和辩证思维能力。

（三）价值塑造

（1）引领"四个自信"教育，培养学生的家国情怀。在融入"史学教育、国情教育、时局教育"的基础上，客观分析我国个税改革的时代背景、发展脉络、历史进步以及存在的问题，理性阐释中国特色社会主义个人所得税理论与制度，增强学生对我国个税制度设计的认同感，培养学生的家国情怀。

（2）加强诚信教育与法治教育，树立公平意识、责任意识。个人股权激励税收优惠以合法性为前提，合法性原则是最基本的原则。

（3）增强幸福指数，培养学生的公共意识和为科学创新奉献的精神。实际案例教学使学生深刻感受我国对科技人员入股、科技成果转化的减税政策，将税收缴纳与科教兴国结合教学，让学生明确取与予、得与失的辩证关系。

三、教学重点与难点

（一）教学重点

（1）清晰梳理个人股权激励具体知识点及税务风险控制要素，采取适宜的教学方法。

（2）该知识点及技能在知识传授过程中可以达到哪些能力培养目标及如何达成这些能力培养目标。

（3）在知识传授和能力培养过程中蕴含哪些思政元素。

（二）教学难点

1. 案例分析关键

（1）系统查询和找准案例中税收筹划的法律依据——职工薪酬激励与股权激励相关最新税收政策。

（2）结合现实情况区分技术成果归高校所有和归个人所有的不同情形，综合考虑校办企业主体、高校教师主体和高校主体三方税负情况，寻找多方共赢的最佳综合筹划方案。

（3）比较职工薪酬激励和股权激励等各种方案的综合税负。

2. 关键知识点、能力点

（1）系统掌握税收筹划的策略与技术，精通科技成果直接转让或投资入股及工资薪金、年终奖、股权激励等具体税收政策，能进行各种方案综合税负的精细测算与优缺点比较。

（2）技术成果转化过程中投资方和被投资方相关财务会计处理。

（3）回顾个人所得税优惠政策的历史，让同学们了解我国对于知识和人才的尊重，激励其发奋学习，争做科技创新的引领者和建设者。

四、课程思政案例介绍

（一）深龙公司简介

H大学深龙工程技术研究有限公司（H大学校办企业，以下简称"深龙公司"）是以H大学为技术依托，专业化从事高档数控磨削装备和轨道交通专用装备的高新技术企业，是国家高效磨削技术工程研究中心的产业化基地，是工信部"高效磨削技术创新平台"。

公司申请与授权各种专利18项。公司经营范围：研究、开发机电一体化技术，研究、开发、设计、生产、销售机电一体化产品并提供技术转让、咨询服务；研究、开发、销售相关电子信息软件。该公司为有限责任公司（一般纳税人），成立于2000年12月22日，公司注册资本为4000万元，其中国有法人资本3600万元，自然人资本400万元。深龙公司有4个企业法人股东和1位自然人股东。

（二）H大学在深龙公司科技成果转化中的涉税情况

赵教授是H大学机械与运载工程学院教授，通过学校平台，指导师生开展了"凸轮高速磨削"等多项前沿课题研究，并积极与深龙公司联系，促成了深龙公司与H大学在"凸轮高速磨削"等多个项目上的合作研究。在此过程中，赵教授利用学校科研实验室带领课题组成员及自己的学生进行积极研究，攻坚克难，最终研究出"凸轮高速磨削"技术（以下简称"深龙专利"），深龙专利所有权属于学校，并由学校向专利局申请了专利保护，包括赵教授在内的研究团队有8人，为了激励研究团队，深龙公司董事会拟对本年度表现优秀的管理人员和技术研发人员给予奖励。

方案一：连续三年以年终奖的形式。在不考虑基本工资前提下，将24万元全部以年终奖的形式在年末一次性发放。

方案二：实施股权激励计划。年初以协议价0.4元/股授予5万股的股票期权，年底行权时市价为4元/股，三年后预计该股票市价为10元/股。

每年税前收入为24万元，假设不考虑公司为员工缴纳五险一金。

按方案二，根据《财政部 国家税务总局关于完善股权激励和技术入股有关所得税政策的通知》（以下简称《通知》）的规定，非上市公司授予本公司员工的股票期权、股权期权、限制性股票和股权奖励，符合规定条件的，经向主管税务机关备案，可实行递延纳税政策，即员工在取得股权激励时可暂不纳税，递延至转让该股权时纳税；股权转让时，按照股权转让收入减除股权取得成本以及合理税费后的差额，适用"财产转让所得"项目，按照20%的税率缴纳个人所得税。按照《通知》，激励对象应为公司董事会或股东（大）会决定的技术骨干和高级管理人员，激励对象人数累计不得超过本公司最近6个月在职职工平均人数的30%。由此可见，我国对技术骨干及高级管理人员的个税递延优惠，并非一种普惠。

五、教学方法与手段

本课程主要采取了案例教学法、讨论法、讲授法等多种方法。采用设置案例的方式让学生们体会个人所得税税收优惠政策的优势所在，同时积极鼓励学生们在课前进行小组讨论，在课中教师进行课程重难点的讲授，采取翻转课堂等多种形式组织教学。

六、教学实施过程

（一）课前自学引导

（1）系统预习教材。提前2周布置预习工作，预习教材第五章"个人所得税"全部内容，要求学生对照预习清单，检查自己预习效果。

（2）通过观看MOOC、PPT等各类教学资源进行自学。渠道一：学生可通过湖南大学课程中心网站，下载本章最新教学PPT及相关练习作业，练习作业通常设置一些回顾性问题，帮助学生理解知识点。预习作业通过雨课堂在线发布，并设置具体完成时间，确保学生预习进度不滞后。渠道二：学生可选择"慕课＋教材"自主学习，通过慕课教学视频学习，完成线上单元测试，进一步提升自学预习效果。

（3）小组合作探究。结合个税改革实践，融入思政元素，布置思考性研究命题。将全班同学分成4个小组，每组8人左右，每个组选取一个研究性命题，形成分析报告一份（字数体例不限）并制作PPT，准备在课堂上进行汇报展示。小组合作探究命题设计与要求如表1所示。小组同学在分析完本组命题之后，鼓励拓展其他小组的命题分析。

（4）问卷调查预习情况。通过问卷调研，检查学生自主性预习效果，根据预习情况灵活调整知识点授课课时、授课重难点及授课方法等，以期达到最佳学习效果。

表1 小组合作探究命题设计与要求

组别	探究命题	分析要求
小组1	个人所得税制度变迁	客观分析我国个税改革时代背景、发展脉络、历史进步及存在问题和原因等
小组2	个人所得税股权激励政策历史回顾及筹划方法	梳理2019年前后个人所得税股权激励（上市公司、非上市公司）的税收政策，总结分析筹划方法及风险控制要点
小组3	个人所得税中科技创新税收优惠政策及税收筹划	梳理2019年前后个人所得税中有关科技创新税收政策，总结分析筹划方法及风险控制要点
小组4	个人所得税其他所得的税收政策及筹划方法	梳理2019年前后个人所得税除小组2、小组3外的税收政策，总结分析筹划方法及风险控制要点

（二）课中组织教学

基于BOPPPS模式进行有效课堂教学设计，打造"3P"模式课堂。

（1）课程导入。采用情景教学法，全面展示和介绍个税App设计原理及强大功能，激发学生的学习兴趣，同时潜移默化地提出诚信纳税、聚财为国、从我做起的基本理念。

（2）学习目标、重点和难点。教师串讲知识点，利用思维导图帮助学生回顾和梳理知识点。

（3）前测知识点掌握情况。通过雨课堂推送2~3个课前小测验题目及提问1~2个与本节内容息息相关的开放式问题，检测学生的预习情况，对即将开始的教学进行"暖场"。通过弹幕和QQ课堂群学生的留言及课堂典型发言，可基本了解学生对开放式问题的认知和理解程度，为后续有针对性地授课奠定基础。

（4）参与式课堂教学。在专业课授课时自然而然地融入思政元素，采取翻转课堂和小组研讨结合模式，请各小组汇报研讨结论，教师有针对性地引导拓展讨论的深度和广度，聚焦相关思政元素，具体的参与式课堂思政教学的部署安排如表2所示。

表2 **参与式课堂思政教学的具体部署安排**

具体命题	分析要求	对应知识点	思政元素
个人所得税制度变迁	客观分析我国个税改革时代背景、发展脉络、历史进步及存在的问题，理性阐释中国特色社会主义个人所得税理论与制度	第五章第一节	国情教育和"四个自信"教育。让学生切身感受个税改革所彰显的公平正义，体现新时代税收改革的优越性，增进民众的幸福感、归属感
个人所得税股权激励政策的历史回顾及筹划方法	分析上市公司及非上市公司的股票期权、限制性股票、股权奖励税收政策。重点分析税收优惠的对象及政策变化	第五章第一、第二节	符合条件的科技创新及管理人员可获得个人所得税递延纳税的优惠
个人所得税工薪所得的税收政策及税收筹划	分析个人所得税工资薪金所得代扣代缴制度。重点分析工薪税收优惠的纳税风险点及政策变化	第五章第三节	工资的7级超额累进税率，充分体现了个税调节社会公平的作用，能够有效缩小社会的贫富差距，减少社会分配的不公平，缓和社会矛盾，凸显公平公正
个人所得税其他所得的税收政策及筹划方法	分析个人所得税除工资薪金所得及股权所得外的其他税收政策。重点分析这些优惠政策的纳税风险点及政策变化	第五章第四、第五、第六、第七节	个人所得税对财富的分配不仅包括工资薪金及股权激励，对其他所得也要公平对待。当然，我们也可合法筹划

（5）后测巩固知识。每节课针对本堂课所学知识点、能力培养需求及思政元素，有针对性地设计2~3个雨课堂练习题，及时了解学生们对本节课所学知识点掌握情况，请教师或答对的同学来讲解易错点和重难点，加深同学们对知识点的理解。

对标教学目的和学习目的，及时对每一堂课和整章学习结束之后的教学效果进行总结归纳，总结积累经验，不断改进专业课思政教学效果。

（三）课后巩固

课后提醒学生不能囿于书本之中，应了解社会，了解世界，拓宽视野，增长知识。专业课思政教学不应局限于课堂，课外和课后更是思政学习教育的广阔天地。通过内化知识→实战演练→能力提升→拓宽视野多管齐下来达到课后巩固提高的学习效果。

七、考核与评价方式

遵循将显性教育与隐性教育相结合的课程思政理念，以"知识传授与价值引领相结合"为课程目标，根据税收学专业课程特性与教学内容，围绕"内化于心、外化于行、固化于制"的"三化"要求，明确税收学专业课程思政教学目标，从教师和学生两个方面建立评价标准，并围绕教学活动建立一整套保障制度，形成长期稳固的高效考评机制。

思政课的学习不是以结果为导向，而是以过程为导向，有必要将过程考核设置为考核指标内容，这样可以使学生重视学习过程。所以，应打造多元化考核机制和路径，除采取闭卷的考核方式外，也应采取在线答辩及提交论文、实践心得等形式，促进思政课考核，这样可从源头上提升学生对思政课的重视，使其通过多元化的渠道和路径参与到思政课的学习和实践中，从而全面提升自己的品德素养。

八、实施成效

（1）线上线下混合式"3P"课堂教学模式提升教学效率。本思政案例教学采用师生双向协作备课的模式，充分发挥教师的主导作用和学生的主体作用，通过教学互动引导学生思考个税改革的现实问题，达到了良好的效果。在线上线下混合的教学模式中，课前、课中、课后不同阶段布置不同的学习任务，课下着重讲解重难点，进行知识的拓展和巩固。应根据学生不同的学习情况因材施教，调动学生的学习主动性，从而提高学习效率。

（2）实现专业知识与课程思政同行同向。本案例融入"史学教育、国情教育、时局教育"，充分挖掘和提炼个人所得税课程蕴含的思政元素，将思想政治教育融入课程教学的各个环节，使学生做到知史、知今、知危，培养学生思考税收问题的辩证思维能力，正确处理国家与个人、取与予、得与失的能力，培养学生的家国情怀、公共精神、公民意识与社会责任感。

（3）"学、思、用"贯通全面提升学生能力。坚持"课程、课堂、实践"与"学、思、用"贯通，全方位提升学生执业能力、自学能力、合作能力和思辨能力等，强调学以致用，知行合一。既拓展了学生的视野，有助于学生深化知识，也能提升学生的职业道德素养和品德修养，激发学生的爱国热情。

以人民为中心：广东推进基本公共服务均等化

冯海波

一、基本信息

课程名称：财政学。

授课对象：财政学和税收学专业大学二年级学生。

知识点：基本公共服务均等化与财政体制。

主讲教师：冯海波，暨南大学教授。

二、教学目标

（一）知识传授

通过对本案例的介绍和分析，并结合教学计划的要求，向学生讲授基本公共服务均等化方面的有关内容。具体包括：基本公共服务均等化的内涵；为什么要实现基本公共服务均等化；财政转移支付和基本公共服务均等化之间是什么关系；实现基本公共服务均等化的途径是什么。通过对这些内容的讲解，使学生掌握财政体制、财政转移支付和基本公共服务均等化的基础理论知识，理解基本公共服务均等化对区域协调发展和实现共同富裕的影响机理。

（二）能力培养

（1）通过专业基础知识的讲解和案例分析，使学生掌握专业基础理论，在此基础上，培养学生运用财政学的基本原理分析和解决现实问题的能力。结合本案例的知识点和案情来说，就是如何运用财政手段来解决区域和城乡之间基本公共服务不均等的问题。

（2）通过案例分析，使学生能够更多地了解中国区域城乡发展不平衡的国情现状，培养学生观察社会、深入理解现实国情的能力。广东省区域发展的不平衡在全国表现得非常突出，省财政在解决区域和城乡发展不平衡方面付出了巨大努力，本案例具有突出的代表性。

（3）培养学生的逻辑分析能力。本案例所涉及的一些关键知识点存在着内在的因果关系，形成了一个理论逻辑链条。即在现行财政体制框架下，存在事权与支出责任不匹配的问题，事权与支出责任不匹配导致一些地方财政能力不足，经济欠发达地区尤其突出。地方财政能力不足就需要上级政府的财政转移支付，通过财政转移支付实现基本公共服务均等化，最终推进共同富裕。学生结合现实，对这些知识点之间的逻辑关系进行推理，有助于培养学生的理论逻辑思维能力。

（三）价值塑造

（1）使学生认识到财政活动的目的是提高人民的福祉，树立"以人民为中心"的财政观。在推进基本公共服务均等化的过程中要扩大公众的话语权，提高人民群众的获得感和满意度。这体现了中国共产党始终坚持立党为公、执政为民的理念。

（2）使学生提升对社会主义核心价值的认知。推进基本公共服务均等化有利于实现社会公平正义，公平和正义是社会主义的核心价值观，努力实现基本公共服务均等化是社会主义社会的必然要求。

（3）使学生更深刻地理解中国的发展道路。推进基本公共服务均等化有利于解决中国区域、城乡以及居民个人之间发展的不平衡问题，是实现"共享发展"、"协调发展"和"共同富裕"的有效途径。而"共享发展"、"协调发展"和"共同富裕"，则是体现新发展理念的中国的发展道路。

三、教学重点与难点

（一）教学重点

从知识输出的角度来说，需要重点讲述财政转移支付与基本公共服务均等化之间内在的逻辑关系。教学内容将结合"以人民为中心，广东推进基本公共服务均等化"案例，讲解政府贯彻"以人民为中心"的发展理念，通过完善财政转移支付制度，使地方政府在财政体制上能够实现事权与支出责任相匹配，推进基本公共服务均等化，协调区域和城乡之间发展的不平衡，最终实现共同富裕的目标。

（二）教学难点

从知识输出的角度来说，在财政体制设计中为什么要坚持事权与支出责任相匹配的原则，是授课中的难点问题。通过案例分析，帮助同学弄清事权与支出责任相匹配的含义，并进一步理解厘清各级政府的事权与支出责任是合理的财政分权的基础，也是实现基本公共服务均等化的重要制度保障。

四、课程思政案例介绍

（一）案例主要内容

改革开放以来，广东作为改革的引领省份，经济发展取得了显著的成就。据广东省统计局数据，2018 年，广东省 GDP 为 9.7 万亿元，连续 30 年居中国 GDP 总量首位。然而，长期以来广东省经济发展存在极其严重的区域不平衡问题。其经济体量主要集中在珠三角地区，而粤东、粤西和粤北广大地区经济发展水平严重落后，具体情况见表 1 和表 2。

表 1　　2012～2017 年广东省各地区生产总值占全省比重　　单位：%

地区	2012 年	2013 年	2014 年	2015 年	2016 年	2017 年
珠三角	79.0	79.0	78.9	79.2	85.42	84.40
粤东	7.0	6.0	6.9	6.9	7.26	6.91
粤西	8.0	7.8	7.9	7.7	8.01	7.83
粤北	6.0	6.2	6.3	6.2	6.40	6.18

资料来源：历年《广东统计年鉴》。

表 2　　2012～2017 年广东省各地区人均生产总值　　单位：元

地区	2012 年	2013 年	2014 年	2015 年	2016 年	2017 年
珠三角	85793	95110	102173	108929	116351	124564
粤东	24309	27044	29348	31350	33924	35844
粤西	30211	33865	36702	38369	40773	43922
粤北	23198	25257	27328	28775	31004	33039
广东省	54096	58540	63688	68490	73844	80932

资料来源：历年《广东统计年鉴》。

经济发展的不平衡，导致了各区域公共服务水平的差异。在全国区域协调发展大格局中，广东作为全国第一经济大省，如何破解区域发展不均衡的难题，在全国具有示范意义。为解决这一难题，广东省财政提出了通过完善基本公共服务均等化机制进而解决发展不平衡的总体方案。

一是以基本公共服务项目的全国平均水平为参照，全面梳理广东省基本公共服务的项目短板，在财政转移支付中按照"既尽力而为、又量力而行"的原则，结合财力实际，集中力量推进补齐短板项目、缩小城乡差距，优先提高落后全国平均较多的重点项目保障水平，确保到2020年全面补齐基本公共服务项目短板。

二是进一步打破户籍制度壁垒，健全财政转移支付与农业转移人口市民化挂钩机制，稳步推动基本公共服务常住人口全覆盖，促进农业转移人口与城镇居民享受同等的基本公共服务，特别保障为进城农村贫困人口提供基本公共服务，促进有能力在城镇稳定就业的农村贫困人口有序实现市民化，推动让全体人民共享改革开放成果。

三是以提升基本公共服务质量为目标，持续投入确保"底线民生"保障水平保持全国前列，鼓励行业主管部门和各地市政府探索各项基本公共服务体制机制创新，在达到全国平均水平的基础上，进一步增强人民群众的获得感和满意度。积极拓展与港澳的公共服务交流合作，推进共建共享，共同打造优质生活圈。

四是创新基本公共服务供给机制，积极引入社会力量，形成政府主导、多元供给新格局；推进政府购买公共服务，能由政府购买服务提供的，政府不再直接承办，交由具备条件、信誉良好的社会组织、机构、事业单位和企业等承担，依法确定基本公共服务的购买范围和购买程序，加强政府购买基本公共服务的财政预算管理；扩大公众在基本公共服务均等化过程中的话语权，拓宽公众参与基本公共服务均等化的途径，对于涉及人民群众切身利益的重大事项，应履行听证和公开等公众参与程序，相关机构应根据公众的需求，提供更加有效更加优质的基本公共服务。

五是确定为省与市县共同财政事权，探索制定地区保障标准。适当强化省级责任，实行以按比例分担为主、按因素确定和项目分担为辅的支出责任分担方式。按照"一核一带一区"区域发展新格局，考虑财力差异，逐步简化统一市县分类分档，并按规范比例分担。强化市级政府在推进本行政区域内基本公共服务均等化等方面的职责，统筹制定本地保障标准，合理划分市级与所辖县（市、区）支出分担比例。

2018 年，习近平总书记在清远考察时指出，城乡区域发展不平衡是广东高质量发展的最大短板。近年来，为破解城乡区域发展不平衡，广东省财政通过保基本、促发展、强激励、重均衡，推动差异化高质量发展，为区域协调发展提供财力和制度支撑。

一是突出兜底线，搭建新格局财政体制支撑框架。特别是在城乡居民基本医疗保险补助等 7 项基本公共服务政策中，广东省对"老少边穷"地区和"一带一区"其他地区的补助比例分别提高到 100% 和 85%。

二是注重促发展，以差异化财政政策支持协调发展。其中省级涉农资金坚持向粤东西北、向农业农村薄弱地区倾斜，每年整合省级涉农资金超 300 亿元，其中八成以上投向市县基层，九成以上投向粤东、粤西、粤北地区，有力支持了县域内城乡融合发展、富民产业发展。

（二）案例思政元素

案例所描述的事实与"财政学"课程中基本公共服务均等化、财政转移支付等教学内容高度契合，能够很好地应用于教学。案例中包含着"以人民为中心""实现共同富裕""共享发展""协调发展"等体现新发展理念的思政元素，有利于在教学中把专业基础知识和思想政治教育有机融合在一起。

五、教学方法与手段

（一）教学方法

1. 课堂讲授法

进行案例分析需要使学生首先掌握一些先导性的基础理论知识，而这些基础知识的获取高度依赖于教师直接讲授。课堂讲授尽管很传统，但却是不可或缺的教学方法。

2. 案例教学法

以案例为载体，将专业知识和思政元素融入案例分析中。根据案例来设计问题，通过问题引导学生深入思考，实现专业知识和价值理念的有机融合和有效输出。

3. 讨论教学法

以学生为中心，每 4~5 人组成一个讨论小组。对案例所涉及的专业问题和价值理念进行讨论，每一位同学要针对讨论的问题陈述自己的观点。

4. 研究性教学法

针对授课内容和案例中涉及的问题，围绕基本公共服务均等化这一主题，阅读经典文献。通过阅读文献，学生可以对已有文献进行综述，也可以自拟题目进行学术论文写作，借此培养学生的创新能力。

（二）教学手段

1. 网络教学平台

以雨课堂为主，以 ZOOM、腾讯会议、QQ 群、微信群等为辅，应用考勤记录、随机提问、课堂练习、录音回看、弹幕投稿等多种个性化功能，极大地提高了学生的课堂参与度和老师的课堂教学效率。

2. 网络课程资源

中国大学 MOOC、学堂在线、学银在线等在线课程亦为本课程教学提供了有益补充。

六、教学实施过程

（一）课前案例导读

课前一周通过班级微信群，将"以人民为中心，广东推进基本公共服务均等化"案例资料、《基本公共服务领域中央与地方共同财政事权和支出责任划分改革方案》、习近平总书记关于新发展理念的阐述及相关文献提前发给学生，让学生初步了解学习案例。

（二）基础理论知识讲解

（1）基本公共服务均等化的内涵。

（2）转移支付制度的类型及经济效应。

（3）中央与地方的事权与财权的划分。

（三）案例分析

在完成专业基础理论的讲解后，就进入案例分析阶段，通过案例分析，不但要帮助学生深化对专业基础理论知识的理解，还要将案例中的政治思想价值理念传递给学生。教师首先向学生系统介绍"以人民为中心，广东推进基本公共服务均等化"的案例内容，然后提出如下具体问题：（1）基本公共服务均等化的实现途径是什么？（2）在推进基本公共服务均等化过程中为什么要明确各级政府的事权与支出责任？（3）为什么说基本公共服务均等化体现了中国政府"以人民为中心"的施政理念？（4）为什么说基本公共服务均等化体现了社会主义核心价值观中的公平和正义原则？（5）基本公共服务均等化和实现共同富裕之间的逻辑关系是什么？

根据教师提出的问题，结合案例提供的信息，学生进行分组讨论。小组讨论结束后，每一位同学将自己的讨论心得进行简要口头汇报。在汇报过程中，教师和其他同学可针对汇报内容随时提出问题或质疑。

在讨论结束后，教师要对学生的汇报内容做出点评，并做出总结性陈述。通过对"以人民为中心，广东推进基本公共服务均等化"案例的学习，学生不但掌握了基本公共服务均等化、财政转移支付制度、财政体制等财政学基础理论知识，而且以潜移默化的形式理解了财政的人民性特征，树立为国理财、为人民谋福利的价值观。

（四）课后进一步学习

可以借助中国大学 MOOC 等在线课程进行补充性的学习，加深对专业知识的理解。阅读基本公共服务均等化、财政转移支付和财政体制等方面的文献，选择自己感兴趣的主题进行学术研究，并提交小论文。小论文既可以是文献综述，也可以是对具体问题的研究。

七、考核与评价方式

采取专业知识掌握程度与思政效果并重的考核方式，对课程思政全过程进行考核评价。课上考核内容包括：学生是否能够主动提出问题、积极回答问题，以及课堂讨论表现等。课后主要是对学生课后提交的小论文进行考核，根据论文的学术水平及其中体现的价值观进行评分。

八、实施成效

（1）对专业基础知识的理解更加透彻。通过案例的运用，使学生看到了专业基础知识在实践中的具体运用。具体的知识点有了现实的参照物，使学生感觉那些生硬的专业术语变得更加鲜活，也容易理解。

（2）有助于学生树立"以人民为中心"的家国情怀。案例中处处体现了财政活动的宗旨就是为人民谋幸福，满足人民对美好生活的向往。使学生在掌握专业知识的同时明确自己的学习目标，那就是为人民理财。

（3）有助于提升学生对社会主义核心价值观的认识。通过案例学习，使学生理解基本公共服务均等化更深层次的社会价值，那就是实现社会的公平和正义，而公平和正义恰恰是社会主义核心价值观的重要内容。

（4）有助于学生更深刻地理解中国的发展道路。在案例中，广东省为推进基本公共服务均等化采取了各种财政措施，体现了"共享发展"和"协调发展"的新发展理念，而"共享发展"和"协调发展"也是"共同富裕"的应有之义。这对学生理解中国当下的发展道路具有重要意义。

关税中的制度自信与民族自豪感

王 雯

一、基本信息

课程名称：中国税制。

授课对象：财政学类专业大学二年级学生。

知识点：关税的基本原理。

主讲教师：王雯，江西财经大学讲师。

二、教学目标

（一）知识传授

了解关税的概念和我国关税制度的建立与发展；理解关税在对外贸易中的独特作用及地位；掌握关税的运行原理，能熟练计算关税完税价格及应纳税额。

（二）能力培养

通过对真实案例的分析与讨论，培养学生发现和分析问题的能力、团队协作与沟通表达的能力，提升学生辨别复杂国际形势的能力，进而塑造学生在财政、税务、社会保障等公共经济管理部门和各类企事业单位从事税务管理的能力。

（三）价值塑造

引导学生认识关税在追求贸易对等方面的重要作用，增强政治认同和制度自信，增强学生的民族自豪感，强化"站起来、富起来到强起来"的自信与骄傲。

三、教学重点与难点

（一）教学重点

关税的概念与种类，以及其在对外贸易中的独特作用及地位。

（二）教学难点

我国关税制度的建立与发展，以及结合中美贸易摩擦体会关税的运行原理。

四、课程思政案例介绍

（一）案例主要内容

1. 案例1：中美贸易摩擦

2018年3月22日，特朗普政府宣布"因知识产权侵权问题对中国商品征收500亿美元关税，并实施投资限制"。4月4日，美国政府发布了加征关税的商品清单，将对我国输美的1333项500亿美元的商品加征25%的关税。

美方这一措施违反了世界贸易组织规则，严重侵犯我国合法权益，威胁我国国家发展利益。经国务院批准，国务院关税税则委员会决定对原产于美国的大豆、汽车、化工品等14类106项商品加征25%的关税。

2018年4月5日，美国总统特朗普要求美国贸易代表办公室依据"301调查"，额外对1000亿美元中国进口商品加征关税。

2018年4月17日，商务部发布《关于对原产于美国的进口高粱反倾销调查初步裁定的公告》，裁定原产于美国的进口高粱存在倾销，并决定对原产于美国的进口高粱实施临时反倾销措施。

2018年6月15日，美国政府发布了加征关税的商品清单，将对从中国进口的约500亿美元商品加征25%的关税，其中对约340亿美元商品自2018年7月6日起实施加征关税措施，同时对约160亿美元商品加征关税征求公众意见。

作为反击，中国也于同日对同等规模的美国产品加征25%的进口关税。

2018年7月10日，美国政府公布进一步对华加征关税清单，拟对约2000亿美元中国产品加征10%的关税，其中包括海产品、农产品、水果、日用品等项目。2018年8月2日，美国贸易代表声明称拟将加征税率由10%提高至25%。

2018年8月3日，针对美方措施，中方被迫采取反制措施，对原产于美国的5207个税目约600亿美元商品，加征25%、20%、10%、5%不等的关税。如果美方一意孤行，将其加征关税措施付诸实施，中方将即行实施上述加征关税措施。

2018 年 8 月 8 日，美国贸易代表办公室（USTR）公布第二批对价值 160 亿美元中国进口商品加征关税的清单，8 月 23 日起生效。最终清单包含了 2018 年 6 月 15 日公布的 284 个关税项目中的 279 个，包括摩托车、蒸汽轮机等产品，将征收 25% 的关税。

2018 年 8 月 8 日，中方决定对 160 亿美元自美进口产品加征 25% 的关税，并与美方同步实施。

中国国家主席习近平与美国总统特朗普于当地时间 2018 年 12 月 1 日在布宜诺斯艾利斯举行会晤，两国元首已达成共识，停止加征新的关税；美国政府对中国 2000 亿美元产品征收 10% 的加征关税原定在次年 1 月 1 日提高到 25%，现在已经决定仍然维持在 10%；而对于现在仍然加征的关税，双方将朝着取消的方向，加紧谈判，达成协议。

2. 案例 2：美国挑起对华贸易摩擦损人害己，殃及世界

针对美国挑起的贸易摩擦，中国驻美国大使崔天凯于美国当地时间 2018 年 7 月 18 日，在《今日美国报》刊登署名文章表示，美国挑起对华贸易摩擦既不公正也不公平，美方此举只会损人害己，并殃及世界。

对华巨大贸易逆差是美开打贸易战的最主要理由，但中国从不刻意追求贸易顺差。贸易是否平衡，完全是由市场决定的，贸易逆差也丝毫不意味着美国吃亏。中方一直以最大诚意和耐心，推动双方通过对话协商解决分歧，但美方公然背弃双方共识挑起贸易摩擦，中国不得不采取反制措施。"极限施压"对中国不起作用。贸易摩擦没有赢家，美方此举只会损人害己，并殃及世界。

3. 案例 3：美国挑起贸易摩擦损人害己

博鳌亚洲论坛副理事长周小川今天在日本东京接受采访时表示，近期美国不顾国内外企业和社会各界反对，肆意加征关税。而多家外国媒体的报道指出，美国的做法最终损害的是自身的利益。对此，周小川也表达了他的看法：如果消费品加征关税，那么最后将由本国的最终使用者——消费者来为它交这个税。如果是中间产品，如原材料、零部件就由那些厂商承担，最后他们的最终产品会变得更贵。此外，周小川表示，中国的经济面临着自己的困难，也面临外部的压力，但中国经济韧性还是相当不错的，会进行自我调整和结构优化。

4. 案例 4：美方的贸易霸凌做法最终损害的是美国自身

在 2019 年 5 月 30 日商务部召开的例行新闻发布会上，有媒体表示：IMF 近日发布的研究报告称，美国加征关税造成的成本几乎全部由美国企业承担了，但美国总统特朗普称，中国在为美国加征的关税买单。对此，新闻发言人高峰表示：美方的贸易霸凌主义最终损害的是美国自身，买单的是美国的消费者和企业。纽约联储经济学家最近的预测表明，美方加征关税措施，将使每个美国家庭每年平均损失 831 美元。高峰表示，美国一些智库的研究也显示，如果美方的措施持续下去，会导致美国的 GDP 增速下滑、就业和投资减少、国内物价上升，美国商品在海外的竞争力下降，已经有越来越多的美国企业、消费者感受到加征关税的影响。

（二）案例思政元素

当今关税已成为各国政府维护本国政治、经济权益，乃至进行国际经济政治斗争的一个重要武器。我国根据平等互利和对等原则，通过关税相关政策的设计与运用，争取国际间的关税互惠并反对他国对我国进行关税歧视，促进对外经济贸易的多方合作与和平发展。

基于课程专业知识点与育人元素相结合，从税制发展历史、改革战略、前沿问题等多个领域挖掘经世济民、家国情怀的思政元素，针对本课程设计了相关思政案例。在讲授与研讨关税的概念、种类，以及我国关税制度的建立与发展等内容后，通过引入中美贸易摩擦这一真实案例，按照四步法，即思政案例激活、思政案例解读、思政案例演练、思政案例总结来推进案例式教学，将思政元素融入专业知识。此外，带领学生从丧权辱国的《南京条约》到新时期中美贸易摩擦，基于历史维度，从关税这一着力点体会国家综合实力的显著变化，增强学生的民族自豪感，强化"站起来、富起来到强起来"的自信与骄傲，深刻领悟习近平总书记提出的"人民有信仰，民族有希望，国家有力量"。

五、教学方法与手段

（1）在课程设计上，将专业教育与思政教育有机融合。增进学生理解关税的制度演变与特殊功能；既要讲好税收制度的经典理论，又要讲好税收治理的"中国故事""中国方案"，增进道路自信、理论自信、制度自信、文化自信。在思政元素设计上，将"政治高度"与"生活浓度"有机统一，将"活生生"的税收案例引入课堂,设计动态更新的专业思政案例库。

(2)在课堂教学中,拆分知识点,通过"激趣""引思""讲解演绎""演练研讨",然后在"总结"的过程中提升难度抛出新的问题,继续新一轮"讲解演绎""演练研讨""总结",进而形成螺旋式迭代上升的思维型高阶课堂,提高课程创新性与挑战度。整个课堂教学过程环环相扣,高频互动,紧抓学生课堂注意力与参与度,提升学生专业案例分析能力的同时实现"润物细无声"、价值内化,提高了主课堂效率(见图1)。

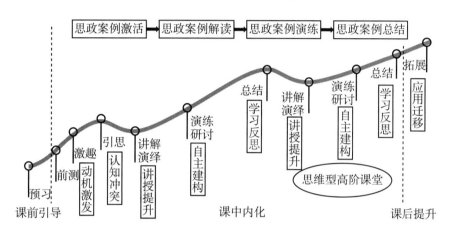

图1 基于思政案例的课程教学方法

六、教学实施过程

本课程教学思路与安排如图2所示。

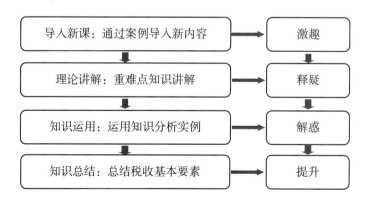

图2 课程教学思路与安排

(一)激趣:思政案例激活

观看一段介绍中美贸易摩擦的短视频,抛出案例,激发学生进一步学习的兴趣。

（二）释疑：思政案例解读

对重难点知识展开详细讲解。

（1）关税的概念与分类。

（2）征税对象：准许进出境的货物和物品。

（3）纳税人。

（4）进出口税则。

① 进口关税税率。

② 出口税率（了解）。

③ 特别关税：报复性关税；歧视性关税（进口附加税）；反倾销税与反补贴税；保障性关税。

（三）解惑：思政案例演练

1. 案例导入，事件梳理

引入案例 1，帮助学生梳理、回顾中美贸易摩擦事件。

2. 陈述观点，翻转课堂

引入案例 2 至案例 4，引导学生通过搜集资料与相关观点，展开陈述与讨论，通过翻转课堂实现"生讲师评"。

（四）提升：思政案例总结

由教师对中美贸易摩擦做简单总结，并引导学生思考，在日益复杂的国际贸易背景下，如何在 BEPS 2.0 时代下帮助中国企业化挑战为机遇，实现创新发展。引发学术思考并激活学生对之后"国际税收"课程的学习兴趣。

七、考核与评价方式

通过信息技术将学生的学习过程纳入考核评价，实现过程性评价与终结性评价相结合，实现学生表层式学习方式向深层式学习的转变，增强学生参与、师生互动，将"以学生为中心"的教学理念落到实处，真正提高学习质量与学习效果。具体课程考核时，坚持"多元性"，在期末试卷定量考核的基础上（占比 60%），动态考查学生课堂行为表现与参与度（占比15%）、线上预习及讨论情况（占比 10%）、课后作业与报告的完成情况（占比 15%），形成定量与定性相结合的考核评价机制。

八、实施成效

本课程通过介绍美国挑起并升级贸易摩擦，帮助学生认识美方的贸易保护主义和贸易霸凌主义行径，认识关税在追求贸易对等、维护国家利益方面的重要作用与意义。同时，我国针锋相对采取反制措施，也反映了中国经济实力、综合国力明显增强，学生在理解专业知识的基础上，也认识到我国应对贸易摩擦所体现的综合国力，增强了学生的民族自豪感。

新时代党的治疆方略及其在新疆的财政实践

韩增华

一、基本信息

课程名称：财政学。

授课对象：财政学、税收学、经济学专业大学二年级学生。

知识点：财政体制，财政分权，财政转移支付。

主讲教师：韩增华，新疆财经大学副教授。

二、教学目标

（一）知识传授

（1）不同类型财政体制在收支划分和政府间转移支付制度安排诸方面存在的差异。

（2）财政分权学说与分级财政。

（3）政府间事权与支出划分的原则、中央政府与地方政府事权的基本范围、政府间收入划分的基本形式和内容。

（4）政府间转移支付的依据和类型。

（5）中国财政体制改革。

（二）能力培养

通过举例、共情等潜移默化培养学生知识迁移的能力；通过材料分析和参与习题、案例分析过程，增强学生理论联系实际的能力，培养学生运用理论分析实际问题的能力，增强学生对新时代党的治疆方略的理解，增强学生对中华民族共同体的认同感。

（三）价值塑造

本课程讲解引入新疆元素，结合国家脱贫攻坚战略在新疆的成就，引入电影《追风筝的人》（美国派拉蒙影业 2007 年出品），对比电影拍摄地点中国新疆喀什和阿富汗喀布尔两个城市在同时期鲜明的变化，用鲜活的数据和故事激发学生爱国、爱党的内在情感。通过授课过程，增强学生对依法治国的理解，增强学生对新时代党的治疆方略的理解；在各族学生中牢固树立正确的祖国观、民族观，弘扬社会主义核心价值体系和社会主义核心价值观；增强各族学生对伟大祖国的认同、对中华民族的认同、对中华文化的认同、对中国特色社会主义道路的认同。

三、教学重点与难点

（一）教学重点

使学生掌握财政体制是确定各级政府之间财政分配关系的基本制度，对政府职能的有效行使、政府运作效率乃至整个经济社会产生深刻影响。

（二）教学难点

如何使学生在掌握财政体制的基本理论的基础上，恰当运用分级财政体制下的政府间事权与支出责任划分、收入划分以及转移支付制度相关理论，结合现实国情，分析我国的财政体制改革相关问题。

四、课程思政案例介绍

在完成财政体制基本内容讲解和介绍后，引入财政分权学说和分级财政的内容。强调财政分权是经济上的分权，不是政治上的分权。结合新疆的具体情况，引入案例互动环节，互动过程中向学生宣讲和介绍新时代党的治疆方略。

（一）案例 1：新时代党的治疆方略

党中央治疆方略是习近平新时代中国特色社会主义思想精神实质的充分体现。党的十八大以来，以习近平同志为核心的党中央深化对治疆规律的认识和把握，形成了新时代党的治疆方略。实践证明，新时代党的治疆方略完全正确，必须长期坚持。

当前，世界百年未有之大变局加速演进，国内改革发展稳定、任务艰巨繁重，"十四五"时期我国将进入新发展阶段，在全面建成小康社会基础上开启全面建设社会主义现代化国家新征程。做好新疆工作，要牢牢扭住社会稳定和长治久安这个新疆工作总目标，把全面依法治国的要求落实到新疆工作各个领域，以铸牢中华民族共同体意识为主线不断巩固各民族大团结，紧贴民生推动新疆经济高质量发展，推动新时代新疆工作再上新台阶。

2014 年，习近平总书记亲临新疆视察，并主持召开第二次中央新疆工作座谈会，把新疆工作提到了前所未有的高度。2020 年 9 月 25 日至 26 日第三次中央新疆工作座谈会在北京召开。习近平强调，当前和今后一个时期，做好新疆工作，要完整准确贯彻新时代党的治疆方略，牢牢扭住新疆工作总目标，依法治疆、团结稳疆、文化润疆、富民兴疆、长期建疆，以推进治理体系和治理能力现代化为保障，多谋长远之策，多行固本之举，努力建设团结和谐、繁荣富裕、文明进步、安居乐业、生态良好的新时代中国特色社会主义新疆。

习近平在讲话中指出，第二次中央新疆工作座谈会以来，经过各方面艰辛努力，新疆工作取得了重大成效。新疆经济社会发展和民生改善取得了前所未有的成就，各族群众的获得感、幸福感、安全感不断增强。一是经济发展持续向好。2014 年至 2019 年，新疆地区生产总值由 9195.9 亿元增长到 13597.1 亿元，年均增长 7.2%。一般公共预算收入由 1282.3 亿元增长到 1577.6 亿元，年均增长 5.7%。基础设施不断完善，所有地州市迈入高速公路时代。二是人民生活明显改善。2014 年至 2019 年，新疆居民人均可支配收入年均增长 9.1%。建成农村安居工程 169 万余套、城镇保障性安居工程 156 万余套，1000 多万群众喜迁新居。城乡基本公共服务水平不断提升，社会保障体系日趋完善，实施全民免费健康体检，农牧区医疗设施条件明显改善，乡镇卫生院和村卫生室标准化率均达 100%，居民基本医疗保险参保率达到 99.7%。三是脱贫攻坚取得决定性成就。2014 年，新疆共有建档立卡贫困人口 77.9 万户、308.9 万人，贫困村 3666 个，贫困县 32 个。截至 2019 年，全疆累计脱贫 292.32 万人、退出 3107 个贫困村、摘帽 22 个贫困县，贫困发生率由 2014 年的 19.4% 降至 1.24%。其中，南疆 4 地州累计脱贫 251.16 万人、退出 2683 个贫困村、摘帽 16 个贫困县，贫困发生率由 2014 年的 29.1% 降至 2.21%。"两不愁三保障"突出问题基本解决，贫困家庭义务教育阶段孩子因贫失学辍学实现动态清零，贫困人口基本医疗保险、大病保险参保率均达 100%，易地扶贫搬迁任务全面完成，贫困群众生产生活条件得到大幅改善。四是中央支持和全国对口援疆力度不断加大。2014 年至 2019 年，中央财政对新疆维吾尔自治区和兵团转移支付从 2636.9 亿元增长到 4224.8 亿元，年均增长 10.4%，6 年合计支持新疆 2 万多亿元。19 个援疆省市全面加强全方位对口支援，累计投入援疆资金（含兵团）964 亿元，实施援疆项目 1 万余个，引进援疆省市企业到位资金 16840 亿元，中央企业投资超过 7000 亿元。总的看，新疆呈现出社会稳定、人民安居乐业的良好局面，为迈向长治久安奠定了坚实基础。事实充分证明，我国民族工作做得是成功的。这些成绩的取得，是党中央坚强领导的结果，是全党全国人民共同奋斗的结果，也凝聚着新疆 2500 多万各族儿女的智慧和汗水。习近平代表党中央，向参与和支持新疆工作各条战线的同志们，向新疆各族群众，向在基层一线辛勤工作的广大干部职工，表示诚挚的慰问。

（资料来源：习近平出席第三次中央新疆工作座谈会并发表重要讲话 [EB/OL]. 央视新闻客户端，2020 – 09 – 26.）

本部分课程思政内容在课堂上的介绍，以图片为主，用数字加深学生印象。用图片清晰展示新疆贯彻党中央治疆方略的巨大成效。

（二）案例 2：《追风筝的人》

电影《追风筝的人》以阿富汗为背景，实际拍摄地在中国新疆。拍这部电影的时候阿富汗境内战火连天，所以派拉蒙影业公司不得不来到新疆喀什取景。影片开头阿米尔的父亲和导师看风筝比赛的地方，就是喀什的百年老茶馆，这也是喀什仅存的一家百年茶馆。

阿米尔和哈桑在石榴树下一起玩，并许诺一生相伴。背景处，就是塔什库尔干的石头城。到过这里的人，还有一个非常著名的人：玄奘，电影的故事就是在阿富汗的喀布尔开始的。

在喀什地区的塔什库尔干，这里任何地方抬头都能看到远处的雪山，中国最西部的小县城也充满了祥和。而在电影结尾的致敬名单中，喀什、塔县、新疆维吾尔自治区都在名单上。喀布尔和新疆喀什，在地缘、人种、环境上有着极大的相似性。阿富汗在大国博弈的缝隙中，受尽苦难；而中国人民安居乐业。对比强烈。

相去 300 公里的喀什与喀布尔，已经是中国和外国的差距。一部由美国人拍摄的电影，因为美国在 2001 年发动的阿富汗战争，只能选择 2007 年去中国新疆喀什拍摄。在喀什噶尔人民喝茶吃肉的时候，阿富汗的人民可能正遭受着无比巨大的创伤，他们为躲避战争成为难民，他们妻离子散、苦不堪言。也许这也是我们应该从阿富汗的持续战乱中看到的。稳定和发展对新疆弥足珍贵，从小在边疆生活的我们更能知道和平稳定的珍贵。而无论是什么势力成为阿富汗的当权者，只有长期稳定的阿富汗才是对当地民众和中国边疆真正有益的。

［资料来源：根据《阿富汗为背景电影〈追风筝的人〉，实际拍摄地在新疆》（https：//www. sohu. com/a/484029288_121124777）编写。］

五、教学方法与手段

教学方法上采用案例分析法、情境举例法和学生参与教学法，课堂讲解中灵活引入新疆元素，引入脱贫攻坚在新疆的成就，对比电影《追风筝的人》拍摄地点中国新疆喀什和阿富汗喀布尔在同时期鲜明的变化，通过鲜活的数据和故事激发学生爱国、爱党的内在情感。引导和鼓励学生参与教学过程，通过教学过程加深学生对新疆稳定的重要性的认识，增加学生对中华民族共同体的认识和理解，增加对党中央治疆方略相关精神的认识和理解。

六、教学实施过程

具体教学环节，首先简要复习回顾前次课程内容要点（政府预算相关知识）；其次引入本次课程内容。课程理论部分的讲解与介绍中，注意讲清楚如下内容。

（1）在现代经济社会条件下，国家的各项职能由各级政府共同承担。为了保证各级政府有效行使职能，需要在中央与地方政府以及地方上下级政府之间明确、合理地划分财政收支范围和财政权限，实现政府间财政关系的良性互动和运转。

（2）财政体制与经济管理体制之间是局部与全局的关系。财政体制是一个国家经济管理体制的重要组成部分。经济社会各项事业的发展离不开政府财政支持，财政体制安排和财政体制改革必须与经济管理体制的要求相适应。

（3）把公共产品及其层次性的内涵同政府财政职能联系起来，政府在资源配置、收入分配和经济稳定与发展方面所进行的努力及其相应的效应等，均为公共产品的重要组成部分，并且这种财政职能可以在中央和地方政府之间进行相应的划分。

以上知识点如何实现学生的价值塑造——课程思政过程？接下来引入案例潜移默化地培养学生对新时代党的治疆方略的认同，在各族学生中牢固树立正确的祖国观、民族观，弘扬社会主义核心价值体系和社会主义核心价值观，增强各族学生对伟大祖国的认同、对中华民族的认同、对中华文化的认同、对中国特色社会主义道路的认同。

在学生对以上内容有基本认知的基础上，引入案例环节。案例1，宣讲第三次中央新疆工作座谈会精神，主要截取求是网、光明网、新华网等权威官网上的宣传图片和官方数据，增强课程思政的生动性，对学生形成视觉冲击，有力塑造学生的道德观、爱国观。

案例2，引入电影《追风筝的人》作者背景、电影拍摄的背景。简单陈述《追风筝的人》作者背景。作者出生于阿富汗首都喀布尔，因阿富汗战乱举家迁往美国，以其作品《追风筝的人》拍摄的电影获得多项大奖。电影《追风筝的人》在拍摄选址的时候选择了中国新疆喀什市。对比电影中的取景图片和现实中的喀什景点简单介绍。

在成功激发学生的兴趣后，进一步解释为什么这部电影选择在新疆喀什拍摄。通过地图让学生了解，喀布尔距新疆喀什的距离只有不到300公里。两个地方地理风貌都非常接近。对比电影场景和喀什作为景点的古城景色。给学生解释清楚，拍摄场景中的喀什是作为景点，真实的喀什，在全面贯彻落实党中央治疆方略的过程中，早已发生了翻天覆地的变化。现在的喀什，城市基础设施完善，现代化气息浓厚，人民安居乐业。

之后提问学生，现在提到阿富汗，觉得是发达还是落后？稳定还是贫穷？关于阿富汗，还想到了哪些词？给学生60秒的时间把想到的词用雨课堂弹幕的形式打出来。用学生打出的弹幕提取词频。

之后放出体现现在喀什巨大发展变化的图片继续提问学生，为什么现在的喀什有这么大变化？新疆能获得发展所需要的各种资金，离不开中央对地方的财政支持，离不开发达省区对新疆的财政支持。引用案例1中的数据，进一步说明财政体制、对口援疆等转移支付制度对新疆经济发展起到重要的财政支持作用。

最后，帮助学生了解1994年以来分税制财政体制改革的主要成效，分析财政体制中存在的主要问题，探讨深化财政体制改革的方向，包括财政体制改革的目标和基本思路。

课程全过程，结合财政体制理论，结合中央第三次新疆经济工作座谈会公报的数据，帮助学生理解财政体制原理，激发对中国共产党领导的政治认同和情感认同，坚定对社会主义制度的道路自信和理论自信。教育和鼓励学生自觉践行社会主义核心价值观，爱国、民主、诚信。

七、考核与评价方式

雨课堂习题练习。系统打分。习题示例如下。

（一）单项选择题示例

1. 我国现行的财政体制是（   ）。

A. 统收统支体制　　　　　　　　B. 统一领导、分级管理体制

C. 分税制财政体制　　　　　　　D. 财政包干体制

2. 中央政府仅应提供具有广泛偏好一致性特征的公共产品，除此之外其他公共产品均应由地方政府直接提供，此理论由（   ）引申而来。

A. 斯蒂格勒的最优分权理论　　　B. 奥茨分权定理

C. 蒂布特模型　　　　　　　　　D. 拉佛定理

（二）多项选择题示例

1. 各级政府在划分事权与支出时，应遵循以下原则：（   ）。

A. 集中与分散相结合　　　　　　B. 依据受益范围原则划分支出

C. 兼顾公平与效率　　　　　　　D. 相对稳定与适当调整相结合

E. 坚持事权和支出划分的法治化

（三）判断题示例

1. 集权型财政体制要求中央政府占较多比例的财政收入，而分税制财政体制要求地方政府占有大部分财政收入。（   ）

2. 采用单一制的国家结构形式，有利于维护国家的整体利益，综合配置各种资源，提高政府效率。（   ）

（四）材料分析题示例

阅读《新疆经济发展取得历史性成就》（http://www.chinaxinjiang.cn/zixun/xjxw/201907/t20190731_578354.htm），思考并回答问题：

1. 中央和新疆的财政关系是纵向财政关系还是横向财政关系?

2. "2010 年以来,全国 19 个省市对口支援新疆,已累计投入援助资金 1035 亿元,引进合作资金近 1.8 万亿元",援疆省市和新疆接受援疆的地区之间是横向财政关系还是纵向财政关系?试根据自己所了解的情况举例说明。

3. 试结合新疆的经济发展谈谈我国的财政体制在经济发展过程中发挥的作用。

八、实施成效

学生对课程讲解内容很感兴趣,增加了对新疆的了解和认识,感受到了新疆的蓬勃发展,感受到了新疆经济发展取得的重要成果离不开党中央和兄弟省市的财力支持。学生们兴致勃勃地参与课堂教学过程,参与质量高,课程互动合理有效,课上思政的完成效果较好。学生对财政体制、财政分权、转移支付知识点认识较为深刻,课后作业完成质量较好。通过本章的课程思政过程,学生增强了对社会主义制度的道路自信和理论自信,增强了对党中央治疆方略的认同,增强了对中华民族共同体的认识。

人民财政观与革命根据地的财政

文 旗

一、课程信息

课程名称：中国财税史。

授课对象：财税专业、财经新闻专业大学本科三年级学生。

知识点：（1）革命根据地财政的建立与发展。

（2）革命根据地时期面临的财政困难与财税制度创新。

（3）革命根据地时期财政的作用、意义与影响。

主讲教师：文旗，广东财经大学副教授。

二、教学目标

（一）知识传授

（1）掌握革命根据地财税制度、财税政策的建立与发展历程。

（2）归纳革命根据地财政支持革命胜利的原因及影响。

（3）探究革命根据地财政在中国财税历史发展中的地位和作用。

（二）能力培养

（1）采用探究式教学方法，使学生成为课堂的主体，增加学生思维的灵活性和创新性，成为知识的共同创造者。

（2）通过历史史料的解读与分析，有助于学生掌握历史分析方法，培育唯物史观。

（三）价值塑造

（1）通过学习使学生认识到，中国共产党"以人民为中心"的财政观及财税实践是支持革命胜利的坚强基石，是经济建设、社会进步和人民幸福的基本保障。

（2）树立爱国家、爱人民的价值理念。

（3）不忘初心，明确财政的责任与使命。

三、教学重点与难点

（一）教学重点

革命根据地财政"一切为了人民和一切依靠人民"的财政思想。

（二）教学难点

革命根据地时期财政的作用、意义与影响。

四、课程思政案例介绍

（一）案例设计理念

以政府与人民的财政关系为切入视角，选择革命根据地财政建立初期、革命根据地财政的发展、革命根据地财政的继承三个阶段的代表性历史资料，探究财政工作面临的困难与冲突，探索财政工作发展的基本历程。通过史料阅读、情景呈现和互动讨论，使得课堂具有历史代入感，引导学生将感性认识逐渐升华为理性认识。

通过本节知识点的讲授，将爱国主义教育、人民至上与财政责任的思政元素潜移默化地融入专业知识的学习中，树立学生的中国特色社会主义道路自信、理论自信、制度自信、文化自信；培育学生评价历史经济政策应秉持的正确立场和态度，用实事求是的精神深刻理解财税制度发展的规律。

（二）案例实施

请学生谈谈对革命根据地时期的总体印象；简要介绍革命根据地的基本情况。然后提问：革命根据地时期的财税工作是如何支持革命胜利的？

1. 困难与冲突

教学的第一环节，指导学生阅读材料，提出阶梯问题引导思考：在革命根据地发展阶段，财政工作面临怎样的困难与冲突？政府与人民的财政关系如何？

阅读材料一思考问题：该材料体现了革命根据地时期财税工作的什么问题？

[材料一] 革命根据地时期财税工作存在的问题

在 1941 年至 1942 年间，陕甘宁边区和各敌后抗日根据地遇到了严重的困难。毛泽东曾这样描述当时的情况："我们曾经弄到几乎没有衣穿，没有油吃，没有纸，没有菜，战士没有鞋袜，工作人员在冬天没有被盖。国民党用停发经费和经济封锁来对待我们，企图把我们困死，我们的困难真是大极了。"①

1945 年 4 月 24 日，毛泽东在中国共产党第七次全国代表大会上作政治报告时说："1941 年边区要老百姓出 20 万石公粮，还要运输公盐，负担很重，他们哇哇地叫。……我调查了一番，其原因只有一个，就是征公粮太多，有些老百姓不高兴。那时确实征公粮太多。要不要反省一下研究研究政策呢？要！"

2. 合作与共赢

教学的第二环节，结合讲授、图片影音资料展示，引导学生阅读材料后进行探究性分析和互动讨论，革命根据地确立的财政指导思想是什么？财政思想的具体应用与成效是什么？政府与人民的财政关系发生了怎样的变化？

（1）阅读材料二思考问题：该材料体现了革命根据地时期财税工作的什么原则？

[材料二]　革命根据地时期财税工作原则

1933 年，毛泽东在中央革命根据地南部十七县经济建设大会上明确指出，我们的一切工作，都应当"为着改善人民群众的生活"。

1934 年，毛泽东在于瑞金召开的第二次全国工农代表大会上的报告《我们的经济政策》中说："我们的经济政策的原则，是进行一切可能的和必须的经济方面的建设，集中经济力量供给战争，同时极力改良民众的生活。"

1936 年，为总结第二次国内革命战争的经验，毛泽东写了《中国革命战争的战略问题》，他在文中指出，中国共产党"每一天都是为了保护人民的利益，为了人民的自由解放，站在革命战争的最前线"。

1944 年，毛泽东在中央警备团追悼张思德的会上说："我们这个队伍完全是为着解放人民的，是彻底地为人民的利益工作的。"

（2）阅读材料三思考问题：该材料体现了革命根据地时期财税工作的什么策略？

[材料三]　革命根据地时期财税工作策略

1941 年 5 月 1 日，林伯渠在为《陕甘宁边区战时动员法规》写的序言

---

① 《毛泽东选集（第三卷）》，人民出版社 1991 年版。

中举了这样一个例子："中国古时，楚国有个马夫百里奚，善于喂马，肥而不死。秦穆公闻其贤，以五张羊皮换到秦国，问他喂马之道，他答曰：'惜其力，食其时，心与马而为一。'又问他治国之道，他答曰：'惜其力，用其时，心与民而为一。'他遂被拜为秦国宰相，秦国大治，以奠始皇统一六国之基。"林伯渠由此引申说："今陕甘宁边区，即古秦国之地，当兹抗战建国之时，对于动员人力物力应加爱惜合理，不可过于疲竭，劳逸不均。"

（3）阅读材料四，并结合前述材料探讨人民对革命根据地时期财税工作的态度的转变。

[材料四]　革命根据地时期财税工作态度

民谣："最后一把米，用来做军粮，最后一尺布，用来做军装，最后的老棉被，盖在担架上，最后的亲骨肉，含泪送战场。"

淮海战役期间，华东、中原、冀鲁豫、华中四个解放区前后共出动民工543万人，动用担架20.6万副，车辆88万辆，挑子30.5万副，牲畜76.7万头，共向前线运送1460多万吨弹药、9.6亿斤粮食等军需物资。在淮海战役中，表面上是解放军以60万对国民党军队80万，实质上是500多万军民齐心协力打80万孤立涣散之敌，人民解放军参战兵力与支前民工的比例高达1∶9。陈毅曾说过："淮海战役的胜利，是人民群众用小推车推出来的。"

（4）情境呈现：革命根据地时期"人民财政观"指导财税工作的实践与成效。

第一，欣赏《南泥湾》歌曲片段，介绍歌曲反映的革命根据地的财税政策（知识点：大生产运动）。

第二，展示图片，介绍革命根据地时期毛泽东使用的袜子，讲解实施的财税政策（知识点：厉行节约、供给制、精兵简政）。

第三，数据分析，展示革命根据地时期的财税工作的成效（见表1）。

表1　　　　　　　　革命根据地时期的财税工作的成效

目的	财政举措	成效
生财	大生产运动、累进统一税的实施	扩大财源、减轻人民财政负担
用财	精兵简政、供给制、厉行节约的政策	克服经济困难、减轻民负，赢得民心

3. 继承与发展

引导学生阅读材料，进一步思考革命根据地财政工作与新中国财税工作的逻辑联系。从大历史视角认识革命根据地财政工作的地位、意义。

阅读材料五至材料七，探讨革命根据地时期的财政工作与新中国财税工作的逻辑发展。

[材料五] 贫困人口的变化

1978 年，有 2.5 亿的贫困人口。自 1978 年改革开放以来，按照世界银行每人每天 1.9 美元的国际贫困标准，中国累计已有 8 亿多贫困人口脱贫，占同期全球减贫人口总数的 70% 以上。2012 年底到 2019 年底，我国贫困人口从 9899 万人减到 551 万人，连续 7 年每年减贫 1000 万人以上，贫困发生率由 10.2% 降至 0.6% 。2020 年，全国 832 个贫困县全部摘帽，区域性整体贫困得到解决。

[材料六] 农村税费改革

2000 年安徽试点→2001 年调整完善→2002 年扩大试点→2003 年全面推进→2006 年全面取消农业税。

2005 年 12 月 29 日，十届全国人大常委会第十九次会议经表决决定，自 2006 年 1 月 1 日起废止《中华人民共和国农业税条例》，农村税费改革转入农村综合改革阶段。

[材料七] 共同富裕

党的十八届五中全会提出新发展理念，要求作出更有效的制度安排，使全体人民在共建共享发展中有更多获得感，增强发展动力，增进人民团结，朝着共同富裕方向稳步前进。

2021 年 8 月 17 日，中央财经委员会第十次会议召开。会议明确提出"共同富裕"。会议强调，要坚持以人民为中心的发展思想，在高质量发展中促进共同富裕，正确处理效率和公平的关系，构建初次分配、再分配、三次分配协调配套的基础性制度安排，加大税收、社保、转移支付等调节力度并提高精准性，扩大中等收入群体比重，增加低收入群体收入，合理调节高收入，取缔非法收入，形成中间大、两头小的橄榄型分配结构，促进社会公平正义，促进人的全面发展，使全体人民朝着共同富裕目标扎实迈进。

4. 课堂总结

通过前述三个教学环节的讨论与思考，主讲教师引导学生对本课程内容进行逻辑梳理和归纳，形成对本课程内容的历史解释与规律认识。

从革命根据地财政到新中国成立初期的财政，再到改革开放时期的财政以及党的十八大以后的财政，这四个时期财税工作的逻辑一脉相承，即一切为了人民，一切依靠人民。根据地财政跳出了财政管理的单一框架，始终以人民为中心。一方面，发展经济，自力更生，减轻民负，赢得民心；另一方面，将民心作为最宝贵的资源，支撑党在不同时期完成相应的中心任务。革命战争时期，人民群众主动支援前线，解决了战争的后勤保障问题；人民的财政蕴含着巨大的能量，以显性和隐性的方式动员和集中资源，把政治、经济和社会融成一个有机整体，并在构建民族复兴、国家发展的确定性过程中发挥着基础性作用。继往开来，财政根植于人民的传统，在社会主义建设、改革开放的伟大进程以及构建新发展格局中将继续发挥基础性作用。

5. 课后作业

请比较国民政府和革命根据地财政政策的区别。

五、教学方法与手段

通过材料阅读、情境再现、讨论和探究法等多种教学方法和手段，论从史出，史论结合，引导学生参与讨论，进行问题探究和合作学习。

（一）探究式教学方法

通过问题导入与情境设置，鼓励学生以材料为基础，进行主动思考、主动学习，进行课堂讨论与交流，增强师生间的交流与互动，引导学生思考"所以然"。

（二）立体化教学手段

充分利用多媒体辅助教学，精选短视频、图片和博物馆影音资料，以学校慕课平台为载体，贯穿课前、课中和课后全流程学习。

六、教学实施过程

教学实施过程如图 1 所示。

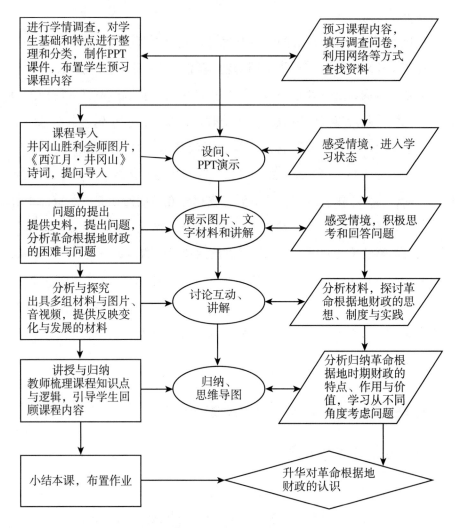

图1 教学实施过程

七、考核与评价方式

本课程构建了过程评价和结果评价相结合的课程评价体系（见图2）。过程评价从课前、课中及课后环节进行考核，结果评价从理论知识、实践能力和思政素质三个维度进行考核。评价实行双向评价，即学生评价、教师自评和同行评价相结合。评价结果进行定期反馈、改进和提高。

八、实施成效

（1）增强了学生的历史意识，培养学生自觉从历史角度把握中国财政

发展的历程及科学精神；学生本科论文写作中，引用历史分析、选择历史
选题的比重大大提高。

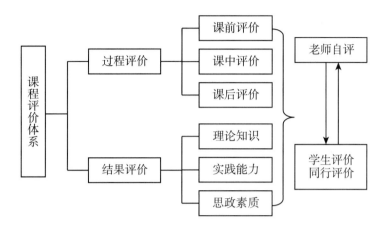

图 2　课程评价体系

（2）通过深入学习革命根据地财政的建立和发展历程，进一步坚定了
学生对中国特色社会主义的道路自信、理论自信、制度自信、文化自信。

惠企惠民：增值税税率改革之路

司言武　张　帆　张　旭

一、基本信息

课程名称：中国税制。

授课对象：财政学、会计学等专业本科生。

知识点：增值税税率。

主讲教师：司言武，浙江财经大学教授；张帆，浙江财经大学教授；张旭，浙江财经大学讲师。

二、教学目标

（一）知识传授

1. 基本要求

综述增值税税率的改革发展历程；学习增值税税率档级及适用范围，通过线上测试评价知识掌握程度。

2. 高阶要求

采用情景与小组讨论法，讨论增值税基本税率、低税率适用范围以及税率改革的背后逻辑，通过课堂展示小组成果。

（二）能力塑造

1. 基本要求

培养学生专业知识的应用能力；培养学生运用专业知识了解"税"作为楔子在国民经济分配中的作用，在商品生产过程中增值税税率如何影响企业纳税以及如何影响物价。

2. 高阶要求

培养学生思辨能力、自主学习能力；通过课后任务，培养学生学会理论联系实际，加强学生对增值税专业知识的掌握，促进学生领会专业知识对社会经济活动的影响逻辑。

（三）价值引领

1. 基本要求

通过理解增值税作为中性税种的优点和不足，体会增值税改革对国民经济的影响效应，培育学生的家国情怀、纳税遵从的重要性。

2. 高阶要求

通过回顾增值税税率的改革历程以及增值税后续立法进程，帮助学生把握习近平法治思想的深刻内涵，了解我国大力推行"减税降费"政策是一项惠企惠民、让利于民，促进"共同富裕"的好政策，同时也是融合国际视野、提升国家治理体系和治理能力现代化的重要内容，培养学生诚实守信、遵纪守法的职业素养，激发学生的爱国热情。

三、教学重点与难点

学习本案例知识点时学生已经学习过经济学原理、增值税概述、纳税人、征税范围等税制要素。从知识储备上看，学生已经具备运用经济学原理分析增值税问题的能力，因此在教学过程中给学生增加了高阶性学习拓展的任务。教学的重点是综述增值税税率的改革历程及增值税后续改革进程。把握习近平法治思想的深刻内涵，理解"减税降费"如何惠企惠民、让利于民，促进"共同富裕"。从课程特点看，学生对案例感兴趣，对理论知识畏难，因此教学的难点是增值税税率改革背后的逻辑。引导学生运用税收超额负担、税收中性理论分析增值税税率改革逻辑，结合"营改增"分析增值税改革历程，引导学生认同"四个自信"。

四、课程思政案例介绍

（一）案例：从三家"链上"企业看增值税税率下降红利

增值税税率下降究竟给企业带来什么样的红利？从三家"链上"企业看增值税税率下降红利。在这条产业链中，成都瑞迪机械公司（以下简称"瑞迪"）是上游企业，主要生产制动器等产品；武汉宝久创美公司（以下简称"宝久创美"）是中游企业，生产伺服控制系统；湖南蓝思科技公司（以下简称"蓝思科技"）是下游企业，主要做视窗防护玻璃研发等。

1. 上游企业成都瑞迪机械公司

增值税税率由16%下降至13%，税率下降省下来的钱，瑞迪一鼓作气，新投3条桁架机器人生产线和自动化灌封、半自动化装配线共计400多万元，新投加工设备 300 多万元。生产线优化后，带来的收益远远超过投入。瑞迪对其下游企业选择让利，部分让利超出税率调整幅度。瑞迪与武汉宝久创美合作多年。除了按税点调整，还给宝久创美让利 5%。宝久创美的电机配上瑞迪的制动器，得到市场高度认可，让利后双双做大，产品竞争力将更强。

2. 中游企业武汉宝久创美公司

2018 年 5 月 1 日，宝久创美适用增值税税率由 17% 下降为 16% 后，节省增值税 22.6 万元；2019 年 4 月 1 日，增值税税率由 16% 下降为 13%，企业全年再减少增值税 30.22 万元。二三十万元对一家大企业来说也许不算什么，但对小微企业而言，就能有更多的钱投入到研发中。宝久创美把少缴的 30 多万元增值税全部投入研发。享受减税降费红利后，宝久创美又琢磨起一件事——与上游企业协商下调原材料价格，降低向下游企业推出的新品价格，共同为市场提供高效能、高性价比产品。协商之后，纯进口电子元器件价格按税率调整下降了 3 个百分点；铝、铜等国产原材料同步国内大宗商品市场价格变动，国内加工费用将按税率调整下降 3 个百分点……上游企业降价了，宝久创美对包括湖南蓝思科技在内的每家下游企业都降低了产品售价，产品整体价格比上年降低 10%。

3. 下游企业湖南蓝思科技公司

增值税税率降低后，买东西便宜了，卖东西也会降价，虽然看似给企业带来的直接收益不多，但买东西要付的钱少了，意味着资金占用少了，能加快企业资金流动，提升资金使用效率。蓝思科技与其下游客户积极协作，共同降低成本。蓝思科技的下游企业多数位于产业链的终端，税率降低最终会通过终端客户让消费者得到实惠。

（二）增值税税率改革政策导读

1. 简并增值税税率结构

2017 年 4 月 28 日，财政部、税务总局联合发布了《关于简并增值税税率有关政策的通知》。通知要求，从 2017 年 7 月 1 日起，简并增值税税率结构，取消 13% 的增值税税率。有关政策如下：

"一、纳税人销售或者进口下列货物，税率为 11%：

农产品（含粮食）、自来水、暖气、石油液化气、天然气、食用植物油、冷气、热水、煤气、居民用煤炭制品、食用盐、农机、饲料、农药、农膜、化肥、沼气、二甲醚、图书、报纸、杂志、音像制品、电子出版物。

上述货物的具体范围见本通知附件1。

二、纳税人购进农产品，按下列规定抵扣进项税额：

（一）除本条第（二）项规定外，纳税人购进农产品，取得一般纳税人开具的增值税专用发票或海关进口增值税专用缴款书的，以增值税专用发票或海关进口增值税专用缴款书上注明的增值税额为进项税额；从按照简易计税方法依照3%征收率计算缴纳增值税的小规模纳税人取得增值税专用发票的，以增值税专用发票上注明的金额和11%的扣除率计算进项税额；取得（开具）农产品销售发票或收购发票的，以农产品销售发票或收购发票上注明的农产品买价和11%的扣除率计算进项税额。

（二）营业税改征增值税试点期间，纳税人购进用于生产销售或委托受托加工17%税率货物的农产品维持原扣除力度不变。

（三）继续推进农产品增值税进项税额核定扣除试点，纳税人购进农产品进项税额已实行核定扣除的，仍按照《财政部 国家税务总局关于在部分行业试行农产品增值税进项税额核定扣除办法的通知》（财税〔2012〕38号）、《财政部 国家税务总局关于扩大农产品增值税进项税额核定扣除试点行业范围的通知》（财税〔2013〕57号）执行。其中，《农产品增值税进项税额核定扣除试点实施办法》（财税〔2012〕38号印发）第四条第（二）项规定的扣除率调整为11%；第（三）项规定的扣除率调整为按本条第（一）项、第（二）项规定执行。

（四）纳税人从批发、零售环节购进适用免征增值税政策的蔬菜、部分鲜活肉蛋而取得的普通发票，不得作为计算抵扣进项税额的凭证。

（五）纳税人购进农产品既用于生产销售或委托受托加工17%税率货物又用于生产销售其他货物服务的，应当分别核算用于生产销售或委托受托加工17%税率货物和其他货物服务的农产品进项税额。未分别核算的，统一以增值税专用发票或海关进口增值税专用缴款书上注明的增值税额为进项税额，或以农产品收购发票或销售发票上注明的农产品买价和11%的扣除率计算进项税额。

（六）《中华人民共和国增值税暂行条例》第八条第二款第（三）项和本通知所称销售发票，是指农业生产者销售自产农产品适用免征增值税政策而开具的普通发票。

三、本通知附件 2 所列货物的出口退税率调整为 11%。出口货物适用的出口退税率，以出口货物报关单上注明的出口日期界定。

外贸企业 2017 年 8 月 31 日前出口本通知附件 2 所列货物，购进时已按 13% 税率征收增值税的，执行 13% 出口退税率；购进时已按 11% 税率征收增值税的，执行 11% 出口退税率。生产企业 2017 年 8 月 31 日前出口本通知附件 2 所列货物，执行 13% 出口退税率。出口货物的时间，按照出口货物报关单上注明的出口日期执行。"

2. 调整增值税税率

2018 年 4 月 4 日，财政部、税务总局联合发布了《关于调整增值税税率的通知》。通知要求为完善增值税制度，调整增值税税率，自 2018 年 5 月 1 日起执行，具体内容如下：

"一、纳税人发生增值税应税销售行为或者进口货物，原适用 17% 和 11% 税率的，税率分别调整为 16%、10%。

二、纳税人购进农产品，原适用 11% 扣除率的，扣除率调整为 10%。

三、纳税人购进用于生产销售或委托加工 16% 税率货物的农产品，按照 12% 的扣除率计算进项税额。

四、原适用 17% 税率且出口退税率为 17% 的出口货物，出口退税率调整至 16%。原适用 11% 税率且出口退税率为 11% 的出口货物、跨境应税行为，出口退税率调整至 10%。"

3. 推进增值税实质性减税

2019 年 4 月 1 日，财政部、税务总局、海关总署联合发布了《关于深化增值税改革有关政策的公告》。为贯彻落实党中央、国务院决策部署，推进增值税实质性减税，现将 2019 年增值税改革有关事项公告如下：

"一、增值税一般纳税人（以下称纳税人）发生增值税应税销售行为或者进口货物，原适用 16% 税率的，税率调整为 13%；原适用 10% 税率的，税率调整为 9%。

二、纳税人购进农产品，原适用 10% 扣除率的，扣除率调整为 9%。纳税人购进用于生产或者委托加工 13% 税率货物的农产品，按照 10% 的扣除率计算进项税额。

三、原适用 16% 税率且出口退税率为 16% 的出口货物劳务，出口退税率调整为 13%；原适用 10% 税率且出口退税率为 10% 的出口货物、跨境应税行为，出口退税率调整为 9%。

2019 年 6 月 30 日前（含 2019 年 4 月 1 日前），纳税人出口前款所涉货物劳务、发生前款所涉跨境应税行为，适用增值税免退税办法的，购进时已按调整前税率征收增值税的，执行调整前的出口退税率，购进时已按调整后税率征收增值税的，执行调整后的出口退税率；适用增值税免抵退税办法的，执行调整前的出口退税率，在计算免抵退税时，适用税率低于出口退税率的，适用税率与出口退税率之差视为零参与免抵退税计算。

出口退税率的执行时间及出口货物劳务、发生跨境应税行为的时间，按照以下规定执行：报关出口的货物劳务（保税区及经保税区出口除外），以海关出口报关单上注明的出口日期为准；非报关出口的货物劳务、跨境应税行为，以出口发票或普通发票的开具时间为准；保税区及经保税区出口的货物，以货物离境时海关出具的出境货物备案清单上注明的出口日期为准。

四、适用 13% 税率的境外旅客购物离境退税物品，退税率为 11%；适用 9% 税率的境外旅客购物离境退税物品，退税率为 8%。

2019 年 6 月 30 日前，按调整前税率征收增值税的，执行调整前的退税率；按调整后税率征收增值税的，执行调整后的退税率。

退税率的执行时间，以退税物品增值税普通发票的开具日期为准。"

（三）案例思政元素

通过增值税税率适用行业的知识讲解，引入上述教学案例，讲授我国增值税税率系列改革的具体内容和改革的内在逻辑。在本案例中体现了以下思政元素。

一是增值税税率改革体现了习近平法治思想。十二届全国人大三次会议审议通过的立法法修正案草案中，对全国人大常委会的税收专属立法权作了更加明确的规定。"落实税收法定原则"是党的十八届三中全会决定提出的重要改革任务。经党中央审议通过的《贯彻落实税收法定原则的实施意见》明确，落实税收法定原则的改革任务。加快税收法定原则落实的步伐，以后凡是开征新税的，要由全国人大及其常委会制定税收法律；凡是要对现行税收条例进行修改的，一般都要上升为法律；其他的税收条例，要区别轻重缓急，逐步地上升为法律。虽然增值税暂行条例还没有上升到法律，但是一系列的增值税改革都是为了落实税收法定原则。在讲授这一案例时要让同学们充分了解习近平法治思想。

二是增值税税率改革惠企惠民、让利于民，促进"共同富裕"。增值税税率下调可以充分发挥增值税中性作用，进一步改善中国的营商环境可增强企业投资活力，同时有助于消费升级和扩大消费。从三家"链上"企业看增值税税率下降红利的案例中，可以看到税率下调惠企惠民、让利于民的政策充分体现了大国轻税理念，为推进"共同富裕"奠定了坚实基础。

三是认同道路、理论、文化、制度"四个自信"。"营改增"在国际上是具有开创性意义的。全面推开"营改增"试点后，中国进一步改革完善增值税制度，做好税率档级简并、降低增值税税率以及增值税立法等有关工作，基本建成了在世界范围内具有先导意义的现代增值税制度，彰显了中国推进国家治理体系和治理能力现代化的决心和成效，充分体现了道路、理论、文化、制度"四个自信"。

（四）案例思考题

（1）增值税税率下降为什么是减税降费直接而有效的手段？

在当前国际形势错综复杂的情况下，要进一步激发我国市场活力，一个关键的举措是加大简政减税降费力度，要把减税降费措施切实落实到位。其中，关于减税降费的内容就包括增值税降低税率等。降低增值税税率是积极财政政策的信号，通过增值税的减税达到激发市场活力的政策效应。增值税作为我国税收总额最大的税种，由于宽税基，广泛征收，涉及货物、劳务、不动产、无形资产等方方面面，因此，增值税的减税对于实现积极财政政策的目标将起到重要的作用。那么，增值税该如何改革才能实现减税的目标？通过何种路径增值税的减税效应能够最迅速地传导至市场，从而尽早释放改革红利？其中，降低税率是最为直接而有效的手段。因为，按照增值税的基本原理，增值税应该对最终消费者课税，在税基既定的前提下，税率越低自然税负便越低。因此，直接将增值税的税率降低，通过环环抵扣，在企业层面的各个产业链环节进行流转，最终税负传导至最终消费者手里，税率的降低将产生最为直接的减税效果。在当前，要尽快实现减税让利的政策目标，这是优选的政策路径。

（2）增值税税率改革中体现出哪些经济学原理？

税收超额负担主要来自替代效应。在商品税上，要扩大税基，尽量将尽可能多的商品纳入征税范围，减少替代效应；比例税率比累进税率更能减少替代效应。"营改增"后我国增值税税率档级较多，从税率改革历程可看出不断简并税率档级符合税收中性、减少税收超额负担的要求。

五、教学方法与手段

（一）教学方法

1. 线上、线下混合教学方法

"中国税制"是本校国家级线上、线下混合本科课程，在对这一案例进行讲解时，充分运用线上资源，要求学生课前线上学习：一是学习增值税税率相关知识点；二是观看与该知识点相关课外视频（税收宣传片《底气》，该视频来源于国家税务总局网站）。从而引出税收是发展我国经济的重要支撑力量，同时引出增值税税率改革的重要性，增强学生的"四个认同"。

2. 情景与小组讨论相结合的教学方法

翻转课堂分组讨论。根据学生在课前学习视频情况，通过翻转课堂教学范式，以分组形式，结合本案例开始讨论案例思考题，总结增值税税率改革背后的理论、实践逻辑。分组中由各小组长推选代表发表本小组的看法，老师进行评价分析，引导学生对案例有正确的看法，增强学生发现问题、分析问题、解决问题的能力。充分调动学生的参与性和创造性思维，培养学生的表达能力和自信心，并在此过程中引导学生意识到税收在经济社会发展中的重要性，提升学生的专业素养。参与学生人数一般控制在 5 ~ 6 人，学生的表现计入期末成绩。

3. 启发引导教学方法

案例教学前推荐学生围绕增值税，从基础知识出发，阅读上述案例资料，并请学生在翻转课堂教学平台上提出问题，进行深入思考分析。通过学生提问、教师和其他同学回答问题和交流的方式，有针对性地解决学生的疑问，有侧重地组织教学，令学生对增值税税率演变背后的故事有深刻的了解和认识。

（二）教学手段

在保留传统教学方法的基础上，为了取得更好的教学效果，还采用了多种教学手段相结合的方式进行教学。教学手段遵循现代与传统教学技术相结合、线上与线下教学平台相混合、专业与思政教学元素相渗透、理论与实践教学内容相融合的原则。积极引进现代教育技术，采用多媒体教学、网络教学、录像教学等手段。特别是采用网络与多媒体技术，加强线上与线下相结合的方式，更好地形成学习辅导与交流互动平台，充分发挥了学生主体和教师主导作用。最为突出的一点就是引进了多媒体教学、计算机及网络辅助教学，采用计算机辅助教学，直观、生动，增强了教学效果，提高了教学质量。

在线上与线下教学平台相混合方面，侧重打造课前预备知识线上准备，为学生打下基础，讨论及质疑课堂线下解决，充分利用学校慕课平台和学习通 App，实现线上和线下混合式教学，提升教学效率。在专业与思政教学元素相渗透方面，侧重聚焦专业知识和思政元素的相互交融，引导学生在更大的格局下学习专业知识，提升教学高度。在理论与实践教学内容相融合方面，侧重紧跟时代的步伐，尤其是数字经济和新业态，通过各种图片、视频、文字等资料引导学生将专业理论知识和现实经济特征紧密联系在一起，提升教学的实效性。

六、教学实施过程

本课程教学实施流程设计依据及思路如表1所示。

表1　　　　　　　　教学实施流程设计依据及思路

布鲁姆课堂教学目标		BOPPPS 模型	教学流程
记忆	回忆事实与基本概念	课程导入 B 提出目标 O 学习前测 P	线上知识点学习、测验； 学生线上学习数据分析； 带领学生回忆增值税概念、纳税人、征税范围等税制要素
理解	解释观点与概念		
应用	在新情境中应用	学习活动 P1： 真实世界引出问题	导入案例：从三家"链上"企业看增值税税率下降红利
分析	在观点之间建立连接	学习活动 P2： 分析问题	结合我国增值税税率档级及适用行业知识点学习，分析适用低税率的货物特点，"营改增"行业税率特点

布鲁姆课堂教学目标		BOPPPS 模型	教学流程
评价	评判立场或决策	学习活动 P3： 抽象世界、理论学习	结合我国增值税税率改革政策导读，分析增值税改革的重要节点
创造	创造出新的思想、观点	学习评测 P 总结展望 S1 课后任务 S2： 真实世界、成效反馈	组织学生课堂讨论案例中的两个案例思考题（模仿专家）； 综述主要观点； 课堂总结； 布置课后任务

七、考核与评价方式

（一）对教师的评价

对教师的评价主要从评价主体、教学能力、教学准备、教学过程和教学结果等方面进行评价。评价的内容主要包括：一是课程思政在教学中的体现程度；二是课程思政建设是否贯穿教学过程各环节，包括教学理念及策略、教学方法运用、作业及批改、考试或考核、教学反思与改进等；三是专业课程思政目标设计、课程思政元素挖掘、教学大纲修订、教材编审选用、教案课件编写是否到位。

（二）对学生的评价

对学生的评价主要从学习过程和学习效果两个方面进行。一是学习过程：从课堂表现、课后作业、考试考核、日常行为等多维度评价学生学习专业知识的同时，积极参与课程思政学习，鼓励学生运用专业知识捍卫国家主权，增强国家、民族自豪感和认同感的人文情怀。二是学习效果：通过问卷调查（思政效果问卷），考查学生能否根据所学增值税专业知识结合思政元素，善于从国家治理视角发现问题，确保学习见真效果。

（三）考核方式

考核与评价方式使用线上慕课平台，由以下三部分组成：测试、作业、综合讨论。课后让学生完成相应知识点的测试与作业，并发布讨论题：税务部门应该如何更好地深化增值税税率改革，更好地服务企业等相关纳税人？

八、实施成效

在本课程教学中，我们可以通过学生对本课程的教学评价推断出该案例教学在实施过程中可能表现出的效果。

本课程实行的教学效果反馈制度包括三个部分：慕课课程评价、学生访谈评价、老师互评。

（1）慕课课程评价可以在慕课后台进行查看。

（2）学生访谈评价。教师会引导学生对本课程预期学习效果进行访谈，从中获知学生的需求和关注点，以达到在教学过程中有所侧重地满足学生需求；同时也让学生提出课程存在的不足，从而进行改进。

（3）老师互评。邀请其他老师进行旁听，课后进行交流学习，发现课程不足，进行修改。

希望通过本课程，能让学生在学习税收知识的基础上，增强对我国税收制度的了解，激发学生的爱国思维和大国智慧，从而加快我国税收制度改革的现代化进程。

税收法定原则：法治中国建设的必由之路

薛　钢

一、基本信息

课程名称：中国税制。

授课对象：财政学、税收学专业大学二年级学生。

知识点：税收法定原则。

主讲教师：薛钢，中南财经政法大学教授。

二、教学目标

（一）知识传授

熟悉依法治国背景下税收法定对社会经济发展的主要影响；了解中国税收法定原则下中国税制改革的发展变化历程；理解我国落实税收法定原则的基本要求。

（二）能力培养

通过背景材料学习增强学生对税收法定原则影响社会经济发展以及纳税人行为的分析能力；通过案例讨论与论文撰写培养学生文献资源检索能力、思辨表达能力；通过税收法定原则的落实培养学生具备观察、分析税收制度法治化水平的思考能力。

（三）价值塑造

强化学生的社会主义法治意识以及对税收法定原则内涵的理解，深刻领会习近平总书记提出的"推进全面依法治国，发挥法治在国家治理体系和治理能力现代化中的积极作用"①。熟悉税收法定原则在我国国家治理体系和治理能力现代化建设中的重要意义，牢固树立中国特色社会主义道路自信、理论自信、制度自信、文化自信。

三、教学重点与难点

（一）教学重点

（1）掌握税收法定原则的基本要求和内涵。重点是理解税收法定原则所包含的主要内容。

（2）熟悉税收法定原则在中国税收制度改革中的实践之路。熟悉党的十八届三中全会确定税收法定原则作为我国税制改革所遵循的主要原则背后的时代意义，熟悉自党的十八届三中全会以来我国推进税收法定原则的基本路径与重要进展。

（二）教学难点

（1）理解税收法定原则对于我国国家治理的重要意义和社会影响。难点在于如何在法治中国视角下，引导学生正确看待实施税收法定主义对于我国国家治理体系与能力现代化建设的现实意义。

（2）思考我国进一步贯彻落实税收法定原则的主要方向。在充分理解与分析文献、资料的基础上，引导学生思考未来如何进一步贯彻落实税收法定原则在现代化税收制度建设中的前进方向。

四、课程思政案例介绍

（一）税收法定原则的内在要求

税收是财政收入的基本形式，既是国家治理体系的基础和物质保障，也是国家治理的重要手段。同时，税收应来之于民、用之于民，税种的设立、税款的征收、收入的使用，直接关系纳税人的切身利益，关系人民的福祉。

目前，税收法定原则已经被世界各国普遍接受，其内涵包括三个方面：一是税收要素法定，即纳税人、征税对象、税率、计税依据、税收优惠、税收征收程序等税收基本要素应当由法律规定；二是税收要素确定，即税

---

① 习近平：《推进全面依法治国，发挥法治在国家治理体系和治理能力现代化中的积极作用》，载于《求是》2020年第22期。

收法律的规定必须明确清晰，尽可能避免出现漏洞和歧义；三是征税程序合法，即征税机关必须严格按照税收法律规定的程序和权限征收税款，非经法定程序，不得随意加征、减征、停征或免征税收。

（二）中国税收法定原则的演变与落实

税收法定原则作为税收立法和税收法律制度的一项基本原则，也是我国宪法所确立的一项重要原则，它首先要求税收的立法权（或决定权）应该掌握在立法机关手中。

《中华人民共和国宪法》（以下简称《宪法》）第五十六条规定："中华人民共和国公民有依照法律纳税的义务。"这也说明，只有法律才能规定公民的纳税义务。因此，在我国，税收应由代表人民行使国家权力的立法机关以法律的形式予以规范，这属于我国税制改革的"顶层设计"。新中国成立之后，第一部税法就是1958年6月3日第一届全国人民代表大会常务委员会第九十六次会议通过的《中华人民共和国农业税条例》，这充分体现出我国对于税收法定原则的重视。

改革开放初期，考虑到税收制度的建立、完善面临的错综复杂的情况，同时缺少相关经验，全国人大及其常委会遵循税收法定原则，依据《宪法》第八十九条关于全国人大及其常委会可以授予国务院其他职权的规定，于1984年出台《全国人民代表大会常务委员会关于授权国务院改革工商税制发布有关税收条例草案试行的决定》（已于2009年6月废止），授权国务院在实施国营企业利改税和改革工商税制的过程中，拟定有关税收条例，以草案形式发布试行；1985年出台《全国人民代表大会关于授权国务院在经济体制改革和对外开放方面可以制定暂行的规定或者条例的决定》，授权国务院对于有关经济体制改革和对外开放方面的问题，包括税收方面的问题，必要时可以根据宪法，在同有关法律和全国人民代表大会及其常务委员会的有关决定的基本原则不相抵触的前提下，制定暂行的规定或者条例。国务院根据有关授权决定颁布实施了一系列的税收暂行条例。至此，我国税收制度更多采取授权进行税收立法的方式。截至2013年党的十八届三中全会之前，我国税收制度体系中只有企业所得税、个人所得税、车船税是通过全国人民代表大会及其常务委员会以法律的形式立法，其余实体法均为授权国务院通过的暂行条例。这些税收暂行条例适应了改革开放的需要，与几部税法一道构建了适应社会主义市场经济需要的税收制度，为保障改革开放和社会主义市场经济体制的建立发挥了重要作用。但是，其消极作用也相当明显，如税法级次不高、税制稳定性不够、相关税收规定名称各异、具体税收要素设计不严谨等，既不利于保障纳税人合法权益和税务机关依法行政，也冲击了税收法定主义原则的落实，增加了税收执法难度。

2013 年 11 月，党的十八届三中全会通过了《中共中央关于全面深化改革若干重大问题的决定》（以下简称《决定》），其中第八章"加强社会主义民主政治制度建设"的第二十七条，专门提出"落实税收法定原则"，这是第一次在党的纲领文件中提出税收法定原则，是"全面推进依法治国"战略部署的重要组成部分，充分展现了党中央对税收法定原则的高度重视，凸显了我国加强税收立法顶层设计的决心，意义十分重大。

2014 年 10 月，党的十八届四中全会通过的《全面推进依法治国若干重大问题的决定》明确指出，依法治国是坚持和发展中国特色社会主义的本质要求和重要保障，是实现国家治理体系和治理能力现代化的必然要求，事关我们党执政兴国，事关人民幸福安康，事关党和国家长治久安。因此，全面推进依法治国，总目标是建设中国特色社会主义法治体系，建设社会主义法治国家。现代税收制度的建设离不开依法治税，这本身就是依法治国理念在税收领域的表现形式，也是各级财税部门开展工作的基本准则，通过将政府的征税行为纳入法治框架，也是实现整个社会法治化的重要内容和制度保障。

2015 年 3 月，第十二届全国人民代表大会第三次会议以 2761 票赞成表决通过对《中华人民共和国立法法》（以下简称《立法法》）的修改，新修订的《立法法》将第八条"税收基本制度"进一步细化为"税种的设立、税率的确定和税收征收管理等税收基本制度"，并将其单列为第六项，位于公民财产权保护相关事项的首位。同时，还明确规定了"税种的设立、税率的确定和税收征收管理等税收基本制度"只能制定法律。

2015 年 3 月，中共中央审议通过了《贯彻落实税收法定原则的实施意见》，给出了贯彻落实税收法定原则的"路线图"，明确提出落实税收法定原则的改革任务。

2015 年 10 月，党的十八届五中全会通过了《中共中央关于制定国民经济和社会发展第十三个五年规划的建议》，提出要建设"法律健全"的现代税收制度。落实税收法定原则，已经成为我国建设现代税收制度应该遵循的基本原则。

（三）党的十八届三中全会以来我国税收法定原则的落实

自党的十八届三中全会以来，税收法定取代授权立法正在逐步落实。截至 2022 年 10 月，目前现行的 18 个税种中已经有 12 部税种法律，分别是个人所得税、企业所得税、车船税、环境保护税、船舶吨税、烟叶税、耕地占用税、车辆购置税、资源税、城市维护建设税、契税和印花税。

因此，近年来我国税收法定建设已经渐入佳境。一方面，税收立法步伐明显加快，从形式上实现了我国税种法律位阶的全面提升，增强了税收法律的权威性和稳定性；另一方面，这些税收法律由全国人民代表大会及其常务委员会修订或制定，并广泛征求专家学者和广大群众的意见。因此，我国税收法定原则的贯彻实施案例为我国实现依法治国提供了税收领域的良法依据。

五、教学方法与手段

本案例教学采取"课前准备—课堂展示—课后思考"三步融入教学方式与手段。

（一）慕课学习＋分组准备

本课程相关教学资料可以在网上获取，课前会要求学生自主了解什么是税收法定原则。同时，通过学习小组方式收集税收法定原则基本文献资料，重点是了解税收法定原则出现的历史背景，深刻理解税收法定原则的主要内容。

（二）翻转课堂＋教师引导

首先，以学生学习小组为单位进行学习展示，重点在于展示"税收法定原则对社会经济的影响"与"我国税收法定原则在国家治理现代化建设中的作用"两个方面，组织学生分组讨论、分组汇报，并作总结。其次，由老师介绍党的十八届三中全会确定税收法定原则作为我国税制改革主要原则的时代意义，熟悉自党的十八届三中全会以来我国推进税收法定原则的重要成果。最后，以现实问题激发学生学习积极性，引导学生通过我国税收法定原则的运用，熟悉税收法定原则在国家治理中的重要作用。

（三）课后思考＋综合考核

本思政案例教学对教学的全过程（包括课前预习、课堂研讨和课后作业）进行综合考核和评价，重在引导学生参与案例讨论的主动性。其中，课前预习的考核通过慕课学习数据与预习资料进行评分；课堂研讨的考核主要依据分组讨论汇报材料与具体分工、具体表现进行评价；课后思考的考核主要依据学生提交的学习体会进行评价。主要是通过布置课后学习计划，让学生收集、学习关于我国税收法定研究的文献，在充分理解与分析文献、资料的基础上，引导学生思考未来如何进一步贯彻落实税收法定原则在现代化税收制度建设中的前景方向。

六、教学实施过程

本课程主要以"理论介绍＋历史演进＋现实思考"的方式让学生理解法治中国建设中的税收法定原则，引导学生自觉运用税收法定原则的立场、观点与方法分析和解决现代化税收制度建设中出现的问题。

基于对案例材料的分析与解读，本课程主要讲授"税收法定原则的基本内容""税收法定原则对于法治中国建设的影响""税收法定原则在中国税收制度改革中的实践之路"三个方面内容。前两个方面侧重于理论分析，目的是使学生能够通过学习了解税收法定原则，强化学生的社会主义法治意识与税收法定价值内涵，学深悟透税收法定原则在法治中国建设中的重要意义。第三个方面侧重于理论联系实际，引导学生辩证地看待目前中国税收法定原则的发展演进，分析未来落实税收法定原则的方向。

本案例主要采取问题教学法、文献学习法、案例讨论法，重在提高学生运用税收法定原则分析和解决现实问题的能力。教学一般安排 1 个课时（45 分钟）。具体教学实施过程如表 1 所示。

表 1　　　　　　　　　思政案例教学实施过程

教学内容：税收法定原则——法治中国建设的必由之路				
环节	教学法	设计思路	教学内容	时间分配
课前预习	慕课教学资料收集	帮助学生明确税收法定原则的历史背景与基本内容	（1）通晓税收法定原则的产生；（2）熟悉税收法定原则的内容	课前一周布置
课堂展示环节	案例互动法	引入思政案例，引导学生思考、组织讨论研究，进行总结、归纳	（1）分析税收法定原则对社会、经济、国家的重要影响；（2）分析我国近年来推进税收法定原则落实的基本成效	预计占用时间40 分钟
总结环节	启发教学	回顾本讲的主要内容后，布置课后思考内容，引导学生进行学习研究	进一步推进我国税收法定原则落实的思考	课后一周内提交研究心得

七、考核与评价方式

本课程对教学的全过程（包括课前预习、课堂研讨和课后作业）进行综合考核和评价。其中，课前预习的考核通过慕课学习数据与预习资料进行评分，满分为 20 分；课堂研讨的考核主要依据分组讨论汇报材料与具体分工、具体表现进行评价，满分为 40 分；课后思考的考核主要依据学生提交的学习体会进行评价，满分为 40 分。

八、实施成效

税收能够发挥在国家治理中的支柱性、基础性与保障性作用，税收问题已经从经济的范畴延伸到政治、社会、文化、生态以及党的建设各个领域。加强法治建设，是国家治理体系和治理能力现代化的应有之义，同时对培养税收专业人才、提高专业素养尤为关键。通过本课程思政案例的运用，在教学内容之外能够深化学生对于税收法定原则的理解，尤其是对我国正在进行中的现代化税收制度改革有更为深刻的认识，并且帮助学生们从法治中国与国家治理的角度看待税收制度，进一步加强学生对于税收制度法定内容的认识，提升其对于我国税收制度的自豪感。同时，也引导学生进一步思考推动我国税收法定原则落实的基本方向，从经济、社会、国家的角度为实现法治中国提供税收方案，提升税收法治思想高度与学术研究专业能力。

全球"战疫"中的中国贡献

丁兆君　王　倩

一、基本信息

课程名称：财政学。

授课对象：财政学（含税收方向）专业大学二年级学生。

知识点：（1）公共财政——中国特色社会主义公共财政。

（2）新时代公共财政思想——财政职能定位。

（3）新时代公共财政思想——大国财政。

（4）公共产品——全球性公共产品。

（5）教科文卫支出——公共卫生事业支出。

主讲教师：丁兆君，东北财经大学副教授；王倩，东北财经大学副教授。

二、教学目标

（一）知识传授

通过实际案例，帮助学生熟记、理解、领会、掌握"中国特色社会主义公共财政""国家治理的基础和重要支柱""大国财政""全球性公共产品""公共卫生事业支出"等财政学基本知识点。

（二）能力培养

学生能够将所学知识点（打破固定章节限制）与现实案例有效对接、有机结合，实现理论迁移和实际应用能力的提升；并能通过文字、语言等途径输出自己的见解和看法，形成内容完整、逻辑自洽的表述。

（三）价值塑造

领会马克思主义哲学的普遍联系观，坚定中国特色社会主义制度自信，理解我国大国财政的深厚中华文化根基，掌握我国财政人民性与公共性的统一。

三、教学重点与难点

（一）教学重点

在正确的价值观引领下，学生需要从现实案例中识别财政学专业的知识点，明确知识点与现实问题的对应关系。深刻理解掌握我国新时代财政思想中"国家治理的基础和重要支柱"这一财政职能的崭新定位，引导学生将案例中涉及的散布在至少三个章节中的知识点进行贯通融合，排布知识点之间的内在逻辑，并进行语言或文字输出，实现提高财政学专业学习者应对及解决现实问题能力的高阶学习目标。

（二）教学难点

（1）专业知识与价值塑造的融合。财政是国家治理的基础和重要支柱，具有思政育人的天然优势。尽管经济学这一基础学科是有统一性的，但不同国家政策制定的价值取向及排序具有根本差异，而差异背后的政治制度、社会文化、人文精神又起到了决定性的作用。如何处理好市场经济的客观性及客观基础上制度内涵选择的主观性之间的关系，将专业知识与中国特色社会主义制度的价值塑造有机融合，是正确认识中国问题，分析、解决中国问题的关键，也是教学难点之一。

（2）跨章节知识点的识别和运用。传统案例一般是"虫观法"的以知识点找案例的方式，割裂了知识点之间的关联，同时也降低了理论与现实的契合程度。引导学生从现实真实案例出发，反向整合案例内涵的多个知识点，掌握知识点的功能性，建立知识点的内在逻辑。通过案例以"用"促"学"的方式，让书本中的知识点"活起来"是教学难点之二。

（3）对案例综合分析的语言或文字表达。学生学习成果最终应体现在其输出上，在教师的引导下完成案例相关的专业知识、逻辑分析、价值取向等内容输入后，学生需要在自身的价值塑造背景下，形成相对独立的逻辑自洽的专业内容的有效表达，这是整个案例学习过程的终点，也是第三个难点。

四、课程思政案例介绍

（一）案例背景

在这场百年一遇的新冠疫情中，中国积极推动国际抗疫合作，为全球战疫贡献力量、注入信心，让世界看到了一个负责任大国的勇毅担当。

（1）重信守诺，作出表率。从及时通报疫情信息到第一时间发布病毒基因序列等信息，从分享抗疫经验到派遣医疗专家组，从开展抗疫援助到提供和出口防疫物资，从进行药物、疫苗研发合作到打造人类卫生健康共同体，从完善全球卫生治理到确保全球产业链供应链开放、稳定、安全……推动团结合作，中国倡议有承诺，更有行动、有作为。

（2）坚持正道，凝聚合力。2021年，新冠疫情起伏反复，病毒频繁变异，形势仍然复杂严峻，国际社会急切期待更多的信心、希望和合作。在这关键时刻，中国坚定地走在团结合作的正道上。除了对外供应大量疫苗成品，中国还致力于拓展海外联合生产，帮助发展中国家提高疫苗生产能力，有效增加全球疫苗供给。

（二）案例主要内容

1. 领会马克思主义哲学中普遍联系的观点

深刻理解习近平总书记提出人类命运共同体理念的深刻历史内涵和理论基础。

［案例内容］坚持同舟共济，倡导团结合作。面对传染病大流行，我们要秉持人类卫生健康共同体理念，团结合作、共克时艰，坚决反对各种政治化、标签化、污名化的企图。搞政治操弄丝毫无助于本国抗疫，只会扰乱国际抗疫合作，给世界各国人民带来更大伤害。（中国已为受疫情影响的发展中国家抗疫以及恢复经济社会发展提供了20亿美元援助，向150多个国家和13个国际组织提供了抗疫物资援助，为全球供应了2800多亿只口罩、34亿多件防护服、40多亿份检测试剂盒。中国全面落实二十国集团"暂缓最贫困国家债务偿付倡议"，总额超过13亿美元，是二十国集团成员中落实缓债金额最大的国家。）

2. 坚定中国特色社会主义制度自信

中国特色社会主义制度是以马克思主义为指导、植根中国大地，具有强大生命力和巨大优越性的制度和治理体系。

［案例内容］坚持科学施策，统筹系统应对。面对这场新型传染性疾病，我们要坚持弘扬科学精神、秉持科学态度、遵循科学规律。抗击疫情是一场总体战，要系统应对，统筹药物和非药物干预措施，统筹常态化精准防控和应急处置，统筹疫情防控和经济社会发展。二十国集团成员要采

取负责任的宏观经济政策,加强相互协调,维护全球产业链供应链安全顺畅运转。要继续通过缓债、发展援助等方式支持发展中国家尤其是困难特别大的脆弱国家。(中国将在未来3年内再提供30亿美元国际援助,用于支持发展中国家抗疫和恢复经济社会发展。中国已向全球供应3亿剂疫苗,将尽己所能对外提供更多疫苗。中国支持本国疫苗企业向发展中国家进行技术转让,开展合作生产。)

3. 掌握我国财政人民性与公共性的统一

中国特色社会主义公共财政下的公共支出坚持以人民为中心,支出方向、支出重点体现了"公共性"的本意和宗旨。

[案例内容] 坚持人民至上、生命至上。抗击疫情是为了人民,也必须依靠人民。实践证明,要彻底战胜疫情,必须把人民生命安全和身体健康放在突出位置,以极大的政治担当和勇气,以非常之举应对非常之事,尽最大努力做到不遗漏一个感染者、不放弃一个病患者,切实尊重每个人的生命价值和尊严。要保证人民群众生活少受影响、社会秩序总体正常。

4. 理解我国大国财政的深厚中华文化根基

我国财政是中华文化积淀下的互利共赢、包容互惠的柔性大国财政。

[案例内容] 坚持公平合理,弥合"免疫鸿沟"。我们要摒弃"疫苗民族主义",解决好疫苗产能和分配问题,增强发展中国家的可及性和可负担性。疫苗研发和生产大国要负起责任,多提供一些疫苗给有急需的发展中国家,支持本国企业同有能力的国家开展联合研究、授权生产。多边金融机构应该为发展中国家采购疫苗提供包容性的融资支持。世界卫生组织要加速推进"新冠肺炎疫苗实施计划"。(中国已宣布支持新冠肺炎疫苗知识产权豁免,也支持世界贸易组织等国际机构早日就此作出决定。中国倡议设立疫苗合作国际论坛,由疫苗生产研发国家、企业、利益攸关方一道探讨如何推进全球疫苗公平合理分配。)

(资料来源:案例内容主要参考2021年5月21日国家主席习近平应邀在北京以视频方式出席全球健康峰会发表的题为《携手共建人类卫生健康共同体》的重要讲话。)

五、教学方法与手段

(一) 教学方法体现学生学习的个性化和互助性

基于以往教学实践中观察到的分组学习所产生的"搭便车"现象,在本案例教学中，采取的是个体独立学习的方式，由教师按照以下学习法引导学生完成学习内容。

1. 知识点辨识法

从案例资料中梳理出财政学课程知识点，锻炼学生理论的迁移能力。例如，人类命运共同体理念的提出，既是马克思主义哲学观中普遍联系的体现，同时也是中国优秀传统文化的智慧贡献。

2. 比较研究法

通过案例资料，进一步探讨西方公共财政与中国公共财政的异同。例如，在同为市场经济基础的公共财政模式中，中国特色社会主义财政的优越性体现在哪些方面，其与西方公共财政理论根源和文化基础的差异有哪些。

3. 综合分析法

结合全球战疫中，西方国家对内对外的政策和中国的国内"人民第一性"及全球事务的担当，进行充分比较，并深刻理解中国公共财政的"人民性"及大国财政"互利共赢"的柔性大国风范。

4. 输出展示法

要求学生在对案例资料进行充分分析和梳理后，就其中抓取的一个知识点，在现有案例资料的基础上进行扩展和补充，完整讲述知识点背后的现实实践，并进行展示和讲述。再根据学生不同的研究视角，将选题相近的学生组成小组，进行伙伴式互助学习。

5. 复盘讨论法

通过讨论交流、思想碰撞，对所研究的内容进行复盘讨论，提升认知，最终形成内容完整、逻辑自洽的文字或语言表述。

（二）实施手段体现信息化和多样性

本课程案例相对复杂，对时间投入和辅助手段有一定的要求，借助线上（超星泛雅平台的线上班级功能）线下的混合学习模式，将案例基本内容以及学习要求设置为线上的课前预学形式，使学生在课上进行深入分析前就有一定的准备，有效提高课堂上的学习效率。线下课堂的案例教学过程中，同样需要使用智慧学习工具（超星学习通）开展课堂讨论、提问、打分、互评等功能，确保了学习参与的全员性以及学习信息反馈的及时性，提升课堂学习效果。

六、教学实施过程

（一）知识点的识别及筛选

教师引导学生根据本课程案例资料从已知的知识体系中寻找相关知识点（包括中国特色社会主义公共财政、大国财政、财政是国家治理的基础和重要支柱、全球性公共产品、公共卫生事业支出等），为增加难度，教师可提供一些干扰项，考查学生的学习程度，提高学生的识别及筛选能力；更为重要的是要引领学生建立"全局观"视角和思维框架。

（二）知识点功能分析基础上的视角选取

在识别和筛选与案例相关的知识点后，需要进一步分析各知识点的功能对完成案例分析和论述所起的作用。例如，习近平总书记提出人类命运共同体理念的深刻历史内涵和理论基础源于中华文化积淀下的互利共赢、包容互惠的柔性大国财政以及马克思主义哲学的普遍联系观。在深入分析知识点的同时，逐步梳理思路，确定论述视角和内容。

（三）根据分析视角及价值塑造对知识点进行组织和建构

在梳理相关知识点并分析各知识点对于案例分析的作用后，教师需要启发学生以不同的视角"自拟题目"（例如，"中西公共财政的异同""财政的'公共性'""中华文化背景下的'大国财政'"等），对案例展开研究和讨论。学习目的是让学生能够从全局的维度来审视财政学问题，厘清各要素之间的逻辑关系，根据自我的价值取向和判断来把握"什么是重要的"，对要素的重要性进行排序，再从具体的政策制度设计入手解决实际问题。

（四）对案例分析结果进行评价和改进

任何学生的学习效果都需要在反复的评价、反馈、改进中进行提升。最后一个步骤就是根据学生初步研究结果的展示、教师评价，让学生进行二次修改；再根据研究视角的接近程度进行小组研讨学习，学生之间互学互评，进一步巩固加深学生对于专业知识的领会程度，提高其在全局视野下的实际问题应对及解决能力。

七、考核与评价方式

学生案例学习中的成绩由两部分组成：一部分是独立学习经过教师评

价、反馈、改进并输出展示后的成绩（占比60%）；另一部分来自小组的共同学习成果（占比40%）。

第一部分的成绩由教师根据学生给出的语言或文字表述做出成绩评定或评价。成绩评定或评价标准如表1所示。

表1 成绩评定或评价标准

项目	D（及格）	C（中）	B（良）	A（优）
知识整合	文章不能显示作者充分理解并能应用课程所学的概念	文章显示作者在一定程度上能理解并能应用课程所学的概念	文章显示作者在多数情况下能理解并能应用课程所学的概念，但论文有些结论没能得到充分论证	文章显示作者能很好理解并能应用课程所学的概念，这些概念被很好的融入作者的见解中
主题聚焦	论题没有被很好的定义	论题太宽泛	论题有所聚焦，但缺少方向	论题从立场陈述和初始假设两个方面为论文提供了明确的方向
讨论深度	论文结论部分讨论草率，只有少数部分有简要的讨论	讨论各部分深浅不一，过度引用他人观点压倒了自己的看法	论文讨论有一定的深度，大部分论述也比较充分	论文各部分都有深度讨论和充分论述
一致性	所有信息均未联系起来，论文不成整体	论文偶尔能将各种资源的信息联系起来，但论文缺少流畅性	论述基本流畅，偶有断裂，作者对各种资源材料的联系有一定的理解	论述流畅，显示作者对各种资源材料的联系有很好的理解
写作规范	太多的书写及语法错误	明显的书写及语法错误	偶尔有书写及语法错误	没有书写及语法错误

第二部分的成绩由学生自评以及组间互评、组内互评组成。一般自评占第二部分总成绩的30%，组内互评占30%，组间互评占40%。

八、实施成效

（1）将思政教育"融盐入水"式的沉浸于专业学习中。财政学具有专业思政的天然要求和优势，通过本课程案例学习将中国特色社会主义制度以及中国优秀传统文化等内容融入财政学专业学习的政治、社会、文化基础中，使学生们深刻领会到市场经济的客观性及客观基础上的制度内涵选择的主观性；在关注对个体影响的基础上，聚焦中国特色社会主义制度及社会主义核心价值观下"国家""社会"的总体性问题。

（2）以"全局观"视角达成专业学习的高阶目标。从"国家治理的基础与重要支柱"的维度来应对和解决财政学领域的实际问题，此目标的实现要求学生具备扎实且全面的知识基础，在国家的顶层制度设计下，贯通多章节知识点，打破人为的知识点边界，来辨识、解读、分析，进而改进具体的政策制度，体现学习目标的高阶度与务实性。

（3）开启向更高水平学习的动力和通道。主题贯通式案例学习，以现实问题为导向，实现了从"学以致用"到以"用"促"学"的转变，学生普遍认为这种案例学习方法获得了以往课堂教学中未有过的学习体会，"开启学术之路""发散思维""能力转化""更加系统""大视角"等成为学生感想中的关键词。

从 1950 年新中国第一份预算
看预算的本质

李　明

一、基本信息

课程名称：政府预算管理。

授课对象：财政学（含税收学）专业大学本科二年级或三年级学生。

知识点：预算的本质。

主讲教师：李明，对外经济贸易大学教授。

二、教学目标

（一）知识传授

从形式上看，预算是各级政府、各部门和单位的年度财政收支计划。在对财政收支规模等预测的基础上，各级政府、有关部门和单位按照政府收支分类体系和预算文件制式等要求，把收支计划填充在相应的表格中，形成预算。但马克思主义认识论告诉我们，要透过现象看本质。财政收支计划数确定的依据是什么？反映了什么？更值得关注。这要求结合我国实际，理解预算的内涵与本质。

案例中的 1950 年新中国第一份预算，于 1949 年 12 月通过。其时，新中国刚刚成立，解放战争尚未取得全面胜利。服务和服从于当时的历史任务，这份预算处处凝结着党和国家的战略和政策。通过对新中国第一份预算编制时代背景、过程、内容和社会各界反响的讲解，使学生牢固树立"预算体现国家的战略和政策"这一预算的内在本质。

（二）能力培养

预算体现国家的战略和政策。一部新中国预算史，见证了我国社会主义革命和建设、改革开放以来重大发展战略和政策转向与完善的全过程。党的十八大以后，中国特色社会主义进入新时代，立足新发展阶段、贯彻新发展理念、构建新发展格局，授课中注重引导学生举一反三，参考对新中国第一份预算案例的剖析，深刻领会党的十八以来特别是党的十九大以来，国家年度预算和中期财政框架安排背后的战略部署和政策导向，学会从数据中见战略、见政策。

（三）价值塑造

预算体现国家的战略与政策。一部新中国预算史，见证了党坚持初心使命，勇于自我革命，不断擘画一个又一个宏伟蓝图的历史。新中国第一份预算，反映了党坚持一切从实际出发、不懈推进马克思主义中国化的理论品格，凝结了党统筹加快推进全国解放和把工作重心转向城市与建设上来的决策部署。通过案例学习，引导学生看清楚过去我们为什么能够成功，树立坚定听党话跟党走，与民族振兴和国家发展同向同行的决心，不断创造一个又一个新的成功。

三、教学重点与难点

（一）教学重点

（1）清晰讲授案例所反映的国家战略和政策的演进过程。

（2）阐明案例中的预算数据是如何体现出国家战略和政策的。

（3）结合案例中预算编制和审批程序，明确怎样确保预算体现国家的战略与政策。

（4）引导学生举一反三，试思考近年国家预算反映了怎样的国家战略和政策。

（二）教学难点

预算体现国家的战略和政策，如何理解作为抽象概念的战略和政策的内涵？两者的区别何在？

四、课程思政案例介绍

（一）案例主要内容

1949 年 12 月 2 日，中央人民政府委员会第四次会议通过了《关于一九五〇年度全国财政收支概算草案的报告》（以下简称《报告》），这是新中国第一份预算报告。《报告》中指出，这个草案是根据不完全的材料加上经验推算估计所编成的，因此它画出的只是一个轮廓和基本方向。

据参与了当年预算编制工作的王丙乾回忆，预算编制前，大约 1949 年 8 月，时任中央财经委员会主任陈云同志，就根据天津的税收情况推算了 1950 年全国财政收支的情况，为编写第一份国家预算提供了参考。推测的大致情况如下：

公粮收入，按解放区人口将增加到 4.45 亿人计算，公粮共 193 亿斤（大米 105 亿斤，小米 88 亿斤）。各区相应分配任务，如华东 65 亿斤（大米 45 亿斤，小米 20 亿斤）。税收收入，按 1950 年 7 月底价格计算，共收 17502 亿元（旧币，下同），其中华东 7100 亿元。

收入的计算，是根据天津的税收及各地人口的比例拟定的。比如，华东税收收入 7100 亿元中，预计上海 3500 亿元，就是拿一个上海顶五个天津推算的。

支出方面：按 900 万名脱产人员计算，每人每年需要折合 3000 斤米，其中 1/3 用粮食供给，共需 90 亿斤，2/3 用货币支付（大米按每斤 150 元，小米每斤 60 元），共计 23160 亿元。另外，事业费预计共支出 7460 亿元。

表 1 为 1950 年度正式预算的情况。收支都是以粮食为计量单位的，由于各地粮食品种不同，如北方为小麦、南方为稻米，在编制预算时，粮食都按照物价指数折算。

表 1　　　　　　　　1950 年新中国第一份预算　　　　　　　单位：亿斤

收入		支出	
公粮收入	199.84	军事费支出	230.693
各项税收	187.8	经济建设投资支出	142.0482
国营企业收入	82.386	文化教育卫生支出	24.3608
清理仓库收入	11.4	行政费支出	127.18
发行公债收入	43	社会事业费支出	13.78
其他收入	1	债务支出	0.84
		总预备费	56
收入总额	525.426	支出总额	594.902

资料来源：王丙乾，《中国财政 60 年回顾与思考》，中国财政经济出版社 2009 年版，第 27 页。

在批准预算的会议上，中央人民政府主席毛泽东同志发表了重要讲话。他说："国家的预算是一个重大的问题，里面反映着整个国家的政策，因为它规定政府活动的范围和方向。"时隔 70 余年后的 2021 年 4 月，国务院发布《关于进一步深化预算管理制度改革的意见》，开头再次援引了毛泽东同志的上述讲话，指出"预算体现国家的战略和政策，反映政府活动的范围和方向"。

1950 年的新中国第一份预算，反映了当时摆在中国共产党和新的中央人民政府面前的极其重要的政治和经济任务，体现了新中国刚成立时党和国家的战略和政策。

1. 预算体现国家的战略——"农村包围城市"战略转向在预算中的体现

何为战略？按《辞海》的定义，本意为指导战争全局的计划和策略，后泛指国家、政党对全局性问题的谋划，在一定时期内具有相对稳定性，通过策略来逐步实现。

"农村包围城市，武装夺取政权"，是以毛泽东同志为代表的中国共产党人在领导中国革命实践中逐步摸索出来的一条正确的革命道路。

1927 年大革命失败后，党被迫由城市转到敌人统治力量比较薄弱的农村，中国革命向何处走，成为摆在中国共产党人面前的紧迫任务。毛泽东同志在总结井冈山根据地和其他红色政权经验教训的基础上，在一系列著作和多个场合，提出并系统阐述了"工农武装割据"的思想，分析了中国红色政权能够发生、存在的原因和条件，指出中国革命的规律要求党的工作重点从城市转入农村，发动和依靠农民群众，在农村建立根据地，开展土地革命和各项建设事业，开展以农民为主体的长期革命战争，发展和壮大革命力量，最后占领城市，夺取全国革命的胜利。

"农村包围城市，武装夺取政权"这一正确革命道路的确立使中国革命转危为安，并在抗日战争中继续显示伟力。解放战争期间，随着战争的不断胜利，大批城市获得解放，敌我力量发生了根本变化。1949 年 3 月，党的七届二中全会正式决定，将党的工作重心由乡村转到城市。会议明确指出，要立即开始着手各项建设事业，一步一步地学会管理城市和建设城市，将恢复和发展城市中的生产作为中心任务。这一战略转向，在新中国第一份国家预算中有着充分的体现。

当时，战争尚未完全结束，1949 年秋冬，解放军向华南、西南大进军，军费支出仍是头等大事，未来随着全国的解放，接收的旧军队的相关费用、我军军政机构必要的支出，都是很大的负担。所以在这份预算中，安排了230.7亿斤粮食，占比38.8%，居第一位，这是比较好理解的。

值得我们注意、集中反映党的工作重心调整的，是表1所列如下几项收支。

（1）经济建设投资。支出折合粮食142亿斤，占比23.9%，居第二位，主要用于投资冶金工业、采矿工业、燃料工业和机器制造业等基本建设，以及修建铁路等。其目的是尽快恢复城市经济和发展生产。当时经济建设投资能达到这样的规模是非常不容易的。正如《报告》中指出的，"为要保证这一百分比，需要九百万人①节衣缩食，精打细算，一文一文地挤出来。长期战争对于工业、农业、铁路等的破坏极严重，估计中国经济破坏的程度与抗战前比较，有些地区达到百分之五十以上，加上连年水旱等灾荒，不努一把力，国民经济是不易加以恢复的。因此，无论我们国家怎样困难，也得有计划有步骤地挤出一些钱来，用在恢复生产上"，"现在全国已经基本胜利，军政人员生活，论理可以改善些，但我们还要求他们继续再吃几年苦，这对巩固胜利是有好处的，其目的在于挤出一点钱来，做恢复与发展生产之用"。实际上，1950年预算执行数较初始预算数还是有较大突破的，总支出为预算的128.46%，超出的部分，也主要用于大规模地修建铁路和不断增加基本建设投资。

（2）文化教育卫生支出。接管城市后，面对更多居民物质和精神文明所需，党和政府必须承担更多的民生支出责任。文教卫是其中的典型，当年预算安排文教卫支出折合粮食24.4亿斤。《报告》中指出，"文教卫生费用，占支出概算的百分之四点一。如果把文教卫生人员的开支加进去，就会超过这一百分比，达到支出概算的百分之六"。虽然规模还不是很大，"但这在战争继续进行和经济破坏极大的情况下，也算是不错的"。在各级预算的支持下，新中国成立初期我国文教卫事业就得到了较快的发展。以教育为例，到1951年，全国已有中小学40万所，在校学生3700万人，先期解放的东北地区就开设了高等学校16所、中等技术学校61所，学校数目增加了60%，学生人数增加了1倍以上。

---

① 这九百万人，即陈云同志在做1950年国家预算推测时所指的脱产人员，包括军人、政府工作人员、教师等。

王丙乾回忆说，"当时预算司的国民党政府留用人员很激动地说，国民党的预算是军队、警察和特务们的预算，他们预算中用于发展国家生产、国民教育、保健事业的支出只有 2%～3%。在战争还没有完全结束的情况下，我们经济建设和文教卫生就能达到这个比例，真是很了不起，这才是人民的预算"①。

2. 预算体现国家的政策——对旧政权公职人员"包下来"政策在预算中的体现

何为政策？《辞海》解释为，国家或政党为实现一定历史时期的路线而制定的行动准则。

新中国成立前夕，随着全国逐步解放，如何处理旧政权公职人员，成为摆在党面前的紧迫问题。党坚持把马克思主义基本原理与中国实际相结合，创造性地提出了"包下来"的政策，确保了新生政权的坚强和稳定。

一则，根据经典马克思主义国家学说，革命旧政权、建立新政权，应该铲除旧的国家机器、清退旧人员。受此思想影响，早期在接管城市时采取了大规模斗争清退旧人员的做法。二则，当时党的干部大多来自农村，没有足够的城市工作经验。解放战争推进形势喜人，党没有时间培养足够的力量接管政权。以上都造成了一定程度的混乱和经济损失。三则，旧人员是一个非常庞大的群体，如果安置不妥，将会产生一系列影响。一是会产生示范效应。例如，1948 年解放济南前，一些早期解放城市遣散的旧人员逃至济南，国民党借此宣传和夸大我党斗争旧人员，引发恐慌，致使后者坚定地反革命，在我军入城前大搞破坏、逃散。二是大规模失业危及社会稳定。旧人员长期脱离生产，主要依靠俸薪为生，作风懒散，失去工作岗位后，处境艰难，容易成为社会乱源。四则，失业问题还给了国外反共势力一个口实。1949 年 8 月，美国国务院发布《美国与中国的关系》白皮书，指出庞大的人口已成为中国政府的沉重负担，没有一个政府能成功解决中国人民的吃饭问题。

早期城市接管出现的问题和一系列负面影响，引发了从中央到地方各级党委的高度重视。1948 年 11 月接管沈阳，中共中央东北局做了审慎的部署。陈云同志撰写并报中央的《接收沈阳的经验》，总结了当时的做法，概

---

① 王丙乾：《中国财政 60 年回顾与思考》，中国财政经济出版社 2009 年版。

括起来为"各按系统,自上而下,原封不动,先接后分"。其中"原封不动"指的是,"旧职员均按原职上班,工厂企业等只派去军事代表,政权部门只撤换头子"。平津战役后,北京、天津两市的接管积极参考沈阳经验,进一步明确,除首要战犯和罪大恶极反革命分子外,旧人员凡不持枪抵抗、不阴谋破坏者,一律不予俘虏或逮捕,听从命令、各安职守。绥远和平解放不久,1949年10月24日,毛泽东同志在同绥远负责人谈话中再次强调,"中国已归人民,一草一木都是人民的,任何事情我们都要负责并且管理好,不能像踢皮球那样送给别人去。国民党的一千万党、政、军人员我们也要包起来,包括绥远的在内,特务也要管好,使所有的人都有出路"①,又说"眼睛里只看到绥东解放区八十万人民会弄错事情。湖南有十万失业军政人员和广大的孤寡没人管,如果只管共产党的孤寡就会出乱子"②。

这就是对旧政权公职人员实施的"包下来"的政策。"包下来"要求解决好旧政权公职人员的就业问题,管好他们的衣食住行等。1950年新中国第一份预算很好地反映了党为争取与安置好旧人员而实施的"包下来"的政策。预算中的行政费支出,主要项目就是公教人员的生活费和公杂费,折合粮食127.2亿斤,占比高达21.4%。这个数目之所以这样大,《报告》中有过解释,"因为我们不但要供给人民政府的公教人员,而且要供给旧公教人员","把所有旧军队旧公教人员一齐包下来,给以生活的出路,逐渐加以改造,并准备在一二年内转入经济建设,慢慢地再减少下来,是人民政府的责任。这一条政策是已经定下来的"。毛泽东同志在1949年12月召开的中央人民政府委员会第四次会议讲话中也专门强调,"概算草案中关于养活所有旧军队和旧公教人员的问题,这就是政策问题。人民政府在这个问题上应该采取负责的态度,只有这样才是对人民有利的"。

(二)案例的启示

预算是各级政府的财政收支计划,表现为一系列预算收支数据。这些数据的背后,体现的是国家的战略与政策,反映了政府活动的范围与方向。

预算体现国家的战略和政策,是由党的宗旨和我国国家性质决定的。为中国人民谋幸福、为中华民族谋复兴,是党的初心和使命,坚持以人民为中心的发展思想,是党的庄严承诺。预算是国家治理的重要工具,必然

---

① ② 《毛泽东文集(第六卷)》,人民出版社1999年版。

要体现国家的战略和政策，不断推动实现人民群众对美好生活的向往。1950 年新中国第一份预算反映了这一点，近年来的预算也体现了这一点。

正是鉴于预算在国家治理中的功能和价值，近年来我国积极部署改进预算管理制度。党的十九大要求"建立全面规范透明、标准科学、约束有力的预算制度，全面实施绩效管理"，党的十九届四中全会明确"完善标准科学、规范透明、约束有力的预算制度"。2018 年 3 月中共中央办公厅印发的《关于人大预算审查监督重点向支出预算和政策拓展的指导意见》明确人大要加强对预算支出政策的审查监督，2021 年 4 月国务院印发的《关于进一步深化预算管理制度改革的意见》要求强化党委（党组）和政府对预算的审议，进一步推进预算与战略和政策的融合，增强预算对中央重大决策部署的保障。

五、教学方法与手段

主要教学方法为课堂讲授（配合 PPT 展示）、课堂讨论和安排课后作业进行启发式拓展。

1. 重点讲授内容

（1）预算的产生与发展。

（2）预算的表现形式与本质。

（3）1950 年新中国第一份预算编制的背景、过程与内容。

（4）"农村包围城市，武装夺取政权"这一正确革命道路的内容及确立的背景；对旧政权公职人员实施"包下来"政策的内涵及确立的过程。

（5）1950 年新中国第一份预算数据，在哪些主要方面体现了党的工作重心的转移和"包下来"的政策。

2. 重点讨论内容

（1）战略与政策有何内在区别？

（2）党的工作重心由农村转向城市会带来哪些新挑战和新要求，对预算资源配置将产生怎样的影响？

（3）如何看待经典马克思主义国家学说对旧政权、旧人员的认识与党对旧人员实施"包下来"政策间的"矛盾"？

（4）如何确保预算更好体现国家战略和政策？

3. 课后作业

择近一年中央本级或所在省市本级预算相关功能支出安排，分析反映了怎样的战略和政策？

六、教学实施过程

案例在讲解完预算的产生与发展之后引入。全过程预计需要 3 课时。

第一步，必要的铺垫。预算制度产生于西方现代民族国家构建过程中，侧重强调预算对政府的约束作用。我国在晚清引入预算制度，新中国成立后，我国结合革命根据地时期实践，确立了契合我国国情的预算制度。

第二步，展示近年中国和代表性国家预算。形成结论：从形式上看，预算是中外国家各级政府的财政收支计划，表现为一组组预算报表和收支计划数据。

第三步，提出问题。这些数据确立的依据是什么？反映了什么？明确此问题即是在探究预算的本质。

第四步，引入案例。明确预算体现国家的战略和政策，国家的性质决定预算的性质，在我国，预算具有人民性。

第五步，布置课后作业。引导学生举一反三，参考案例剖析，体会近年预算安排体现了怎样的战略部署和政策导向，学会从数据中见战略、见政策。

七、实施成效

（1）深化了对预算本质的认识。党的十八届三中全会明确，财政是国家治理的基础和重要支柱，积极部署现代财政制度建设。预算因其规划引领作用，备受关注。案例着眼预算在保障国家战略和政策贯彻落实中的作用，加深了学生对预算本质及预算在国家治理中作用的认识。

（2）树立了挖掘预算数据的意识。财政数字化和公开为预算数据信息挖掘提供了可能。案例讲授激发了学生们挖掘和深入分析预算数据背后蕴含的战略和政策，评估预算绩效、监督预算执行的意识，提升了学生们的综合素养。

（3）强化了"四史"教育。案例挖掘自党史、新中国史和社会主义发展史素材，回顾了党领导全国人民艰苦创业的历程，坚定了学生们听党话跟党走，奋进新时代的决心。

以数治税下"薇娅逃税案"对税法原则的诠释

黄江玉

一、基本信息

课程名称：税法。

授课对象：税收学本科生。

知识点：税收法定，税收公平，税收合作信赖，实质课税。

主讲老师：黄江玉，贵州财经大学副教授。

二、教学目标

（一）知识传授

围绕税法知识高阶性、系统性和灵活熟练应用目标，使学生基于以数治税案例对税法基本原则有深刻认知。教师结合具体案例讲解，使学生深刻理解税法原则在实践发展中的守正与创新。

（二）能力培养

围绕学生能力培养的创新性和综合性，基于数字经济发展要求和以数治税理念，着重激发学生税法学习的主观能动性和内驱动力，培养税收法治意识和税收数据思维。

（1）基础能力。启发和开拓了学生对税法基本原则的理解，培养学生税收法治的思维，为系统学习财税知识打下坚实的基础。

（2）应用能力。通过税法原则和案例的融合，提高学生税法"比较—分析—演绎—归纳"的应用能力。

（三）价值塑造

通过案例强化学生对中国特色社会主义法治体系的制度自信，为公共部门等岗位输送财税大数据方面的治国理政人才。

三、教学重点与难点

（一）教学重点

本课程分析以数治税的内涵，结合数字经济发展的实践案例，使学生能结合案例深入理解和掌握税收法定、税收公平、税收合作信赖、实质课税等税法基本原则。

（二）教学难点

本课程将以数治税理念和案例综合分析相结合，挖掘税收合作信赖、实质课税原则在案例中的适用，并结合实体法与程序法综合分析案例。

四、课程思政案例介绍

（一）案例主要内容

大数据技术赋能和数字经济发展给财税现代化带来了机遇和挑战，要求在税务领域推行以数治税。中国互联网络信息中心（NNIC）发布的第 49 次《中国互联网络发展状况统计报告》显示，截至 2021 年 12 月，我国网络直播用户规模达 7.03 亿（占全部网民比重的 68.2%）。为应对网络直播新业态对传统税收规则及征管制度带来挑战，我国各地税务部门积极探索以数治税实践。

2021 年 12 月，浙江省杭州市税务局稽查局通过税务大数据分析发现，作为网络主播的薇娅（网名）通过隐匿个人收入、虚构业务转换收入性质虚假申报等方式偷逃税款 6.43 亿元，其他少缴税款 0.6 亿元，依法对其作出税务行政处罚，追缴税款、加收滞纳金并处罚款共计 13.41 亿元。薇娅案因其高额罚款与广泛的社会影响力，对全社会诚信纳税起到良好的警示教育作用，对税务部门探索以数治税推进税务征管提供了参考案例。

（资料来源：《薇娅偷逃税被罚！追缴税款、加收滞纳金并处罚款共计 13.4 亿元》，央广网，2021 年 12 月 20 日。）

（二）案例分析

本课程选择了社会影响大、警示意义强、参考价值高、思政教育效果好的薇娅案。该案例较全面地诠释了税法原则。

1. 税收法定原则

税收法定原则，又称税收法律主义，是依法治国理念在税收中的体现。

税收法定原则要求通过法律形式对税种、征税对象、纳税主体、税率、纳税期限等作出规定。国家税务总局杭州市税务局稽查局依据《中华人民共和国个人所得税法》《中华人民共和国税收征收管理法》《中华人民共和国行政处罚法》等法律对薇娅进行行政处罚，体现了税种法定、税收要素法定和程序法定等要求。此外，薇娅案虽涉案金额巨大，但符合"首违不罚"规定，未进行刑事处罚，这也体现了税收法定原则。

2. 税收公平原则

税收公平原则是平等性原则在税收思想上的体现。税收公平原则是在综合考量纳税人的经济状况、纳税条件之后，再进行税款的缴纳，保证各个纳税人税负承担相对公平。薇娅作为当时的头部主播，其偷逃税行为不仅冲击了国家税收征管秩序，同时也严重伤害了社会公平。网络主播收入畸高现象频现报端，税法是督促每个社会成员依法缴税的戒尺，对网络直播行业公平征税，有利于营造良好的税收营商环境。国家税务总局对依法严查偷逃税做法表示坚决支持，以促进社会公平正义。

3. 税收合作信赖原则

税收合作信赖原则是民法诚实信用原则在税收中的体现。网络主播偷逃税案件的曝出也反映出核定征收政策执行存在的问题。以数治税要求下，税收部门聚焦税收漏洞，如将个人独资、合伙企业个人所得税由核定征收改为查账征收。税务部门通过"深化区块链技术应用、税费业务征管规范化标准化一体化建设"等获取纳税人更多的财务会计信息，在降低税收征管成本的同时能较好防范核定征收滥用问题，有效提升纳税人的税收遵从度，保障税收合作信赖原则在税收实践中的适用。

4. 实质课税原则

实质课程原则要求根据纳税人真实负担能力决定纳税人的税负，防止纳税人避税与偷税，增强税法适用公正性，体现实质重于形式。数字技术赋能强化了实质课税原则在所得税中的适用。税务机关利用大数据挖掘技术并基于实质课税原则，查明薇娅偷逃税款6.43亿元。数字技术提升税收监管和大数据执法效果，促进了实质课税原则在薇娅案中适用的合法性与有效性。大数据技术使税务部门和市场监管、银行、证券、不动产等系统联网，能实质性地评估网络直播等纳税人的纳税风险。

（三）案例授课中的思政效果

数字经济对税制优化和税收征管带来变革和挑战。课程结合以数治税理念和薇娅案讲授税法四大基本原则。课程思政融入课堂案例教学中，具有四个方面的积极效果。

1. 加强现实国情和数字经济税收教育

税法课程中加强现实国情和数字经济税收教育是税法类专业教育和思政教育的共同要求。薇娅案是我国数字经济税收发展的体现，课程结合以数治税理念对税收原则的讲解，使税收学本科生能用税法专业眼光了解国情和数字经济发展现状。学生将税收政策与新发展理念、新发展格局相结合，基于中国税收政策去讲好中国税收法律故事。现实国情和数字经济税收教育是立德树人的基本要求。通过税法实践案例讨论与交流，培养税收学专业大学本科学生牢固树立"法治天下""有税必有法"的思想意识。

2. 强化学生税收法治思维和应用能力

税收法治意识是人们对法律发自内心的认可、崇尚、遵守和服从。基于税收四大基本原则，让学生结合薇娅案进行综合性分析，使学生对税收法治意识和税法原则适用有更具体的认识和理解。课程以薇娅案为切入点，引导学生查阅以数治税相关案例，提升学生结合税法原则对现实案例的综合分析能力。课程以循序式的多维课程内容设计和渐进式的案例应用分析能力为抓手，培养学生的税收法治思维和应用能力。

3. 培养"税收法治 + 大数据"的复合型人才

数字化税收是税收治理现代化转型的重要契机，要求学生具备"税收法治和数字化、系统化思维"，税法课程要为社会输送"税收法治 + 大数据"复合型人才。课程讲授结合税法理论与案例实践将税收实体法与程序法相结合，使学生对税收管理信息系统工程、大数据税收融合的综合实践有更深刻的认识。

4. 提升学生税法学习的内驱动力及科研精神

围绕以数治税理念，引导学生分组讨论薇娅案，课后自主及分组深入查阅资料。学生将对案例的学习和理解发布在学习通讨论区，学生之间相互交流学习和学术思想碰撞，有利于培养学生的科研精神。案例资料查阅与系统分析培养了学生的学术研究习惯，使学生产生学习"大数据、人工智能、区块链"等数字化技术的内驱动力。

五、教学方法与手段

(一) 教学方法

围绕教学目标，在课程教学中形成"课前预习—课中讲授—实践案例分析—课堂互动讨论—课后复习考核"的教学路径。

（1）课程采取的教学方法主要包括案例分析法、小组讨论法、课堂参与式教学法、课堂竞赛法等。案例讲授中，教师承担案例讨论的设计者、组织者、参与者、评议者等多重角色，引导学生从横向角度和纵向角度结合案例深度诠释税法原则，对表现突出的学生和小组给予过程加分和语言肯定等激励。

（2）课程教学始终围绕以学生为中心，通过"分组—任务—探索"的方法提高学生分析和解决实际问题的能力。课堂教学中采用课堂辩论、抢答方式使学生主动地、创造性地参与学习。课程鼓励学生课后通过数据搜集、问卷调研等方式关注网络直播、电子商务等税收征管情况。

(二) 教学手段

通过多元化的教学方法和手段，让学生结合案例参与讨论税收原则的具体适用，提升税法课程思政的效果。

（1）主要运用智慧教室、学习通 App、北大法宝等教学手段，通过数字化教学手段激发学生学习积极性。

（2）课堂利用网络教育资源和推荐税法相关学术讲座，引导学生关注时事热点和最新税收政策。学生通过优质的网络教育资源，实现课堂内外知识的融会贯通。

六、教学实施过程

本课程总结了包括税收内涵、税法目标等知识点的思政教学内容，以此对学生进行理想信念、社会责任意识、创新意识和诚信等教育。

(一) 适用条件

（1）本次课程时间90分钟，即2学时。

（2）税收学专业大学本科学生共36人。

（3）课堂案例分析与交流。

（二）课堂时段分配

课堂两个课时共90分钟，围绕教学目标和教学要点，借助信息化技术手段将课堂时间分为六大教学模块（见表1）；围绕"教师新课导入、分组自主学习、团队合作探究、课堂讨论与分享、巩固提高和检测反馈"五大环节组织课堂教学。

表1 教学安排

教学模块	时间（分）	目标导向	主要内容	教学要点	教学工具
模块1：知识复习和课程安排	10	温故知新：课堂回顾与新课导入	上次课程内容总结及本次课程内容分析	提问方式让学生回顾上次课程知识	课程回顾、教学PPT
模块2：税收资讯	5	资料收集等综合能力培养	两位学生课上分享近期关注的税收新闻	学生分享，教师点评总结	各地税务局、税务报等网络资源
模块3：知识传授	30	案例核心知识要点精讲	税收基本原则内涵	重点讲解与逻辑梳理	教学PPT、案例讲解
模块4：能力培养	20	学生从知识获取转向专业素质培养	案例分享思考讨论、学生学习总结	分组讨论、互动交流	教学PPT、学习通、北大法宝
模块5：价值塑造	20	引导学生主动思考并带着问题开展自我学习	案例评述、课程思政融入与案例总结	案例背景和案例信息的解读	案例分析、学习通使用
模块6：课程总结知识预习	5	引导学生预习下一阶段授课内容	知识点总结；布置课后问题	下次课程的知识点	PPT展示、知识思维导图
合计	90				

七、考核与评价方式

课程在课前—课中—课后全过程渗透思政内容。每次课前根据课程要求，在线上（学习通、腾讯会议等）设计预习任务，为线下课堂讲解做准备，课程结束后布置作业，着重关注学习过程—结果双重考核，以有效激发学生学习的主动性（见表2）。

表 2 考核与评价

教学目标	支撑依据	考核形式及评价	占比(%)
知识教学目标：税法知识高阶性、系统性和灵活熟练应用	①考核学生对税法原则基本内涵掌握程度,依托案例分析和课后测试。②使学生对税法四大原则有深刻认知,熟悉税法原则在实体法和程序法中的适用	课前预习、课堂讨论、章节测试	40
基础能力培养目标：发挥学生主观能动性,培养自主学习精神和税法思维	①启发和开拓了学生在税收学领域的思维,为财税专业学习打下坚实的基础。②考核学生和团队课堂竞赛效果、每章测验、课外第二课堂活动参与效果等	课前预习、税收资讯分享、课堂活动、课后作业	30
综合应用能力培养：强化税法案例分析,以及综合应用、沟通协作能力	①提高学生税法"比较—分析—演绎—归纳"的逻辑思维能力,以及对现实案例的综合分析能力。②强化学生自主学习思考能力、沟通表达能力和团队协作能力	税收资讯分享、课堂竞赛、课后作业	30
价值塑造、课程思政目标：培养税收法治意识和数据思维能力	①培养税收法治精神和数据思维,强化学生的制度自信。②税法培养学生专业素养,为公共权力部门输送治国理政人才。③体现"思政＋专业""思政＋课程"	贯穿课程教学和考核全过程	

八、实施成效

课程坚持立德树人,把"思政＋税收专业""思政＋税法课程"相融合。税法案例教学中融入课程思政,实现"五个转变"的预期成效和创新效果。

(1)考核方式转变。课程思政融入课程考核中,由过去注重对学生掌握知识的考核转化为注重提升学生案例分析素养与能力,从注重结果转向关注过程和结果全过程考核。课程考核学生税法思维方式、综合应用能力。

(2)教学方式转变。以数治税对税法教学信息化提出了要求,充分利用网络数据资源,教学方式的转变和创新有利于实现"我的课堂我做主"。课程思政驱动教学方式的转型,服务于学生获得税收知识、查缺补漏和能力培养要求。

（3）教学目标转变。教学目标中将思想政治教育与税法原则知识体系有机统一，"全方位、立体化、案例式、智能化、协同创新"的案例教学，持续提升学生财经思维、综合素质和应用能力。

（4）教学理念转变。课程以"问题＋课程组＋学生"三位一体模式为驱动，激发学生学习动力；聚焦以数治税和税法专题研究，实现"课程＋能力＋教师组＋学生"四位一体化发展。

（5）学生学习态度转变。以数治税背景下，税法案例具有新的发展特征。学生通过积极参与税收案例整理、分析和拓展，主动把课堂知识、理论分析与实践操作相结合，提高了对现实问题的敏锐性和分析能力。

民主法治与传统文化共进中的
预决算公开

王曙光　　景宏军　　周丽俭　　孙　懿

邵延学　　金向鑫　　孙慧玲

一、基本信息

课程名称：财政学。

授课对象：财政学、税收学专业本科生。

知识点：预决算公开。

主讲教师：王曙光、景宏军、周丽俭，哈尔滨商业大学教授；孙懿、邵延学，哈尔滨商业大学讲师；金向鑫、孙慧玲，哈尔滨商业大学副教授。

案例编写：景宏军，案例审定：王曙光。

二、教学目标

（一）知识传授

（1）预决算公开的理论逻辑。预决算公开是政府主动向社会进行的信息展示，是公民知情权、监督权的重要保障。这项制度虽然是政治民主与政治法治的重要内容与组成部分，但在我国预决算管理实践中，它却是一个富于挑战的全新课题。长期以来，预决算机密是一个经常被提及的话题，那么，在新时代，预决算要从国家机密转变为公开的文件，预决算管理要由追求保密演变为崇尚公开，这种发展变化之中存在着一定的理论逻辑与发展机理。在授课中，要围绕这部分内容进行讲授，让学生了解其中的理论前提、理论基础、逻辑推理与逻辑论证，掌握这一过程的因果关系与发展进路。

（2）预决算公开的法律规定。2015 年《中华人民共和国预算法》（修订版）（以下简称新《预算法》）增加了对于预决算公开内容的规定，之后财政管理部门又专门下发关于预决算公开的部门规章。课程要围绕以下法律规定进行知识传授：预决算公开的主体是谁？预决算公开的项目内容包括什么？预决算公开的表格有哪些？预决算公开有哪些例外？预决算公开的标准程序是什么？违反预决算公开要承担哪些法律责任？让学生从预决算管理流程的视角去理解为何会有上述规定，明确法律规定的来龙去脉，系统化、体系化地掌握相关法律知识。

（3）预决算公开的中国实践。在我国，预决算从不公开的秘密文件转变为接受监督的公开文件，这一进程不是一蹴而就的，同样，预决算公开的目标也不是一朝一夕就能够实现的。案例从我国预决算公开改革的探索实践着眼，分阶段介绍我国预决算公开改革的发展进程。让学生从时间的视角对我国预决算公开改革的进程有所把握，从而对我国预决算公开改革的现状作出历史的、客观的、公正的评价。

（4）预决算公开的文化基础。对我国财政管理的理论与实践来讲，现代预决算制度属于舶来品。在100多年的实践探索中，我们已经实现了预决算制度与中国财政管理实践相结合。在新时代，预决算制度本土化的当务之急是进行第二次结合——预决算制度与中华优秀传统文化相结合。特别是在国家治理体系和治理能力现代化的改革进程中，预决算公开是必然之选。因此，在授课中，要深入发掘中华传统文化中的优秀基因，讲授预决算公开在我国的深厚文化底蕴，为这项工作的进一步开展奠定基础。

（二）能力培养

（1）理论推理能力。政治民主与法治是我国政治改革的方向之一，政治民主要求预决算公开，预决算公开能够促进政治民主；政治法治强调预决算公开，预决算公开能够完善政治法治。通过让学生推理上述关系之间的应然与必然联系，培养学生从整体到部分、从抽象到具体的理论推理能力。

（2）实践分析能力。让学生通过中央政府预算公开平台对我国中央政府及其部门公开的历年预决算进行研读，审阅公开的预决算，评价预决算内容，作出评价结论；同时，带领学生亲身参与身边几个典型预算部门的预决算公开工作，实现对预决算公开流程、内容的全方位、全过程参与。通过研读，培养学生的实践参与和实践分析能力；通过实践参与，巩固并提升学生的实践分析能力。

（3）发展判断能力。预决算公开在我国预决算管理工作中是一项新生事物，但预决算公开被引入我国预决算管理实践却不是一项权宜之计，而是一项长远规划。按照我国政治民主与法治的发展逻辑，未来的"预决算公开"要走向"预决算透明"，直至实现"预决算民主"和"预决算法治"。要培养学生对事物发展的判断能力，让学生能够从预决算公开的内在逻辑对这项改革的未来发展方向作出判断与预测。

（4）学术拓展能力。预决算公开是预算治理工作中的重要一项，但不是全部；预算治理是国家治理的重要内容，但同时也不是全部。因此，要跳出"就预决算公开审视预决算公开"的狭隘逻辑，从公共经济、国家治理、社会文化、法律法规的多维视角对预决算公开进行审视，从而让学生发现规律、掌握规律，培养学生的学术拓展能力。

（三）价值塑造

（1）担当作为的家国情怀。通过预决算公开知识的传授，让学生了解：财政是国家治理的基础和重要支柱，对预决算公开的参与、对预决算监督的参与不仅仅是一项技术工作，更是提高预决算治理效率的要求，它关乎国家治理体系现代化和国家治理能力现代化水平的提高。因此，作为现代公民，要有"以天下为己任、为苍生谋未来"的意识，具备主动进行预决算监督的责任担当、善于对预决算进行监督的能力素养，通过参与预决算监督，提升政府的财政治理能力，助力中华民族伟大复兴中国梦的实现。通过案例教学，解释"公民为何要参与预决算监督"的问题，培养学生主动担当作为的责任意识、胸怀天下的家国情怀。

（2）平等参与的民主意识。通过预决算公开知识的传授，让学生树立"法律面前人人平等、预决算事务人人参与"的民主意识，懂得每个普通的社会公民都有对于预决算信息的知情权、对于预决算管理的参与权、对于预决算活动的监督权。这些权利都是受到宪法保护，可以由公民行使的。通过案例教学，解决"公民能否参与预决算监督"的问题，进一步提升学生平等参与预决算治理的民主意识和权利意识。

（3）依法监督的法治思想。公民对于政府行政行为的监督既是每个公民的基本权利，也是公民的基本义务。预决算治理现代化的实现既要依靠政府的主动公开，更需要公民的积极参与、主动参与和依法参与。公民对于预决算的监督要依法依规进行，参与的环节、参与的方式、参与的流程、参与结果的反馈等方面都要依法进行。通过本课程知识的传授，解决"如何依法参与监督"的问题，让学生树立依法监督的法治思想。

（4）厚植传统的文化自信。对预决算公开活动在文化层面展开分析，深刻理解性恶论与性善论、官本主义与民本主义、人治与德治、差序格局与集体主义、大共同体本位与小共同体本位的差异，体会中华传统文化的优秀之处，同时建立现代预决算治理与中华优秀传统文化间的沟通渠道，在解决"监督文化传统"问题的同时，让学生在预决算治理领域将抽象的"文化自信"具体化与生动化。

三、教学重点与难点

（一）教学重点

1. 从预决算监督知识传授到能力培养的进路

本课程一方面注重预决算公开的理论逻辑、法律规定、中国实践和文化基础等知识的传授；另一方面侧重于学生理论推理能力、实践分析能力、发展判断能力和学术拓展能力的培养。在知识点与能力之间建立起如下一一对应的关系：理论逻辑知识点侧重于培养理论推理能力，法律规定知识点侧重于培养实践分析能力，中国实践知识点侧重于培养发展判断能力，文化基础知识点侧重于培养学术拓展能力。在知识点传授过程中，在理论知识与能力之间建立起一种"知识提升能力，能力巩固知识"的逻辑关系，让学生在知识学习、能力提升、知识巩固之中形成良性循环。这是教学的一个重点。

2. 从知识传授到价值塑造的提升

课程教学的终极目标在于对学生进行家国情怀、民主意识、法治思想和文化自信等方面的价值塑造。在教学中，从知识的传授到能力的培养可以有所侧重，并实现一一对应，但是，在知识传授过程中对学生的价值观进行塑造却是一项系统工程。因此，在教学中，要对家国情怀、民主意识、法治思想、文化自信等价值进行解剖，在此基础上，实现价值与知识点之间的整肃。这是教学的另一个重点。

（二）教学难点

预决算民主法治视角下中华优秀传统文化的整理。现代预决算治理对于预决算公开的要求直接来源于西方的民主政治思想，而当代中国有着自己独特的、区别于西方的传统文化和政治思想。因此，这项源自西方的、根植于西方文化传统的预决算制度必须要实现本土化，必须要与中华优秀传统文化相结合，只有找寻到中华文化中关于预决算公开的文化渊源，才能为预决算公开制度找到恰当的根基，才能为我国的预决算公开改革提供坚实的基础，也才能讲好预决算公开的中国故事。但是长期以来，这部分思想并没有得到足够的重视。因此，从中华传统文化中发掘、搜集与预决算公开相关的优秀文化元素，对这些元素进行充分的整理，是教学的一个难点。

四、课程思政案例介绍

（一）案例 1：预决算公开及其意义

实施全面规范、公开透明的预决算制度，是党的十八届三中全会作出的重大决策部署之一。党的十九大报告中明确提出，要"建立全面规范透明、标准科学、约束有力的预决算制度，全面实施绩效管理"。十二届全国人大常委会第十次会议审议通过的新《预算法》，明确将"建立健全全面规范、公开透明的预决算制度"提升至立法宗旨的高度列为第一条。

预决算公开是建立现代预决算制度的基础，是国家治理能力现代化的基本要求，是推进社会主义民主政治的重要路径。将财政资金的来龙去脉、支出政策及效果公诸于众，一方面有利于通畅公众的监督渠道，保障公民的知情权和监督权，为公民更好地参与国家治理提供便利条件；另一方面有利于推动政府管好"钱袋子"，避免预决算资金分配的随意性，遏制寻租行为，防止暗箱操作，促进党政机关厉行节约，进而从源头上防治腐败、推进干部清正和政府清廉。"透明预决算"的重要性在于，它不仅是建立现代财政制度的重要组成部分，还是强化政府受托责任、建设廉洁高效政府、提高政府治理绩效的重大基础性制度安排。

（二）案例 2：我国预决算公开的发展

2007 年国务院第 165 次常务会议通过《中华人民共和国政府信息公开条例》，首次确立国家预决算应该是政府信息公开的重要内容。2013 年中共中央、国务院颁布的《党政机关厉行节约反对浪费条例》，明确预决算信息应当以适当方式进行公开。具有里程碑意义的是，2015 年 1 月 1 日正式实施的新《预算法》首次以立法形式规定预决算必须公开,明确成为各级政府和部门的法定义务。2016 年 9 月财政部下发了《关于切实做好地方预决算公开工作的通知》,同年 10 月制定了《地方预决算公开操作规程》。预决算公开在以下两个方面取得了重大进展:[①]

1. 预决算公开覆盖率显著提升

在公开率方面,截至 2015 年 10 月 31 日,全国有 36638 个预算单位未公开 2015 年预决算、56481 个预算单位未公开 2014 年决算,占比分别为 14.48%、22.27%。而根据 2016 年检查数据初步统计,约 900 个预算单位未公开 2016 年预算、约 1000 个预算单位未公开 2015 年决算,下降幅度近 98%。而政府预决算公开率在 2016 年达到 100%。

2. 预决算公开的规范化逐步加强

目前,地方各级政府和部门预决算公开的完整性、规范性和及时性等各项指标的达标率均超过 90%。已公开的预决算信息全部通过网络公开,90% 以上的地方政府搭建了本地区预决算公开统一平台,方便公众查询。在推进预决算信息公开的过程中,各省(区、市)均建立了预决算公开信息的定期汇总上报制度。多个省(区、市)主动细化公开内容,如按地区、按项目公开专项转移支付资金,随部门预决算一并公开项目支出预决算、政府购买服务信息、部门整体支出绩效目标、继续使用的上年结转资金等内容。

(三)案例 3:以预决算公开促进预决算透明

"透明预决算"之所以如此重要,是因为它不仅是建立现代财政制度的重要组成部分,还是强化政府受托责任、建设廉洁高效政府、提高政府治理绩效的重大基础性制度安排。现实中,"透明预决算"之路在一些地方并未因此而顺畅起来。清华大学公共管理学院公共经济、金融与治理中心课题组发布的《2018 年中国市级政府财政透明度研究报告》显示,按照全口径政府财政透明度指标体系对 295 个市级政府综合评价后发现,得分在 60 分(按百分制,满分 100 分)以上的城市有 87 个,比 2017 年增加了 40 个。

"阳光是最好的防腐剂。"打造"透明预决算"的目的在于把政府收支

[①] 财政部:《地方预决算公开情况专项检查为民众打开"一扇窗"》,中国政府网,2017 年 3 月 1 日。

活动关进"制度的笼子"，置于透明的"玻璃箱"内，全方位、全过程、全天候"晒太阳"，以便接受社会监督，督促其加强预决算管理，提高预决算资金使用效益，推动中央政策落实"不跑偏、不走样"。如果"犹抱琵琶半遮面"，政府的收支活动不够透明，一些地方就难免会发生财政资金被挤占、挪用和浪费的现象，政府部门提供公共服务的质量和效率就会打折扣。近年来，无论是从分类的科学性、质量的可靠性，还是从内容的全面性来看，各地方政府在"透明预决算"方面都有了长足进步，但与真正意义上的"透明预决算"还有一定差距。

为了进一步推进"透明预决算"，应着手从以下几个方面作出努力：首先，积极推进预决算公开科学化、规范化、程序化和法治化建设，建立完善相应的激励、约束与评价机制；其次，在预决算编制、审议、执行、绩效评价等各个环节，积极为公众、媒体、社会组织等参与进来创造条件，让社会监督机制在参与政府预决算管理和监督政府权力运行方面发挥更大作用；再次，建立完善预决算主体权力多元制衡机制，强化各级人民代表大会及其常务委员会和国家审计机关对政府预决算的动态跟踪监管；最后，进一步健全完善预决算公开配套政策措施和技术条件。

（资料来源：杨孟，《以预算公开促预算透明》，载于《经济日报》，2019年4月5日。）

（四）案例4：预决算治理的传统多元文化趋向

关于中国传统行政文化的影响，学者们从积极和消极两个方面进行了研究。部分学者认为传统行政文化对于促进政府机构改革目标的实现、推动行政关系的协调、促进行政道德的建设等方面有助益。中国传统行政文化的入世观念、人格化特征和世俗化特征对现代政府倡导公共精神的价值取向都有积极的影响。而就中国传统行政文化的消极影响，部分学者将中国传统行政文化所造成的流弊概述为组织人事制度中的任人唯亲、行政系统中的权威主义和"人情政治"、行政体系的监督乏力、行政效率的低下、腐败现象的滋生五个方面。当然也有学者注意到，对于中国传统行政文化，需要用辩证的思想去看待，既要看到传统文化中的负面价值，也要对其正面价值有客观的评价；中国传统行政文化具有主张德治、注重民本思想、体现入世主张等优点，但也存在行政伦理化、人治色彩、官本位意识重形式而轻效率等明显的弊端。

五、教学方法与手段

（一）教学方法

1. 小组讨论教学法

针对预决算民主与法治的发展规律和内在要求，将学生分成讨论小组，以小组为单位，从我国预决算公开的现状出发，对今后一个阶段的发展进行讨论，形成小组意见，在小组之间进行交流。

2. 沉浸式教学法

让学生登录"中国政府网"的中国预决算公开板块（www. gov. cn/zhuanti/zybmjs/zybmjs. htm），亲自体验我国中央政府预决算公开的实际；同时选择身边的典型政府或预算单位，对其公开的预决算进行体验。

3. 拓展教学法

政府预决算是社会学、政治学、管理学、法学、经济学之间的交叉学科，在教学中要注意学科之间的交叉与融合问题。在预决算公开方面，要从传统文化与预决算、政治管理与预决算、预决算公开的法理基础等重点方面进行拓展，丰富教学内容、开阔学生视野。

（二）教学手段

1. 慕课手段

在课前，让学生观看其他院校的公开慕课进行课程预习，多角度、多视野了解预算公开，提升感性认知度。

2. 多媒体手段

在课上，应用多媒体课件给学生展示我国各个阶段预决算公开的相关内容，让学生了解我国预算公开改革的历史发展进程。

3. 互联网手段

在课后，通过让学生登录中央预决算公开平台，参与中央政府部门预决算公开流程，了解我国预算公开的实际状况。

六、教学实施过程

通过案例 1，明确预决算公开的理论价值和现实意义，解决"为什么要公开"的问题，让学生明确了解预决算公开与政治民主、政治法治的关系，深入体会预决算公开在社会主义民主法治进程中的突出地位。

通过案例 2，让学生了解我国预决算公开工作的相关法规及其发展进程，明确"公开现状"的问题，让学生充分体会到：我国预决算公开工作虽然起步较晚，但是我们仅仅用了不到 10 年的时间就实现了预决算的全面公开、连续公开，走完了西方国家几百年的改革之路，明晰预算公开的中国之路、中国之治、中国之理，坚定学生的道路自信、理论自信和制度自信。

通过案例 3，一方面突出我国预决算公开取得的历史成就，另一方面客观反映出我国预决算公开所处的历史阶段。让学生根据预决算公开的发展规律对我国预决算公开的未来发展进行判断，明确"发展方向"的问题。

具体过程如图 1 所示。

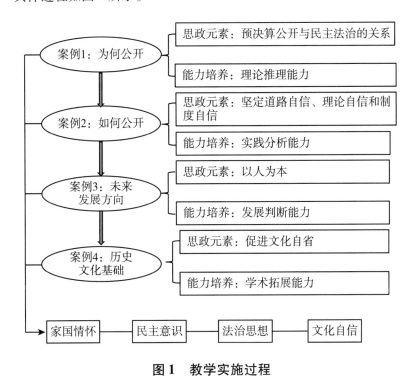

图 1 教学实施过程

七、考核与评价方式

（一）实践体验考核

让学生自由选择一个单位的预决算作为案例，对其公开的预决算进行评述，分别从公开流程、公开内容、公开时间等方面对该单位预决算进行客观评述。教师对学生评述活动过程和结果的客观性、全面性进行综合考核打分。

（二）法规对比考核

让学生搜集三个相关国家关于预决算公开的法律规定，对比我国预算法对预决算公开的规定，分析二者之间的差异，并对我国预决算公开的立法完善提出建议。教师对学生对比的方法、结论进行评价打分。

（三）理论拓展考核

让学生从中华优秀传统政治文化中搜寻与预决算公开相关的理论、思想，结合现代预决算公开，对二者的契合进行理论探讨。教师对预决算与文化结合的可行性与科学性进行评判。

八、实施成效

（1）通过案例教学，教师讲解了预决算公开理论的来龙去脉，介绍了我国预决算公开改革的发展进程及现实规定，分析了与预决算公开相关的中华优秀传统文化。达到了知识全面梳理、系统传授的效果。

（2）通过上述知识点的传授，让学生进行理论推理、实践分析、发展研判，显著提高了学生的学术领悟能力和判断能力。

（3）通过循序渐进的讲授、实时实地的参与，学生逐渐形成了敢于参与的民主意识、依法参与的法治观念，对于现代预决算治理中的传统文化有了客观的定位，从而进一步坚定了四个自信，成为中国道路、中国理论、中国制度、中国文化的坚定信仰者、积极传播者、模范践行者。

政府采购中的公开招标采购

王 丽

一、基本信息

课程名称：政府采购。

授课对象：财政学专业大学三年级学生。

知识点：公开招标采购。

主讲教师：王丽，河北经贸大学教授。

二、教学目标

（一）知识传授

掌握公开招标采购概念、特点、适用范围（不适用范围）；熟悉公开招标采购程序：招标、投标、开标、评标、中标；能够辨析采购过程可能出现的风险和问题。

（二）能力培养

（1）专业能力。一方面，能够辨析公开招标采购相较于其他采购方式的优点与缺点；另一方面，能够甄别政府采购过程中什么情境下适宜选择公开招标采购，熟练掌握公开招标采购过程中各个程序。

（2）学习能力。基于公开招标采购知识点，能够进一步提升发现问题、分析问题以及解决问题的能力。

（3）团队协作能力。通过小组课前资料的学习、讨论、汇总，以及课中与其他小组的讨论、辩论等，提升学生团队协作理念和能力。

（三）价值塑造

（1）政府的"有为"努力。发现和理解政府如何践行"永远与人民同呼吸、共命运、心连心，永远把人民对美好生活的向往作为奋斗目标"；深刻理解满足"人民美好生活需要",不仅包括"物质文化生活",还包括"民主、法治、公平、正义、安全、环境等方面的要求",思考如何有效满足人民多层次、动态化的需求。

(2)诚实守信原则的坚持。"言必行,行必果。"社会诚信包括政府诚信、企业诚信、个人诚信等,而重建社会诚信不只是政府的重任,也是个人、企业的责任。

三、教学重点与难点

(一)教学重点

公开招标采购的适用范围以及采购程序是本课程的教学重点。公开招标采购是政府采购最常用的方式之一,相较于其他采购具有自身的特点、优点和缺点。给学生系统性介绍公开招标采购的适用范围和采购程序,以此挖掘政府采购目标、采购方式选择影响因素等内容。通过举例脑梗、高血压等药品和电影《我不是药神》内容,帮助学生理解政府为什么以及如何"永远与人民同呼吸、共命运、心连心,永远把人民对美好生活的向往作为奋斗目标",如何"满足人民日益增长的美好生活需要",并引致思考政府如何做才更"有为"?

(二)教学难点

公开招标采购中可能出现的风险是本课程的教学难点。梳理公开招标采购中招标、投标、开标、评标、中标等程序,并讲解采购过程中可能出现的问题。通过案例阅读、组织讨论和分析,引导学生思考公开招标采购中可能存在哪些风险?"人民的需要"包括对"民主、法治、公平、正义、安全、环境等方面的要求",应该如何有效满足?政府采购过程中"诚信"是对谁的要求?

四、课程思政案例介绍

(一)教学资源介绍

(1)电影《我不是药神》。

(2)视频《〈新闻 1+1〉:国家采购"以量换价",55 种药品降价了!》。

(3)新闻资料《关注华北制药断供事件:谈好的事为何就黄了》。

(4)相关法规文件《政府采购货物和服务招标投标管理办法》《必须招

标的工程项目规定》等。

（二）案例主要内容

1. 第一阶段：发现人民需求

印度神油店老板程勇日子过得窝囊，店里没生意，老父病危，手术费筹不齐。前妻跟有钱人怀上了孩子，还要把他儿子的抚养权给拿走。一日，店里来了一个白血病患者，求他从印度带回一批仿制的特效药，好让买不起天价正版药的患者保住一线生机。百般不愿却走投无路的程勇，意外因此一夕翻身，平价特效药救人无数，让他被病患封为"药神"，但随着利益而来的，是一场让他的生活以及贫穷病患性命都陷入危机的多方拉锯战。

（资料来源：《〈我不是药神〉剧情介绍》，https：//baike. baidu. com/item/% E6% 88% 91% E4% B8% 8D% E6% 98% AF% E8% 8D% AF% E7% A5% 9E/22485219?fr = aladdin。）

2. 第二阶段：满足人民需求

第三批国家带量采购本月执行，55 种药品、191 个产品中选，涉及高血压、糖尿病、恶性肿瘤等药品品种，平均降价53%！以化疗用药卡培他滨为例，药品由原来的每片 15 元降至 3 元多。国家集采怎样通过"以量换价"，为患者减负担、强保障？白岩松对话国家医疗保障局医药价格和招标采购司司长钟东波。为什么国家药品集采连续三年都能使药价降50%以上？如何保证国家药品集采降价不降质？为什么是这 55 种药品、191 个产品中选？药品降价后，企业得到了哪些好处？国家药品集采工作未来将会以怎样的节奏推进？国家药品集中采购给患者省了多少钱？未来会对医用耗材进行国家集采吗？

（资料来源：《新闻 1 + 1 ｜国家采购"以量换价"，55 种药品降价了!》（节选），https：//news. cctv. com/2020/11/03/ARTITEQjDo1B1kyCdcoyU61r201103. shtml。）

3. 第三阶段：制度化规范化

[材料一]

8 月 20 日，上海阳光医药采购网发布《关于将华北制药股份有限公司列入违规名单的公告》，因为断供集采，华北制药被列入"违规名单"，未来 9 个月不能参与国家药品集中采购活动。

8 月 22 日晚，华北制药发布公告回应此事，给出的理由是公司现有产能不足、责任单位重视程度不够、相关注册和变更政策调整，以及疫情影响，导致公司无法保障正常供应。

"集采断供"立刻波及资本市场，8月23日，华北制药开盘跌停，市值蒸发17.33亿元。

（资料来源：《华北制药领首张"断供罚单" 未来9个月不能参与药品集采》（节选），https：//www.sohu.com/a/485270068_116237。）

[材料二]

2020年国家医保局即已明确建立医药价格和招采信用评价制度。根据制度安排，省级集中采购机构根据医药企业信用评级，分别采取书面提醒告诫、依托集中采购平台向采购方提示风险信息、限制或中止相关药品或医用耗材挂网、限制或中止采购相关药品或医用耗材、披露失信信息等处置措施，失信行为涉及省份数量达到规定条件的，由国家医疗保障局医药价格和招标采购指导中心启动全国联合处置。

"对华北制药的处罚就是要释放强烈信号，让其他企业看到弃标的后果。参与集采就应严格履行协议，一旦出现违约，都要依法依规处理，这也是对诚信经营企业的尊重和保护。"

2021年1月国务院办公厅印发的《关于推动药品集中带量采购工作常态化制度化开展的意见》明确，按照保基本、保临床的原则，重点将基本医保药品目录内用量大、采购金额高的药品纳入采购范围，逐步覆盖国内上市的临床必需、质量可靠的各类药品，做到应采尽采。

（资料来源：《关注华北制药断供事件：谈好的事为何就黄了》，http://hebwsjs.gov.cn/html/zwyw/20210827/381842.html。）

4. 思考题

（1）带量采购是公开招标采购吗？如何进行有效判断？

（2）带量采购为何叫作"以量换价"？带量采购中，如此低的价格，其相关医药企业是否还存在利润？

（3）招标采购中可能存在哪些风险和问题？如何有效解决？

（4）国家药品采购中外资医药企业是否可以参加投标？其依据是什么？

（5）对于违规企业的处罚是否合适？处罚信息有必要公开吗？其依据是什么？

（三）案例思政元素

通过案例的讲解，一方面，发现和理解政府如何通过政府采购践行"永远与人民同呼吸、共命运、心连心，永远把人民对美好生活的向往作为奋斗目标"；另一方面，深刻理解满足"人民美好生活需要"，不仅包括"物质文化生活"，还包括"民主、法治、公平、正义、安全、环境等方面的要求"。

五、教学方法与手段

利用引导启发法、团队任务驱动法和协调讨论法，积极调动学生参与课程的积极性和主动性。

（一）引导启发法

通过提前设疑的导入方式，运用多元化教学资源，实现教学情境和生活情境的有效融合，打造出智慧课堂，打造积极的学习氛围。

（二）团队任务驱动法

通过课前、课中及课后均采取分小组设置团队任务方式，来完成课前资料预习、课中观点汇报、课后知识点总结等学习任务。

（三）协调讨论法

设计学生参与课前小组内讨论以及课中各小组间讨论、辩论环节，提升每个学生课程参与度。

六、教学实施过程

（一）课前自主学习阶段：任务布置与主动思考

（1）学习形式：自主学习。

（2）设计意图：培养学生自主探究、小组合作的良好学习习惯。

（3）主要教学内容：要求提前观看影片《我不是药神》和视频《〈新闻1+1〉：国家采购"以量换价"55种药品降价了!》，布置思考主题。

（4）教师端活动：发布视频链接，提出组内思考和讨论的问题。

（5）学生端活动：个人自主学习相关资料，小组讨论并形成组内统一观点。

（二）课堂教学阶段：内容讲解与资料讨论

1. 导言和各组课前资料汇报

（1）时长设计：10分钟。

（2）设计意图：通过展示相关视频、图片，激发学生对公开招标采购的兴趣，引导学生充分理解和领悟"永远与人民同呼吸、共命运、心连心"

的实现路径。

（3）主要教学内容：播放《我不是药神》片段（2分钟），并请各组简单汇报课前布置作业的讨论结果；导入"政府采购中的公开招标采购"主讲内容。

（4）教师端活动：播放视频，导入课程。

（5）学生端活动：观看视频，汇报课前小组讨论结果。

2. 主要内容讲解

（1）时长设计：40分钟。

（2）设计意图：给学生系统性介绍公开招标采购的适用范围和采购程序，以此挖掘政府采购目标、采购方式选择影响因素等内容；通过举例帮助学生理解政府为什么这么做。

（3）主要教学内容：基于相关法律法规，主要介绍公开招标采购的特点及适用范围；梳理公开招标采购中招标、投标、开标、评标、中标等程序，并讲解采购过程中可能出现的问题。

（4）教师端活动：讲解知识点，并举例说明；引发思考，国家药品带量采购是公开招标采购吗？政府是如何通过政府采购的公开招标采购有效实现"满足人民美好生活需要"的？哪些需要是可以满足的"人民美好生活需要"？

（5）学生端活动：听课，思考，共鸣。

3. 组织阅读相关资料

（1）时长设计：3分钟。

（2）设计意图：启发思考，如公开招标采购中可能存在哪些风险？人民的需要包括对"民主、法治、公平、正义、安全、环境等方面的要求"，如何有效满足？

（3）主要教学内容：发放并带领学生一起阅读资料《关注华北制药断供事件：谈好的事为何就黄了》，并提出小组讨论要求。

（4）教师端活动：发放并带领学生一起阅读资料。

（5）学生端活动：认真聆听和阅读材料，思考。

4. 小组内部讨论

（1）时长设计：20分钟。

（2）设计意图：激发学生深入思考政府采购管理中制度设计和执行中

"公平""公正""公开"的遵从；引致思考："诚信"的重要性。

（3）主要教学内容：各组基于所学公开招标采购方式的主体内容和之前所学政府采购知识，以及阅读材料，组织讨论和分析公开招标采购中可能存在哪些风险和问题？国家药品采购中外资医药企业是否可以参加投标，其依据是什么？对于违规企业的处罚是否合适，为何处罚信息要公开？

（4）教师端活动：组织讨论，解答个别问题。

（5）学生端活动：组内讨论。

5. 各小组观点陈述

（1）时长设计：12 分钟。

（2）设计意图：丰富学生对于同一事件分析视角的多元化，培养学生多维思考问题能力。

（3）主要教学内容：各小组分别陈述讨论结果。

（4）教师端活动：主持。

（5）学生端活动：陈述结论，简明扼要阐述论据。

6. 总结

（1）时长设计：10 分钟。

（2）设计意图：总结此次课程知识点。

（3）主要教学内容：归纳各组观点和点评各组视角，总结本节课的重点，布置课后作业及下节课预习作业。

（4）教师端活动：点评各组观点的亮点和不足，点出本节课的内容重点。

（5）学生端活动：聆听讲解，记录作业。

（三）课后拓展：巩固拓展再升华

1. 知识巩固

（1）设计意图：巩固知识点。

（2）主要教学内容：引导学生思考相较于其他招标采购方式，公开招标采购的优点和缺点，找寻相关案例分析。

（3）教师端活动：批改批阅作业，组织学生完成组内评价和自评。

（4）学生端活动：每组找寻 1 个公开招标采购案例。

2. 延伸拓展

（1）设计意图：思考后续采购方式，理解制度需要政府的"顶层设计"，也需要不断地优化创新。

（2）主要教学内容：公开招标采购中可能存在的风险和问题，以及如何有效解决。

（3）教师端活动：上传阅读资料，分享各组找寻案例。

（4）学生端活动：提交所找寻公开招标案例；基于公开招标采购特点，思考非招标采购特点。

七、考核与评价方式

采取学生评价与教师评价相结合的方式。

（一）学生评价端

从学习力、理解力、执行力、凝聚力和创新力等方面开展组内互评，并组织组间投票比赛。

（二）教师评价端

把控价值导向，并根据投票结果，将各组成绩计入平时成绩。

八、实施成效

本案例讲解后，学生反应良好。课程思政资源的运用较为充分，不仅运用了常规的短视频资料（《〈新闻 1 + 1〉：国家采购"以量换价"，55 种药品降价了!》）和新闻资料（《关注华北制药断供事件：谈好的事为何就黄了》），还引入了学生更感兴趣的电影资料（《我不是药神》），大大提升了学生对于此部分所讲授知识的兴趣度。此外，三种资料之间具有清晰的逻辑关系，即电影资料传递出的是"人民的需要"，视频资料表达的是政府通过"有为"实现了对人民需要的"满足"，而新闻资料则是进一步引发对"诚信"以及仍存问题的深入思考，整个过程是专业知识与思政教育的一场"润物细无声"的、"人为"的"邂逅"。

"税收法定"与"依法治国"

李　波　刘冰熙

一、基本信息

课程名称：税法、中国税制。

授课对象：税收学专业大学二年级学生。

知识点：税收法定原则。

主讲教师：李波，湖北经济学院副教授；刘冰熙，湖北经济学院副教授。

二、教学目标

（一）知识传授

让学生了解和掌握税法的制定与实施内容。

（二）能力培养

提高学生对我国现行税收法律的基本认知。

（三）价值塑造

通过梳理近年来我国越来越多的税种陆续由"暂行条例"上升为"法律"，让同学们清晰地认识到这就是"依法治国"在税收领域的最好体现。

三、教学重点与难点

（一）教学重点

我国现行税法体系：18 个实体税种法律（条例）+1 个程序法律。

（二）教学难点

近几年 18 个实体税种法律（条例）中"法律"与"条例"的动态变化。

四、课程思政案例介绍

（一）案例背景

2021 年 6 月 10 日，十三届全国人大常委会第二十九次会议表决通过了

《中华人民共和国印花税法》（以下简称《印花税法》），从 2022 年 7 月 1 日起实施。这部法律总体上维持现行税制框架不变，适当简并税目税率、减轻税负。随着《印花税法》制定出台，我国现行 18 个税种中已有 12 个税种制定了法律，税收法定加快落实，税收立法再进一程。

（二）案例延伸

1. 新中国"税收法定"发展历程

新中国成立之初，百废待兴，政权建设、国防建设、经济恢复以及国家各项事业急需大量财政资金，通过税收筹集财政收入便成为当务之急，有税必有法。

1949 年 9 月，中国人民政治协商会议第一届全体会议通过了具有临时宪法性质的《中国人民政治协商会议共同纲领》，规定中国国民均有缴纳赋税的义务。这是新中国税制建设的纲领性文件，体现了税收法定原则。

1950 年 1 月，政务院正式公布《全国税政实施要则》，确定了税收立法原则和权限，即有关全国性的税收条例法令由政务院统一制定，施行细则由中央税务机关统一制定。

1954 年《中华人民共和国宪法》第一百零二条规定：中华人民共和国公民有依照法律纳税的义务，成为税收法定原则的宪法依据。

为适应改革开放的需要，1982 年《中华人民共和国宪法》进一步明确公民有依照法律纳税的义务，五届全国人大三次会议通过了《中华人民共和国中外合资经营企业所得税法》《中华人民共和国个人所得税法》，五届全国人大四次会议通过了《中华人民共和国外国企业所得税法》，开启了我国社会主义市场经济税收制度建设和税收法治建设的实践探索。

1984 年、1985 年，全国人民代表大会及其常务委员会两次对国务院制定税收条例进行授权，体现了税收法定的精神。根据此授权，1985～2011年，国务院先后制定了城市维护建设税、房产税、耕地占用税、城镇土地使用税、印花税、增值税、营业税、消费税、土地增值税、资源税、契税、车辆购置税、进出口关税、烟叶税、船舶吨税共 15 部税收条例，保证了税制依法合规稳定运行。

2013 年，党的十八届三中全会首次明确提出"落实税收法定原则"，随后党中央审议通过《贯彻落实税收法定原则的实施意见》，明确开征新税种应当通过全国人民代表大会及其常务委员会制定的相应的税收法律，提出力争在 2020 年前完成落实税收法定原则改革任务,将税收暂行条例上升为法律或者废止,并对 2020 年前完成税收立法任务作出安排。

在此之后,我国税收立法工作明显提速(见表1)。

表 1 2016～2021 年我国税收立法概况

立法时间	立法会议	立法名称
2016 – 12 – 25	十二届全国人大常委会第二十五次会议	《中华人民共和国环境保护税法》
2017 – 12 – 27	十二届全国人大常委会第三十一次会议	《中华人民共和国烟叶税法》
2017 – 12 – 27	十二届全国人大常委会第三十一次会议	《中华人民共和国船舶吨税法》
2018 – 12 – 29	十三届全国人大常委会第七次会议	《中华人民共和国耕地占用税法》
2018 – 12 – 29	十三届全国人大常委会第七次会议	《中华人民共和国车辆购置税法》
2019 – 8 – 26	十三届全国人大常委会第十二次会议	《中华人民共和国资源税法》
2020 – 8 – 11	十三届全国人大常委会第二十一次会议	《中华人民共和国城市维护建设税法》
2020 – 8 – 11	十三届全国人大常委会第二十一次会议	《中华人民共和国契税法》
2021 – 6 – 10	十三届全国人大常委会第二十九次会议	《中华人民共和国印花税法》

2. 新中国"税收法治"的发展历程

中华人民共和国成立之后,我国税收法治建设不断深化推进,持续发展完善。

1950 年召开的第二届全国税务会议强调要"依法办事、依率计征"。改革开放后,税收法治加快发展。

党的十一届三中全会提出,健全社会主义民主和加强社会主义法制,做到有法可依、有法必依、执法必严、违法必究,为社会经济生活走上法治化轨道指明方向。

1988 年,全国税务工作会议提出要"以法治税",加强税收执法,加大对税收违法行为的打击力度。

1991 年,国家税务总局向国务院报送了《关于进一步推进依法治税加强税收管理的报告》,国务院以通知的形式转发各地。通知明确要求:为进一步发挥税收的宏观调控功能,确保国家财政收入,必须大力推进依法治税,切实加强税收管理。该通知提出依法治税,掀开了税收法治建设崭新的一页,具有重要的历史意义。

1992 年,党的十四大明确我国经济体制改革的目标是建立社会主义市场经济体制。

1993 年，八届全国人大一次会议通过宪法修正案，将"国家实行社会主义市场经济""国家加强经济立法，完善宏观调控"写入宪法。为适应建立社会主义市场经济体制的要求，国家税务总局相继提出"依法治税是改革开放的必然要求，也是改革开放的保证""依法治税是建立社会主义市场经济体制所必须坚持的一项重要原则，各级税务机关要增强信心，顶住压力，排除干扰，坚定不移推进依法治税""依法治税是税收工作的基本原则""法治，就是依法治税，不得以权代法、以言压法和自立章法，不准随意减、免、缓、欠税款，必须做到执法必严、违法必究""依法治税是税收征管的核心要求，离开了依法治税，就无法保证统一税收政策的贯彻实施"等要求，有力推进了依法治税。

1997 年，党的十五大提出"依法治国"基本方略，并加快推进法治政府建设，依法治税作为依法行政的重要组成部分得到全面推进。

2001 年，国家税务总局召开了全国税务系统依法治税工作会议，明确提出全面推进依法治税的工作构想——"一个灵魂、四个机制、五个目标"，将依法治税作为税收工作的灵魂贯彻始终，逐步构建有中国特色的完善的税收法律体系、规范的税收执法体系、有效的税收执法监督体系和健全的税收保障体系，实现税收法制基本完备、执法行为全面规范、执法监督严密有力、执法保障明显改善、队伍素质显著提高。同时，坚持"依法治税、重在治内、内外并举、以内促外"的方针和税务人员执法资格认定制度，把良法善治落在实处。

2004 年以来，税务部门深入贯彻国务院《全面推进依法行政实施纲要》，把依法行政作为税收工作的基本准则，努力建设法治型税务机关，推动依法治税工作迈入了整体全面发展阶段。

党的十八大以来，以习近平同志为核心的党中央从实现国家治理体系治理能力现代化的高度，对新时代全面推进依法治国提出了新任务，描绘了到 2035 年基本建成法治国家、法治政府、法治社会的宏伟蓝图。习近平全面依法治国新理念新思想新战略，明确了全面依法治国的指导思想、发展道路、工作布局、重点任务，是马克思主义法治理论中国化的最新成果，也为税务部门规范税收执法，深入推进依法行政、依法治税提供了根本遵循。

3. "税收法定"与"依法治国"的关系

依法治国,建设社会主义法治国家,是中国共产党领导人民治理国家的一条基本方略。依法治国在税收领域的集中体现就是依法治税。依法治税包括四个层面的内容:依法立税、依法征税、依法纳税、依法用税。

(1)依法立税。"税收法定"是"依法立税"的核心要求。

《中华人民共和国宪法》第二条规定:"中华人民共和国的一切权力属于人民。人民行使国家权力的机关是全国人民代表大会和地方各级人民代表大会。"第五十八条规定:"全国人民代表大会和全国人民代表大会常务委员会行使国家立法权。"

《中华人民共和国立法法》(以下简称《立法法》)第八条规定了只能制定法律的事项,其中包括"对非国有财产的征收、征用"和"基本经济制度以及财政、税收、海关、金融和外贸的基本制度"。税收立法权属于全国人民代表大会及其常委会,无论从道理上还是法律上来说都是无可争议的。

《立法法》第九条规定:"本法第八条规定的事项尚未制定法律的,全国人民代表大会及其常务委员会有权作出决定,授权国务院可以根据实际需要,对其中的部分事项先制定行政法规……。"

同时,《立法法》第十一条规定:"授权立法事项,经过实践检验,制定法律的条件成熟时,由全国人民代表大会及其常务委员会及时制定法律。法律制定后,相应立法事项的授权终止。"

全国人民代表大会授权国务院制定税收行政法规,这一实践起步于1985年。当年,六届全国人大三次会议通过了《关于授权国务院在经济体制改革和对外开放方面可以制定暂行的规定或者条例的决定》,根据这一授权,国务院制定了一系列的税收暂行条例。经过四十多年的改革开放,我国已经取得了制定和应用法律管理经济的大量经验。税种由"条例"上升为"法律"也就成为必然。相信在不久的将来,以条例呈现的税种会越来越少,更多的税种会升格为法律。

(2)依法征税和依法纳税。《中华人民共和国税收征收管理法》(以下简称《税收征收管理法》)是我国规范税收征收管理活动的基本规范。

《税收征收管理法》于1992年的七届全国人大常委会第二十七次会议

通过，先后经历三次修订。最新的《税收征收管理法》是经 2015 年 4 月 24 日十二届全国人大常委会第十四次会议修订的。

《税收征收管理法》共六章，九十四条，从税务管理、税款征收、税务检查等方面规定了税务机关的职权和职责以及纳税人的权利和义务。

作为税务机关，必须依据《税收征收管理法》来切实行使职权和履行职责。同样，作为纳税人，也必须在《税收征收管理法》的要求下行使权利和履行义务。

（3）依法用税。税收取之于民，用之于民。如何用好税收，同样是依法治税的重要内容，《中华人民共和国预算法》（以下简称《预算法》）就是解决如何用税的。

《预算法》于 1994 年出台，先后经历了 2014 年和 2018 年两次修订。现行《预算法》的特点有：第一，突出预算的完整性，政府全部收支要纳入预算管理；第二，遵循预算公开原则，强调预算必须接受社会监督；第三，更加符合经济规律，拓展预算审核重点、完善地方债管理。

通过图 1 来认识"税收法定"与"依法治国"的关系。

依法治国	（在税收领域的体现）	依法治税	（包括四个方面）	依法立税	税收法定："条例"升格为"法律"
				依法征税	《中华人民共和国税收征收管理法》
				依法纳税	
				依法用税	《中华人民共和国预算法》

图 1 "税收法定"与"依法治国"的关系

五、教学方法与手段

通过图表的方式，让学生更加直观地认识我国近几年税收法定进程的加快（见表 2 和表 3）。

表 2　　　　　　　12 个税种对应的"法律"的实施时间

实施时间	法律名称
2008 - 01 - 01	《中华人民共和国企业所得税法》
2012 - 01 - 01	《中华人民共和国车船税法》

续表

实施时间	法律名称
2018 – 01 – 01	《中华人民共和国环境保护税法》
2018 – 07 – 01	《中华人民共和国烟叶税法》
2018 – 07 – 01	《中华人民共和国船舶吨税法》
2019 – 01 – 01	《中华人民共和国个人所得税法》（新）
2019 – 07 – 01	《中华人民共和国车辆购置税法》
2019 – 09 – 01	《中华人民共和国耕地占用税法》
2020 – 09 – 01	《中华人民共和国资源税法》
2021 – 09 – 01	《中华人民共和国城市维护建设税法》
2021 – 09 – 01	《中华人民共和国契税法》
2022 – 07 – 01	《中华人民共和国印花税法》

6 个税种对应的"条例"的具体情况如表 3 所示。

表 3   **6 个税种对应的"条例"**

实施时间	条例名称
1986 – 10 – 01	《中华人民共和国房产税暂行条例》
1988 – 11 – 01	《中华人民共和国城镇土地使用税暂行条例》
1994 – 01 – 01	《中华人民共和国土地增值税暂行条例》
2004 – 01 – 01	《中华人民共和国进出口关税条例》
2009 – 01 – 01	《中华人民共和国增值税暂行条例》
1994 – 01 – 01	《中华人民共和国消费税暂行条例》

另外，有三个税种的立法在路上：

（1）《中华人民共和国土地增值税法（征求意见稿）》于 2019 年 7 月 16 日向社会公开发布；

（2）《中华人民共和国增值税法（征求意见稿）》于 2019 年 11 月 27 日向社会公开发布；

（3）《中华人民共和国消费税法（征求意见稿）》于 2019 年 12 月 3 日向社会公开发布。

六、教学实施过程

首先，解读税收法定原则的基本内涵。

其次，介绍我国税收实体法的立法情况：

（1）全国人民代表大会（法律）——×××××法；

（2）全国人民代表大会授权国务院（条例）——××××（暂行）条例。

再次，介绍我国近些年各实体税种立法的情况，即由"条例"升格为"法律"。

最后，将"税收法定"与"依法治国"以及社会主义核心价值观中的"法治"结合起来。

七、考核与评价方式

在教学中通过课堂提问、课后练习，以及期末考试来进行考核与评价。

例如，在连续两个学期的"中国税制"（不同的教学班级）期末考试中有对应简答题：我国现行的 18 个税种中，其对应的实体法是以"法律"形式出台的有哪些？

八、实施成效

通过介绍我国近些年来越来越多的税种由"条例"升格为"法律"这一情况，不仅让学生更加深刻地理解税收法定原则，也让学生进一步认识到社会主义核心价值观中的法治理念。

在中国共产党的正确领导下，中华人民共和国正在坚定不移地走"依法治国"的道路。

强国有我："杭绍台铁路 PPP 项目"

温桂荣　吕颖毅

一、基本信息

课程名称：财政学。

授课对象：财政学、税收学、金融学、投资学等经管类专业大学本科二年级学生。

知识点：混合型公共物品提供。

主讲教师：温桂荣，湖南工商大学教授；吕颖毅，湖南工商大学讲师。

二、教学目标

（一）知识传授

掌握公共物品的概念，理解公共物品的提供和生产，熟悉 PPP 模式应用的范围及经典案例。

（二）能力培养

综合运用统计学、管理学、计算机等学科知识搜集整理基础设施等公共物品提供的规模、结构和效率等具体数据的能力；理解并研究不同投融资模式下典型新基建项目资金的使用效率；探索 PPP 模式的发展前景，提高把握行业前沿动态的能力。

（三）价值塑造

开阔国际视野，通过世界各国混合公共物品提供模式与 PPP 实践模式理解公共物品有效提供与模式创新的关系；从政府职能转变角度辩证思考 PPP 合理性；以港珠澳大桥融资创新等故事激励学生以专业报国。

三、教学重点与难点

（一）教学重点

（1）公共物品的界定。

（2）混合型公共物品的有效提供。

（3）PPP 模式特点及应用。

（二）教学难点

（1）纯公共物品与混合型公共物品的区别。

（2）混合型公共物品供应模式创新。

四、课程思政案例介绍

（一）案例主要内容

杭绍台铁路 PPP 项目位于浙江省中东部，起点为杭州，终点为温岭，线路全长 266.9 千米（新建正线 226.4 千米），杭绍台高铁连接浙江省杭州、绍兴、台州三市，设绍兴北、上虞南、嵊州北、嵊州新昌、天台山、临海、台州、温岭 8 个车站，项目开通后，嵊州、新昌、天台等地结束了不通铁路的历史。在长三角区域一体化时代，杭台高铁连通沪昆、商合杭、宁杭、杭黄、杭深高铁，融入长三角地区高铁网。台州到杭州最快铁路出行时间缩短至 1 小时左右，扩大了浙江"一小时交通圈"范围，极大便利了长三角地区交通出行。杭台高铁还是浙江的一条"黄金旅游通道"，途经"浙东唐诗之路"，沿线串联起鲁迅故里、天姥山景区、天台山景区等大批名胜古迹。这条高铁让民营经济反哺地方发展，让好景致与旅客更亲近，让家乡和游子不再遥远，这条新铁路串联起沿线城市，紧密了城与城、人与人之间的关系，也让美好幸福生活更多了一种可能。项目发起方为浙江省政府，实施机构为浙江省发展规划研究院，社会资本联合体牵头人为浙江复星商业发展有限公司，杭绍台铁路 PPP 项目预计实际总投资约 437 亿元。

PPP 项目是政府和社会资本合作开展基础设施建设与运营，本课程所采用案例中的项目是中国首个民营资本参与运作的高铁 PPP 项目。该项目发起方为浙江省政府，社会资本联合体牵头人为浙江复星商业发展有限公司。高速铁路是典型的混合型公共物品，本案例可以帮助学生理解混合型公共物品的有效提供方式。

本案例将政府投融资与公共物品理论两个知识点深度融合，在促进同学们理解 PPP 模式概念与优点的基础上，重点掌握公共物品有效提供的条件及提供方式。铁路作为公共物品具有非竞争性、非排他性与正外部性特征，保证公共物品有效供给需要满足个人会准确表达对公共物品偏好这一条件。浙江省政府就是"杭绍台铁路"提供者，浙江复星商业发展有限公司等社会资本提供者则被作为杭绍台铁路的生产者，私人部门是生产公共物品的重要选择，因为一般认为私人部门生产的效率更高。

本案例展示了 PPP 模式下政府和社会资本的有效合作，如该项目采用 BOT 模式运作，项目合作期限共 34 年，其中建设期 4 年、运营期 30 年。如何结合 PPP 案例，引导学生深入理解 PPP 模式下政府与私人组织的合作与博弈关系，从政府职能转变角度辩证思考公共物品的生产与提供方式，是该案例讲解过程中具有挑战性的一个问题。

[资料来源：根据《浙江省杭绍台高铁 PPP 项目》（中国政企合作基金网，2019 年 4 月 12 日）改编。]

（二）案例思政元素

1. 政治认同

杭绍台 PPP 项目是我国政府关于基础设施项目投融资优化、有效提供公共物品的重要实践，在充分借鉴国外经验、比对国内经济发展水平和浙江区域发展特色后做出这一项目融资安排。公共物品提供方式及融资决策充分体现了马克思唯物主义和辩证法对重大决策的指导意义。通过杭绍台项目助推区域经济发展效应讲解，使学生更全面了解基础设施建设与地方经济发展之间的内在关联，深刻领悟中国特色社会主义制度的优越性。

2. 科学精神

杭绍台 PPP 项目投资活动周期长、风险大、流程多，业务复杂程度高。在教学中，引导学生围绕杭绍台 PPP 项目融资经理职业要求完成"四个一"研究性学习，即一部纪录片了解中国基建发展历史、一本专著学习 PPP 项目、一篇高质量论文研习公共物品理论基础、一个案例写作掌握公私合作框架。通过饱满的工作量塑造学生专业钻研精神，激励学生践行专业报国。

3. 国际视野

公共物品提供与政府投融资优化是各国发展过程中普遍遇到的发展难题。充分借鉴他国经验，结合中国国情，进行创新型公私合作探索是新时代财政学专业人才培养的使命。应该更进一步开拓关于"一带一路"倡议下中国高铁输出与资本运作创新并行的多重国际合作，深化关于全球价值链、产业链、供应链的理解与应用。

五、教学方法与手段

本课程充分应用了混合式教学模式，体现了课前、课堂、课后全过程的教学动态化控制，以信息化手段实时学情跟踪与教学调整，提升教学效率。

（一）在线主题讨论与话题筛选

本课程依据"学习中心"建设思路，结合学生学情开展案例教学。课堂前，教师通过"财政学"课程学习通平台布置学习任务，要求学生发起大型基建项目融资的主题讨论。以平时成绩加分为鼓励，激励学生主动发帖、回帖、跟帖。通过后台数据，教师挑选热点话题作为案例教学点。

（二）在线资料整理与案例编写

本课程强调学生自主学习、探究式学习和任务制学习。利用学校提供的超星、知网、EPS 数据平台，额外补充其他互联网资源如人大经济论坛等，为学生建立了时空连续的自主学习系统。本环节，教师提供关于中国高铁融资案例的部分材料，并给出线索和资料整理的基本方法，而后由学生分组完成资料整理与案例编写。

（三）课堂"小剧场"与在线拓展

本课程案例教学采用学生主导下的案例演绎模式，即教师指导、学生主导、互评互议的场景化案例演绎。教师提供案例部分资料及线索，引导学生课后在线完成资料收集整理。进而，学生以分组完成任务模式开展案例场景构建、在线主题讨论与话题筛选。分配角色、编写剧本和在线 PPT 汇报，最终学生以课堂小剧场形式完成案例演绎。实现项目式、任务式、互动式三位一体的场景化教学，激发学生学习兴趣，提升学生课堂参与度。

（四）课外行业跟踪与角色设定

本课程立足于高素质财政学专业应用型人才培养目标，致力于教学效果课外延伸。引导学生关注 PPP 模式在中国的应用及公共物品有效提供的社会价值。开阔学生专业视野，引导学生辩证思考 PPP 模式下政府与私人组织的关系，跟踪 PPP 模式下项目融资开展情况。结合财政学、项目投资管理等课程知识设计符合中国国情的 PPP 模式。

六、教学实施过程

（一）在线自主学习

1. 浏览短视频

通过在线观看央视新闻 PPP 简介的短视频，让学生自主学习并了解 PPP 的概念及主要应用场景，了解高铁建设中 PPP 模式应用情况。

教学意图：PPP 模式是公私合营的一种模式，学生应了解这一模式的发展及意义。

2. 学生在线发起话题

围绕"基建狂魔"、PPP 项目库建设等热点话题，发起类似"知乎"格式的提问式话题，回帖跟帖形成热点话题。

教学意图：教师将引导学生关注高铁建设、公私合营、项目库等搜索热词，帮助学生追踪 PPP 模式热点问题。

3. 在线资料整理与案例编写

教师筛选有专业性且热度高的话题——杭绍台高速铁路 PPP 项目作为本期讨论主题。围绕本案例，提供知名财经微信公众号、数据库、权威文献等资源供学生做资料整理与论据编写。

（二）课堂知识点讲解、场景模拟及教师点评

1. 课堂讲解

（1）公共物品与混合型公共物品的概念及区别。

（2）PPP 模式的概念、优点及运作程序。

2. 课堂小剧场大纲

场景一：浙江省政府发布杭绍台高速铁路 PPP 项目。

场景二：中国投资咨询公司提供融资方案，浙江省政府与复星牵头民营联合体共同成立项目公司。

场景三：项目公司开展工作。

3. 学生课堂小剧场形式汇报

由三名学生分别扮演浙江省政府、复星牵头民营联合体、中国投资咨询公司。

教学意图："线上＋线下"主题研讨调动学生的学习主动性。教师在案

例线索、资料收集、分析方法等环节做必要引导与讲解，学生分组在线完成案例汇报。

4. 教师点评

（1）角色演绎的合理性。

（2）PPP 模式运作程序描述专业性。

（3）案例中关于公共物品提供的有效性表述。

（三）课外阅读前沿探索

1. 规则解读

任务点 1：《中华人民共和国招标投标法实施条例》

任务点 2：《中华人民共和国政府采购法实施条例》

教学意图：引导并督促学生学习相关法律法规，树立学生法治意识。

2. 行业动态

让学生提前阅读以下文献：

《2022 年中国 PPP 项目市场发展现状分析 PPP 项目发展渐趋稳定》，https：//baijiahao. baidu. com/s？id = 1728079780651243390&wfr = spider&for = pc，2022 年 3 月 23 日。

徐飞：《中国高铁"走出去"的十大挑战与战略对策》，http：//edu. people. com. cn/n1/2016/0811/c1053 - 28629791. html，2016 年 8 月 11 日。

教学意图：引导学生紧跟时事动态，构建专业学习应用场景，进一步明确"为谁学""学什么""怎么用"。引导学生把专业学习和国家发展、时代使命融为一体。

3. 学科前沿

让学生提前阅读以下文献：

李凤、武晋、吴远洪：《政府与社会资本合作（PPP）为何签约容易落地难——基于西南地区的分析》，载于《财经科学》2021 年第 6 期。

高华、侯晓轩、张新鑫：《基于风险偏好和公平偏好的 PPP 项目政府补偿机制研究》，载于《运筹与管理》2021 年第 30 卷第 6 期。

教学意图：引导学生展开关于政府补偿机制的经济学分析；辅导学生使用较为前沿的统计方法研究公私合营问题；进一步深化公私合营关系稳定性研究，积极提升 PPP 模式的可行性。

七、考核与评价方式

（一）教学评价

1. 内容讲授：层次清晰，重点突出

"线上 + 线下"模式提供教学资源，大幅提升课堂教学含金量。课堂教学难点、重点突出，语言流畅，师生互动式学习。

2. 教学组织：平台多样，高效推进

使用混合式教学模式，融合"线上 + 线下"教学平台，扩容教学空间。以任务节点模式加强在线教学纪律。以在线汇报形式提升学习自主性和教学效率。

3. 方法运用：课堂翻转，生动活泼

在实施课堂场景化案例教学时，以学生为主开展在线案例汇报，提升了学生学习的主动性。课堂场景化案例演绎既清晰讲述了 PPP 模式的运作流程和中国蓬勃发展的 PPP 市场，又令学生深刻领会了 PPP 模式下政府、私人组织的合作关系。

4. 教学效果：触类旁通，举一反三

从英法海底隧道 BOT 到中国高铁的 PPP，关联性回顾公私合作的模式变化，学习 PPP 模式对政府职能转变、基础设施建设和私人组织的巨大影响，并延伸了解世界范围内 PPP 模式实践情况。

5. 教学风格：灵活巧妙，生动有趣

课堂气氛活跃，小视频导入、学生在线观点汇报、简洁的教师现场点评，使抽象的 PPP 模式理论讲解变得鲜活形象、趣味盎然。

（二）教学考核

1. 理念创新考核（30%）

智慧教学理念。课程思政作为教学改革的一个部分，应具有时代特色，本课程创新了智慧教学理念。智慧教学强调的是多场景、多平台、多维度的课程教学，思政环节应避免简单枯燥地照搬照抄政策、法规和路线。本课程中，教师综合使用虚拟学习社区、在线分组讨论、课堂现场互动等场景和平台，从职业道德、职业规范和职业追求等维度引导学生树立社会主义核心价值观。

2. 模式创新考核（40%）

本课程充分应用了混合式教学模式，体现了课前、课堂、课后全过程的教学动态化控制，以信息化手段实时学情跟踪与教学调整，提升教学效率。课堂前，教师通过学习通平台布置学习任务，要求学生发起中国高铁快速发展与融资模式创新主题讨论。教师引导学生充分利用学校提供的超星、知网、EPS 数据平台完成观点陈述。课堂上，教师做重难点讲解，学生做场景化案例演绎。课堂后，教师以课程小论文任务引导学生持续关注中国蓬勃发展的 PPP 市场。

3. 方法创新考核（30%）

智能化话题引导。教师通过学习通平台布置学习任务，要求学生发起国内外大型基础设施类项目主题讨论。以平时成绩加分为鼓励，激励学生主动发帖、回帖、跟帖。通过学习通的学情统计功能、热词搜索及活跃度，教师挑选热门 PPP 项目作为案例教学点。

八、实施成效

（一）强国有我

本课程以杭绍台铁路 PPP 项目落地为例，阐述 PPP 模式是非营利性项目融资的优化选择，使学生理解 PPP 模式下政府与私人组织立场，树立理性融资意识，做守法、理性、有为的非营利项目融资构建者，争做强国有我、人人有责的社会主义接班人。

（二）激发学生服务地方热情

杭绍台铁路 PPP 项目落地，一方面，极大便利了沿线群众出行，对扩大浙江省"1 小时交通圈"范围，助力长三角地区更高质量一体化发展，具有重要意义；另一方面，作为首个民营铁路 PPP 项目，浙江省起到了地方性政府示范作用，具有一定的推广价值。此案例讲解极大激发了学生服务地方政府的热情。

（三）受益学生广泛

课程组统一教学重点和教学案例，广泛开展课程思政案例教学，近 5 年累计受益学生 1 万多人。

国有资产的作用与功能

张训常

一、基本信息

课程名称：国有资产管理。

授课对象：财政学专业大学三年级学生。

知识点：国有资产的作用与功能。

主讲教师：张训常，暨南大学讲师。

二、教学目标

（一）知识传授

（1）理论知识。进一步掌握市场失灵与公共企业运营之间的关系，掌握国有资产的功能。

（2）应用知识。从实际案例出发，了解我国国有资产运营在公共领域提供惠普性公共产品和服务方面的重要作用。

（二）能力培养

（1）以中国和美国在保电行动方面的经验事实为案例，启发学生思考和讨论国有企业在社会经济发展和国家治理等方面的积极作用，提高学生分析问题和思考问题的能力。

（2）将案例与专业知识教学相结合，培养学生的财税专业思维，提高学生运用该思维观察、思考、分析社会经济问题的能力。

（3）以小组讨论的方式展开教学，培养学生团队协调、合作、配合的能力。

（三）价值塑造

（1）增强当代大学生"制度自信"。通过比较和讨论中美两国案例，深刻理解我们党始终坚持立党为公、执政为民，一切为了人民、依靠人民，全心全意为中国人民谋幸福、为中华民族谋发展的理念，增强学生对中国特色社会主义制度的认同感。

（2）提高当代大学生的社会责任感。借助具体案例，使学生意识到当作为一名公职人员时，应该坚持一切以人民为中心的价值理念，时刻把群众安危冷暖放在心上，以实际行动彰显"大国重器"和"顶梁柱"的责任担当。

（3）培养具有中国特色的财税专业人才。比较中美两国公共部门运行差异，引导学生观察、分析和思考我国公共部门的运行特征，提高我国财税专业人才的服务意识。

三、教学重点与难点

（一）教学重点

（1）分析我国社会主义市场经济制度下国有资产投资的作用。

（2）理论与实践相结合，从国有资产功能的角度剖析我国社会主义公有制所体现的制度优势。

（二）教学难点

实现课程思政与思政课程的同向同行，解决好专业教育与思政教育"两张皮"的问题，探索专业知识和课程思政的融合路径。

四、课程思政案例介绍

（一）案例主要内容

1. 中国案例：国家电网"应"你所愿、"急"你所需

2020 年 4 月 12 日，中央电视台《新闻 30 分》《共同关注》《新闻直播间》三个栏目共同报道了这样一条新闻：

2020 年 4 月 10 日，受大雪天气和强冷空气的影响，位于新疆伊犁伊宁县与尼勒克县交界处的一条 220 千伏高压线路——温巩线出现故障。220 千伏温巩线全长 50 千米，共 160 基电塔，是连接巩留县、新源县、昭苏县、特克斯县的联络线和供电主电源。这条输电导线设计可承载 10 毫米覆冰，但现在实际的覆冰厚度达到 50 毫米，超过导线的设计承重负荷。

极端天气下，国家电网伊犁供电公司迅速集结精干抢修队伍，制订详细的抢险方案，备足抢修物资，对 220 千伏温巩线开展融冰换线。4 月 11

日凌晨 6 点，抢修队伍从伊宁市出发。大家个个干劲十足，斗志满满，背上相关维修设备，部分携带不便的维修设备则是通过马匹拉运上山，在一切工作准备妥当后，抢修队伍便向大山深处出发。

进山的道路异常崎岖，阿布热勒山上部分山区道路结冰。当电力员工抵达高压铁塔下方的区域后，已接近海拔 2000 米的山顶，气温也陡降至零下 10℃左右。

当天上午 11 点，抢修小队在行走了近 3 个小时的山路后，终于抵达故障高压线路路段处。到达地点后，大家顾不上片刻的休息，在确保现场的绝对安全后，工作人员迅速行动，拿出工具箱、扎紧安全带、戴好安全帽，在高空处认真检查高压线出现的故障。

在抢修人员现场的奋力抢修下，截至 11 日 21 时，线路抢修完成，供电恢复正常。

国家电网有限公司是一家关系国民经济命脉和国家能源安全的特大型国有重点骨干企业，近年来，国家电网有限公司在抗冰、抗震、抗台风等应急工作中表现出色。例如，国网本溪供电公司在暴风雪中的坚守；国网威海供电公司运检人员顶风冒雪、坚守岗位；在这次抗击新冠疫情大考中，作为"大国重器"和"顶梁柱"的国家电网公司拉得出、顶得上、打得赢，全力保护近 160 万名员工以及广大人民群众生命安全和身体健康，全力确保电网安全稳定运行，满足疫情防控新增的各种用电需要，积极助推企业复工复产，确保正常生产经营和社会大局稳定，再一次展现了优秀的应急管理能力。

国家电网，保电在行动，可靠有保障。一次次的"逆行"，凸显了国家电网"应"你所愿、"急"你所需的社会责任意识。

2. 美国案例：得克萨斯州电网的"独立"代价

2021 年 2 月 15 日美联社报道，由于大面积的低温导致用电量激增，加之部分地区的电线装置受风雪摧毁，得克萨斯州超过 400 万人遭遇停电。极寒天气和断水断电已经严重威胁到了居民的生命安全。

直到 2 月 20 日，得克萨斯州的供电仍未恢复正常，仍有 250 万人还处于停电之中，这场灾难已经导致超过 20 人死亡、3000 多人煤气中毒。

从州长到市长到得克萨斯州电网，在暴雪后能做的就是相互推卸责任。原本在 15 号上午得州电力可靠性委员会（ERCOT）说会轮休停电，以节约能源，而停电的地方也只会持续一个小时，但是现实却是，一旦停电，就不知道什么时候再来电了。

回溯历史，得克萨斯州这是第三次因供电不足导致居民区大面积停电，前两次分别在1989年和2011年。得克萨斯州暖冬和美国东部地区的寒冬根本是两个世界，所以得克萨斯州的发电设备抗寒能力极差。得州电力可靠性委员会也不硬性要求发电厂必须保证设备"避寒"。2011年，一场冰雪暴给得克萨斯州造成大面积断电，很多在1989年就发生问题的发电设备未加改善，竟然又在2011年再停摆！

（二）案例的思政元素

1. 政治认同与制度自信

国有企业是体现社会主义公有制的重要载体。国家电网，保电在行动，可靠有保障，这与西方国家形成了鲜明的对比。案例1中充分体现了我国国有企业的运行特征，促使学生了解我国公有制经济在国家建设、国防安全、人民生活改善方面所作出的突出贡献，是社会主义制度的基础和全体人民的宝贵财富，从而明白我国坚持社会主义基本经济制度不动摇的观点是明确的、一贯的，而且是不断深化的，从来没有动摇。案例1从增强学生对我国国情和制度背景的了解出发，融入了政治认同和制度自信等思政元素。

2. 专业素养与社会责任

中国国有企业的运行特征既有为社会提供公共产品和服务的责任和使命，也有以人民至上的情怀。案例1体现了市场失灵理论、公共产品理论以及社会主义公有制理论在我国国有企业运行过程中的应用，剖析案例能够提高学生的专业知识水平。此外，国家电网作为保障我国能源安全、参与全球市场竞争的国家队，承担着重要的政治责任、经济责任和社会责任。企业员工在一次次暴风雪中的逆行，不仅体现了企业的社会责任感，也体现了我国公共部门坚持以人民为中心的实践自觉。对案例的分析讨论也有助于培养学生的使命感和社会责任感。

3. 公仆意识与为民情怀

国家电网"应"你所愿、"急"你所需的社会责任意识，与美国暴风雪下得克萨斯州电网和政府相互推卸责任的事实形成鲜明的对比，凸显了中国共产党执政为民，永远全心全意为人民服务的宗旨。追求经济效益是一家企业的首要目标，然而国家电网作为我国中央管理的独资企业，以投资建设运营电网为核心业务，与人民生活紧密相关，在运营中也应凸显其社会效益。国家电网"顶风冒雨逆行抢修、保障群众用电无忧"的责任担当体现了经济效益和社会效益的完美结合，也体现了该企业为群众办实事的为民情怀。

五、教学方法与手段

（一）教学方法

1. 问题导学法

本教学从问题开始，以问题结束。整个教学过程围绕着"提出问题—探究问题—解决问题—生成问题"的基本路线展开。

2. 小组讨论法

教学过程中以典型案例为分析对象，将学生分成若干组，分别对某个话题的不同观点展开讨论。

3. 案例教学法

在教师的指导下，学生对选定的具体案例进行有针对性的分析、审理和讨论，做出自己的判断和评价。

（二）教学手段

1. 信息化教学

运用现代信息技术（包括多媒体教学、微信问卷星小程序、建立课程微信群或 QQ 群等）对教学活动进行创造性设计，使教学的表现形式更加形象化、多样化、视觉化和互动化。

2. 网络教学平台

依托雨课堂、腾讯会议、慕课平台等网络教学平台，实现教学形式的多元化。

六、教学实施过程

在已掌握国有资产概念、了解我国国有资产规模和其他方面的情况以后，需要进一步掌握的重要知识点：国有资产的作用与功能分析。教学围绕着"课前案例导读—提出问题—探究问题—解决问题—引出问题—课后加强阅读"的主要步骤展开。

（一）课前案例导读

课程开始之前，教师通过课程微信群将教学案例发送给学生进行阅读并告知收集相关资料，提醒学生对本节课的内容进行课前预习，并在课程群中通过问卷星 App 设计调查问卷调查学生课前阅读情况。

（二）提出问题

1. 教师介绍背景

结合党的十八届三中全会通过的《中共中央关于全面深化改革若干重大问题的决定》，以及习近平总书记关于国有资本和国有企业的相关论述介绍我国以公有制为主体的基本经济制度。通过背景介绍，加深学生对我国国情的了解。同时根据背景，提出以下 3 个问题：

（1）国有资产存在的理论依据是什么？

（2）国有资产的功能以及在我国社会经济发展中的作用有哪些？

（3）我国国有资本投资运营与社会主义市场经济制度有何联系？

2. 思政融入点

以上 3 个问题既涵盖理论知识，也包含对我国现实生活的关注度，在紧密结合课程知识点的基础上对学生进行适当的国情教育。

（三）探究问题

提醒学生记住以上 3 个问题并带着问题讨论和思考课前提供给学生阅读的资料。介绍课前提供的课程案例。

1. 分组讨论

将学生分成若干组，对案例进行讨论。讨论的有关话题如下（讨论话题可在教学过程中不断丰富，引导学生从不同角度对案例展开思考）：

（1）中国政府和美国政府在关系国计民生的行业分别起到了哪些作用？（从典型案例到生活中的一般现象。）

（2）为什么在灾难面前，国家电网员工迎难而上，而美国得克萨斯州电网和美国政府却相互推卸责任？（对于该话题，可引导学生从制度、文化等角度展开思考。）

（3）你认为像供电这类行业，是否应该市场化？（引导学生从相关理论，如市场失灵理论等展开思考。）

（4）国有企业和民营企业社会责任感是否存在差异？（头脑风暴法，挖掘更多原因。）

基于对以上问题的讨论，小组成员选择代表发表各小组观点，教师收集各小组观点的关键词，对相关话题的讨论进行分类总结。

2. 思政融入点

在案例讨论过程中，教师首先从理论上强调政府通过国有资产提供公共产品和服务的重要作用，其次从制度、文化等方面引导学生思考国家电网为何具有"应"你所愿、"急"你所需的社会责任意识，从而融入专业素养、责任担当和公仆意识等思政元素。

（四）解决问题

1. 教师授课

案例讨论结束以后，教师通过总结和归纳，引导学生重新回答先前提出的3个问题，从而加强对本节课专业知识的学习。

教师：结合小组对话题（2）和话题（3）的讨论结果，可以从市场失灵理论、社会主义公有制理论等对问题（1）进行回答；结合小组对话题（1）、话题（3）、话题（4）的讨论结果，说明国有资产在提供优质公共物品服务、提高人民福利水平、巩固社会主义经济制度方面的重要作用；结合小组根据所有话题的讨论结果对问题（3）进行总结。

2. 思政融入点

强调我国公有制经济在国家建设、国防安全、人民生活改善方面作出了突出贡献，是社会主义制度的基础和全体人民的宝贵财富，介绍我国国有企业不忘初心、艰苦创业、不懈奋斗的发展史，从而在知识点的讲授过程中融入政治认同和制度自信等思政元素。

（五）引出问题

思考题："私有制是一切社会祸害的总根源"——莫尔。"私有制产生贫富对立，是社会不平等和一切罪恶的、祸害的根源"——卢梭。"私有制是现代社会中最主要的罪恶，是劳动人民贫困的根源"——卡贝。你如何看待他们的观点？

（六）课后加强阅读

为了巩固和加深学生对知识点的学习，在课程结束以后，教师可通过课程微信群将本堂课涉及的一些阅读资料发送给学生阅读。

七、考核与评价方式

（一）以教师定性评价为主

对本课程知识点的考核与评价主要采用定性考核为主的开放式考核方

式。具体根据小组讨论活跃度、学生分析问题的思路、论述观点的逻辑性，以及学生对课后作业的完成与否和作答情况等评分点对学生进行适当考核与评价。

（二）依托现代教学手段进行评价

教师基于现代网络教学技术问卷星 App，通过合理设计调查问卷，依托课程微信群收集"学生自评""小组互评""表现最优组（生）投票"等信息，以此作为课程考核和评价的辅助依据。

八、实施成效

本案例教学明确了课程的价值目标，取得了较好的育人效果，主要体现在以下两个方面。

（1）提高了学生对相应知识点的兴趣，使学生在课程论文的写作中对国有企业的功能和作用等相关话题进行了研究。

（2）学生普遍对我国以公有制为主体的社会主义经济制度产生认同感，增强了学生的制度自信。

税务人员思政素养提升的空间到底有多大：基于河南省税收营商环境的调研

孙世强

一、基本信息

课程名称：税务管理。

授课对象：财税专业大学二年级学生。

知识点：税收实务全过程内容；税收营商环境问题、问题成因及化解方法。

主讲教师：孙世强，辽宁大学教授、河南大学讲座教授。

二、教学目标

（一）知识传授

（1）分解税收实务全部内容，让学生掌握税收营商环境构成和与营商环境、法治化营商环境核心概念的关联。

（2）总结税收营商环境问题。

（3）重点从思政建设不足角度分析人性残缺。

（4）从结构性思政素养角度提出解决问题的对策。

（二）能力培养

1. 认识问题能力

让学生学会如何识别并抓准关键问题：基于社会需求导向、制度内在要求、政府关注程度等维度提出"为什么"研究该问题。

2. 分析问题能力

重点让学生掌握分析问题的方法和逻辑关联，找出问题生成的影响因子和因子间作用机理，确定因子效应、关键因子和关键机理。

3. 解决问题能力

在总结国内外经验的基础上，基于关键机理和关键因子，给出有效的对策体系。

（三）价值塑造

本课程欲从意识形态领域最大限度地提升教学系统质量，让学生对"价值高于一切"有更深刻的理解，知晓培养合宜品质的重要性。价值塑造的基本框架包括：加强国情教育，激发学生强烈的爱国情怀和担当意识；强化法治意识，尤其注重强化行使公权力教育和权力监督教育；培养公共意识，增强公共责任和公共管理能力；培育人类命运共同体意识，以此作为研究国际财政理论与实践问题的价值导向。

三、教学重点与难点

（一）教学重点

（1）税收实务全过程内容。

（2）税收营商环境构成及与营商环境、法治化营商环境、营商环境法治化的区别。

（3）税收营商环境与税务营商环境的区别。

（4）税收营商环境问题解决对策。

（二）教学难点

（1）营商环境问题与思政素养间的关联。

（2）思政素养影响税收营商环境的关键机理。

四、课程思政案例介绍

本课程基于税收制度、税收征管、税收服务、税收监督的实务性全过程内容，对河南省税收营商环境进行调研，掌握了区域税收时态资料并加以总结分析。

（一）税收营商环境的实务性问题

1. 税收制度的实务性问题

该问题主要体现在计税、发票使用、税收优惠、纳税负担和小税种税收制度五个方面，各项测量指标均值见表1。

表1 税收制度各项测量变量均值

测量指标	税收部门均值	群众均值	企业均值	整体均值
增值税计税复杂程度	4.45	4.37	3.45	4.26
企业所得税计税复杂程度	4.39	4.31	3.53	4.22
个人所得税计税复杂程度	4.34	4.30	3.33	4.17
土地增值税计税复杂程度	4.37	4.28	3.32	4.16
发票使用的经济效应	4.54	4.40	3.45	4.30
税收优惠政策效应	4.60	4.55	3.39	4.40
纳税负担认可度	4.51	4.40	3.44	4.29
小税种税收制度有效性	4.53	4.46	3.31	4.32

资料来源：根据量表中税收制度题项数据及相关信息分析结果绘制。

从表1可以看出，对税收制度五个方面题项的群众打分均值最高为4.4分，说明现行税收制度并没有让纳税人充分认可，对税收制度满意度存在较大的提升空间。

计税复杂，且体现差异性认可。税务部门及群众对税收制度的满意度评价均在4.20分以上，但企业满意度评价最高值为3.53分，前两者明显高于后者。原因在于税务部门是税收制度的制定者和执行者，群众多不征税，是现行税收制度的"受益者"，而企业则是现行税收制度的"非受益者"，每个月都要面对复杂的计税问题，体会较深；增值税、企业所得税、个人所得税、土地增值税四大税种税金计算的复杂程度，超出了企业现有职工平均学历以专科生为主的能力；纳税人整体素质提升的空间大。复杂计税会迫使纳税人增加财会人员并加强财会人员培训，或外聘机构代为申报纳税，增加了纳税成本，增强了降成本刚性。

纸质发票使用影响企业经营。现阶段处于纸质发票向电子发票过渡时期，纸质发票的使用仍然普遍。问题体现在：发票管理行政化。限额领用发票数量并需要说明，领用环节办事效率弱，浪费办事时间导致企业机会成本加大；企业发票管理需要落实专人，增加了会计业务和人员开支，挤占了经营性资源；纸质发票监督纳税人端业务流程质效趋弱。即便是认证无问题的发票，一旦上游企业被查，本地税务部门会要求协查，要求企业带着相关发票进行核实，处理问题的时间成本、人工成本等矫正成本较大。产生问题的主要原因是强调依据发票对业务全流程进行监管、电子化发票的软硬件准备不能保证及时开具使用，以及发票开具者的业务技能不足。

税收优惠有失公正性与实效性。该项指标的企业认可度最低，仅为3.39分。涉及税收优惠的主要税种为增值税、企业所得税及土地增值税等，企业所得税税收优惠最多。问题体现在税收优惠政策发布频繁、不能应享尽享、办理减免手续复杂等方面。基层突击式运动式优惠，与税收收入挂钩优惠、"权力"优惠、"人情"优惠等是主要原因。

纳税负担认可度提升空间较大。税务部门对纳税负担的认可度高，为4.51分，群众和企业的认可度低，分别为4.40分和3.44分。原因在于，税务人员是政府干部，自身必须坚信税法的公平性和税收负担的合宜性，另外税收人员负责收税，不能真正体会纳税负担轻重，不可能有一个近乎客观的认知；纳税人对税收负担的判断才真正具有切实体验和客观认知。信息透明条件下，纳税人会比较国内外纳税负担，相对大多数国家，我国的税收痛苦指数降低的空间还较大。

小税种存在大问题。小税种税收制度有效性的提升空间最大，企业评分最低，仅为3.31分。原因在于小税种的相关法律条文更新较慢，如房产税、城镇土地使用税、契税、印花税、土地增值税、城建税等均滞后于时代，无法有效解决现实问题，产生税务部门自由裁量权过大，导致政企间存在矛盾。

2. 税制执行的实务性问题

该问题主要集中在税收人员业务能力、税收优惠执行质量、纳税资料简洁性、退税资料简洁性与退税时间、环保税多部门分管、办税服务效率、线上报税复杂程度等方面，指标测量均值见表2。

表2　　　　　　　　　　税收执行各项测量变量均值

测量指标	税收部门均值	群众均值	企业均值	整体均值
税收人员业务能力	4.66	4.57	3.26	4.41
税收优惠执行质量	4.66	4.58	3.37	4.43
纳税资料简洁性	4.62	4.53	3.44	4.40
退税资料简洁性	4.59	4.51	3.41	4.37
退税时间	4.63	4.52	3.49	4.40
环保税多部门分管	4.53	4.45	3.27	4.30
办税服务效率	4.67	4.58	3.40	4.44
线上报税复杂程度	4.61	4.52	3.42	4.39

资料来源：根据量表中税制执行题项数据及相关信息分析结果绘制。

从表2可以看出，关于税制执行的整体评价均在4.30分以上，但企业满意度低，均在3.49分以下，因为企业是纳税主体，这一认可度体现了客观性与评价的权威性，意味着税收执行质量存在着可优化的空间：税收人员业务能力评分最低。原因在于，基层税收人员的职业技能和专业素养有待提高，且人才储备不足，这也是导致河南省税收人员税收优惠执行质量、征管效率低等的主要原因；税制执行中凸显了税收优惠执行质量的认可度低；纳税、退税等办税资料复杂，时间长；小税种环保税征管多部门负责，产生了对纳税人的强干扰效应；线上报税复杂，导致报税效率认可度低，也证明对纳税人的业务技能培训没有跟上。

3. 税收服务的实务性问题

该问题体现在税收政策普及效果、获得纳税信息渠道多样性、纳税服务质量、投诉渠道畅通程度、涉税中介机构功能发挥及税务机关减税降费实效等方面，各项测量指标均值见表3。

表3　　　　　　　　　　税收服务各项测量变量均值

测量指标	税收部门均值	群众均值	企业均值	整体均值
税收政策宣传普及率	4.71	4.61	3.43	4.47
税收知识普及效果	4.68	4.57	3.32	4.42
获得纳税信息渠道多样性	4.71	4.60	3.30	4.44
办税服务厅服务质量	4.71	4.60	3.32	4.45
12366纳税服务热线质量	4.69	4.60	3.56	4.48
纳税服务投诉渠道畅通性	4.72	4.63	3.49	4.49
税收机关减税降费服务实效	4.73	4.62	3.43	4.48
涉税中介机构服务功能	4.57	4.47	3.30	4.33

资料来源：根据量表中税收服务题项数据及相关信息分析结果绘制。

从表3可以看出，关于税收服务的整体评价，最低分都在4.30分满意度以上，但深度分析各项内容，尚存在一些问题：企业对税收服务的满意度评价最低，在3.56分以下，表明当前纳税服务供给尚未满足企业需求；分指标看，无论是税务机关，还是企业和个体工商户，对涉税中介机构服务功能发挥的满意度最低；企业认为问题较大的还有纳税知识普及效果、获得纳税信息渠道多样性和办税服务厅服务质量指标，分值都较低。究其原因，税务机关、社会中介服务供给不足是一个方面；纳税人不能及时提出服务需求，供给涉税服务机制缺位、供给积极性不足、服务供给与需求之间的信息不对称也是主要原因。

4. 税收监管的实务性问题

该问题体现在税收监督法规完备性、税收监督程序与行为规范性、违法违纪举报办理实效、税收监督执法信息公开度和稽查处理结果合理性等方面，各项指标测量均值见表4。

表4 税收监管各项测量变量均值

测量指标	税收部门均值	群众均值	企业均值	整体均值
税收监督法规完备性	4.70	4.58	3.33	4.44
税收监督程序与行为规范性	4.69	4.59	3.60	4.48
纳税人违法违纪举报办理实效	4.69	4.60	3.37	4.45
税收干部违法违纪举报办理实效	4.70	4.59	3.28	4.44
税收监督执法信息公开度	4.70	4.59	3.27	4.43
稽查处理结果合理性	4.68	4.57	3.56	4.46

资料来源：根据量表中税收监督题项数据及相关信息分析结果绘制。

分析表4中税收监管各项测量指标，整体评价均值均在4.40分满意度以上，说明河南省税收监督质量较高，但也发现一些共识性问题：税收部门、群众、企业对税收监管的满意度呈现递减关系，企业对各项监督指标的认可度都在3.60分以下，企业对各项指标的认可度只处于良好水平；企业纳税人对税收监督执法信息公开度、税收干部违法违纪举报办理实效两项指标的认可度较低，分别为3.27分和3.28分，说明这两项内容为企业所重视，前者能够增加信息的对称性，有助于税收监督公正性的社会性研判，后者的认可度低，意味着税务监管部门重视公众反应程度不够，低于纳税人违法违纪举报办理实效预期，有违公正性；税务部门对稽查处理结果合理性认可度最低，仅4.68分，说明存在着影响稽查的多种因素，依法稽查的严肃性应加强，这一点与群众满意度判断趋同，群众满意度仅为4.57分，在其各项指标中是最低的。

（二）案例分析

（1）现实中的税收实务内容包括哪些？

（2）掣肘税务营商环境质量的因素有哪些？

（3）分析这些因素中哪些与税务人员思政素养直接关联，分类整理。

（4）如何提升税务人员思政素养，以提升税收营商环境质量？

五、教学方法与手段

本课程采用案例教学法。将案例课前打印，课前发放，让学生了解（10分钟）；结合案例所要解决的四方面问题分组讨论，重点结合哪些问题与税务人员的思政素质及思政素质的哪些结构性内容直接相关（40分钟）；分组汇报，全班讨论、补充，成绩确定（50分钟）。

本次案例式教学的目的是让学生认识税收全过程实务，缩短学生课堂学习与尽快掌握实际问题的差距，引导学生提升认识、分析和解决问题的能力。

六、教学实施过程

（一）课程导入

深化税制改革、完善税收政策、提高征管质量、切实加强干部队伍建设是税务管理的核心内容。本课程通过案例式教学，帮助学生全面认识在税务管理过程中税务人员思政素养的重要性及差距。

（二）教学准备

经验证明，分组讨论式的案例教学效果较好。将所有学生按4~5人一组分组，每组选一位组长。

（三）明确重点

首先让学生学习案例，明确掌握知识点和价值塑造侧重（法治意识、公共意识、爱国情怀和担当意识、人类命运共同体意识）。

（四）教师案例答疑

对学生学习过程中遇到的知识难点、疑点和深度思考疑惑，教师给予启发、解释或合作探究。

（五）头脑风暴式交流

各组汇报后，所有同学都可以对各组讨论结果提出不同的意见或建议，在教师有效控制下进行有秩序的争辩，让所有同学都能发出和听到不同的声音，将认识延展或深化。

（六）教师汇总评价

综合各组观点和不同声音的交流碰撞，总结出共识。

七、考核与评价方式

教师评价与学生评价综合考评。对知识点的把握采取的是教师引导，学生回答，经全体学生和教师修正并取得共识以当面评价打分的方式。综合考评标准，采取优、良、合格三个档次。

八、实施成效

本案例教学，已经应用于 2020～2021 学年第一学期河南大学财政学专业本科生（52 人）和 2021～2022 学年第二学期辽宁大学财政学专业（48 人）、税收学专业（56 人）三个班级。基于思政结构性内容进行效果跟踪，结果如下：

（1）责任担当意识：显著提升（98%），一般提升（2%）；

（2）税收法治意识：显著提升（96%），一般提升（4%）；

（3）公共管理能力：显著提升（93%），一般提升（7%）；

（4）人类命运共同体意识：显著提升（85%），一般提升（15%）。

重点说明：人类命运共同体意识指标的效果评价稍低，这与研究内容倾向（仅立足于区域性而不是国际性设计问卷）、目标针对性强（专门指向税收营商环境问题）和缺少直接体现人类命运共同体意识的指标设计相关；基于所有知识点在内的综合效果考评，95%～98% 的学生认为效果"极好"，认为"好"的占比 2%～5%。学生思政培养效果和综合教学效果都较高，能够确定本案例教学的内容、思路和方法是正确的，坚定了继续采取本案例进行教学的信心。

公共景点的环境治理

朱 军

一、基本信息

课程名称：地方财政学。

授课对象：财政学专业大学本科一年级学生。

知识点：地方公共产品的概念，地方提供公共产品的原因。

主讲教师：朱军，南京财经大学教授。

二、教学目标

（一）知识传授

传授地方公共产品的基本概念、地方提供公共产品的原因。

（二）能力培养

引导学生独立思考，积极发表观点。

（三）价值塑造

增强学生的公共意识、大局意识，促使学生自觉了解不同公共产品的
供给方，关注国家政策。

三、教学重点与难点

本次教学的重点与难点在于如何将专业知识与思政教育较好地融合，
将知识传授、能力培养和价值引领融为一体，让学生在理解什么是地方公
共产品的同时，自主思考公共治理行为背后的财政学原理。

四、课程思政案例介绍

西湖位于杭州市区西。1999～2003 年杭州市政府进行了第三轮西湖疏

浚工程。为了确保西湖水质的清冽和扩大西湖的水容量，1999 年起，杭州市对西湖进行新中国成立后第三次大规模的疏浚工程。这次疏浚工程历时 5 年，工程总投资 2.35 亿元，疏浚底泥 340 万方（水下方），疏浚后西湖平均水深将达到 2.27 米，并使水质基本达到国家景观水体 B 类标准。

2002 年，杭州市启动了西湖综合保护工程。西湖综合保护工程严格遵照"申遗"标准，贯彻"严格保护、统一管理、合理开发、永续利用"的指导思想，始终贯彻"保护第一，生态优先"、"传承历史、突出文化"、"以民为本、还湖于民"和"整体规划、分步实施"原则，坚持控制、整治、保护有机结合，着眼长远，立足当前，至 2008 年，已连续 7 次隆重推出新西湖。第一，2002 年 2 月 20 日全面启动西湖环湖南线整合工程，当年 10 月 1 日向社会开放。该工程开挖水面 26900 平方米，新建、拆建各式桥梁 24 座，辟建河埠近 10 处，复建历史文化景观 18 处。同时还恢复了雷峰塔、万松书院等景点。第二，2002 年底，启动西湖综合保护"三大景区"建设工程，历时 300 天，至 2003 年 10 月 1 日竣工开放。主要包括杨公堤景区、湖滨新景区和梅家坞茶文化村三大景区。第三，2004 年对西湖北线（主要是北山街）以及散落在西湖周边的"一街、二馆、三园、四墓、五景点"等 15 个历史文化景点进行了整治改造。第四，2005 年按照规划继续实施 8 个项目，分别为两堤三岛、西湖博物馆、龙井村、龙井寺、韩美林艺术馆、北山街部分景点、灵隐头山门牌坊、西湖学研究院等，实现了西湖的第四次推出。第五，2006 年继续深化西湖综合保护工程，打好"收官之战"，主要实施灵隐景区综合整治、吴山景区环境综合整治、"龙井八景"恢复整治等三个重点项目，已于国庆前竣工开放。第六，2007 年先后实施灵隐景区综合整治二期、吴山景区环境综合整治二期、高丽寺恢复、南宋官窑博物馆扩建、八卦田遗址保护、虎跑公园保护整治、虎跑路沿线及满觉陇村庄整治等 7 大项目，第六次推出新西湖。第七，2008 年西湖综合保护工程又推出第七批八大项目：一是九溪—杨梅岭综合整治工程；二是杭州孔庙复建工程；三是玉皇山南综合保护工程；四是三个"西湖十景"纪念标志项目；五是西湖夜景亮灯优化工程；六是吴山景区综合整治工程三期；七是"梅坞春早"综合整治工程；八是南山"景中村"综合整治工程。

[资料来源：根据《西湖综合保护工程（2002 年 2 月）》（http://hangzhouds.org.cn/memorialcolumn/info.aspx?itemid=4169&lcid=34）改编。]

五、教学方法与手段

（一）讲授法

讲授地方公共产品的概念的同时，特别强调地方提供公共产品的经济原因。

（二）多媒体展示法

运用多媒体播放西湖相关资料素材。

（三）主题讨论法

运用"公共产品（西湖治理）应该由中央还是地方提供"发起主题讨论，引导学生主动思考，大胆发表看法。

六、教学实施过程

首先，通过杭州西湖的例子讲解公共产品的概念以及公共价值。从性质上来看，西湖疏浚工程和西湖综合保护工程都满足了杭州市民的公共需要，属于地方性纯公共产品，这是它们的共同点。

其次，通过提问"为什么历史上的西湖疏浚工程和西湖综合保护工程都是由杭州市政府来提供，而不是由其他级次的政府来提供？"引导学生思考公共产品由地方提供的原因。关于公共产品应该由哪一级政府来提供的问题，我们可以借助奥茨的财政联邦制理论。奥茨比较了地方公共产品由中央政府来提供和由地方政府来提供的不同效率。由于地方政府相比中央政府具有信息优势，它们更接近本地的居民，更了解他们的偏好，提供的公共产品的质和量更能符合当地居民的需要。因此，地方公共产品的地方提供有利于资源的有效配置。如果由中央政府按统一标准为各地提供地方公共产品，将会造成效率损失。西湖疏浚工程长期受益的对象是杭州市民，是地方公共产品。显然，杭州市政府相比其他级次的政府部门，如浙江省政府或中央政府，具有更多的信息优势，它更接近杭州市民，更了解他们的偏好，提供的地方公共产品的质和量更能符合杭州市民的需要。由杭州市政府来提供上述西湖疏浚工程，相比其他级次的政府来提供更有效率。

最后，引导学生举一反三，培养学生积极思考公共领域治理行为背后蕴含的财政原理。

七、考核与评价方式

通过提问的方式，考查学生知识点的掌握情况，并要求学生举出其他有关地方公共产品的案例。

八、实施成效

（1）学生树立起关心政府政策的实施、理解地方政府政策的意识。学生在运用"公共产品（西湖疏浚工程）应该由中央还是地方提供"主题讨论时，认识到西湖疏浚工程由杭州市政府来提供的意义与好处。

（2）学生了解到地方政府提供公共产品的公共价值，增强了道路自信、理论自信、制度自信、文化自信。学生懂得了西湖疏浚工程和西湖综合保护工程都满足了杭州市民的共同需要。

税收优惠政策多，提振经济保民生

王晓燕　李　丹　孙　莉

一、基本信息

课程名称：中国税制。

授课对象：税收学专业本科生。

知识点：增值税优惠政策。

主讲教师：王晓燕，南京审计大学讲师；李丹，南京审计大学副教授；孙莉，南京审计大学副教授。

二、教学目标

党的十八届三中全会指出："财政是国家治理的基础和重要支柱，科学的财税体制是优化资源配置、维护市场统一、促进社会公平、实现国家长治久安的制度保障。"增值税作为在税收中占比最大的税种，影响面宽，影响力大。在继续深化增值税改革的大背景下推出的增值税优惠政策，具有较强的现实针对意义，是提振经济、扩大社会就业、稳定社会秩序的必要手段，有利于从根本上推动中国经济的发展。

（一）知识传授

通过本知识点的学习，使学生全面了解和掌握我国现行增值税制度优化深化改革的时段过程中增值税的制度构成、演变过程，以及未来的改革趋势，能够理解和体会国家制定优惠政策的初衷和目的，尤其是现在减税降费背景下起到降低企业负担、刺激企业投资、刺激经济发展的作用。此外，培养学生对税收学专业的深刻认识和浓厚兴趣，并为税务管理、税务稽查等其他税收学专业课程的学习打下牢固的基础。

（二）能力培养

（1）以培养应用型财税人才为导向，以分组汇报方式，训练学生的逻辑思维能力、团队协作能力和语言表达能力。

（2）通过课堂讨论，引导学生的创造思维，培养学生运用税收优惠政策理解国家的政策目标和意义。

（3）培养学生结合中国实际，牢牢掌握税收政策，更与实践相结合，未来能更好地响应号召，实现政策目标，进而形成对我国税收管理问题的分析能力和解决能力。

（三）价值塑造

以马克思列宁主义、毛泽东思想、邓小平理论、"三个代表"重要思想、科学发展观、习近平新时代中国特色社会主义思想为指导，培养具有正确的政治方向和学术方向、具有优良的思想道德品质和综合基本素质，全面发展的人才。税收制度是建立现代财政制度的主要内容，是国家经济与社会管理的重要组成部分，对实现国家财政收入和促进经济的高质量发展起到重要的推动作用。

在增值税优惠政策的授课过程中，教师应将社会主义核心价值观和德育教育贯穿于授课内容中，促使学生形成正确的世界观、人生观和价值观，培养学生具有坚定正确的政治方向、良好的思想品德和社会责任感，使其能够在实际工作中理解并遵守税收法律法规，响应国家政策号召，实现国家政策目标。

三、教学重点与难点

（一）教学重点

结合增值税优化改革以来增值税体系的新进展，以及党和国家的新要求，重点讲述以下内容。

（1）增值税税收优惠的基本形式：税率式减免、税基式减免、税额式减免；留抵退税；起征点、即征即退、先征后退等。

（2）减税降费具体政策。

（3）抗击疫情的背景下税收优惠政策的发展路径。

（4）增值税改革未来的发展趋势。

（二）教学难点

税收制度是随着社会发展变化而调整的制度。政策变化快，时效性强。教学内容应密切结合我国近年来在优化增值税改革过程中和新冠疫情特殊情况下的一系列政策措施，以及这些措施对国家财政收入、企业经济发展、民众日常生活所产生的影响。

四、课程思政案例介绍

党的十八大以来，党中央、国务院陆续做出推进减税降费重大决策部署，持续实施减税降费政策，着力用政府收入的"减法"来换取企业效益的"加法"和市场活力的"乘法"。让学生明确国家在减税的同时也为国家的财政稳定收入"保驾护航"，培养学生的爱国素养、职业素养和专业精神，同时也提高学生学习的积极性和主动性。

党的十八大以来，尤其是抗击新冠疫情以来，国家制定了一系列的优惠政策。例如，小规模纳税人月销售额 15 万元以下的免征增值税；阶段性增值税征税率由 3% 下调至 1%，适用 3% 征收率的免征增值税；对于创业人群给予多项税收优惠以保障小微企业发展和居民就业；对于与居民生活密切相关的交通运输等行业免征增值税；对于与疫情防控密切相关的生产、服务、捐赠给予多项税收优惠，保障基本民生；对于受疫情影响较大的旅游、餐饮、电影放映等行业，推出减免税，帮助企业恢复生产，保市场主体；在农业生产流通中，对于农民销售自产农产品免征增值税，企业购买免税农产品可以抵扣进项税额，降低了企业的农产品采购成本，部分农产品在整个流通领域免征增值税；涉农贷款、保险给予增值税优惠，保粮食能源安全。

税务机关响应国家政策，深化征管改革，提高税法遵从度，既衡量了纳税人依法诚信纳税的遵从程度和道德水准，也衡量了税务机关带头遵从税法和规范行政执法的水平。延期征收增值税，推出非接触式办税、网上纳税辅导，简化办税流程，提高税务处理效率，尤其是缩短出口退税审批时间，最大限度地缓解企业资金压力。利用大数据平台，税务机关帮助企业查找上下游客户，帮助企业解决供货、销售中的困难，保产业链稳定。提高纳税人对依法履行纳税义务的心理感受程度和对税务机关服务与执法行为的认同程度。

展望未来，仍需进一步贯彻落实党的十九届四中全会的要求，继续实施更大力度减税降费，增强市场主体活力，进一步提升国家治理效能。

五、教学方法与手段

本课程采取互动式、探究式和合作式教学模式，以取代传统的讲授式为主的教学模式。为了达到更好的教学效果和目标，提升学习的深度和广度，根据课程的特点，由线下教学改为线下教学与线上教学相融合的教学方式。

（一）线下教学

线下教学以课堂讲授融合学生的分组汇报与讨论，进行互动式、探究式和合作式教学。首先，授课教师提前对学生进行分组，并推荐一些重要参考文献，引导学生自行查阅相关文献资料和准备汇报材料，培养其协作能力、探究能力和自主学习能力。其次，学生在上课前三天将汇报材料提交给授课老师审核，随后根据授课教师的反馈意见对汇报材料作进一步修改和完善。最后，学生在课堂进行汇报，同时授课教师引导其他学生对汇报内容进行评价和讨论，从而提升学生的逻辑思维和语言表达能力。

另外，借力外部资源，如国家税务总局网站相关的网页和视频资料、税屋等专业网站进行政策的查阅；邀请税务机关或者事务所相关税收理论与实务的专家来解读政策、讲解梳理政策；邀请企业相关专业人士座谈，了解企业实况以及企业在贯彻落实减税降费政策过程中面临的困境和挑战，全方位了解和掌握减税降费政策。

（二）线上教学

为更好地提升教学效果，部分授课内容由线下教学转为"线上直播＋在线课程视频网络资料学习＋课堂讨论"的线上教学方式授课，即通过南京审计大学直播平台进行线上直播，结合中国大学慕课平台课程视频资料讲授课程，同时通过 QQ 群、对分易等方式与学生保持联系，及时发布课件、课程资料，并对相关热点和难点问题进行讨论与答疑。

六、教学实施过程

（一）课前准备

党的十八大以来，税务部门深入贯彻落实习近平总书记一系列重要讲话和重要指示批示精神，坚决执行党中央、国务院决策部署，积极发挥税收职能作用，全力参与新冠疫情防控工作，支持企业复工复产，服务经济社会发展大局。

针对新冠疫情防控和经济社会发展的要求，党中央、国务院陆续部署出台了一系列税费优惠政策，主要聚焦四个方面：一是支持疫情防控工作；

二是减轻企业社保费负担；三是支持小微企业和个体工商户发展；四是稳外贸扩内需。确保国家支持新冠疫情防控、复工复产、稳定外贸、扩大内需的税费优惠政策落实到位，让纳税人缴费人实实在在享受到相关税费优惠，为纳税人缴费人提供高效便捷安全的办税缴费服务，是税务部门当前的重大任务。

授课教师应及时收集和整理党和国家关于抗疫情、保民生、促发展的税收最新政策和文件，学习和领会最新的政策动向和改革要求，积极将相关内容融入教学内容之中。

授课教师可以选取一些重要的参考资料，引导学生进行课前查阅整理相关政策，积极收集、整理和阅读相关资料，制作 PPT 总结减税降费专题汇报材料，并提前提交给授课教师审核，随后根据授课教师的反馈意见进行修改和完善。

（二）课中教学与互动

课题教学时，授课教师应将讲授与讨论相融合，促进师生之间的积极交流与有效互动。一方面，授课教师应指出学生汇报的优点、问题和不足之处，同时也要引导其他学生积极参与对汇报内容的评价和讨论，以促进学生语言表达能力和逻辑分析能力的整体提高；另一方面，授课教师的讲授内容应与学生分组汇报内容互补，避免出现讲授内容的交叉和不必要的重复。授课教师应对增值税税收优惠政策的相关内容进行整体性的介绍，并侧重讲解抗击新冠疫情背景下税收优惠政策的重点和难点内容。

（三）课后总结与巩固

在授课临近结束时，教师应对知识点的相关内容进行简要的回顾与总结，再次强调税收优惠政策既能帮企业和个人渡过难关，也能保证国家财政收入的实现。引导学生进一步阅读和深入思考减税降费和国家财政收入之间的关系，以便未来能将所学的税收相关知识融入税务稽查、税务管理等课程的学习中，以及学科竞赛、创新创业实践、学年论文和毕业论文的撰写中。

七、考核与评价方式

分组课堂汇报和学生讨论情况的评价计入平时成绩，其中分组汇报依据 PPT 内容和语言表达情况分别进行评分，学生讨论则依据回答的准确性进行评价。

八、实施成效

在培养目标方面,税收学专业以"税务＋审计＋大数据"为特色,秉承"价值塑造""能力培养""知识传授"三位一体的教学理念,以马克思主义和社会主义市场经济理论为指导,培养具有良好的思想素质、职业道德、创新精神和国际视野的税收学人才。培养学生具有坚实的经济、管理知识,掌握科学的研究方法,能够熟练掌握税务及相关财经理论,并具有较强的实际操作能力。主动迎合市场经济发展对税务人才的要求,培养出能够胜任税务、财政、海关、企业等工作的应用型高级专门人才。在授课过程中,既重视授课教师教学研究能力的提升,也重视学生的培养,相关成效如下。

(1)达成知识目标。学生对增值税制度及优惠政策能多角度且印象深刻地掌握,并对我国税制改革的背景、历程、当前增值税制度现状以及抗击疫情条件下税收优惠政策等知识均有一定程度的认识。

(2)达成能力目标。通过课前准备、小组协作、学生自己动手设计报告和课堂小组讨论,培养学生分析实际问题的能力、对分析结果进行评价判断的能力及团队合作能力,并掌握一定的判断分析方法;通过案例教学培养学生查询、收集和整理各类资源,以及探索和发现本课程前沿变化和发展趋势的能力,能够发现、辨析、总结、评价税收制度相关问题,形成个人判断、见解;通过 PPT 制作、报告撰写和课堂汇报讨论培养学生的语言与文字表达能力和沟通能力。

(3)达成育人目标。通过本次案例教学进一步提升学生良好的科学文化素养,小组讨论中同学们能做到独立辩证思考,培养一定程度的创新意识和创业精神,通过引导学生分析我国当前增值税改革对抗击疫情背景下经济改革和发展的促进作用,增强学生的社会责任感、使命感,愿为社会主义现代化建设服务的意识以及为国家富强而奋斗的志向。

透视国家公债，厚植家国情怀

潘光曦

一、基本信息

课程名称：财政学。

授课对象：经济管理类专业大学二年级学生。

知识点：公债原理。

主讲教师：潘光曦，山东科技大学讲师。

二、教学目标

（一）知识传授

熟悉公债的含义与特征（财政特征和金融特征），了解公债的产生与发展，掌握公债的政策功能与作用机制。

（二）能力培养

学会透过公债运行的经济表象，一方面认清公债对构建富强、民主、文明、和谐国家的重大意义，强化对公债的理解和认同，提高学生对我国当前财政政策效应的辩证性理论分析能力；另一方面了解公债为投资者带来的实际利益，发挥大学生的专业特长，能够凭借专业知识向身边潜在认购者宣传公债知识并提供建议。

（三）价值塑造

将中华优秀传统文化、社会主义核心价值观、中国特色社会主义"四个自信"教育的内容与公债课堂内容有机融合，实现知识教育与思政教育的无缝衔接，着力提升学生的政治认同、家国情怀、道德修养和文化修养。

三、教学重点与难点

（一）教学重点

公债的财政特征和金融特征、公债的政策功能。

（二）教学难点

李嘉图等价定理的辨析及运用。

四、课程思政案例介绍

（一）案例1：债台高筑典故

《汉书·诸侯王表序》中记载了一个故事，主人公是最后一位周天子周赧王姬延。为了抵抗强秦，他听取了楚王的建议，以天子名义号召各国合纵攻秦，得到关东六国答应之后，周赧王雄心勃勃，整兵备战。但是，当时周朝衰微，周天子已经是落架的凤凰，统治的土地和人口非常有限，无力承担军费开支，他就向洛阳当地的富商巨贾借了一大笔钱，用于购置粮草、军马、武器等，约定战后用战利品还本付息。到了约定的时间地点，只有燕国和楚国派了少量兵马前来参战，鉴于实力悬殊，联合军队没有向秦国开战，各自悻悻而归。仗没打成，但军费开支巨大。借给周天子钱的商贾富豪们天天追着他要债，周赧王只好躲到宫殿里的一处高台之上，当起了"老赖"。这就是典故债台高筑的来历。意思是形容欠债很多，无力偿还。日常生活和工作中，针对周赧王的行为，当代大学生必须引以为戒，要做一个诚实守信的人。

（二）案例2：国家建设公债

1954～1958年，中国连续5次发行"国家经济建设公债"。公债的计划发行额，除1958年为6.3亿元外，其余4次均为6亿元，都以人民币为计量单位，利息率均为年息4厘。公债的偿本，除1954年为8年期、分8次偿清外，其余4次都是10年期、分10次偿清。偿本期内每年付息一次。至1968年止，该公债的本息全部偿清。这5次公债发行都超额完成，实际发行额共为35.44亿元，超过计划发行额的16.96%。特别是1954年发行的公债，超过计划数的39.33%，达8.36亿元。该项公债主要以城市私营工商业者、公私合营企业的私方人员、机关团体职工等为发行对象。中国人民银行及其所属机构经理公债发行和还本付息事宜，公债券不得当作货币流通，不得向国家银行和公私合营银行抵押。国家经济建设公债的发行对于实现社会主义改造、巩固和加强社会主义经济的物质基础，起了良好的作用。

（三）案例3：抗疫特别国债

2020年抗疫特别国债是为应对新冠疫情影响，由中央财政统一发行的特殊国债，不计入财政赤字，纳入国债余额限额，全部转给地方主要用于公共卫生等基础设施建设和抗疫相关支出，具有一定财力补助的性质。2020年3月27日，中央政治局会议明确发行特别国债，5月14日，财政部部长刘昆撰文指出要通过抗疫特别国债、地方政府专项债券等多种渠道，增加政府投资。5月22日，李克强总理强调发行抗疫特别国债是特殊时期的特殊举措，资金直达市县基层，主要用于抗击新冠疫情相关开支，决不允许截留挪用。6月15日，财政部发布通知明确，为筹集财政资金，统筹推进疫情防控和经济社会发展，决定发行2020年抗疫特别国债。预计发行总计1万亿元，从6月中旬开始发行，7月底前发行完毕。截至当年7月30日，随着2020年抗疫特别国债（四期）第四次续发行完成招标，2020年1万亿元抗疫特别国债发行收官。

五、教学方法与手段

（一）课堂讲授法

讲授公债概念、起源、功能等基本知识的同时，启发学生通过上述内容发掘思政要素。

（二）多媒体资源展示法

运用多媒体播放"壮美祖国""抗击新冠疫情"等视频，以声音和画面的震撼感增强学生大局意识、政治意识和爱国情怀。

（三）主题讨论法

运用"超星学生通"发起主题讨论"公债的经济效应和社会效应"，引导学生主动思考，勇于发表见解，强化建设祖国的责任意识。

（四）案例分析法

选取南水北调、农村基础设施、重点企业技术改造、城镇老旧小区改造、生态环境治理、交通基础设施建设、市政基础设施建设、抗击新冠疫情等作为案例，深度剖析公债的政策功能，理解公债对促进国家建设的重大作用，展示公债的政策效果，激发学生的爱国热情。调动学生刻苦学习、增强本领、建设祖国的积极性。

六、教学实施过程

（一）播放"债台高筑"的典故视频，引发学生对公债起源的思考

尽管有教材提及公债的雏形发端于古罗马和古希腊的邦国战争，但是我国史料记载的最早与公债有关的史料就是"债台高筑"。通过讲解，使学生了解中外对于公债起源的探究都能够归结于奴隶社会的邦国（或者类似邦国）之间的战争。即使到了封建社会，借债规模有所扩大，但发展十分缓慢，过渡到商品经济和信用经济高度发达的资本主义社会之后，公债才得以快速发展。

（二）组织研讨，小组探究，教师评讲

按照平时学习互助小组的分工，以小组为单位探讨公债的概念及其核心要素、公债的特征和政策功能；然后分别分享各自小组的观点。最后，由教师汇总讲解：公债也被称为国债，是"国家公债"的简称，它是中央政府以债务人的身份，以自身信用为基础，按照借贷原则，通过借款或发行债券等方式从国内外筹集财政资金，而同有关各方构成的债权债务关系。为了深入理解这一概念，有几个要素需要重点关注：第一，举债主体是中央政府，而不是地方政府；第二，公债的信用主体是主权信用，也就是国家信用；第三，所遵循的原则是借贷原则，通俗来讲就是有借有还。政府发行国债，一般会通过财政部官方网站发布相关公告，公告的内容涉及国债的名称、期限、额度、认购日期、利率计算方法、购买渠道等要素。

公债有什么特征呢？一般而言，公债的特征是从两个维度来看的。第一个维度，同税收相比，也称公债的"财政特征"，引导学生回忆，税收有哪些特征呢？也就是通常说的"税收三性"：无偿性、强制性、固定性。与此相对应，公债的财政特征表现在三个方面。第一，有偿性。政府通过发行公债筹集财政资金，必须如期还本付息，政府与认购者之间存在直接的返还关系。第二，自愿性。非特殊情况下公债的认购是建立在认购者自愿承担基础之上的，买与不买、什么时候买、买多少，认购者均有相对选择的自由。第三，灵活性。公债发行的时间与规模一般由政府根据财政资金的丰裕程度灵活加以确认，不必通过法律形式预先加以规定，何时需要何时发行，需要多少发行多少。公债的财政特征与税收的特征形成了鲜明的对比。第二个维度，同其他债券相比，也叫公债的"金融特征"，表现在四个

方面。第一，安全性高。公债是以国家信用为前提、以财政收入为保证的，公债的安全性是所有债权当中最高的，特别是大国公债，一般被认为是无风险债券。第二，流通性强。依托于其安全性，有些类型的公债可以在证券交易所挂牌交易，还可以在场外市场进行交易，流动性非常强。第三，收益稳定。公债的付息由政府保证，信用程度较高，风险最小，投资公债的收益率较高，且收益是相对稳定的，这是公债受广大投资者青睐的主要原因。第四，为了鼓励人们投资公债，大多数国家规定对于购买公债所形成的收益可以享受税收上的免税待遇，比如我国个人所得税法规定，个人的利息股息红利所得缴纳个税，但公债利息所得可以免缴。免税优势是其他可流通债券无法比拟的。

在深入讲解李嘉图等价定理的基础上，讲解公债的政策功能。第一，弥补财政赤字。用公债弥补财政赤字，实质是将不属于国家支配的资金在一定时期内让渡给国家使用。发行公债弥补赤字的好处是：一方面，买卖公债是社会资金使用权的单方面转移，流通中货币总量并没有增加，所以基本不会引起通货膨胀；另一方面，公债的认购通常遵循自愿的原则，所以由公债获取的资金主要是社会闲散资金，一般不会对经济发展产生不利影响。第二，筹集建设资金。一般来说举债弥补赤字只是一种财政现象，扩大建设规模才是公债发行的真正目的，政府活动无论是提供公共产品、消除自然垄断，还是新建基础设施等，这些项目一般都是费用发生在前而投资收益在后，政府通过举债筹集资金，日后用税收或新债来偿还，可以有效地缓解当前的支出压力。举债筹集资金有两个优势：一是我们之前所说的缓解政府支出压力；二是发挥需求刺激与辐射带动作用，当经济处于萧条时，优势更加明显，比如通过发展加强基础设施建设，既启动了需求、促进了经济增长，又可以通过基础设施的辐射作用带动相关行业的发展，引导产业结构优化和升级。第三，调节经济运行。围绕以下方面展开讲解：筹集到资金，利用公共支出，形成新的社会总需求；将部分消费基金转化为积累基金，使两者比例更趋于合理，以保证重点建设项目的资金需求，优化投资的结构；公债是调节货币流通的重要手段和公开市场业务的工具。

（三）回顾案例，思政点睛

在本部分，教师将结合既有文献，回顾为本知识点准备的3个案例，从中汲取思政元素，以达到良好的教学效果。如表1所示，在公债的历史记载部分,讲解"债台高筑"典故的由来与诚信意识的重要性。"诚实守信"是当前道德建设的重点,针对典故中主人公的行为,警醒同学们在日常学习、生活和工作中时刻做一个诚实守信的人。人无信不立,事无信不成,商无信不兴。增强全社会的信用意识,政府、企事业单位和个人都要把诚实守信作为基本行为准则。在公债的政策功能部分,公债为我国的大型基础设施建设提供资金保障。公债可以起到缓解政府支出压力,发挥需求刺激和辐射带动的作用。增强学生建设祖国壮美山河的责任感和使命感。让更多的人看到中国技术,感受到中国速度,领略中国风采与实力。在发行抗疫特别国债部分,新冠疫情发生以来,14 亿中国人民自觉投入抗击疫情的人民战争,坚忍奉献、守望相助,筑牢疫情防控的钢铁长城。凝聚人民力量、全民抗击疫情,体现了人民对中国共产党和中国政府抗击疫情的高度信任,体现了全党全国各族人民团结行动、战胜疫情的社会认同,体现了党和国家紧紧依靠人民、发动广大群众的强大合力。以众人之力起事者,无不成也。中国抗疫的成就和经验体现了中国特色社会主义制度和国家治理体制的显著优势,诠释了中国共产党以人民为中心的发展思想,是理解中国共产党执政理念的生动教材。在我们党的执政实践中深入体会以人民为中心的发展思想,让我们更加坚定对中国共产党的信任和拥护,坚定中国特色社会主义的根本方向,为更好地满足人民群众对美好生活的向往和需求添砖加瓦。一份抗疫特别国债,蕴涵浓浓家国情怀。这份抗疫特别国债凝聚着中华民族的守望相助,体现着一方有难八方支援的同胞情谊;这份抗疫特别国债承载着中华民族向上向善的社会品性。天下兴亡,匹夫有责。疫情面前,每个公民都要把爱国之心化为报国之行,积极认购抗疫特别国债并严格执行国家各项防疫政策,这是一种家国责任、时代责任,人人责无旁贷。

表 1　　　　　国家公债知识点课程思政案例教学设计

教学内容	知识学习目标	思政元素案例	思政育人目标	教学形式
公债历史记载	了解公债的起源	"债台高筑"典故的由来与诚信意识的重要性	树立诚实守信的理念并在学习和生活中认真践行	课堂讲授与讨论相结合

续表

教学内容	知识学习目标	思政元素案例	思政育人目标	教学形式
公债政策功能	弥补财政赤字、筹集建设资金、执行经济政策、调剂季节性资金余缺	国家建设公债的发行及其功能	增强学生建设祖国壮美山河的责任感和使命感。让世人看到中国技术，感受到中国速度，领略中国风采与实力	课堂讲授、多媒体资源展示、案例讨论
抗疫特别国债	发行抗疫特别国债的历程、目的和意义	特别国债体现的家国情怀	以众人之力起事者，无不成也。中国抗疫的成就和经验体现了中国特色社会主义制度和国家治理体制的显著优势，诠释了中国共产党以人民为中心的发展思想，是理解中国共产党执政理念的生动教材	课堂讲授、多媒体资源展示、案例讨论

（四）布置课后作业，实现对所学知识点的巩固提升

作为积极财政政策更加积极有为的重要体现，抗疫特别国债所筹资金将"一竿子插到底"直达市县基层，直接惠企利民，为扎实做好"六稳"工作、全面落实"六保"任务发挥重要支撑作用。要求学生写一篇 2000 字左右的论文，围绕以下重点组织内容：梳理中央政府 1 万亿元"抗疫特别国债"的具体使用安排。如何看待此次抗疫特别国债的发行？1 万亿元资金将用在哪里？资金怎样直达基层？如何确保让好钢用在刀刃上？

七、考核与评价方式

本课程按照"考核内容综合化、考核形式多样化"的思路，探索形成多元化的考核评价方式。

一是课堂考核与课后作业相结合。课堂考核侧重于听课表现、回答问题和小组研讨等三个方面；课后作业体现"读、看、写"，要求体现出自己的思考和认识。

二是小组评价与个体评价相结合。结合各小组研讨质量给出对小组的整体评价，同时要求小组内部根据各位成员的研讨情况给出对每位同学的个体评价。

八、实施成效

本案例对财政学教材中的公债内容进行拓展，内容设计层次分明，条理清晰，既有生动鲜活的事例、数据，又有严谨的理论阐述，能够在有效激发学生学习兴趣和探究欲望的基础上，达到对学生理论思维能力的训练。同时，又能将中华优秀传统文化、社会主义核心价值观、中国共产党"人民至上"发展思想的内容与公债课堂内容有机融合，使学生在专业知识学习的过程中汲取家国情怀力量，树立正确的人生观、价值观和世界观。为了掌握融入思政元素的案例教学法在国家公债部分的教学效果，笔者通过匿名调查问卷的形式对最新一期学习财政学的学生进行了调查，共收回有效问卷 206 份。结果显示，100% 的学生认为思政元素融入课堂教学很有必要，97.57% 的学生认为融入思政元素的案例教学法更能够激发他们的学习兴趣，98.06% 的学生认为课堂讨论能够加深对公债专业知识的学习，99.51% 的学生认为其能通过生动形象的案例深刻理解其中所蕴含的思政元素，实现了预期教学目标。总体上看，本教学案例实现了知识传授与思政育人的有效融合，具有较好的推广价值。

推动构建人类命运共同体的大国财政

彭锻炼

一、基本信息

课程名称：财政学。

授课对象：税收学专业（第二学位）本科生。

知识点：推动构建人类命运共同体的大国财政。

主讲教师：彭锻炼，上海立信会计金融学院副教授。

二、教学目标

（一）知识传授

让学生了解和掌握中国特色社会主义公共财政的特色，尤其是近年来我国在构建人类命运共同体的大国财政方面的一些具体做法和事例。

（二）能力培养

通过对中国特色社会主义公共财政思想的介绍和我国在构建人类命运共同体大国财政建设中的具体事例，让学生学会运用公共财政的基本理论分析生活中的具体事例，提高运用基本理论分析具体事实的能力。

（三）价值塑造

通过对构建人类命运共同体的大国财政的具体案例分析，让学生树立社会主义制度优越性的"制度自信"和中国特色社会主义公共财政理论先进性的"理论自信"，厚植学生爱党、爱国、爱社会主义、爱人民、爱集体的"五爱"情怀。

三、教学重点与难点

（一）教学重点

（1）介绍构建人类命运共同体的大国财政的理论分析。

（2）介绍我国近年来在构建人类命运共同体的大国财政中的具体案例。

（3）运用构建人类命运共同体的大国财政的理论来分析具体案例，做到理论与实践相结合。

（二）教学难点

由于本课程涉及一些专业术语如公共产品、国际公共产品的概念，刚接触该课程的学生们以前还没有学习过，在介绍有关概念时学生可能难以理解，在进行案例分析时是一个难点，需要在案例分析中对公共产品的概念和性质进行讲解。

四、课程思政案例介绍

（一）知识点内容介绍

中国特色社会主义公共财政是开放包容、推动构建人类命共同体的大国财政的表现：其一，中国始终做世界和平的建设者、全球发展的贡献者、国际秩序的维护者；其二，世界面临的不稳定性和不确定性突出，人类面临诸多共同挑战；其三，作为新时代的中国财政，是具备了国际视野和融入世界发展潮流的开放型财政，是促进全球治理体系和国际秩序变革的大国担当财政，是促进世界多极发展与和平发展的包容财政，是推动构建人类命运共同体而勇立潮头的责任担当财政。

（二）案例主要内容

2020年5月18日，国家主席习近平在第73届世界卫生大会视频会议开幕式上发表题为《团结合作战胜疫情　共同构建人类卫生健康共同体》的致辞。习近平强调，面对新冠肺炎疫情这场第二次世界大战结束以来最严重的全球公共卫生突发事件，各国人民勇敢前行、守望相助、风雨同舟。中国坚持以民为本、生命至上，始终本着公开、透明、负责任态度，始终秉持构建人类命运共同体理念，既对本国人民生命安全和身体健康负责，也对全球公共卫生事业尽责。习近平指出，现在疫情还在蔓延，防控仍需努力，要全力搞好疫情防控，发挥世卫组织领导作用，加大对非洲国家支持，加强全球公共卫生治理，恢复经济社会发展，加强国际合作。习近平宣布中国为推进全球抗疫合作的五大举措，呼吁各国携起手来，共同构建人类卫生健康共同体。

习近平在致辞中强调，在人类抗击新冠肺炎疫情的关键时刻举行这次世卫大会，具有十分重要的意义。新冠肺炎疫情突如其来，现在已波及 210 多个国家和地区，影响 70 多亿人口，夺走了 30 余万人的宝贵生命。我谨向不幸罹难者表示哀悼，向他们的家属表示慰问。习近平指出，人类文明史也是一部同疾病和灾难的斗争史。病毒没有国界，疫病不分种族。面对来势汹汹的疫情，各国人民勇敢前行，守望相助、风雨同舟，展现了人间大爱，汇聚起同疫情斗争的磅礴之力。

习近平强调，经过艰苦卓绝努力，付出巨大代价，中国有力扭转了疫情局势，维护了人民生命安全和身体健康。中方始终本着公开、透明、负责任的态度，及时向世卫组织及相关国家通报疫情信息，第一时间发布病毒基因序列等信息，毫无保留同各方分享防控和救治经验，尽己所能为有需要的国家提供了大量支持和帮助。

习近平指出，现在疫情还在蔓延，防控仍需努力，我愿提出以下建议。

第一，全力搞好疫情防控。这是当务之急。我们要坚持以民为本、生命至上，科学调配医疗力量和重要物资，在防护、隔离、检测、救治、追踪等重要领域采取有力举措，尽快遏制疫情在全球蔓延态势，尽力阻止疫情跨境传播。要加强信息分享，交流有益经验和做法，开展检测方法、临床救治、疫苗药物研发国际合作，并继续支持各国科学家们开展病毒源头和传播途径的全球科学研究。

第二，发挥世卫组织领导作用。在谭德塞总干事带领下，世卫组织为领导和推进国际抗疫合作作出了重大贡献，国际社会对此高度赞赏。当前，国际抗疫正处于关键阶段，支持世卫组织就是支持国际抗疫合作、支持挽救生命。中国呼吁国际社会加大对世卫组织政治支持和资金投入，调动全球资源，打赢疫情阻击战。

第三，加大对非洲国家支持。发展中国家特别是非洲国家公共卫生体系薄弱，帮助他们筑牢防线是国际抗疫斗争重中之重。应向非洲国家提供更多物资、技术、人力支持。中国已向 50 多个非洲国家和非盟交付了大量医疗援助物资，专门派出了 5 个医疗专家组。目前，常驻非洲的 46 支中国医疗队正在投入当地的抗疫行动。

第四，加强全球公共卫生治理。人类终将战胜疫情，但重大公共卫生突发事件对人类来说不会是最后一次。要针对这次疫情暴露出来的短板和不足，完善公共卫生安全治理体系，提高突发公共卫生事件应急响应速度，建立全球和地区防疫物资储备中心。中国支持在全球疫情得到控制之后，全面评估全球应对疫情工作，总结经验，弥补不足。这项工作需要科学专业的态度，需要世卫组织主导，坚持客观公正原则。

第五，恢复经济社会发展。有条件的国家要在做好常态化疫情防控的前提下，遵照世卫组织专业建议，有序开展复工复产复学。要加强国际宏观经济政策协调，维护全球产业链供应链稳定畅通，尽力恢复世界经济。

第六，加强国际合作。人类是命运共同体，团结合作是战胜疫情最有力的武器。这是国际社会抗击艾滋病、埃博拉、禽流感、甲型 H1N1 流感等重大疫情取得的重要经验，是各国人民合作抗疫的人间正道。

习近平强调，中国始终秉持构建人类命运共同体理念，既对本国人民生命安全和身体健康负责，也对全球公共卫生事业尽责。为推进全球抗疫合作，我宣布：

——中国将在两年内提供 20 亿美元国际援助，用于支持受疫情影响的国家特别是发展中国家抗疫斗争以及经济社会恢复发展。

——中国将同联合国合作，在华设立全球人道主义应急仓库和枢纽，努力确保抗疫物资供应链，并建立运输和清关绿色通道。

——中国将建立 30 个中非对口医院合作机制，加快建设非洲疾控中心总部，助力非洲提升疾病防控能力。

——中国新冠疫苗研发完成并投入使用后，将作为全球公共产品，为实现疫苗在发展中国家的可及性和可担负性作出中国贡献。

——中国将同二十国集团成员一道落实"暂缓最贫困国家债务偿付倡议"，并愿同国际社会一道，加大对疫情特别重、压力特别大的国家的支持力度，帮助其克服当前困难。

习近平最后呼吁，让我们携起手来，共同佑护各国人民生命和健康，共同佑护人类共同的地球家园，共同构建人类卫生健康共同体。

联合国秘书长和其他国家领导人在致辞中均表示，支持多边主义，支持世卫组织作用，支持加强国际社会抗击疫情的协调与合作。

（资料来源：《习近平在第73届世界卫生大会视频会议开幕式上致辞》，新华网，2020年5月18日。）

（三）案例分析与课程思政引导

第一，2020年，在中国共产党的领导下，中国人民经过艰苦卓绝努力，付出巨大代价，有力扭转了疫情局势，维护了人民生命安全和身体健康，体现了中国特色社会主义集体决策、集中力量办大事的优势，让学生树立社会主义制度优越性的"制度自信"。

第二，案例中，习近平宣布中国为推进全球抗疫合作的五大举措，呼吁各国携起手来，共同构建人类卫生健康共同体。五大举措都需要中国财政提供资金支持，因此，公共财政是构建人类卫生健康共同体的经济基础。由此可见，中国特色社会主义公共财政理论把以前公共财政为满足一国（政府）的社会公共需要扩展到世界范围的国际公共产品的供给，这是中国特色社会主义公共财政理论的本土化和实践化，是中国特色社会主义公共财政理论先进性的表现，让学生树立中国特色社会主义公共财政理论先进性的"理论自信"。

第三，习近平呼吁各国携起手来，共同构建人类卫生健康共同体，这需要中国财政为其提供坚实的经济基础，也充分体现了中国特色社会主义公共财政是促进全球治理体系和国际秩序变革的大国担当财政，是促进世界多极发展与和平发展的包容财政，是推动构建人类命运共同体而勇立潮头的责任担当财政。通过这些分析，让学生厚植爱党、爱国、爱社会主义、爱人民和爱集体的"五爱"情怀。

五、教学方法与手段

（一）课堂板书

在黑板上板书中国特色社会主义公共财政的特点，归纳和总结这些特色之间的关系。

（二）案例分析与讨论

在介绍完案例材料后，组织学生一起讨论，并进行案例分析。

（三）师生互动

教师介绍完知识点内容和案例材料后，请几名同学回答问题，教师对每名同学的回答进行点评。

六、教学实施过程

（一）课程知识点介绍

介绍中国特色社会主义公共财政的特点，并板书这些特点的要点。

（二）介绍案例材料

播放相关新闻的视频。

（三）组织学生讨论

根据中国特色社会主义公共财政的特点和案例材料展开讨论，并利用超星学习通平台的选人功能选择 2~3 名学生谈谈自己的看法和从中获得的思想上的认识。

（四）教师点评和总结

教师对每名学生的回答进行点评，最后进行总结。

（五）布置相关作业

下课后，在超星学习通平台的主题讨论区域布置一个有关我国参与《生物多样性条约》的材料，让学生在主题讨论下发表自己的意见和观点。

七、考核与评价方式

（一）作为平时成绩加分项

根据学生回答情况适当打分，作为课堂表现的成绩，在期末作为平时成绩的加分项。同时，在超星学习通平台上根据学生回答情况打分或点赞，打分可以作为期末平时成绩的加分项。

（二）期末考试材料

期末考试中，可以把这个案例或相似的案例作为这个知识点的考核材料。

八、实施成效

（1）提升了学生对中国特色社会主义公共财政的认识。通过对中国特色社会主义公共财政特点的介绍，让学生对党的十八大后公共财政的发展和特色，以及我国的国情有更充分的认识和了解。

（2）增强了学生对中国特色社会主义公共财政的信心。通过对中国特色社会主义公共财政特点和案例的分析，让学生对中国特色社会主义公共财政的优越性和先进性有充分的认识，增强学生对中国特色社会主义公共财政的信心。

（3）厚植学生爱党、爱国、爱社会主义、爱人民、爱集体的"五爱"情怀。通过对中国特色社会主义公共财政特点和案例的分析，让学生们认识到中国特色社会主义公共财政是民生财政、大国财政，从而厚植爱党、爱国、爱社会主义、爱人民、爱集体的"五爱"情怀。

"四问该不该"：预算监督中的"全过程人民民主"

何　晴

一、基本信息

课程名称：政府预算。

授课对象：财政学、税收学、公共管理、经济学、金融学、国际贸易、会计等经管类专业大学二、三年级学生。

知识点：政府预算监督。

主讲教师：何晴，首都经济贸易大学教授。

二、教学目标

（一）知识传授

（1）掌握预算监督中立法监督的内涵与功能、类型与特点、内容与方法。

（2）熟悉我国人大预算监督制度的主要内容和特点。

（3）了解我国人大预算监督制度的最新改革方向，了解预算监督对全过程人民民主具有的理论及现实意义。

（二）能力培养

（1）通过引入具体的人大预算监督实例，与学生学习的预算监督理论知识相融合，将抽象概念和理论知识用于解释现实预算问题，将理论知识与现实世界相联系，加深学生对抽象知识的理解的同时，增强学生分析现实问题的能力。

（2）引入"案例教学＋讨论"的教学方法，以提高学生观察政府预算行为、思考问题和研究问题的能力，以培养学生的综合素质为目标，结合最新的预算监督案例，要求学生应用已学专业理论知识对具体案例进行展开分析和讨论。

（三）价值塑造

（1）通过政府预算课程的学习，尤其是通过“中国故事”“北京故事”案例的引入和讨论，培养学生对我国政府预算制度改革的理性认同，激发学生热爱国家、经世济民的责任感和担当意识。

（2）通过引导学生树立公共意识、关心公共预算问题、研究政府预算与预算监督问题，着重培养学生研究公共问题的能力、制定公共规则的能力、管理公共事务的能力，尤其是管理公共之财的能力，成为治国理政人才。

三、教学重点与难点

（一）教学重点

（1）政府预算监督的内涵与功能。

（2）政府预算监督的类型与特点。

（3）政府预算监督的内容与方法。

（4）人大预算监督的主要内容和方式。

（二）教学难点

（1）理解政府预算监督体系的各组成部分及其特点。

（2）掌握我国人大预算审查监督重点拓展改革的背景和主要内容。

四、课程思政案例介绍

基于本课程的教学目标，在政府预算监督章节的讲解中，授课教师选择了北京市人大预算监督的具体实践——“‘四问该不该’，为人民群众看好‘钱袋子’”作为案例，帮助学生近距离观察我国人大预算监督中的生动实践，从而对预算监督的内涵、内容和具体方式方法有更加深刻的认识和理解。

（一）背景介绍

2018 年《关于人大预算审查监督重点向支出预算和政策拓展的指导意见》实施后，对于如何结合地方实际、突出地方特色，落实好中央改革精神，北京市人大及其常委会在深入思考、积极探索的基础上，明确了预算审查监督"四问该不该"的指导原则，即"钱该不该花""该不该政府花""该不该花这么多""该不该当前花"，在"四问该不该"原则指导下形成生动的人大预算审查监督重点拓展改革"北京实践"。

（二）"四问该不该"原则的应用实践

1. 一问钱该不该花

（1）监督场景：××××年市社团办申请社会组织治理体系建设经费评估。

（2）人大代表提出相关问题：预算安排要与老百姓和社会的需求一致。人大代表站在人民群众需要的角度，首要是审查项目目标是否科学合理，这个项目该不该立？

（3）审查结论：项目整体思路不清晰，实施方案引导性不够，预算编制不够细化，编制依据不够充分，预期绩效的可实现性不足，资金投入存在一定的管控风险，最终，此项目未予支持立项。

2. 二问该不该政府花

（1）监督场景：人大代表参与关于出台某项补贴、补助或支持政策审查中。

（2）人大代表提出相关问题：一些政策后边都有补贴，类似家电下乡补助、置换家具补贴等，这公平吗？再如，在产业支持上，政府在出台支持某项产业的政策时，是否考虑到了整个产业的生态环境？对于所有企业是否公平，会不会造成相对的垄断？

（3）审查结论：通过这一问，倒逼政府减少直接补贴的方式、用好市场机制，大大减少了直接补贴企业的比例和比重，包括建立中小企业的服务机制、设立投贷奖等。

3. 三问该不该花这么多钱

（1）监督场景：学前教育三年行动计划关于学位建设的问题。

（2）人大代表提出相关问题：每一年的学位是多少？下一年这些学位到底都在哪个区哪些地方？幼儿园怎么建、建在哪？花多少钱？

（3）审查结论：通过这一问，教委及时修改完善了相关政策，把民营幼儿园纳入体系，通过给予相应的补助，调动民营幼儿园的积极性。

4. 四问该不该当前花

（1）监督场景：人大代表通过研究政策和运用人大预算联网监督平台，

就预算项目排序给财政局和相关部门提意见建议。

（2）人大代表提出相关问题：预算项目是否按照轻重缓急、成熟度进行排序？每一个项目对应哪些支出政策？对多年实施的项目，是否已经完善项目预算分年度安排机制？

（3）审查结论：根据轻重缓急、有保有压，最大限度提高财政资金效益，针对当前北京财政"紧平衡"特征凸显的现实情况，压减、取消不必要的支出，为重点支出提供坚实财力保障。

（三）本案例所体现的思政元素

1. 经世济民

课程学习要求学生关注现实，了解国情，通过政府预算"中国故事"的引入和讨论，培养学生对改革成就的理性认同，激发学生热爱国家、经世济民的责任感和担当意识。

2. 心怀天下

通过对政府预算监督知识点的学习，引导学生树立公共意识，深刻理解全过程人民民主的内涵，为将来成为兼容并包的治国理政人才奠定基础。

3. 勇于担当

财者，为国之命而万世之本，国之所以存亡，事之所以成败，常必由之。经管类专业本科生通过课程学习，对社会主义现代化建设的任务和当代青年人担当的理解会更加具体和深刻。

五、教学方法与手段

（1）知识讲解环节采取多种教学形式，灵活运用多媒体展示、视频展示、板书、引导性提问等方式开展教学，通过动态多媒体展示、案例导入和引导思考，吸引学生注意力，提高学生学习兴趣，尤其是将理论知识与现实世界相联系，加深学生对抽象知识的理解的同时，学生对我国预算制度以及国家治理的大逻辑有了更加深刻的认识，增强学生分析现实问题的能力。

（2）将案例教学法灵活运用于教学过程中，教师引入现实案例，掌握教学进程，引导学生思考、组织讨论研究，进行总结、归纳。由于教学内容是具体的北京预算监督实例，与学生的日常观察可以相融合，学生注意力容易集中，学习中所理解的抽象概念和理论知识可以很快用于解释现实预算问题，而且通过分组讨论、模拟人大代表等教学设计，学生的学习反馈迅速，能够增强学习成就感和学习动力。

（3）从知识延伸、能力提高和思维拓展三个层次组织教学，课堂教学的目的不仅仅是讲解传授知识，更重要的是激活知识、拓展思维，使学生能够主动学习，提升自学能力，学会知识的积累、梳理、加工和运用。通过理论知识讲解—现实案例讨论—理论与现实相结合的分析—总结等教学步骤的实施，学生对知识点能够进行挖掘、延伸和扩展，自主思考和活学活用的能力得到提升，有利于学生的长期发展。

六、教学实施过程

（一）回顾相关知识点，为引入案例做好准备

带领学生一起回顾政府预算监督、人大预算监督的基本概念和内涵，回顾人大预算监督的主要内容等与案例直接相关的知识点，尤其是《关于人大预算审查监督重点向支出预算和政策拓展的指导意见》的主要内容，为引入案例做好准备。

（二）视频展示，介绍案例背景

观看关于北京市人大预算监督的新闻报告，介绍北京市人大近年来在预算审查监督方面的主要改革内容。

（三）带领学生了解案例内容，提出讨论的具体问题

对北京市人大预算监督中应用的"四问该不该"原则的具体内容进行介绍，在讲解过程中可以提问，让学生从自己理解的角度来谈一下"四问该不该"原则的内容是什么？为什么要从四个角度提出"该不该"？除了"四问该不该"之外，还能从其他角度提出"该不该"的问题吗？通过教师的讲解和与学生的课堂交流，让学生们更好地理解"四问该不该"问了什么、为什么问、如何问？为下一步学生们分组模拟人大代表进行预算审查监督奠定基础。

（四）学生分组模拟人大代表进行预算审查监督，教师指导

（1）将学生分为4组，为每组学生提供一个预算监督场景，请各组学生模拟人大代表进行预算监督，提出相应的问题。

（2）学生们站在人大代表角度，以"四问该不该"原则为指导，在不同场景下进行审查，并尝试提出审查结论和建议。

（3）教师根据学生发言内容、课堂气氛、学生知识储备情况等进行实时点评，引导课堂讨论，将4组学生提出的问题、审查结论和建议，与实际预算监督中人大代表们提出的问题、结论和建议进行比较，对学生的表现进行现场评价，尤其对学生们积极思考的表现进行表扬和鼓励。

讨论环节的实施需要具备的条件包括：第一，教师除了在课堂上进行学生分组、布置讨论任务外，还需要对学生的课下学习活动进行指导，为学生提供相关资源，调动学生学习主动性；第二，学生具有较高的学习动力，在课下能够高质量地完成资料阅读、分组讨论、发言准备等工作；第三，以小班教学方式为主，教学班人数不宜太多，尽量保证所有学生能够以不同方式参与讨论。

（五）教师进行总结，并引导学生进行思考和拓展

授课教师围绕案例内容和学生讨论情况进行总结，并提出以下问题，引导学生在课下进行思考和拓展。

（1）在上述案例中，2018年中共中央办公厅印发的《关于人大预算审查监督重点向支出预算和政策拓展的指导意见》中所提出的人大预算审查监督重点"5＋1"在北京人大预算监督实践中是如何体现的？

（2）在上述案例中，我们能够梳理出哪些人大预算审查监督的具体方式方法？

（3）在上述案例中，人大代表在预算审查监督中的主体作用是如何体现的？

七、考核与评价方式

（一）课程作业的考核

主要内容是对预算监督的基本知识点的掌握情况，评价标准是知识点正确、逻辑严密，鼓励独立思考和创新性观点。

（二）课堂讨论环节的考核

主要内容是对案例内容的课堂分组讨论，评价标准是讨论准备充分，态度认真，能够在认真思考的基础上提出自己的观点，对其他同学的发言能够认真倾听。

（三）课后拓展思考的考核

主要内容是通过课堂和课下交流了解学生拓展思考的内容广度和深度，

评价标准是能够运用所学知识分析和解决政府预算问题的能力。

（四）期末考试的考核

期末考试中设置案例分析题与论述题考查学生在接触本课程学习、讨论后，对教学讲授知识点的掌握程度和运用知识点分析现实问题的能力，尤其在综合题中引入一些政府预算领域的热点问题，考查学生是否理解改革背后的理论逻辑，以及与中国经济发展和社会发展的契合，进一步考查学生关注公共问题、理解公共逻辑的水平，从专业课程角度考查社会主义核心价值观教育、国情教育、法治教育和公共意识教育的成效。

八、实施成效

（一）专业课程教学的实施成效

（1）灵活运用多媒体展示、视频展示、小组讨论、引导性提问等方式开展教学，将理论知识与现实世界相联系，加深学生对抽象原理和理论知识的理解，扎实掌握政府预算基本知识框架和重要内容，为中高阶专业课程学习奠定基础。

（2）通过案例教学法的灵活运用来提高教学效率，学生能够在课堂上运用理论知识分析现实问题，学习获得感强，能够增强学习成就感和学习动力。

（3）通过从吸收知识、能力提高和思维拓展三个层次组织教学，提高学生抽象思维能力，使学生能够主动学习，学会知识的积累、梳理、加工和运用，自主思考和活学活用的能力得到提升，有利于学生的长期发展。

（二）课程思政的实施成效

（1）强调政府预算课程内嵌的思政属性，将价值塑造、知识传授和能力培养三者融为一体。引入党的十八大、十九大精神及我国当前人大预算监督重点等作为课程思政引入点，帮助学生深入理解"财政是国家治理的基础和重要支柱"的科学论断，理解党中央治国理政新理念新思想新战略观。

（2）理论联系实际。本课程以课堂讲授为主，注意区别主次、突出重点。配合讲课内容，引入现实案例，引导学生提前预习，课中讨论，实施"翻转式"课堂教学，激发学生学习的积极性。

（3）围绕增强实践创新能力，与人大、政府部门、企事业单位等联动，尤其是依托首都经济贸易大学预算监督研究基地，将人大预算监督的鲜活实践引入课堂，实现校内外资源整合，构建理论与实践相结合的教学平台，培养学生发现问题、分析问题和解决问题的能力。

综合来看，通过以上教学活动的实施，能够将思政元素融入专业课程，加入社会主义核心价值观和中国特色社会主义理论的内容，用案例说明理论知识，启发学生思考，提升学生能力。

中国税制、分配关系与共同富裕

李文健

一、基本信息

课程名称：中国税制。

授课对象：财政学、税务专业本科生和研究生，以及其他学习中国税制的学生。

知识点：分配关系，共同富裕，初次分配，再分配，三次分配。

主讲教师：李文健，浙江大学研究员。

二、教学目标

中国需要构建怎样的分配关系——同时作为分配与激励机制，以通往共同富裕？中国税制在其中起了什么作用？本课程旨在从以下两个角度引导学生思考上述问题，从而将课程育人目标融入教学全过程。

（1）从分配关系的角度理解税收的本质和税法的作用。

（2）从共同富裕的角度思考如何设计中国特色的税制。

（一）知识传授

（1）什么是分配关系？

（2）分配关系、税收与税法间的关系。

（3）分配关系与生产关系间的联系。

（4）什么是共同富裕？

（5）共同富裕与分配关系间的联系。

（6）什么是初次分配、再分配与三次分配？

（7）税收如何通过初次分配、再分配与三次分配影响分配关系？

为教授上述内容，本课程将分为六个环节。为达到各环节的教学目的，各环节将采用不同的教学方法。

（二）能力培养

环节一（短片欣赏）培养学生的辩证思考能力。环节二（历史图鉴）培养学生归纳总结的能力。环节三和环节五（税收经济学基础）培养学生的数理思维能力。环节四（案例分析与讨论）培养学生掌握信息的能力、交际能力和创新能力。环节六（个人所得税设计）培养学生运用数学工具分析现实问题的能力。

（三）价值塑造

本课程一方面以中国税制为切入口，引导学生理解社会主义核心价值观；另一方面借助马克思主义和习近平新时代中国特色社会主义思想等指导思想分析中国税制、分配关系与共同富裕间的关系，加深学生对中国税制的理解。

三、教学重点与难点

（一）教学重点

本课程的教学重点是学习并理解下列关键概念。

（1）分配关系。分配关系是由生产资料的所有制关系决定的一种关系。给定其他条件下，分配关系决定的是个体特定行为下所能获得的收益。这一关系由经济、政治与文化共同决定，并反过来影响经济、政治与文化。

按照马克思主义指导思想，"分配关系和分配方式只是表现为生产要素的背面"，"就形式说，参与生产的一定形式决定分配的特定形式，决定参与分配的形式"①。换言之，分配关系在塑造收入分配的同时也决定了要素的配置。因此，分配关系不仅仅影响收入分配和平等，也影响要素分配和效率。它既是分配机制又是激励机制。

（2）共同富裕。"共同富裕是全体人民共同富裕，是人民群众物质生活和精神生活都富裕，不是少数人的富裕，也不是整齐划一的平均主义。"②按照习近平新时代中国特色社会主义思想等指导思想，"共同富裕是社会主义的本质要求，是中国式现代化的重要特征"③。

---

① 马克思：《〈政治经济学批判〉序言、导言》，人民出版社1971年版。
② 习近平：《扎实推动共同富裕》，载于《求是》2021年第20期。
③ 2021年8月17日，习近平总书记在中央财经委员会第十次会议上强调。

（3）初次分配、再分配与三次分配。初次分配是特定所有制下自愿自利的生产与交易行为所导致的分配。再分配是政府对收入的重新分配行为。三次分配是利他行为下权利的重新分配。这三类分配行为的背后是经济、权力和文化思想这三种触发分配行为的动力。税收对分配关系的影响既可以通过再分配直接实施，也可以通过调节初次分配和三次分配来间接实现。不论在哪一环节，均须兼顾效率与公平。

（二）教学难点

本课程教学的难点在于如何让学生理解下列关系。

（1）分配关系、税收与税法间的联系。财政与税收是一种以国家为主体的分配关系。这种分配关系通过法的形式确定纳税人与国家间的收入分配。税法在构造国家与不同纳税人之间分配关系的同时也改变了纳税人与纳税人之间的分配关系，塑造了一个国家的分配关系。

（2）共同富裕与分配关系间的联系。中国特色的社会主义分配关系应该在促进高质量发展的同时让全体人民分享发展的成果。只有这样才能实现共同富裕。正如习近平总书记所指出的"发展才是社会主义"，同时"发展必须致力于共同富裕"①。因此，中国特色社会主义的建设需要兼顾公平与效率、分配与激励的分配关系。

本课程将采取案例教学、图形分析和数理推导等教学方法与手段帮助学生逐步建立起上述概念。

四、课程案例介绍

（一）案例主要内容

有三兄弟分别名叫张伯、张仲和张叔。张伯和他的妻子每年赚 5 万元，张仲和他的妻子每年赚 15 万元，张叔和他的妻子每年赚 30 万元。当他们的社区开辟了新的住房开发项目时，兄弟们决定在同一条私人街道上购买同等价格的房屋。有一天，兄弟们决定集中资金来改善居住环境。三个家庭决定在街道入口处安装安全门并加强照明和景观美化。这项工程的总成本和维护费用为每年 3 万元。

（1）张叔认为每个兄弟支付 1 万元，你认为这一方式合理吗？

在我过去的课堂上约有 5% 的学生认为这一提议合理。主要的理由是这

---

① 2019 年 4 月 15 日，习近平在重庆考察石柱土家族自治县脱贫攻坚工作情况时的讲话。

一成本均摊的方式是平等的,因为每家人都会得到好处。但是,大部分学生认为不合理,因为三兄弟的收入并不相等。预习了课程的学生引用纵向公平原则指出,收入高的人应该承担更高的"税负"。

(2)张伯认为费用应该完全由张仲和张叔承担,因为自己的收入最低。你认为张伯的这一诉求合理吗?

在我过去的课堂上约有30%的学生认为这一分配合理,因为张伯一家每年只有3万元,他们不应该为了提升环境和安全感支付额外的费用。但是,大部分学生认为这也依旧不合理,因为完全免费地获取公共产品也是不公平的表现。

(3)张叔提出,假如张伯不愿意承担,自己和张仲可以平分这一费用。但是,张仲并不同意这一分配。他说:"每年15000元相对于我的家庭收入而言负担太大了,我情愿不要这一工程。"张仲提出说:"为什么我们每个人不按我们收入占总收入的比重支付相应的份额?根据这个公式,张伯支付3000元,我支付9000元,张叔支付18000元。"你认为张仲的这一诉求合理吗?

按照过去的经验,有60%左右的学生都认为这一方式是合理的。他们认为这一分配方式也是自己所能想到较为合理的方案。反对者中有部分人指出张叔应该负担更多,另一部分人认为张伯应该负担更少,因为相较于张伯的收入而言,3000元还是太多了。

(4)这个时候张伯说:"我有个更好的主意,比张仲提议的更公平。"张仲和张叔转向张伯。"就像个人所有税有免征额那样,由于我的收入还达不到免征额,我不应该负担任何费用。而张仲和张叔之间的分配可以按累进的方式进行。比如张叔付21000元,张仲付9000元。"你认为张伯和张仲谁的建议更加合理?

这个时候课堂上有60%左右的人认为张仲的建议更可以接受,也就是有40%的人认为张伯的建议更可以接受。注意,如果我们回到第二个问题,我们会发现这个时候有更多的学生认为张伯不支付任何费用是合理的。但是,大多数学生依然不认为这一分配是合理的。

(5)实际上,张伯每年的收入扣除税收、基本生活费用和子女教育支出确实只有8000元的盈余了,如果再支付一部分工程款,那么其年老时的储蓄可能会更加卑微。相比较而言,张仲和张叔,尤其是张叔家庭有更多可支配的储蓄。你认为这样的情况下张伯的建议和张仲的建议哪个更为合理？

这个时候有70%以上的学生认为张伯的建议更为合理。一些学生说张伯的收入太低了，让他为工程负担费用是不公平的。这意味着学生认为累进的税收在此时是有必要的。

（6）张仲在听了张伯的建议后并不反对，因为他觉得张伯收入确实不多，而且新的政策也不会影响他的负担。但是，这个时候张叔说："这个费用对我的家庭而言也太高了，我不愿意参与这样一项工程。"他心想，假如他只是在自家门口安装监控，然后更好地打理自己的花园和菜田会比参与这样一个项目更加划算。现在你们觉得该怎么办？

此时询问学生该怎么办。有学生指出张叔的负担确实太高了，应该给他稍微降低一些费用。有学生说应该实施张仲的建议，等比例的分配负担下张叔实际上也承担了大部分的费用了。但是，马上有学生认为张仲的建议下张伯承担的费用还是太多了。有学生突破这一案例，提出应该由政府强制征收税收，然后提供相关的公共产品，这样就可以实现大多数人支持的张伯的建议了。那么，为了实现兄弟间的"共同富裕"，政府应该这么做吗？

（二）问题与小结

1. 问题

（1）三兄弟的收入是哪一类分配的结果？

（2）三兄弟间分摊"公共产品"费用的行为是否构成再分配？

（3）从上面的案例来看，你认为再分配应该考虑哪些因素才能促进共同富裕？

2. 小结

（1）三兄弟的收入差异是初次分配带来的。这一差异可能来自能力的差异（高能力、低能力，健康、不健康），也可能来自偏好的差异（勤劳、懒惰）。

（2）政府通过税收筹集提供公共产品的资金。三兄弟通过筹资为三个家庭提供公用产品。筹资的过程和税收一样起到了重新分配的作用。但是，与政府的再分配行为不同，这一分配是自发而非强制的。当兄弟间具有利他行为时，这一分摊行为具备三次分配的性质。假如三兄弟的父母要求三兄弟间采取特定的方式分摊，则出现父母主导的再分配行为。

（3）虽然三兄弟间的分配与传统再分配行为不同，但是从三兄弟间讨价还价的行为可见再分配政策应在注重平等的同时考虑激励问题。过于激进的再分配行为不仅可能打击纳税人劳动的积极性，也会有损社会公平，甚至可能导致纳税人的逃逸。只有兼顾效率与公平的再分配政策才能促进共同富裕。

五、教学方法与手段

环节一：采取陶冶法，通过短片欣赏的方式带领学生了解新中国成立以来的发展和发展中出现的问题，辩证地看待发展的不平衡不充分问题。

环节二：采取演示法，通过演示中外相关历史事件，如英国的大宪章运动和中国的农民起义运动，引导学生归纳这些事件背后的经济政治规律。

环节三：采取讲授法和图形分析法，借助帕累托有效和拉弗曲线说明国家与纳税人间的分配关系，以及合理的税制应该满足的性质。借助消费者和生产者剩余、税负归宿、无谓损失和哈伯格三角等概念说明税收对纳税人间分配关系的影响。

环节四：采取讨论法和案例法引导学生借助环节三所讲授的概念讨论应该如何在不同收入个体间分摊公共产品的成本，并引出个人所得税的设计问题。在案例分析和讨论中引导学生发现税制对分配和激励的作用以及两者间的矛盾关系。

环节五：采取讲授法和图形分析法，借助税收经济学与机制设计理论交叉的部分，讲解如何兼顾效率与公平地设计个人所得税。

环节六：采取学生自主展示法，通过分组设计心目中的最优个人所得税并展示，帮助学生学习掌握课程中的知识点。通过打分激励学生展示自我，分享心得。

六、教学实施过程

环节一与环节二将镜头从新中国成立以来的辉煌业绩逐渐拉近到发展的不充分和不平衡问题。环节三给出用于分析税收的基本经济学工具，解释税收与分配关系间的联系。环节四通过案例为学生提供一个"思想实验"，将问题聚焦引申到如何运用公共政策应对发展的不充分和不平衡问题。在建立起学生的探索欲后，环节五提供分析工具。最终，环节六让学生尝试设计税制。这既是为了巩固课堂所学，也是希望培养学生的主人翁意识，使学生在共同富裕这一伟大目标下思考中国问题。

七、考核与评价方式

本课程的测评内容分为两部分。（1）通过课后习题检测。题型包括名词解释、简答题和计算题等。（2）通过分组设计个人所得税并演讲的方式考查学生对所学知识的理解和应用（见表1）。

表1　　　　　　　个人所得税设计方案及演示评分表　　　　　演讲者：

测评项目	测评标准	测评标度	结果
演讲内容 （30分）	内容紧扣主题（满分10分）		
	能够运用课堂知识（满分10分）		
	内容具有创意（满分10分）		
语言表达 （30分）	语言流畅程度（满分10分）		
	语言生动程度（满分10分）		
	语言的逻辑性（满分10分）		
综合印象 （20分）	仪表神态（满分10分）		
	语言与神态沟通（满分10分）		
PPT制作 （20分）	PPT的可读性和简洁性（满分10分）		
	PPT的逻辑性（满分10分）		
合　　计			

八、实施成效

中国税制是一门关于国家与纳税人之间分配关系以及纳税人与纳税人之间分配关系的课程，而分配关系在很大程度上决定了一个国家能否最终实现共同富裕。

本课程思政教学案例将对分配关系和共同富裕的学习和认识融入中国税制课程中。充分发挥中国税制的特点来推广习近平新时代中国特色社会主义思想在专业课教学中的应用。本课程教学既能借助习近平新时代中国特色社会主义思想帮助学生加深对专业课知识的理解，也能在对专业知识的学习过程中帮助学生形成社会主义核心价值观。

消费税赋能国家战略：
悬崖村"云端蝶变"

刘金科

一、基本信息

课程名称：《税收学》。

授课对象：大学本科二年级学生。

知识点：中国消费税制度设计原理。

主讲教师：刘金科，中央财经大学副教授。

二、教学目标

（一）知识传授

（1）掌握消费税的定义与特点。掌握一般消费税与特别消费税的区别，消费税区别于增值税的特点包括征税范围有限、单一环节征税、实行差别税率、价内税。

（2）掌握消费税制度的政策目标与制度设计应注意的主要问题。包括征税范围确定、征税环节选择、税率模式和征税方式。

（3）了解消费税的改革方向。根据《实施更大规模减税降费后调整中央与地方收入划分改革推进方案的通知》及《中华人民共和国国民经济和社会发展第十四个五年规划和2035年远景目标纲要》（以下简称"十四五"规划纲要）等关于消费税改革的明确部署，结合各国消费税发展趋势及最新学术前沿动态，介绍消费税改革方向。

（二）能力培养

（1）知识迁移能力。引导学生结合增值税制度设计原理等知识，温故知新，并采取多案例教学，帮助学生理解消费税的概念、特点与作用。

（2）辩证分析能力。通过案例分析与世界消费税发展改革趋势，增进学生对不同政策目标下消费税制度设计关键问题的理解，培养学生辩证思考的能力。

（3）创新思考能力。结合最新学术前沿进展与案例分析，基于税收制度设计理论，指导学生讨论中国消费税改革方案，培养学生的创新思维与分析问题的能力。

（三）价值塑造

（1）坚定理想信念，厚植学生经世济民的家国情怀。深耕税收为民的理念，运用"悬崖村云端蝶变"案例，引导学生关心民生民情，深入理解消费税作为税收收入重要来源，在国家治理中发挥的基础性、支柱性、保障性作用。

（2）立足中华民族伟大复兴战略全局，坚持学术前沿与国际视野，增长学生知识见识。引导学生关注国家战略需求和重大问题，培养坚定不移听党话、跟党走，努力成长为堪当民族复兴重任的时代新人。

（3）注重培养职业道德规范，践行社会主义核心价值观。教学中注重引导学生树立正确的职业道德规范认知，为学生系好"第一粒税收职业道德扣子"。

三、教学重点与难点

（一）教学重点

（1）掌握消费税的概念与特征。采用包含悬崖村"云端蝶变"在内的多案例教学方法，指导学生学习消费税的定义、特点，以及如何赋能国家战略。

（2）理解消费税制度设计的关键问题，包括征税范围、征税环节选择、征税模式和税率方式。

（二）教学难点

（1）本课程是大学本科低年级同学第一门税收专业课，让生活经验有限的低年级同学理解掌握消费税的基本概念、特点与作用是一项教学难点。

（2）引导学生积极思考，结合既有理论和中国实际，理解消费税制度设计应注意的主要问题，讨论消费税未来改革方向。

（3）教学中潜移默化植入价值塑造，培养学生大局意识、坚定政治立场，关心民生民情，培养职业道德规范。

四、课程思政案例介绍

（一）案例1："火树银花不夜天"国庆焰火

2019年国庆70周年庆典，白天整齐划一的阅兵式带来的震撼还没过去，又被夜晚璀璨飒沓的烟花紧紧抓住了眼球。天安门广场上空燃放璀璨焰火表演给我们带来了惊喜和震撼。

"本次焰火表演共6大波次，注重环保，注重效果。"焰火导演蔡国强介绍道，特效烟花主要产自湖南、江西、河北等地，焰火药剂无重金属物质、低硫，均是高科技环保焰火产品。据《福建日报》报道，70周年的这一场焰火表演仅仅使用了1万颗的烟火弹，完全符合生态、环保的主题，比60周年时减少了12000颗的用量，最后的出烟量更是比传统烟花少了50%的量。

（二）案例2：国宾摩托车

2021年6月29日上午，庆祝中国共产党成立100周年"七一勋章"颁授仪式在北京人民大会堂金色大厅隆重举行。当天上午"七一勋章"获得者集体乘坐礼宾车从住地出发，由国宾护卫队护卫前往人民大会堂，这是英雄应有的最高礼遇。国宾护卫队体现了一个国家的礼仪，展现了大国风范，是综合国力的象征。礼宾护卫队一流的队列动作、精湛的驾驶技能引人注目，英姿飒爽的国宾摩托车成为一道靓丽风景。

（三）案例3：大凉山悬崖村的"云端蝶变"

四川大凉山深处的阿土列尔村位于海拔1400多米的悬崖之上，被叫作"悬崖村"。一条由木头和藤条编成的800米悬崖藤梯路，是连接阿土列尔村与外界的主要通道。在悬崖陡峭处，能落脚的地方甚至不到巴掌大。

国家在大凉山阿土列尔村投资约6亿元资金，使整个村子发生了翻天覆地的变化。2016年11月，悬崖村的路由藤梯变钢梯；2020年5月，村民走下钢梯上楼梯，搬进了县城新家。并且，险峻雄奇的高山、原生态的彝族村落作为独特的旅游资源为社会公众发现。钢梯迅速成了旅游"网红"打卡地，2019年来爬钢梯的游客就接近10万人。

当地还发展起脐橙、青花椒、油橄榄等产业。以前，村民最大的收入来源是种植农作物，但是当他们千辛万苦从山上背到山下，却一定不能透露他们是从悬崖村下来的，不然会被狠狠压价——因为买家会吃准了他们交通不便，没人买，还要原路背回去的窘境。但现在，村子与电商平台合作，拥抱"网络电商"新时代，还涌现出了一批小网红。

悬崖村的生活状况不断改善，贫困人口年人均收入由原来 2014 年的不到 2000 元，增加到 2019 年的 6000 元左右。

脱贫攻坚题材纪录片《无穷之路》主持人陈贝儿将悬崖村的故事带到众人眼前，荣获"感动中国 2021 年度人物"，颁奖词："从霓虹灯的丛林中转身，让双脚沾满泥土；从雨林到沙漠，借溜索穿过偏见，用钢梯超越了怀疑。一条无穷之路向世界传递同胞的笑容，以记录这时代最美的风景。"

[资料来源：[视频节选] 脱贫攻坚纪录片《无穷之路》（https：//baike.baidu.com/item/%E6%97%A0%E7%A9%B7%E4%B9%8B%E8%B7%AF/58445228?fr = aladdin#reference - [5] - 33769464 - wrap)]

（四）案例 4：消费税助力"健康中国"战略

心脑血管及其"源头"——高血压、高血脂及糖尿病是当今威胁人类健康的"头号杀手"。2002 年中国居民营养与健康状况调查结果显示：我国 18 岁以上居民高血压患病率为 18.8%，估计全国患病人数 1.6 亿多；我国成人血脂异常患病率为 18.6%，估计全国血脂异常现患人数 1.6 亿；我国 18 岁及以上居民糖尿病患病率为 2.6%，空腹血糖受损率为 1.9%。估计全国糖尿病现患病人数 2000 多万，另有近 2000 万人空腹血糖受损。而长期嗜好烟酒是心脑血管疾病的重要诱因。

我国心脑血管疾病发病率居高不下，甚至呈发病年龄低龄化趋势。人民群众身体素质受到影响，甚至减少人均寿命。健康中国的道路为我国未来发展奠定了丰厚的人力资本。因此，我国将烟、酒纳入征税范围，并实行较高的税率，是引导消费行为、寓禁于征的体现。

五、教学方法与手段

（一）案例驱动式教学法

针对大学本科低年级同学理论知识储备有限，本课程注重结合知识要点和难点穿插鲜活案例，激发学生学习兴趣，培养学生创新思考能力。例如，从"国庆焰火""国宾摩托车"等生活中的消费税案例引入消费税内涵的学习；通过悬崖村"云端蝶变"案例，引导学生理解消费税作为税收收入重要来源，在国家治理中发挥的基础性、支柱性、保障性作用。

（二）PBL 问题链教学法

问题串联，贯穿课堂始终，推动学生持续高效思考。由"大家了解消费税和增值税的区别吗?""为什么要对烟酒征收消费税?"等 9 个问题串联形成本课程的知识流动。

(三) 启发引导式教学法

教师对所讲授的重点和难点内容,不直接给出答案,而是启发学生思考,引导学生分析,让学生自己得出正确结论。

六、教学实施过程

(一) 知识体系梳理

通过本部分教学,培养学生的框架思维与知识链接能力。

消费税是中国货物劳务税体系中三大主体税种之一,在我国税收制度中占据重要地位。税收制度的设计至关重要,将改变人们行为,影响税收作用的发挥。

本课程相关基础理论包括:

(1) 税收原则:财政、公平、效率、法定。

(2) 货物与劳务税的税制设计原理。

(二) 教学安排概览

通过本部分教学,帮助学生快速了解本课程安排与需要重点关注的问题。

本课程教学流程如图 1 所示。

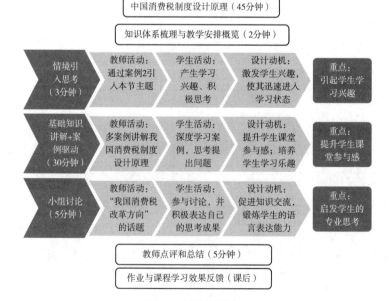

图 1 教学流程示意

教学内容主要包括以下几个方面：

（1）消费税概述：定义、特点与作用；

（2）掌握消费税税制设计的关键与要点；

（3）思考消费税的改革方向。

（三）情境引入思考

通过引入案例 1 和案例 2，引导学生了解生活中的消费税，迅速铺垫本课程的基础认知，从鲜活积极案例过渡至理论学习。

思考题：大家知道焰火和摩托车需要缴纳消费税吗？了解消费税和增值税的区别吗？

带着这些问题，进入消费税制度设计原理的学习。

（四）基础知识讲解

1. 消费税概述

（1）消费税的概念。

消费税是以消费品和消费行为的流转额为征税对象而征收的一种税。在普遍征收增值税的基础上选择特定消费品进行的征收，属于商品劳务税中的一个重要类型。

本课程所讲的消费税是特别消费税（excise tax），而不是一般意义上的消费税（consumption tax）。我国消费税本质上属于一种特别消费税。

消费税是我国的一个重要税种，近年来消费税税收收入占全部税收收入的比重稳定在 6%～8%。2019 年，消费税在我国税收收入中占比约为 7.95%，仅次于增值税、企业所得税，排名第三。

（2）消费税的特点。

第一，征税对象具有选择性。根据宏观产业政策和消费政策，国家可以有目的、有重点地选择一些消费品征收消费税，以适当地限制某些特殊消费品的消费需求，进而发挥税收的调节作用。我国只对包括烟、酒等在内的 15 种消费品征收消费税，而并非对全部消费品征收。

第二，征税环节具有单一性。消费税大多只在单一环节（如生产环节或零售环节）征收。

第三，平均税率水平比较高且税负差异大。消费税的征收往往出于特殊的调控目的，平均税率水平比较高，并且不同征税项目的税负差异较大；对诸如香烟等需要限制或控制消费的消费品，通常税负比较重。

第四，计税方式具有灵活性。国家根据课税目标、征税对象的不同特点，对不同消费品选择不同的征收方式。大部分应税消费品适用比例税率，黄酒、啤酒、成品油适用定额税率，卷烟、白酒适用复合税率。例如，对高档化妆品以15%的税率从价征收；对白酒则采用复合计税的征收方式，20%的税率从价征收同时按照0.5元/500克从量征收。

第五，消费税是价内税。消费税是价格的组成部分，具有隐蔽、间接、稳定的特点。

（3）消费税的作用。

引入案例3，通过这个案例来学习消费税的作用。

第一，筹集资金，保障财政收入稳定增长。消费税税源稳定，税率水平较高，长期以来税收贡献稳居前三位，是国家筹集财政收入的一个重要来源。消费税收入作为中央税，为转移支付提供了重要支撑，对脱贫攻坚任务发挥了重要作用。

第二，调节收入分配，缓解贫富差距。"十四五"规划指出，2035年远景目标包括"全体人民共同富裕取得更为明显的实质性进展"。悬崖村积极发展旅游业，并通过直播带货等形式销售当地特色农产品推进当地经济发展脱贫。从消费税征收范围来看，我国并未对农产品、网络直播行为等征收消费税，仅将高档化妆品、游艇等高档消费品列入征收范围，有利于调节收入分配，维护社会公平，推进共同富裕目标的实现。

【诚信纳税】网络直播不是法外之地

当前各地农产品网络直播促销非常受欢迎，虽然农产品直播销售收入不需缴纳消费税，但需按国家税法的要求缴纳增值税、个人所得税等相关税收。希望同学们（未来有可能成为税务师或企业财务人员）要正确认识薇娅和雪梨直播逃税案件，牢记职业道德规范，诚信纳税。

第三，限制有害需求，引导合理消费。悬崖村的农产品以脐橙、橄榄油等为主，大多为绿色健康食品，不属于消费税征收范围。而像烟、酒等商品的消费会危害人们身体健康，通过征收消费税，可以提高其市场价格，引导消费者合理健康消费。

第四，优化产业结构，促进环境保护。悬崖村完善了基础设施后，依托当地特色景观与良好的生态环境，大力发展旅游业，实现了"绿水青山就是金山银山"。近年来，我国愈发重视环境保护，对包括成品油、电池等污染类、耗能类产品征收消费税，有利于从消费端倒逼产业结构的调整，促进资源环境的保护，推进"双碳"目标的实现。

2. 消费税税制设计要注意的问题

（1）征税范围选择。

第一，应综合考虑公平与效率。选择性消费税不仅有筹集财政资金的功能，更带有调控目的。从公平角度看，对奢侈品征税，可调节收入分配。从效率角度看，选择性消费税会干扰纳税人的消费选择。对需求价格弹性较大的消费品征税，福利损失较大。

注意：从一般均衡分析视角来综合考虑消费税征税范围的选择。

第二，对有害品征税的目的是寓禁于征。引入案例 4 以及荣获"感动中国 2021 年度人物"陈贝尔的事迹，引导学生关注民生民情，向榜样学习。

注意：从税制整体来看，卷烟这类消费品税率普遍较高，会给地方带来较大财政利益，使得这类本应限制发展的行业成为地方鼓励发展的产业是值得警惕的。

【全球消费税趋势】

不少国家针对含糖、盐过高的饮料及其他非健康食品开征新的特别消费税，以促进人们改变不良消费习惯。例如，2018 年爱尔兰、英国与南非新开征甜饮料税，比利时对含糖饮料，挪威对巧克力、糖与不含酒精的甜饮料都实施增税政策，土耳其将甜饮料税的征税范围扩展至果汁与所有汽水（之前仅对可乐征税）。

思考题：为什么要对烟酒征收消费税？除了烟酒之外，基于健康考虑，是否还有其他消费品应该纳入征税范围？

（2）征税环节的选择。

消费税是单环节征税，但征税环节设置涉及两个方面。一是进出口货物的征税环节。消费税可按原产地和消费地原则征收，多数国家采用后者，并对出口货物实行退税。二是非进出口货物的征税环节。在生产、流通环节征收较为简便易行。但在实行税收分成财政体制和税负转嫁的情况下，消费税税款征收地和实际负担地不一致，有可能扭曲资源配置，同时易造成财政能力的制度性差异，导致公共服务不公平。有观点认为，零售环节征税尽管不能完全克服上述问题，但零售税的负面影响相对较小，征税成本也值得关注。

（3）税率模式和征税模式。

第一，税率模式。税率模式涉及从价还是从量。在通货膨胀下，从价税有利于保护税基，对高价消费品征税宜采用从价税。例如，随着富有者应税消费品消费档次提高而加重其税负，能一定程度上调节收入分配。从量税适合生产、批发和进出口环节消费税。采用从量税主要由于在上述情境下，计税价格不易确定，且在法治不健全和自觉纳税程度较低的情况下，税务机关估价存在困难。

第二，征税模式。征税模式涉及价内税与价外税，二者本质相同，但纳税人感受不同。研究发现，在没有过多计较利益得失、税收法治不完善、预算透明度较低的文化氛围中，价内税会减轻纳税人缴税的心理负担。而在相反的文化中，实行价外税使税收透明度较高，纳税人更可能要求实施价外税。

（4）税收的收入归属。

税收的收入归属主要涉及中央与地方税收征收管理权及收入支配权的划分。

中央税（消费税、关税等）通常税源集中、收入较大，税种需由全国统一管理、影响全国性的商品流通，可用以维护国家权益、实施宏观调控。

地方税（车船税、房产税等）与地方资源、经济状况联系比较紧密，税种对全国性商品生产和流通影响小或无影响，税源较分散，可增加地方财政收入。

共享税（增值税、所得税等）税源具有普遍性、征管难度较大，也可用以调剂中央固定收入和地方固定收入之间的财政资金余缺。

思考题：大家记得增值税的收入归属吗？

3. 消费税改革方向

（1）征税范围的调整。

根据党的十八届三中全会部署，消费税改革的方向是"调整消费税征收范围、环节、税率，把高耗能、高污染产品及部分高档消费品纳入征收范围"。消费税的征税对象大多是特定消费品和特定消费行为，具有一定的绿色税收性质。因此，在"双碳"目标下，消费税征税范围和税率的调整应当进一步凸显其绿色性质，推进绿色低碳发展。

【"十四五"专题】消费税与绿色低碳发展

随着气候变暖等全球性问题的出现，"人类命运共同体"成为广泛共识。2020 年 9 月，在第七十五届联合国大会一般性辩论上，习近平总书记作出了按期实现"碳达峰、碳中和"的庄严承诺。"十四五"规划纲要提出，要落实 2030 年应对气候变化国家自主贡献目标，争取 2060 年前实现碳中和。

在生态文明建设领域，消费税大有可为，对成品油等高耗能、高污染消费品征税，能够调节消费者的消费方式，引导其使用更加绿色的能源、产品、生活方式，助力我国绿色低碳发展。

思考题：消费税促进我国经济社会绿色低碳转型的原理是什么？能否将高碳产品也纳入消费税的征税范围？

（2）征税环节的调整。

"十四五"规划纲要提出，"调整优化消费税征收范围和税率，推进征收环节后移并稳步下划地方"。

为什么要推动消费税征税环节后移？

第一，有助于健全地方税体系，缓解地方政府财政压力。后移消费税征收环节，将消费税改革的增量部分稳步下划地方，有助于健全地方税体系，缓解地方政府财政压力。

第二，防止地方税收竞争，平衡区域财力。征税环节后移将引发"看得见"的区域间财力横向分配，对区域财力均衡和区域财力分配将产生重大深远影响。

第三，调节居民的消费行为。消费税征收环节后移至零售环节，居民税收的感知要比以往更加敏感，可以更好地起到调节居民消费行为的作用。

第四，倒逼地方政府消费环境的优化。消费税征收环节后移至零售环节以后，地方政府为了获得更多的税收收入，将加大在当地消费环境优化方面的投入力度。

当然，消费税征税环节后移的适用范围和推进时间表都需要做好统筹安排，特别是在后疫情时期，要综合考虑消费税的消费能力。

（3）税收归属。

消费税征收环节后移，由生产环节逐步调整为消费环节征收，有利于补充地方税收收入来源，推进地方税收体系建设。同时，用消费税改革来激发地方的积极性，是一个很好的抓手。未来，消费税要在调节中央与地方收入分配、降低地方财政风险、引导地方优化营商环境等方面发挥更大的积极作用。

【学术前沿】消费税的改革思路

消费税改革做"加减法"。与消费升级有关的消费品多做"减法"，以满足人民对美好生活的需要；与消费降级有关的高耗能、高污染和不健康消费品多做"加法"，增强消费税的调节作用，促进产业结构的转型升级。（张德勇：《加快构建新发展格局的消费税改革探讨》，载于《税务研究》2021年第4期。）

基于发展导向的消费税制度改革。完善消费税的征税规则和分配规则，如消费税的征收范围和税率调整，以及相关税目征收环节的后移等，有利于推动绿色、协调、创新等发展理念的落实。（张守文：《消费税制度改革的发展导向》，载于《税务研究》2022年第3期。）

征收环节后移和增量下划地方双管齐下。消费税征收环节后移产生的征管难题和税收税源背离问题，应加强税收管控、选择性划定改革范围，下调税率；增量下划地方导致部分地区税收负增量问题，应以全国消费税收入增量在全国各地分摊。（万莹、王山：《我国消费税改革相关问题及应对》，载于《税务研究》2022年第3期。）

（五）小组讨论

请大家根据本次课程学习内容，结合既有理论知识，对以下问题进行小组讨论。

（1）我国消费税对15种消费品征税，是否应全部下放地方，为什么？

（2）消费税环节后移并下划地方后，消费税的收入是全部归属地方政府，还是由中央政府和地方政府按比例分享，或者中央和地方按税目进行分配更好呢？为什么？

（3）消费税下放地方是否会对统一的市场带来影响呢？

提示：烟酒这类寓禁于征的消费品适合放到地方吗？

【政策前沿】建设全国统一大市场

2022年4月10日，《中共中央 国务院关于加快建设全国统一大市场的意见》发布，明确加快建立全国统一的市场制度规则，打破地方保护和市场分割，打通制约经济循环的关键堵点，促进商品要素资源在更大范围内畅通流动，加快建设高效规范、公平竞争、充分开放的全国统一大市场，全面推动我国市场由大到强转变，为建设高标准市场体系、构建高水平社会主义市场经济体制提供坚强支撑。

（六）教师点评和总结

1. 点评

教师从以下三个方面进行点评：

（1）对学生的积极参与进行鼓励与肯定，点明每个小组结论的可取之处；

（2）纠正每个小组不太恰当的观点，并进行简要分析；

（3）结合"十四五"规划中对消费税改革的指导意见，总结消费税未来的改革方向，引导学生持续关注税收前沿热点问题，提升将理论运用于实践的能力。

2. 总结

（1）结合"国庆焰火""国宾摩托车""悬崖村'云端蝶变'"等多个典型鲜活案例，总结本次课程的学习重点。

（2）布置课后作业，引导学生持续关注税制改革前沿重大热点话题，不断提升专业素养和创新思考能力，培养坚定不移听党话、跟党走，努力成长为堪当民族复兴重任的时代新人。

（3）提供参考书目和资料，引导学生课后阅读学习，提升专业素养和水平。

七、考核与评价方式

要求学生扫描下面"二维码"在线完成知识小测验，并提交本节学习效果问卷情况。

具体内容设计如下。

（1）学习成果小测验。请课后巩固本节课所学内容，思考并在线回答系列问题，以测试学生对本课程重点内容的掌握情况，题目包括判断题、单选题、多选题及简答题。

（2）课堂学习效果反馈。请学生列出本课程中最受益的内容和对本课程的建议。

八、实施成效

本课程是"税法""税务管理"等课程的理论基础，针对大学本科二年级同学理论学习的困难，采用案例驱动式教学法、PBL问题链教学法及启发引导式教学法促进学生增长知识，提升专业素养。并且，始终坚持立德树人，秉承"课程思政"教育理念，围绕"用心打造培根铸魂、启智增慧的精品课程"目标进行课程建设，在教学评价、授课效果和人才培养等方面取得了不错的成绩。

以人民为中心的预算绩效观

晁毓欣

一、基本信息

课程名称：预算绩效管理。

授课对象：财政学专业高年级本科生、硕士研究生等。

知识点：预算绩效的含义，预算绩效观。

主讲教师：晁毓欣，山东财经大学教授。

二、教学目标

（一）知识传授

（1）在财政交换关系的框架下，使学生理解预算绩效的内涵；从"物有所值"过渡到"税有所值"，培养绩效观。

（2）通过比较中西绩效观——"人民中心型"与"顾客中心型"的差异，使学生加深对中国特色预算绩效观的理解。

（二）能力培养

（1）培养学生从绩效视角认识社会问题的能力，逐步炼成"火眼金睛"。

（2）培养学生运用绩效工具对问题进行深入分析的能力。

（3）培养学生利用绩效工具解决现实问题的能力。

（三）价值塑造

通过学习，使学生牢固树立以人为本的理念，形成"以人民为中心"的预算绩效观；培养科学决策意识，强化公共意识、民主意识、法治意识。

三、教学重点与难点

（一）教学重点

（1）预算绩效的一般含义。

（2）以人民为中心的预算绩效观。

（二）教学难点

"人民中心型"预算绩效观。

四、课程思政案例介绍[①]

（1）通过案例1：《中华人民共和国预算法》关于绩效的规定，帮助学生理解"预算法定、绩效法定"的含义，培养其法治意识。

（2）通过案例2："凤凰壁画"与县委书记的官运，揭示"面子工程"的绩效实质与产生原因。

（3）借助案例3：中央八项规定，阐释经济性的现实意义。

（4）通过案例4：以人民为中心的发展思想，引出中国式预算绩效观。

（5）通过学习案例5：《中共中央 国务院关于全面实施预算绩效管理的意见》，印证中国改革目标对公信力的追求。

五、教学方法与手段

（一）教学方法

传统教学"三步法"与案例教学"无缝衔接"：主要采用"问题导向型"教学方法——以7个问题引导相关内容，通过5个案例联系现实，紧紧抓住学生注意力，从"温故"转向"知新"。

（二）教学手段

（1）线下教学：黑板＋PPT＋书面案例材料＋互联网。

（2）线上教学：腾讯网络研讨会，PPT＋案例材料＋互联网。

六、教学实施过程

（一）课前预习

要求学生课前通读教材相关内容，以思维导图形式列出内容提纲，提出疑难问题。

（二）课堂讲授

1. 预算绩效的含义

（1）教学内容与目的：通过案例材料深化学生对预算绩效概念的理解。

---

① 为行文方便，将案例主要内容并入第六部分教学实施过程。

（2）教学方法：导入案例 1，帮助学生理解预算法定、绩效法定的具体含义。

[案例 1]《中华人民共和国预算法》关于绩效的规定

《中华人民共和国预算法》第十二条规定：各级预算应当遵循统筹兼顾、勤俭节约、量力而行、讲求绩效和收支平衡的原则。

思考题 1：《中华人民共和国预算法》关于"绩效"的规定有什么现实意义？

（提示：依法治国，预算法定，绩效法定。）

[案例 2]"凤凰壁画"与县委书记的官运

广西凤山县原县委书记黄某某，擅自做主动用国家防治地质灾害资金5350 万元，在出入县城的山壁上雕刻"凤凰壁画"。据悉，该工程花费相当于该县财政年收入的一半，但壁画项目实际造价仅 200 多万元。黄某某因涉滥用职权罪、受贿罪被起诉。

（资料来源：《立巡立查 让腐败窝案浮出水面》，载于《中国纪检监察报》2015 年 5月 14 日。）

思考题 2："凤凰壁画"所代表的面子工程有绩效吗？

（提示："面子工程"属于典型的有产出、无绩效特征。）

思考题 3："面子工程"发生的原因是什么？

（提示：其一，一般性原因是个别领导人无视群众疾苦、片面追求个人政绩，"拍脑袋"决策；其二，从"预算绩效"视角分析原因是对预算项目未按照优先性顺序安排支出，未对重点项目进行事前绩效评估。）

2. 预算绩效的内容（重点）

（1）教学内容：通过案例材料深化学生对预算绩效内容的理解。

（2）教学方法：导入案例 3 和案例 4，引导学生理解经济性、效率性原则。

[案例 3] 中央八项规定

中共中央政治局 2012 年 12 月 4 日召开会议，审议中央政治局关于改进工作作风、密切联系群众的八项规定。

思考题 4：中央八项规定主要体现了什么样的绩效原则？

（提示：经济性。）

其一，经济性（economy）。古今中外具有普适性的理财观念，以追求各类费用的节约为特征。

其二，效率性（efficiency）。注重过程管理，强调投入—产出的对比关系，单位成本为最常用指标。

其三，有效性（effectiveness）。公共产品和服务供给与公共需要的匹配度。

其四，公平性（equity）。包括起点公平、规则公平、结果公平，在财政收支方面有不同的表现。

3. 预算绩效内涵的发展——"4E"的形成和演化

绩效理念随财政的产生而产生，随政府预算的发展而不断丰富，其演变过程可分为四个阶段：一是萌芽阶段，经济性为主；二是20世纪40年代，效率主导；三是20世纪90年代，"3E"形成，结果导向成为主流；四是2020年，中国版"4E"正式面世。

思考题5：你认为"4E"中哪一个原则最重要？

（提示：有效性。）

4. "人民中心型"预算绩效观（重点难点）

教学方式：本部分为授课教师个人最新研究成果，理论性较强，所以采用课堂讲授与案例教学相结合的方式。

［案例4］以人民为中心的发展思想

党的十九届五中全会审议通过的《中共中央关于制定国民经济和社会发展第十四个五年规划和二〇三五年远景目标的建议》明确把"坚持以人民为中心"作为"十四五"时期经济社会发展必须遵循的一项重要原则，提出"坚持人民主体地位，坚持共同富裕方向，始终做到发展为了人民、发展依靠人民、发展成果由人民共享，维护人民根本利益，激发全体人民积极性、主动性、创造性，促进社会公平，增进民生福祉，不断实现人民对美好生活的向往"。始终坚持以人民为中心的发展思想，体现了党的理想信念、性质宗旨、初心使命，也是对党的奋斗历程和实践经验的深刻总结。

思考题6："以人民为中心"如何通过预算绩效体现？

（提示："六民绩效"。）

从"人民财政观"到"人民绩效观"。预算绩效观是指人们对预算绩效的基本看法。"以人民为中心"的发展思想是新时代坚持和发展中国特色社会主义制度的基本方略。中国共产党的"人民观"决定了"人民财政观"；相应决定了"以人民为中心"的特色绩效观，其内容包括六个方面

（见图1），简称"六民绩效"。

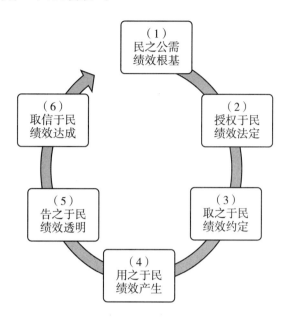

图1 "人民中心型"绩效观的内容

（1）民之公需，绩效根基。

第一，人民幸福源于需要的满足。为中国人民谋幸福是中国共产党的初心所在。"幸福"意味着人民群众因各种社会风险而引发的各类需要能够及时得到满足。从满足需要的途径来看，私人需要一般通过消费私人产品和服务来满足，公共需要则主要通过公共产品和服务的消费来满足。财政就是一种动员、集中和使用公共资源、应对各种公共风险的社会机制。

第二，公共需要具有阶段性、动态性、递增性特征。在我国，人民对于"幸福"的追求随着社会主要矛盾的转化而呈现出不同的阶段性特征，决定了我国各阶段公共需要的内容因时而异。

从我国主要矛盾的发展来看，"经济文化需要"、"物质文化需要"与"美好生活需要"代表着新中国成立以来人民需要发展的三个阶段，其特征表现为：需要的范围不断扩大，涵盖经济、政治、文化、社会、生态等诸多方面；需要的形式更加多样，层次更加丰富；需要的规模则"日益增长"。

第三，预算绩效目标是公共需要的现实表达。从公共需要的表达到公共产品供给的最终形成只有通过政府预算过程才能实现。因此，政府部门在申请预算资金时必须提交绩效目标，以表示其"欲做之事"，申请的预算则是与之相应的"欲花之钱"。因此，预算是绩效目标的"价格标签"。

"事"与"钱"应该相互匹配。

第四,"以人民为中心"意味着绩效目标不仅要合理反映人民需要的内容与规模,而且能够根据经济社会发展的需要及时调整。因此,要想设置出高质量的绩效目标,政府部门须及时识别所面临的公共风险,准确判断公共需要的特征、规模与满足的紧迫性程度,并通过预算过程转化为公共需求。由此可见,"公共风险→公共需要→公共产品供给→绩效目标→预算申请"这一逻辑是预算绩效的根基所在。

(2)授权于民,绩效法定。

如果说预算编制的任务是制定公共产品供给计划,那么,人民代表大会的预算审查就是代表公共产品需求方对该计划进行的审议与核查。因此,该过程是对"欲做之事"与"欲花之钱"是否匹配做出权威性审查、判断的过程。经过批准的政府预算是以有限的公共资源对无限的公共需要做出的现实性回答,是有效公共需求的明细账。[①] 经人大审议通过的预算意味着政府与纳税人之间委托-代理关系的确立;所批复的绩效目标意味着政府各部门对公共产品供给做出的承诺,预算规模意味着供给成本。预算法定与绩效法定同步。

(3)取之于民,绩效约定。

公共产品供给离不开真金实银。一切财政收入均来自人民群众的贡献,税收是现代国家财政收入的主要来源。詹姆斯·布坎南将税收的征纳称为"财政交换",即税收与公共产品的交换,具有强制性特征。纳税行为也可视为纳税人向政府发出的"邀约",以换取他们所需要的公共产品,或满足生存之必需,或满足美好生活之期待。

(4)用之于民,绩效产生。

"发展为了人民",向人民提供其需要的公共产品和服务乃政府的基本职能。公共需要的多样性、动态性决定了公共产品供给的方式要与时俱进。公共产品提供过程将预算资金转化为公共产出,意味着供给绩效的初步生成;接下来的公共消费可实现公共产品供给与公共需求在现实层面的匹配,匹配结果可以通过满意度来表示,是评判公共产品供给绩效的主要标准。

---

① 晁毓欣:《政府预算绩效评价 TSE 模型及应用:基于公共品生命周期的研究》,社会科学文献出版社 2016 年版,第 81 页。

从交换过程来看，财政交换与商品交换一样，通过等价交换满足对公共产品效用的追求，对交换所得要求"物有所值"，对所付出的交换成本则追求"税有所值"。这种"值"就是绩效评价所遵循的4E之"有效性"原则，其地位不言而喻。

（5）告之于民，绩效透明。

预算权力是一个国家公权力的核心。"中华人民共和国的一切权力属于人民。"这意味着人民不仅有纳税义务，而且拥有监督政府的权力。信息公开无疑是实现公共监督的前提，因此，预决算报告、绩效报告的公开是保障人民群众监督权实现的基本条件。

（6）取信于民，绩效达成。

赢得公信力、巩固执政地位是政府作为公共产品的供给方对于财政交换的普遍期望。较高的满意度可以转化为公民对政府的信任和支持。我国政府将预算绩效管理改革作为建立现代财政制度的关键点和突破口，作为推动财政资金聚力增效、提高公共服务供给质量、增强政府公信力的重要手段，体现了政府自身对于公信力的强烈追求和对预算绩效化改革的高度期望。

[案例5]《中共中央 国务院关于全面实施预算绩效管理的意见》

发挥好财政职能作用，必须按照全面深化改革的要求，加快建立现代财政制度，建立全面规范透明、标准科学、约束有力的预算制度，以全面实施预算绩效管理为关键点和突破口，解决好绩效管理中存在的突出问题，推动财政资金聚力增效，提高公共服务供给质量，增强政府公信力和执行力。

思考题6：我国预算绩效管理改革的基本目标是什么？

（三）小结本节、承启下节

"4E"是预算绩效核心内容，具有一般性；"以人民为中心"是中国式预算绩效观的基本认知。"凤凰壁画"所代表的面子工程可以通过事前绩效评估而避免发生。

这是下节要学习的内容，请大家课下提前预习。

（四）问题交流

学生提出学习中遇到的问题与老师讨论、交流。

七、考核与评价方式

（一）课堂讨论与评分

针对思考题展开讨论，根据回答情况酌情给分（占平时成绩的5%）。

（二）课后作业与评分

1. 作业

认真阅读案例 2 和案例 3，结合课堂内容，谈谈你对预算绩效内涵的认识（占平时成绩的5%）。

2. 课程论文

认真阅读案例 5，结合"人民中心型"绩效观，谈谈你对中国预算绩效改革目标的理解（占平时成绩的30%）。

八、实施成效

课堂实践表明，学生对各种形式的"面子工程"高度关注。用"凤凰壁画"等案例与理论教学密切结合，能够很好地吸引学生，将其注意力集中到所讲内容上来，高度关注"政府是否做了正确的事"这一预算绩效的根本问题。通过两种典型绩效观的对比，让学生清晰地看到中国制度的特色和优势，深入理解"有效性"的含义，并体会到作为中国人的幸福感与自豪感。

财政支持生态文明建设

田淑英

一、基本信息

课程名称：财政学。

授课对象：卓越应用经济人才班、经济学实验班、财政学专业本科生。

知识点：节能环保支出。

主讲教师：田淑英，安徽大学教授。

二、教学目标

（一）知识传授

（1）掌握生态环境的公共品属性，以及政府介入生态环保领域的理由和范围，深刻领会党的十八大把生态文明建设作为统筹推进"五位一体"总体布局的时代背景和重大意义。

（2）了解财政支持生态文明建设的形式和效果，包括节能环保支出的概念与内容，财政支持生态产业发展、科技研发及成果转化等对生态文明建设和相关主体的影响及影响因素。

（3）了解生态环境保护现状和财政支持的现实需求，并按照一流课程建设要求，基于跨学科理论知识和实践知识探讨如何优化财政节能环保支出相关政策，促进国家治理体系和治理能力现代化。

（二）能力培养

（1）培养学生信息获取和知识提炼能力。让学生通过教材、论文和网站，提升其提炼生态文明建设现状及问题等关键信息的能力，以及从中提炼经济学、财政学知识点的能力。

（2）培养学生分析和解决问题能力。训练学生根据调研目标独立设计访谈问题，通过调研访谈和现场观察，分析研判并提出政府与市场结合解决生态环保问题方案，从而培养学生解决实际问题的能力。

（3）培养学生表达和沟通协作能力。提高学生政治领悟力、创新力，以及沟通交流、团队协作、财政管理决策能力；训练学生宏观与微观结合、解决复杂问题的高级思维和创新思维能力。

（三）价值塑造

（1）引导学生更好地学习领悟党的十九大和党的十九届历次全会精神、习近平总书记"良好生态环境是最公平的公共产品，是最普惠的民生福祉"等重要讲话精神，增进对财政产生的生态、经济、社会多重效益的直观认识，强化对"两山论"的实践感悟。

（2）引导学生认识到，我国现阶段将生态文明建设纳入中国特色社会主义事业的"五位一体"总体布局是促进社会福利最大化的重要举措之一；提高学生对新发展理念包括绿色发展理念的认同感；加深学生对"财政是国家治理的基础和重要支柱"含义的深刻理解。

（3）让学生切实感知有限财力与生态文明建设资金现实需求之间的差距，培养学生的科学精神、家国情怀和时代担当。

三、教学重点与难点

（一）教学重点

财政支持生态文明建设的方式；财政节能环保支出的状况、效应；如何处理好生态文明建设中政府与市场的关系；如何优化财政政策，解决有限财力与生态文明建设资金需求之间的矛盾。

（二）教学难点

如何推动财政支出改革，将有限的财政资金进行合理分配，发挥好财政资金"四两拨千斤"的作用，提高财政绩效，助力生态文明建设。

四、课程思政案例介绍

（一）案例1：财政支持现代林业科技发展

林业是生态文明建设的主体，科技创新是推动林业发展的重要驱动力。2000年11月，经安徽省编委批准，安徽省林业高科技开发中心（以下简称"中心"）成立，是面向林业行业提供专业技术服务的省级技术转移示范机构。

中心主要职责是负责国家林业局林业科技创新基地暨合肥林业科技示范园的规划与管理，承担示范园的项目开发、技术交流、业务咨询和信息服务等工作；承担国家林业局林产品质量检验检测（合肥）中心管理工作；负责省级林业技术转移示范机构平台运作、庐州省级森林公园、省级科普教育基地的建设与管理工作；开展全省濒危珍稀树种的收集、保存和驯化等工作；承担林业新品种、新技术的引进、试验、示范和推广应用等工作。

中心承建了国家林业局省级林木种苗示范基地、良种繁育中心建设等重点工程项目，完成了中央财政林业科技推广示范项目，研究取得了"杨树工厂化育苗关键技术研究""霍山石斛（米斛）茎段组培及栽培技术应用研究"等科技成果，获得了省科技进步三等奖。选育的北缘油茶优良品种凤阳1-4号通过了省级认定。中心在林业技术转移示范及林业新技术推广应用、咨询服务等方面为生态强省建设发挥着重要技术支撑作用。

（二）案例2：财政支持生态文明建设

安徽省长丰县杨庙镇马郢社区是全国乡村旅游重点村，近年来，长丰县坚持生态引领，通过科学部署和先进技术，高标准打好蓝天碧水净土保卫战。

目前，杨庙镇共建有10个污水处理站和2家污水处理厂，其中集镇区生活污水处理厂日处理污水500~600吨，在夏季高峰日甚至达到800多吨。

多年来，长丰县一方面下大力气在源头加强污水处理；另一方面积极推进县、乡镇（区）、村（居）三级河湖长制，将全县12个重点水域和5条主要河流全部列入河湖长制管理范围，实现了河湖长制全覆盖。

通过治理，长丰县县域主要河流水质Ⅲ类以上标准比例稳步提升，城镇集中式饮用水源地水质达标率均符合相关要求。

在垃圾处理方面，长丰县已建立了"户清扫—村收集—镇清运—县处理"四级链式垃圾收转运系统，真正实现了辖区内生活垃圾无害化处理。2022年，该县城镇生活垃圾无害化处理率达到100%。与此同时，长丰县积极开展扬尘污染治理专项行动，一方面要求在建项目采取裸土覆盖、车辆冲洗等扬尘抑尘措施；另一方面通过远程视频实施在线监管和监测，确保扬尘治理可控、受控。

五、教学方法与手段

对照一流课程建设标准，遵循"学生中心、产出导向、持续改进"的理念，综合运用案例教学法、引导启发法、小组讨论法、参与式教学法、现场教学法、调查研究法和"线上线下"联动指导法，将思政元素有机融入课程教学中，开展综合性实践教学，形成"'财政学'移动课堂暨'知识—能力—素质'一体化实践教学"新模式。

六、教学实施过程

（一）课前安排

让学生通过网站了解相关案例的基本情况，激发学生的学习兴趣，训练学生自主获取和提炼信息的能力，培养其专业素养和创新精神。根据学生自身的学习兴趣按专题分组，最大化调动其参与意愿，提高学生沟通交流、团队协作和管理决策能力。

（1）确定实践教学主题和地点，让学生研读教材中的相关理论，从网站查阅相关资料以了解财政实践、研究动态，了解调研单位的基本情况和案例背景。

（2）将学生分组，确定指导教师。学生根据小组主题，自主设计调研访谈问题。

（3）指导老师将学生各自设计的访谈问题进行归并和修改。将访谈问题发送至调研单位，调研单位安排相关人员做好解答问题准备。

（二）课中安排

主要通过"现场调研＋圆桌座谈"形式，让学生亲临其境，直接了解财政支持生态文明建设的具体方式和成效，以及现实对节能环保支出的需求，提升学生发现问题以及提出政府与市场结合解决问题方案的能力，强化学生对我国现阶段"五位一体"总体布局中的生态文明建设和绿色发展理念的认同感，使其深刻理解"财政是国家治理的基础和重要支柱"的深刻含义。

（1）参观学习。调研单位派人带领师生参观现场。

（2）座谈交流。学生提问，调研单位安排相关人员围绕主题介绍当地实践情况，并与师生互动。

（3）教师总结。点评本次调研的理论和实践知识点，并对学生课后撰写调研报告进行指导。

（三）课后安排

通过"课程反馈＋教师评价"形式，引导学生进行深度思考，进一步塑造学生的大局观念、家国情怀和社会责任感。

第一阶段：学生撰写调研报告和心得体会，指导老师指导修改。

第二阶段：在教室集中进行。通过"主题汇报＋互动讨论＋学生发言＋专家点评＋教师总结"形式，让学生围绕选题，按小组自主设计方案，解决实践地案例的节能环保支出需求问题；围绕设计方案，教师进一步提出问题，引导学生进行分组互动讨论，每组派出学生代表发言，提出解决办法，以培养学生将专业相关知识应用到深度分析公共经济问题的能力，以及宏观与微观结合、解决复杂问题的高级思维和创新思维；再通过线上交流方式，邀请实践地专家对学生的设计方案和观点进行点评，进一步引导学生学习领悟习近平生态文明思想，领悟"良好生态环境是最公平的公共产品，是最普惠的民生福祉"的科学内涵，增进学生对财政产生的多重效益的认识，强化对"两山论"的实践感悟。

（1）教师导入新课：简单回顾移动课堂实践教学活动。

（2）汇报交流：调研归来话成长——"'财政学'移动课堂暨'知识—能力—素质'一体化实践教学"成果展示与评价。

学生总结实践教育成果，并分组进行 PPT 汇报，为当地发展献计献策，分享实践感受。

实践专家对学生的 PPT 汇报进行点评、打分。学生相互打分。综合形成学生的平时成绩。

（3）教师总结：对本期"'财政学'移动课堂暨'知识—能力—素质'一体化实践教学"进行总结，归纳本次活动的成效及不足，引导学生在此基础上撰写论文或大学生创新创业项目申报书。

在各阶段中，教师没有直接的语言宣教，而是通过"所见所闻所感"，激发学生的兴趣点、好奇心、积极性和意志力，使其自发感受到"良好生态环境是最公平的公共产品，是最普惠的民生福祉""财政是国家治理的基础和重要支柱"等思政元素，同时在解决具体问题的过程中，训练学生专业素养和人文素养、创新精神和服务意识、家国情怀和社会责任感。

七、考核与评价方式

（一）考核要点

小组调研报告+PPT汇报+个人心得体会。

（二）评价方式

从成果结构、内容、观点建议和展示表现等几个方面，综合考虑专家打分、教师打分和学生互评结果。分值构成如下：

（1）理论和实践知识（含习近平生态文明思想、生态环境的公共产品属性、相关政策和财政支持生态文明建设方式及效果），占30%；

（2）分析能力，占20%；

（3）解决问题能力，占20%；

（4）审辩式思维能力与表达能力，占10%；

（5）社会责任感，占20%。

八、实施成效

从2012年起，我们即确定了"知识—能力—素质"三重目标，并持续多年开展"财政学"移动课堂暨"知识—能力—素质"一体化实践教学探索，逐渐形成了"综合性""知识—能力—素质"一体化课程思政教学模式：集知识传授科研创新训练、综合能力培养、劳动教育社会责任感教育于一体。此模式帮助学生了解国情和财政实践，培养学生发现、分析和解决复杂问题的综合能力和高级思维，引导学生进行探究式与个性化学习，激发学习主动性，体现"两性一度"，并融入了社会责任感教育。

（一）直接效果

这种政产学研协同、实践专家参与指导的综合性实践教学活动，让学生运用所学知识站在有利于当地事业发展的角度，更真切地理解"财政是国家治理的基础和重要支柱"，为相关单位和地方的发展献计献策，注入创新活力，达到了较好的思政教育效果。

（二）本案例具体成效

激发了学生学习和理解国家生态文明战略的主动性和深入性，学生的学习能力、创新能力、审辩式思维和家国情怀等综合素质明显提高。特别是学生学习兴趣和"为国家发展而学好财政知识"的意识明显提高，较好地实现了思政教育与专业教育的融合。

（三）学生的代表性反馈

（1）"真的很喜欢这种上课形式，确实收获很多，深深体会到理论与实践结合的重要。"

（2）"老师带领我们参与的课程调研给人很大收获，深入了这门课程的学习。"

（3）"老师注重我们的创新能力培养，收获很多。"

（4）"充满活力地上课，我们很受益！"

（5）"通过这次移动课堂活动，我们认识到要努力踏实学好理论知识，并且积极关注实际情况的变化需要，为我国财政事业和公司企业乃至整个社会经济的发展作出贡献。"

（四）推广价值

"财政学"教学改革的新理念和新做法得到了同行专家和调研单位领导（实践专家）的高度认可。同行专家认为：这种课程思政建设模式比较典型，成效较好，具有推广价值；调研单位领导（实践专家）纷纷赞扬这种教学方式具有较好的实践意义，不仅有助于学生理解政府职能与行为，还为当地发展带来创新活力。

访谈提纲

1. 马郢计划中，你们对自身资源最有自信的是什么？是特色农业，是乡村美景，是自然风光，还是前期的一些产业建设？是否有政策方面的优势？能具体举例吗？

2. 马郢在计划乡村生态文明建设过程中遇到了哪些困难？有没有解决？如果没有解决的话还需要政府财政提供什么帮助吗？

3. 马郢计划中娱乐项目的开发是否对环境造成了影响？影响农民耕地及村民用水？

4. 当前乡村厕所建设及改造力度如何？对生活垃圾的处理过程是否满意？

5. 马郢计划在项目招商和销售渠道方面做了哪些工作？是否建立平台合作？和哪些平台合作？能举例说说合作项目吗？

6. 马郢村现在正在建设中，目前最集中想要办好的项目是哪几个？为什么？这些项目能帮助马郢村解决什么问题？

后 记

为深入贯彻习近平总书记在全国高校思想政治工作会议上的重要讲话精神，落实教育部《高等学校课程思政建设指导纲要》要求，2022年3月，财政学教指委面向全国高校征集财政学类专业课程思政优秀教学案例。要求根据各课程特点，深入挖掘不同课程蕴含的思政元素，将习近平新时代中国特色社会主义思想、社会主义核心价值观、中华优秀传统文化、宪法法治、职业理想和职业道德教育等与课程知识点深度融合，通过恰当的教学设计，将课程育人目标融入教学全过程，达到润物无声的育人效果。

本次案例征集得到了国内财政学类专业高校的大力支持。截至2022年4月30日，共收到近50所高校提交的94个案例。经过专家组初审、复审，最终评选出一等奖10个，二等奖15个，三等奖21个。在获得案例作者授权后，我们将获奖案例结集出版。感谢所有案例作者的大力配合和辛勤付出。

本案例集出版得到了广东财经大学专项资金的支持，在此表示衷心感谢。

2024年8月

图书在版编目（CIP）数据

财政学类专业课程思政优秀案例集／樊丽明，杨灿
明，于海峰主编． -- 北京：经济科学出版社，2024.10
ISBN 978 - 7 - 5218 - 5685 - 9

Ⅰ．①财… Ⅱ．①樊…②杨…③于… Ⅲ．①高等学
校 - 思想政治教育 - 教案（教育）- 中国 Ⅳ．①G641

中国国家版本馆 CIP 数据核字（2024）第 053810 号

责任编辑：初少磊
责任校对：隗立娜　蒋子明
责任印制：范　艳

财政学类专业课程思政优秀案例集
樊丽明　杨灿明　于海峰 ◎主编
经济科学出版社出版、发行　新华书店经销
社址：北京市海淀区阜成路甲 28 号　邮编：100142
总编部电话：010 - 88191217　发行部电话：010 - 88191522
网址：www.esp.com.cn
电子邮箱：esp@esp.com.cn
天猫网店：经济科学出版社旗舰店
网址：http://jjkxcbs.tmall.com
北京季蜂印刷有限公司印装
787×1092　16 开　25.75 印张　400000 字
2024 年 10 月第 1 版　2024 年 10 月第 1 次印刷
ISBN 978 - 7 - 5218 - 5685 - 9　定价：99.00 元
（图书出现印装问题，本社负责调换。电话：010 - 88191545）
（版权所有　侵权必究　打击盗版　举报热线：010 - 88191661
QQ：2242791300　营销中心电话：010 - 88191537
电子邮箱：dbts@esp.com.cn）